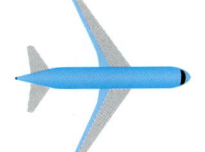

나만의 여행을 찾다보면 빛나는 순간을 발견한다.

잠깐 시간을 좀 멈춰봐.
잠깐 일상을 떠나 인생의 추억을 남겨보자.
후회없는 여행이 되도록
순간이 영원하도록
Dreams come true.

**Right here.
세상 저 끝까지 가보게**

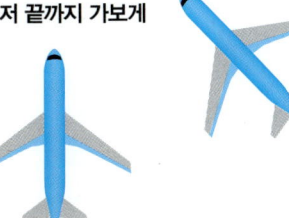
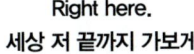

뉴 노멀^{New normal} 이란?

흑사병이 창궐하면서 교회의 힘이 약화되면서 중세는 끝이 나고, 르네상스를 주도했던 두 도시, 시에나(왼쪽)와 피렌체(오른쪽)의 경쟁은 피렌체의 승리로 끝이 났다. 뉴 노멀 시대가 도래하면 새로운 시대에 누가 빨리 적응하느냐에 따라 운명을 가르게 된다.

전 세계는 코로나19 전과 후로 나뉜다고 해도 누구나 인정할 만큼 사람들의 생각은 많이 변했다. 이제 코로나 바이러스가 전 세계로 퍼진 상황과 코로나 바이러스를 극복하는 인간의 과정을 새로운 일상으로 받아들여야 하는 뉴 노멀New normal 시대가 왔다.

'뉴 노멀New normal'이란 시대 변화에 따라 과거의 표준이 더 통하지 않고 새로운 가치 표준이 세상의 변화를 주도하는 상태를 뜻하는 단어이다. 2008년 글로벌 금융위기를 겪으면서 세계 최대 채권 운용회사 핌코PIMCO의 최고 경영자 모하마드 엘 에리언Mohamed A. El-Erian이 그의 저서 '새로운 부의 탄생When Markets Collide'에서 저성장, 규제 강화, 소비 위축, 미국 시장의 영향력 감소 등을 위기 이후의 '뉴 노멀New normal' 현상으로 지목하면서 사람들에게 알려졌다.

코로나19는 소비와 생산을 비롯한 모든 경제방식과 사람들의 인식을 재구성하고 있다. 사람 간 접촉을 최소화하는 비대면을 뜻하는 단어인 언택트Untact 문화가 확산하면서 기업, 교육, 의료 업계는 비대면 온라인 서비스를 도입하면서 IT 산업이 급부상하고 있다. 바이러스가 사람간의 접촉을 통해 이루어지므로 사람간의 이동이 제한되면서 항공과 여행은 급제동이 걸리면서 해외로의 이동은 거의 제한되지만 국내 여행을 하면서 스트레스를 풀기도 한다.

소비의 개인화 추세에 따른 제품과 서비스 개발, 협업의 툴, 화상 회의, 넷플릭스 같은 홈 콘텐츠가 우리에게 다가오고 있으며, 문화산업에서도 온라인 콘텐츠 서비스가 성장하고 있다. 기업뿐만 아니라 삶을 살아가는 우리도 언택트Untact에 맞춘 서비스를 활성화하고 뉴 노멀New normal 시대에 대비할 필요가 있다.

뉴 노멀(New Normal) 여행

뉴 노멀New Normal 시대를 맞이하여 코로나 19이후 여행이 없어지는 일은 없지만 새로운 여행 트랜드가 나타나 우리의 여행을 바꿀 것이다. 그렇다면 어떤 여행의 형태가 우리에게 다가올 것인가? 생각해 보자.

■ 장기간의 여행이 가능해진다.

바이러스가 퍼지는 것을 막기 위해 재택근무를 할 수 밖에 없는 상황에 기업들은 재택근무를 대규모로 실시했다. 그리고 필요한 분야에서 가능하다는 사실을 알게 되었다. 재택근무가 가능해진다면 근무방식이 유연해질 수 있다. 미국의 실리콘밸리에서는 필요한 분야에서 오랜 시간 떨어져서 일하면서 근무 장소를 태평양 건너 동남아시아의 발리나 치앙마이에서 일하는 사람들도 있다.

이들은 '한 달 살기'라는 장기간의 여행을 하면서 자신이 원하는 대로 일하고 여행도 한다. 또한 동남아시아는 저렴한 물가와 임대가 가능하여 의식주를 저렴하게 해결할 수 있다. 실리콘밸리의 높은 주거 렌트 비용으로 고통을 받지 않는 새로운 방법이 되기도 했다.

■ 자동차 여행으로 떨어져 이동한다.

유럽 여행을 한다면 대한민국에서 유럽까지 비행기를 통해 이동하게 된다. 유럽 내에서는 기차와 버스를 이용해 여행 도시로 이동하는 경우가 대부분이었지만 공항에서 차량을 렌트하여 도시와 도시를 이동하면서 여행하는 것이 더 안전하게 된다.

자동차여행은 쉽게 어디로든 이동할 수 있고 렌터카 비용도 기차보다 저렴하다. 기간이 길면 길수록, 3인 이상일수록 렌터카 비용은 저렴해져 기차나 버스보다 교통비용이 저렴해진다. 가족여행이나 친구간의 여행은 자동차로 여행하는 것이 더 저렴하고 안전하다.

소도시 여행

여행이 귀한 시절에는 유럽 여행을 떠나면 언제 다시 유럽으로 올지 모르기 때문에 한 번에 유럽 전체를 한 달 이상의 기간으로 떠나 여행루트도 촘촘하게 만들고 비용도 저렴하도록 숙소도 호스텔에서 지내는 것이 일반적이었다. 하지만 여행을 떠나는 빈도가 늘어나면서 유럽을 한 번만 여행하고 모든 것을 다 보고 오겠다는 생각은 달라졌다.

유럽을 여행한다면 유럽의 다양한 음식과 문화를 느껴보기 위해 소도시 여행이 활성화되고 있었는데 뉴 노멀New Normal 시대가 시작한다면 사람들은 대도시보다는 소도시 여행을 선호할 것이다. 특히 유럽은 동유럽의 소도시로 떠나는 여행자가 증가하고 있었다. 그 현상은 앞으로 증가세가 높을 가능성이 있다.

■ 호캉스를 즐긴다.

타이완이나 동남아시아로 여행을 떠나는 방식도 좋은 호텔이나 리조트로 떠나고 맛있는 음식을 먹고 나이트 라이프를 즐기는 방식으로 달라지고 있다. 이런 여행을 '호캉스'라고 부르면서 젊은 여행자들이 짧은 기간 동안 여행지에서 즐기는 방식으로 시작했지만 이제는 세대에 구분 없이 호캉스를 즐기고 있다. 유럽에서는 아프리카와 가까운 지중해의 몰타가 호캉스를 즐기기 좋은 곳으로 유럽여행자들에게 인기를 끌고 있다.

코로나 바이러스로 인해 많은 관광지를 다 보고 돌아오는 여행이 아닌 가고 싶은 관광지와 맛좋은 음식도 중요하다. 이와 더불어 숙소에서 잠만 자고 나오는 것이 아닌 많은 것을 즐길 수 있는 호텔이나 리조트에 머무는 시간이 길어졌다. 심지어는 리조트에서만 3~4일을 머물다가 돌아오기도 한다.

Contents

뉴 노멀이란? | 2

INTRO | 16

스페인

ABOUT 스페인 | 18
한눈에 보는 스페인
스페인 사계절
스페인 여행을 떠나는 하는 8가지 이유

스페인 여행에 꼭 필요한 INFO | 38
간단한 스페인 역사
스페인의 번영과 쇠퇴
스페인의 왕국의 탄생
스페인 음식 / 스페인 맥주 / 스페인 와인
스페인의 대표적인 축제
연말 축제 / 스페인의 유네스코 세계 유산
여행 추천 일정
스페인 여행 물가
스페인 여행 계획 짜기
여행 준비물

스페인 자동차 여행 | 76

달라도 너무 다른 스페인 자동차 여행
스페인 자동차 여행을 해야 하는 이유
스페인 자동차 여행 잘하는 방법
스페인 자동차 여행 계획 하는 방법
안전한 스페인 자동차 여행을 위한 주의사항
스페인 도로사정 / 스페인 고속도로
스페인 렌트카 예약하기
스페인 도로 운전시 주의사항
교통표지판/ 차량 인도할 때 확인할 사항
해외 렌트 보험
야누스

마드리드 | 126

마드리드 이름의 유래
광장과 공원 도시, 마드리드의 풍경
마드리드 IN / 시내교통 / 베스트 코스 / 핵심 도보 여행
볼거리
레티로 공원 / 시벨레스 광장 / 마드리드 시청 / 알무데나 대성당 / 추에카 지구
알칼라 문 / 콜론 광장 / 국립 고고학 박물관 / 대표적인 마드리드 광장 Best 5
그란비아 거리 / 산 미구엘 시장 / 국립 소피아 예술 센터 / 레알 왕궁 / 라스 벤타스
마드리드 미술관 Best 3
전문점을 찾아가자!!
EATING
하몬이란?

사라고사 | *182*

사라고사 한눈에 파악하기
볼거리
로마 성벽 / 필라르 성모 대성당 / 필라르 광장 / 스페인 광장 / 로마 원형극장
알하페리아 궁전 / 라 세오 성당 / 카에사리아구스타 박물관
호세 안토니오 라보르데타 공원 / 사라고사 박물관

발렌시아 | *198*

발렌시아 신, 구의 조화, 발렌시아의 다양한 건축물,투리아 가든
올드 타운, 올드 타운 한눈에 파악하기
볼거리
왕의 광장 / 성모광장 / 라 론하 / 센트럴 마켓 / 마르케스 데 도스 아구아스 궁전
다목적 문화 / 엔터테인먼트 단지

세고비아 | *222*

간략한 세고비아 역사, 중세로의 시간 여행, 세고비아 수도교,
'악마의 수도교' 라는 이름에 얽힌 전설
알카사르, 세고비아 성모 대성당

톨레도 | *234*

톨레도 IN / 지도
베스트 코스, 톨레도 한눈에 파악하기
볼거리
알칸타라 다리 / 산타크루즈 미술관 / 알카사르 / 엘 그레코의 집 / 톨레도 대성당

바르셀로나 | *246*

About 바르렐로사
구석구석 바르셀로나 즐기기
바르셀로나 IN
바르셀로나 베스트 코스
핵심 도보 여행

람블라스 거리
볼거리
람블라스 거리 / 카탈루냐 광장 / 구엘 저택 / 포트 벨 / 해양 박물관 / 보케리아 시장

에샴플레 지구
볼거리
그라시아 거리 / 카사밀라 / 카사 바트요 / 사그라다 파밀리아 성당
탄생 파사드 / 수난 파사드
사진으로 보는 사그라다 파밀리아 성당의 공사 변천사

고딕지구
볼거리
바르셀로나 대성당 / 피카소 미술관 / 카탈루냐 음악당 / 바르셀로네타 해변
고딕 지구에 있는 바르셀로나의 대표적인 광장들

몬주익 지구
볼거리
국립 카탈루냐 미술관 / 에스파냐 광장 / 포블레 에스파뇰 / 마법의 분수 쇼
몬주익 언덕 / 미로 미술관

바르셀로나 북쪽
볼거리
구엘 공원 / 카사 비센스
스페인 요리 전문점
EATING

몬세라트 | *324*

몬세라트 IN
볼거리
몬세라트 수도원 / 모니스트롤 – 몬세라트 트레킹

안달루시아 | 330

ABOUT 안달루시아
플라멩코

그라나다 | 336

그라나다의 자랑거리
그라나다 IN
시내교통
그라나아의 베스트 코스
볼거리
그라나다 대성당 / 왕실 예배당 / 알카이세리아 거리 / 칼데레리아 누에바 거리
알함브라 궁전 / 국토회복운동의 슬픈 역사 VS 스페인 알함브라 궁전
궁전 전경 / 알함브라 궁전 제대로 관람하기 / 알바이신 / 알카사바 / 사크로몬테
국토회복운동의 슬픈 역사 스페인의 알함브라 궁전
EATING
그라나다의 대표적인 광장 Beat2
그라나다의 대표적인 수도원 Best 2

세비아 | *382*

세비야 둘러보기, 세비야 IN, 베스트 코스
볼거리
고고학 박물관 / 황금의 탑 / 왕립 마에스트란사 투우장 / 필라토스의 저택
마카레나 성당 / 세비야 미술관 / 세비야 대성당 / 히랄다 탑 / 알카사르,
인디아스 고문서관 / 세비야 대학 / 마리아 루이사 공원 / 스페인 광장 / 스페인 투우
플라멩코 박물관 / 플라멩코
EATING

알메리아 | *418*

시에라 네바다 산맥, 도시의 특징, 간략한 알메리아 역사
볼거리
알카사바 / 타베르나스 사막
할리우드 서부극의 촬영지
스페인, 알메리아 한 달 살기

론다 | *432*

론다 둘러보기, 론다 IN, 베스트 코스
볼거리
누에보 다리 / 타호 협곡 / 플라자 데 토로스 / 라라 박물관
산타 마리아 라 마요르 교회 / 푸에르타 데 알모카바르
EATING

코르도바 | *450*

한눈에 코르도바 파악하기
볼거리
로마교 / 칼라오라 탑 / 메스키타 대성당 / 알카사르
EATING

말라가 | *462*

간략한 말라가의 역사, 말라가의 매력, 말라가 한눈에 파악하기
볼거리
알카사바 / 히브랄파로 성 / 구시가지 / 피카소 미술관 / 대성당
말라케타 해변 / 떠오르는 신비의 길 / 왕의 오솔길

포르투갈

ABOUT 포르투갈 | *478*

포르투갈 사계절 / 한눈에 보는 포르투갈
포르투갈에 꼭 가야하는 이유
한눈에 보는 포르투갈 역사
포르투에서 한 달 살기

리스본 | *502*

리스본 개념잡기

알파마 지구

알파마 지구 둘러보기
리스본의 낭만, 28번 트램
포르투갈에 뚝뚝이?
볼거리
리스본 대성당 / 상 조르제 성

바이샤 지구

볼거리
코메르시우 광장 / 호시우 / 레스타우라도리스 광장 / 산타 주스타 엘리베이터
굴벵키안 미술관 / 에두아르두 7세 공원

벨렝 지구

볼거리
제로니무스 수도원 / 벨렝 탑 / 해양박물관 / 발견 기념비

포르투 | *534*

산업 & 항구도시
한눈에 포르투 파악하기
볼거리
포르투 성당 / 상 프란시스쿠 교회 / 동 루이스 1세 다리
히베이라 광장 / 레푸블리카 광장

Intro

1년 내내 낮과 밤을 가리지 않고 춤과 음악, 맛있는 음식, 술과 더불어 끊임없는 축제를 즐기는 나라가 스페인이다. 사람들은 자신의 혈관 속에 뜨거운 태양의 정열과 자유분방한 창조성이 넘쳐흐른다고 생각한다. 스페인라고 하면 열정적인 투우와 화려한 플라멩코 춤만을 떠올리는 사람들이 아직도 많지만 이것은 이제 역사 속으로 사라져야 할지도 모른다.

이베리아 반도의 심장부에 위치한 스페인은 유럽 대륙에 속새 있지만 좁은 해협을 사이에 두고 아프리카 대륙과 마주보고 있는데다 오랜 기간 동안 이슬람 세력인 무어인의 지배를 받았기 때문에 다른 서유럽 국가들과는 전혀 다른 분위기의 문화와 예술을 느낄 수 있는 특별한 나라이다. 벨라스케스와 고야, 피카소, 미로 등 위대한 예술가를 배출한 스페인에는 사람을 들뜨게 만드는 그 무엇인가가 공기 속에 깃들어 있다.

2007년부터 스페인 여행을 해왔지만 처음에는 스페인 여행의 즐거움이 크지 않았다. 오히려 소매치기가 많고 어수선한 스페인의 도시들이 여행의 즐거움을 반감시켜 다시는 스페인에 오지 않겠다고 생각했다. 그런데 2008년, 바르셀로나의 사그라다 파밀리아 성당의 먼지 자욱한 내부를 둘러보면서 시각이 달라지기 시작했다.

당시에는 누군지도 관심이 없었던 가우디가 생전에 완성하지 못한 성당을 왜 둘러보나 궁금하기 시작했다. 내부에는 먼지가 풀풀 날리는 공사장의 분위기와 다르게 기둥과 스테인드글라스를 보면서 완전히 다른 분위기에 매료되면서 다른 일정을 취소하고 성당에서 하루를 보냈다.

나에게 스페인은 기존의 서유럽 위주의 여행에서 탈피해 새로운 이슬람의 건축물과 현대에도 끊임없이 생산되고 있는 예술적인 아름다움은 스페인에 빠지게 만들었다.

꽃보다 할배, 스페인에서 대중매체에 소개되면서 대한민국의 유럽 여행 인기는 스페인을 1등으로 만들었다. 그만큼 스페인의 매력에 사람들은 빠지면서 기존의 마드리드나 바르셀로나에서 시작해 안달루시아 지방을 둘러보고 나오는 여행방식도 점차 바뀌기 시작했다.

일반적인 스페인 여행코스는 남부 지방의 안달루시아 지방 위주로 여행을 하기 때문에 사람들은 스페인에 대해 잘 알지 못하고 여행을 마친다. 그러면서 다시 스페인을 찾는 여행자는 스페인 북부와 소도시 위주로 여행을 하기 시작했다. 2020년에 시작된 코로나 바이러스가 전 세계를 강타하면서 이제는 사람들과의 접촉을 줄이면서 자동차로 원하는 도시로 여행을 하고 한 달 살기와 같은 장기 여행을 하고 있다. 이에 스페인 가이드북도 세부적으로 만들어져야 하는 시기가 되었다.

ABOUT
스페인

한눈에 보는 스페인

유럽의 서쪽에 있는 이베리아 반도에 위치한 스페인은 지브롤터 해협을 사이에 두고 아프리카와 마주하고 있다.

- ▶**위치** | 마드리드 기준 북위 40.2°, 서경 3.7°
- ▶**수도** | 마드리드
- ▶**시차** | 우리나라 보다 8시간 느리다.
  3월 마지막 주 일요일~10월 마지막 주 일요일까지 서머타임 실시로 7시간 느리다.
- ▶**면적** | 504,030km² (한반도의 약 2.3배)
- ▶**언어** | 스페인어(까스떼야노),
  지역 공용어(까딸란어,갈리시아어,바스크어)
- ▶**인종** | 라틴족
- ▶**종교** | 가톨릭 (77%)
- ▶**전력** | 220V(대한민국과 동일)

노랑은 국토, 빨강은 국가를 지키기 위해 흘린 피, 그림은 이베리아 반도에 있던 다섯 왕국의 표지를 조합하였다.

> **국기의 시작**
> 에스파냐 왕국(Reino de España)이 정식으로 붙여지고, 1843년 10월 13일 이사벨 2세가 군기(軍旗)로 사용한 이래 현재와 같은 국기가 사용되고 있다.

지형과 기후

험준한 산이 많고 따뜻한 이베리아 반도는 피레네 산맥이 남북으로 가로막아 자연스럽게 프랑스와 국경을 형성하고 있다. 남부는 반도와 섬이 많아 해안선이 복잡하고 북부는 고원으로 형성되어 있다.

스페인은 대체로 여름에는 덥고 건조하며, 겨울에는 비교적 따뜻하고 비가 자주 내리는 지중해성 기후가 나타난다. 하지만 땅이 넓어 지역에 따라 다양한 기후가 나타나고 있다. 지중해 연안인 스페인의 남동부는 일 년 내내 따뜻하지만 마드리드 위쪽의 중부 지방은 더운 여름과 추운 겨울의 기온 차이가 크다.

전통 옷

스페인의 전통 옷은 색이 화려하고 정열적이어서 플라멩코로 유명한 안달루시아 지역의 옷이 가장 화려하다. 안달루시아 지역의 여성들은 치마 밑 부분과 소매에 물결 모양의 주름 장식이 여러 겹 있는 드레스를 입는다. 드레스의 의상은 매우 다양하고 꽃, 점 등의 무늬로 화려하게 장식되어 있다.

이 드레스는 일반인들도 입지만 지금은 플라멩코를 추는 무용수들이 입고 있다. 남성은 앞여밈이 짧은 주름 장식이 달린 블라우스를 입고 다양한 색상의 짧은 윗옷이나 조끼를 입고, 바지는 허리 부분이 몸에 붙는 형태에 검은색으로 치장되어 있다.

스페인 사계절

스페인은 전 국토에서 4계절이 뚜렷하며, 해안지역은 지중해성 기후를, 내륙 고원 지역은 대륙성 기후를 보인다. 하지만 스페인 사람들은 대체로 여름에는 덥고 건조하며, 겨울에는 비교적 따뜻하고 비가 자주 내리는 지중해성 기후가 나타난다고 말한다.

땅이 넓어 지역에 따라 다양한 기후가 나타나고 있다. 지중해 연안인 스페인의 남동부는 일 년 내내 따뜻하지만 마드리드 위쪽의 중부지방은 더운 여름과 추운 겨울의 기온 차이가 크다. 봄과 가을의 평균기온은 8~21°, 여름은 25~45°, 겨울은 0~12°를 나타낸다. 강수량은 지역적으로 알메리아주, 무르시아주는 300㎜ 이하로 건조하지만 스페인 북부의 바스크주, 갈리시아주는 멕시코 난류의 영향으로 800㎜ 이상 지역으로 편차를 보인다.

봄/여름
Spring/Summer

북부에는 겨울을 끝내고 꽃망울을 피우려는 풍경이 대한민국의 봄과 비슷하지만 봄과 가을에도 남부 안달루시아 지방은 지중해성 기후의 햇살이 강하고 건물에 비춰져 반짝이는 모습을 보여준다. 그래서 지중해의 파란색과 대비되도록 모든 벽이 하얀 색으로 칠해 있는 마을을 볼 수 있다. 지중해는 햇빛이 하루 종일 비치는 곳으로 하얀 색은 빛을 반사하여 집을 흰색으로 칠하면 진한 색으로 칠했을 때보다 시원해진다.

여름 Summer

서머 타임제가 시행되고 남부 스페인의 한여름에는 밤 10시가 넘어서 해가 지기도 한다. 그래서 한여름 폭염 때문에 낮잠을 자는 '시에스타^{Siesta}'를 실시하여 오후에 문을 닫았다가 저녁에 다시 여는 가게도 많다. 일반적으로 점심은 오후 2시 이후, 저녁은 오후 8시 이후에 식당 영업을 시작한다.

기후가 만든 스페인의 낮잠 자는 시간 '시에스타'

남부 유럽은 거의 하루 종일 뜨거운 햇볕이 내리쬐는 지역이다. 특히 한낮에는 일하기가 힘들 정도로 매우 더워서 스페인 남부지방에는 점심 식사를 한 뒤에 2~3시간 정도 낮잠을 자는 풍습이 있다. 낮잠으로 원기를 회복한 뒤에 저녁까지 열심히 일하기 위한 것을 '시에스타'라고 부른다.

지중해성 기후를 가진 나라들은 대부분 시에스타가 있는데 시간은 조금씩 다르다. 그리스는 오후 2~4시, 이탈리아는 오후 1~3시, 스페인은 오후 1~4시 사이이다. 하지만 스페인은 시에스타 때문에 손해가 크다는 판단하에 공무원의 시에스타는 없애면서 농촌 지역을 제외하고 점차적으로 사라지고 있다.

겨울 Winter

북부의 바스크지방과 갈리시아 지방의 겨울은 비가 많이 오지만, 피레네 산맥에는 겨울에 눈이 많이 온다. 지중해성 기후를 나타내는 바르셀로나, 발렌시아 지방은 겨울에도 대한민국의 봄이나 가을 같은 기후를 나타내기 때문에 간단한 복장으로도 여행이 가능하다.

tvN 프로그램의 '윤Yoon식당' 촬영지였던 스페인 남서부 카나리아 제도는 아열대성 기후로 연중 온난 건조한 편이다. 연평균 기온은 22℃정도이며 겨울 1월 중 최저기온은 약 10℃ 정도이며, 9월 중 최고기온은 약 38℃이다.

▶기상청 : www.aemet.es

이국적인 분위기

스페인은 유럽 서남쪽의 이베리아 반도에 위치한 유럽에서 넓은 땅을 가진 나라 중 하나이다. 이 나라는 투우와 플라멩코, 정열적이고 쾌활한 국민성으로 널리 알려져 있다. 스페인은 유럽에 속해 있으면서도 다른 유럽 나라들에 비해 이국적인 느낌이 난다. 그것은 로마 가톨릭과 이슬람의 건축 양식을 섞어 놓은 사그라다 파밀리아 성당이나 남부 지방의 집들을 봐도 알 수 있다.

이슬람과 기독교문화의 공존

스페인에 이슬람 건축물이 남게 된 이유는 북부 아프리카의 이슬람교도들에게 8~15세기까지 지배를 받았기 때문이다. 이슬람교도들은 스페인의 일부 지역을 통치하면서 이슬람의 문화를 전하고 예술과 과학을 발달시켰다. 그러면서 스페인 사람들의 생활 곳곳에 많은 영향을 주었다.
이처럼 가톨릭 문화, 이슬람 문화가 오랫동안 공존하고 섞이면서 스페인은 유럽국가이면서도 유럽적이지 않은 독특한 색채를 지니게 되었다.

이슬람과 기독교문화의 공존

스페인은 해마다 많은 관광객들이 찾아오는 나라이다. 이슬람교, 로마 가톨릭, 유대교의 다양한 문화 유적이 넓은 땅 곳곳에 퍼져 있고, 지중해를 낀 아름다운 해변과 섬이 많기 때문이다. 특히 유럽인들 사이에서 휴양지로 인기가 많다. 관광 산업으로 벌어들이는 돈은 스페인의 전체 수입 중 가장 큰 비중을 차지하고 있다.

유럽 최대의 농업국가

에스파냐는 유럽 최대의 농업국 중 하나이다. 주로 포도, 올리브, 레몬 등을 많이 생산하는데, 특히 레몬은 세계에서 다섯 번째로 많이 생산되며, 올리브는 매년 약 45만 톤의 엄청난 양이 생산되고 있다.

■ 공업

마드리드, 바르셀로나, 빌바오 등을 중심으로 기계, 자동차, 석유 화학. 의류 산업 등이 발달해 있다. 아직은 서유럽이나 북유럽에 비해 경제력이 뒤쳐져 있지만 공업이 꾸준히 성장하고 있어서 잠재력이 유럽에서 큰 나라 중 하나이다.

■ 계속되는 분쟁

스페인은 빠르게 산업이 발달하고는 있지만 지역 분쟁이 일어나서 사회적 통합이 이루어지지 않고 있다. 이것은 스페인이 역사적으로 주변 이민족의 침략을 맞이 받아 다양한 민족으로 구성되어 있기 때문이다.

지역 분쟁이 일어나고 있는 대표적인 곳은 북부의 바스크 지역과 동부의 카탈루냐 지역이다. 이 두 지역 사람들은 자신들의 고유문화에 대한 자부심이 매우 강해서, 각각 자신들의 지역 언어를 주로 사용하고 있다. 특히 카탈루냐 사람들은 스페인으로부터 독립을 강하게 요구하고 있다.

> **스페인의 또 하나의 나라, 카탈루냐**
> 스페인은 오랫동안 여러 왕국으로 나뉘어 살아왔기 때문에 지역마다 특색이 강하다. 그 중에서도 바르셀로나가 있는 카탈루냐와 북쪽의 바스크는 스페인으로부터 독립을 요구할 정도로 독자성이 강하다.

스페인 여행을 떠나야 하는 이유

■ 친숙한 여행지 & 휴양지

스페인은 우리에게는 "꽃보다 할배" TV 프로그램에 나오면서 친숙해졌다. 지금은 유럽에서 가장 인기 있는 여행지가 되었지만 10년 전만 해도 치안이 불안하다고 하여 유럽 배낭여행에서 빠지기도 한 나라가 스페인이다.

이슬람교, 가톨릭교, 유대교의 다양한 문화가 스며들어 스페인의 넓은 영토에 퍼져 있고 지중해를 낀 아름다운 해변과 섬이 많아 몇 번을 방문해도 새로운 분위기를 느낄 수 있는 나라이다. 특히 이슬람의 지배를 받았던 남부 지방에 가면 건물 벽이 화려한 무늬가 타일로 장식된 것을 볼 수 있는데 이는 이슬람 건축 양식의 영향을 받은 것이다. 서양인들에게는 스페인 남부의 안달루시아 지방이 휴양지로 인기가 많다.

과거의 흔적이 남아 있는 다양한 건축 양식

이베리아 반도의 80%이상을 차지하는 스페인은 국토의 대부분이 해발 1,000m 안팎의 고원지대로 이루어져 있다. 스페인의 건축에는 이베리아 반도를 지배했던 여러 나라의 영향이 그대로 남아 있다. 로마 시대의 유적이 곳곳에 남아 있는데, 그 가운데 수로와 다리는 지금도 사용되고 있다.

이슬람의 지배를 받았던 스페인 남부 지역에는 이슬람의 건축 양식의 영향을 받은 여러 건축물이 남아 있는데, 그 가운데 가장 유명한 것이 그라나다에 있는 알함브라 궁전이다. 스페인에는 모두 1,400개가 넘는 성과 궁전이 있는데, 수도 마드리드 서북쪽에 있는 가장 크고 웅장한 엘에스코리알 궁전에는 300개의 방과 80개의 분수가 있고 스페인 왕들의 무덤도 있다.

다양한 먹거리

기후가 다양한 스페인에는 각 지방마다 너무 많은 음식들이 즐비하다. 후추, 마늘, 고추, 생강 등 향이 강한 향신료를 음식에 사용하는 음식이 많은데, 다른 유럽인들과 달리 마늘을 매우 좋아한다. 따뜻한 지중해성 기후를 가진 스페인 남부 지방은 해산물이 풍부하고 토마토와 올리브가 많이 생산되어 음식에도 빠지지 않는다. 음식에 올리브기름을 넣거나, 토마토를 끓이고 갈아서 채소와 고기 등의 여러 재료를 넣어 소스로 사용하는 것이 특징이다.

목축을 많이 하는 카스티야 지역은 양고기나 돼지고기를 이용한 육류 요리가 발달하였고, 지중해 연안은 스페인 최대의 쌀 생산지로 다양한 해산물을 쉽게 구할 수 있는 발렌시아 지방은 쌀과 해산물을 주재료로 하는 파에야가 발달했다. 날씨가 더운 안달루시아 지방은 차갑게 해서 먹는 수프인 가스파초를 많이 먹는다.

🟥 가도 가도 계속 보고 싶은 관광지가 가득

스페인은 2009년부터 본격적으로 여행을 계속 다녀오면서, 산티아고 순례길을 다녀오면서 계속해서 볼 관광지가 생기는 신기한 나라였다. 책을 쓰려고 마음을 먹은 후에도 단편적인 글만 썼지 어떻게 이해를 편하게 하면서 스페인을 이해하고 여행을 준비할 수 있는지에 대한 개념은 잡히지 않았다.

지속적으로 스페인 여행을 떠나면 재미있고 신기했지만 부족한 느낌을 지울 수 없었다. 남부와 북부, 카탈루냐 지방과 수도인 마드리드 등 비교를 하면서 여행을 떠나도 지루하지 않아 스페인 여행은 항상 설레게 만든다.

유럽의 수호자이자 강대국이었던 스페인

스페인은 15세기 후반, 아라곤과 카스티야 두 왕국이 합쳐져서 생긴 나라이다. 스페인은 이슬람 세력을 이베리아 반도에서 몰아낸 뒤, 맨 먼저 신항로 개척에 나서서 유럽에서 가장 힘센 나라가 될 수 있었다. 그러나 영국, 프랑스, 네덜란드와의 전쟁에서 진 뒤 해상권을 영국에 넘겨주었다.

1931년에 공화정이 들어서긴 했지만, 1939년부터 프랑코 장군이 30년 넘게 독재 정치를 펴 세계의 외톨이가 되었다. 마침내 1975년에 프랑코 장군이 죽자 스페인은 1978년에 제정된 헌법에 따라 입헌 군주국이 되었다. 오늘날 스페인은 나토와 UN에 가입하는 등 서유럽의 일원으로 활발히 활동하고 있다.

수많은 박물관과 미술관

스페인에는 우리가 많이 듣고 본 박물관의 작품들이 없지만 한번 보면 빠져드는 작품들이 너무 많다.
스페인의 수도인 마드리드에는 프라도 박물관에 전시된 프란치스코 고야 등 여러 스페인 화가의 세계적으로 명성을 날리는 소장품이 있고, 세계에서 가장 유명한 스페인인 화가의 작품 세계 발달사를 볼 수 있는 피카소 미술관은 바르셀로나에 있다. 빌바오에는 단연 티타늄 지붕과 미래주의적 건축 양식을 뽐내는 구겐하임 박물관이 있다.

사계절 언제든 여행을 떠날 수 있는 다양한 기후

유럽에서 3번째로 땅덩이가 큰 스페인은 그에 걸맞게 다양한 기후가 나타난다. 그래서 겨울에도 따뜻한 기후를 느끼며 여행을 다닐 수 있고, 북부지방에서는 하얀 겨울도 만날 수 있다.
대서양과 맞닿아 있는 서북 지방은 일 년 내내 습한 해양성 기후이고, 동남부 해안 지대는 여름에는 덥고 건조하며 겨울에는 따뜻하고 비가 오는 지중해성 기후이다. 또 중부 내륙은 스텝 기후 지역으로 비가 적게 내린다. 이베리아 반도의 80%이상을 차지하는 스페인은 국토의 대부분이 해발 1,000m 안팎의 고원지대로 이루어져 있다.

S · P · A · I · N

스페인 여행에 꼭필요한 INFO

간단한 스페인 역사

스페인 사람들은 서유럽의 다른 나라들보다 피부색이 검고, 곱슬머리와 머리칼은 검은색이나 갈색이 많다. 아프리카와 유럽, 지중해 주변에서 건너온 사람들이 혼혈을 이루고 약 800년동안 이슬람 왕조의 지배를 받으면서 아랍 인종과도 섞여 살았기 때문이다.

기원 전 3000년 ~기원 후 411년

이베로족과 켈트족의 융합
이베로족이 기원전 3000년경 아프리카에서 건너왔다. 기원전 800년경에는 중부 유럽에 살던 켈트족이 내려와 살았다. 그 뒤 기원전 500년경에 페니키아 인과 그리스 인들이 이베리아 반도에 도시를 건설했다. 이후 힘이 세진 로마가 이베리아 반도를 포함한 지중해 지역을 손에 넣었다. 이때부터 스페인 땅은 로마의 지배를 받게 되었다.

411년 ~711년

스페인 최초의 통일 왕국인 서고트 왕국
게르만족이 이동해 오면서 로마 제국의 힘은 약해졌다. 이때를 틈타 게르만족의 한 갈래인 서고트족은 이베리아 반도에 왕국을 세웠다. 하지만 711년 북아프리카에서 침입한 무어 인들에게 패해 서고트 왕국은 멸망하였다.

711년 ~1492년

이슬람 왕조 800년

이슬람교를 믿는 무어 인들이 들어와 스페인 땅을 지배하기 시작했다. 남부 코르도바를 중심으로 독립 왕국인 '알안달루시아'를 건설했다. 무어 인들은 당시 유럽 문명보다 과학, 기술, 문화가 발달했다. 이때 상업과 수공업이 발달해 스페인문화에 스며들었다. 이슬람 왕조 때의 위대한 학자로 이븐 루시드가 있다. 그는 법학, 철학, 의학 등 여러 분야에서 그리스의 철학자 아리스토텔레스의 책들을 연구해 아랍어로 번역하고 유럽에 소개했다.

레콘키스타와 스페인 왕국의 통일

이슬람 왕조는 처음에는 이베리아 반도 대부분을 점령했다. 북쪽으로 밀려났던 스페인 왕국은 서서히 힘을 키워 다시 점령지를 넓혀갔는데 이를 국토 회복 운동, '레콘키스타'라고 부른다. 그 중심에 섰던 카스티야 왕국과 아라곤 왕국은 두 왕국을 통일하고 1492년에 마침내 이슬람 왕조를 무너뜨렸다. 이로써 스페인 통일 왕국이 태어났다.

1492년 ~1812년

대항해 시대

여러 왕국으로 나뉘어져 있던 스페인 왕국들이 합쳐지면서 카스티야 왕국의 이사벨 여왕과 아라곤 왕국의 페르난도 2세는 결혼을 통해 두 왕국을 통일시켰다. 그리고 이슬람 왕조를 몰아내고 스페인을 통일했다. 이후 콜럼버스의 아메리카 대륙 발견으로 엄청난 부와 영토를 얻게 되었고 유럽과 라틴 아메리카, 동남아시아에 이르는 넓은 영토를 확보했다. 그러나 필립 2세 때부터 영국, 프랑스와 여러 번의 전쟁을 거치면서 대부분의 식민지를 잃고 쇠퇴하기 시작했다.

무적함대, 대항해 시대

스페인은 이슬람 왕조를 몰아낸 뒤로 크게 발전해 나갔다. 콜럼버스가

아메리카 대륙을 발견하면서 대항해 시대가 펼쳐졌다. 아메리카 대륙 곳곳을 식민지로 삼으면서 한때는 세계 최강의 해군인 무적함대를 자랑하였다.

스페인이 통일을 이룰 무렵, 유럽은 난처한 상황이었다. 오스만 제국이 지중해를 가로막는 바람에 동양과 교류하던 교역로가 막혀 버렸다. 유럽인들은 바닷길을 개척하였는데 그 선두에 섰던 나라가 바로 포르투갈과 스페인이다. 스페인은 콜럼버스의 아메리카 발견으로 대항해 시대를 열어 나갔다.

스페인의 무적함대

스페인은 지중해를 통해 유럽을 공격해 오던 오스만 제국과 레판토 해전에서 싸워 크게 이겼다. 이로써 스페인 해군은 '무적함대'라고 불리게 되었다. 하지만 필리페 2세는 영국을 점령하기 위해서 나섰다가 크게 패배하고 말았다. 이 전쟁의 패배로 스페인의 힘은 약화되었고 대항해 시대의 주도권이 영국으로 넘어갔다.

아메리카를 발견한 콜럼버스

콜럼버스는 이탈리아 출신의 뱃사람으로 스페인의 이사벨 여왕에게 대서양 횡단을 지원해 달라고 청해 승낙을 받아냈다. 서쪽으로 항해한 끝에 육지를 발견했는데 인도라고 착각한 것이다. 실제로 도착한 곳은 중앙아메리카의 산살바도르 섬이었다. 콜럼버스는 유럽인으로는 처음으로 아메리카를 발견했지만, 죽을 때까지 이곳을 인도하고 생각하였다. 그래서 오늘날 콜럼버스가 도착했던 섬 주변을 서인도 제도라고 한다.

변화하는 유럽인들의 삶

스페인은 아메리카에 있던 나라들을 정복하고 엄청난 양의 금과 진귀한 물건들을 빼앗아 왔다. 또, 사탕수수 농장을 만들어 설탕을 생산했다. 유럽 여러 나라에 비싼 값으로 팔아 어마어마한 돈을 벌어들였다. 아메리카에서 고구마, 토마토, 카카오, 옥수수, 감자, 고추, 담배가 전해지면서 유럽인들의 삶도 변화하게 되었다.

812년 ~1975년

프랑코 독재시대

1812년 스페인 최초의 헌법을 만들어 절대 군주제가 입헌 군주제로 바뀌었다. 그 후 1873년에 왕이 다스리지 않는 최초의 공화국을 세웠다. 하지만 1936년 프랑코 장군이 군사 반란을 일으켜 스페인 내란이 일어났다. 1939년 프랑코 장군의 군대가 승리하고 이후, 1975년까지 36년동안 프랑코의 긴 독재가 이어졌다.

프란시스코 프랑코(1892~1975)

국민군의 지도자로 스페인 내란에서 승리한 후 정권을 잡았고, 세계 2차대전에서 파시스트 정부가 집권한 독일과 이탈리아를 도왔다. 죽을 때까지 스페인 정부의 총통을 지냈다.

1975년 ~현재

민주화의 성공과 발전, 금융위기

1975년 프랑코가 죽고나서 스페인은 입헌 군주제를 채택했다. 이후 정당 활동이 자유롭게 보장되었고 정치도 안정되었다. 1986년 유럽연합에 가입했고 1992년 바르셀로나 올림픽을 개최하여 성공을 거둔 후에 경제적으로 성공한 나라로 발돋움했지만 2008년 미국의 금융위기 이후에 스페인은 재정위기로 힘들어하고 있다.

스페인의 번영과 쇠퇴

스페인은 대항해 시대를 처음에 주도하여 유럽의 최강대국으로 발전하였다. 하지만 그에 비해 유럽의 강대국으로 발전하지 못하고 오히려 쇠퇴하였다. 여러 가지 이유가 있겠지만 대항해 시대를 주도해 많은 해외 식민지를 건설하였지만 오랜 시간 번영하지 못하고 쇠퇴하였다.

대항해 시대 해외로, 절대 왕정으로 발전한 스페인

유럽에서 가장 먼저 절대 왕정의 틀을 갖춘 나라는 스페인이었다. 스페인은 식민지에서 들여오는 엄청난 양의 금과 은을 바탕으로 유럽의 어느 나라보다 부유해졌다. 16세기 후반 필리페 2세때 네덜란드와 북부 이탈리아, 포루투갈과 많은 식민지까지 지배했다. 또한 무적함대라고 불리는 막강한 해군을 바탕으로 1571년, 오스만 제국과 붙은 레판토 해전에서 승리하면서 지중해의 서쪽과 대서양을 장악하였다. 하지만 필리페 2세는 식민지 약탈에만 힘을 쏟아서 국내 산업의 발달에 신경을 쓰지 않았다.

계속되는 전쟁과 왕실의 사치 때문에 나라 살림이 거의 파산 상태에 이르렀고, 네덜란드가 독립 전쟁을 일으켜 스페인의 지배에서 벗어나 독립하면서 흔들리더니 무적함대가 영국에 패하면서 휘청거렸다. 스페인의 필리페 2세가 가장 번영하였고, 짧은 시간 무너져 번영한 기간도 매우 짧았다.

가장 먼저 식민지를 개척한 스페인

스페인은 다른 유럽나라들보다 먼저 식민지를 건설하기 시작했다. 16세기 중반에 이미 아메리카 대륙의 중남부에 식민지를 건설하였는데 기후가 온화한 땅에서 스페인에서 들여온 말, 소, 양을 이용해 대규모 목장을 경영하였고 열대 해안 지역에서는 사탕수수와 담배를 길렀다.

원주민을 강제로 동원하여 아프리카 흑인을 노예로 데려와 일을 시켰다. 아메리카 대륙에 묻혀 있는 금과 은이 스페인이 가장 탐내는 것이었다. 볼리비아의 포토시에서 세계 최대의 은광을 개발하여 엄청난 양의 금과 은을 캐내 스페인으로 가지고 와 필립 2세는 강력한 무적함대를 구축할 수 있었다.

스페인이 쇠퇴한 이유?

스페인은 아메리카 대륙과의 무역을 독점하기 위해 스페인 상인들에게만 무역 허가장을 내주고 모든 수출과 수입은 세비야 항을 통해서만 이루어지도록 하여 16세기에 가장 부강한 나라가 될 수 있었다. 하지만 스페인은 식민지에서 가져온 금과 은을 왕실의 사치와 전쟁 자금으로 사용하여 스페인의 산업을 발전시키지 못했다.

이에 반해 영국은 해상 무역으로 국부를 늘리고 모직물 공업 등의 국내 산업을 육성하고 프랑스도 왕권을 강화하고 국내 산업 육성에 주력하여 스페인이 식민지에서 가져온 금과 은을 영국과 프랑스의 상품을 사는데 사용하도록 하였다. 산업이 발달한 나라들의 발전은 스페인을 쇠퇴의 길로 접어들게 했다.

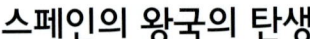

스페인의 왕국의 탄생

프랑스와 영국에서 국왕의 힘이 강해지는 가운데, 이베리아 반도에서도 강력한 왕권이 등장했다. 이 지역은 8세기 초반 이슬람 제국을 지배했던 우마이야 왕조의 침략을 받은 이후 줄곧 이슬람 세력의 지배를 받았다. 그런데 10세기경부터 크리스트교 신자들이 카스티야 지역에 세운 카스티야 왕국이 1085년에 이슬람 세력의 요충지인 톨레도를 차지한 뒤 점차 영토를 넓혀 갔다.

크리스트교 세력은 이슬람 세력과 전쟁을 계속해 13세기에 이르자 남부의 그라나다 지역을 제외하고 잃었던 영토를 대부분 회복했다. 당시의 오랜 전쟁을 가리켜 크리스트교 세력은 '재정복 운동'이라고 한다.

특히 15세기 후반에 이베리아 반도의 양대 세력인 아라곤 왕국과 카스티야 왕국 사이의 커다란 변화가 생겼다. 아라곤 왕국의 왕 페르난도 5세와 카스티야 왕국의 여왕 이사벨 1세가 결혼함으로써 통일된 스페인 왕국이 탄생한 것이다. 마침내 1492년, 스페인 왕국이 이슬람 세력의 근거지였던 나스르 왕조를 함락시키면서 결집된 힘을 과시했다.

이로써 이베리아 반도에서 이슬람 세력은 완전히 물러나고, 이베리아 반도는 크리스트교 세력이 주름잡게 되었다.

재정복 운동

11~13세기까지 크리스트교 세력이 이슬람 세력을 이베리아 반도에서 몰아내기 위해 벌인 군사 원정이다. 이베리아 반도는 8세기에 이슬람 세력이 점령했고 이에 따라 반도 북쪽과 동쪽 변두리에 작은 왕국들을 이루었다. 그러나 11세기 경 이슬람의 후우마이야 왕조가 내부 분열을 겪자, 이 틈을 타 크리스트교 세력이 이슬람 세력을 몰아내기 시작했다.

나스르 왕조

아랍계 나스르족이 세운 왕조이다. 수도가 그라나다여서 그라나다 왕국이라고 부른다. 나스르 왕조는 이베리아 반도에서 이슬람 세력을 내쫓으려는 크리스트교 세력에 의해 1236년 코르도바가 점령당하자 점차 남쪽으로 후퇴했다. 그러나 나스르 왕조는 알함브라 궁전과 그라나다 대학을 중심으로 학문과 예술을 발전시켰다.

한편, 유럽에서 이슬람 세력을 몰아낸 페르난도 5세와 이사벨 1세는 왕의 세력을 키우는 일에 열중했다. 페르난도 5세와 이사벨 1세는 우선 여러 도시와 동맹을 맺고, 동맹 도시에 재판권과 경찰권을 넘겨줌으로써 귀족을 견제할 수 있는 세력을 만들었다. 또한 귀족들의 성을 빼앗고 그 대신 귀족을 군인이나 관료로 임명함으로써 귀족들이 독자적인 세력을 키울 수 없도록 했다. 귀족을 억압하며 국왕의 힘을 키운 스페인 왕국은 그 뒤 유럽의 강대국으로 도약했다. 특히 대서양 항로 개척에 나서서 많은 식민지를 개척했다.

이처럼 유럽 곳곳에서 기존의 봉건 사회는 무너져 내렸다. 또한 교황과 크리스트교라는 정신적 기둥마저 흔들렸다. 그 틈을 타서 나라마다 국왕의 힘은 더욱 커졌다. 유럽인들 사이에 국왕을 중심으로 한 국가의 국민이라는 국민 의식이 서서히 싹트게 되었다.

스페인 음식

스페인 사람들은 후추, 마늘, 고추, 생강 등 향이 강한 향신료를 음식에 많이 사용한다. 특히 다른 유럽인들과 다르게 마늘을 매우 좋아해서 요리에 자주 사용한다. 남유럽에서 국토가 가장 넓은 스페인은 각 지역마다 기후나 풍토, 문화가 조금씩 다르다. 그런 만큼 지역마다 특색 있는 요리들이 발달했다. 목축을 많이 하는 카스티야 지역은 양고기나 돼지고기를 이용한 육류 요리가 발달했다.

또한 스페인은 유럽 최대의 쌀 생산지이자, 지중해 연안에 있어서 다양한 해산물을 쉽게 구할 수 있는 발렌시아 지역은 쌀과 해산물을 주재료로 하는 파에야^{Paella}가 발달했다. 날씨가 더운 안달루시아 지역은 차갑게 해서 먹는 수프인 가스파초를 많이 먹는다.

■ 하몽(Jamón)

돼지 뒷다리를 통째로 소금에 절여 훈연하거나 건조시킨 스페인의 전통 햄이다. 날 것을 소금에 재워 말린 고기로 쫄깃쫄깃하고 씹을수록 고소한 맛이 난다. 스페인 타베르나 문화에서 빼놓을 수 없는 별미이다. 하몽 중에서도 18개월 이상 도토리만 먹여 키운 흑돼지로 만든 이베리코 하몽$^{Ibérico\ Jamón}$이 고급이다.

■ 플란(Flan)

계란의 노른자와 우유, 설탕을 섞어 만든 단맛이 나는 후식이다.

■ 보카디요(BocadilloJamón)

절반 크기의 바게트 사이에 하몽이나 초리소, 치즈, 야채 등을 넣은 스페인식의 샌드위치이다. 이름은 한 입에 먹을 수 있는 양을 의미하는 'Bocado'에서 유래하였다.

토르티야(Tortilla)

계란에 감자, 양파, 구운 피망, 햄 등을 넣어 만든 음식이다. 옥수수 가루로 만든 멕시코의 토르티야와는 다른 음식이다.

가스파초(Gapacho)

토마토, 피망, 오이, 양파, 빵, 올리브유 등으로 만든 안달루시아의 대표음식으로 태양이 강한 안달루시아에서 더운 여름을 이기기 위해 만든 차가운 스프이다.

코치니요(Cochinillo)

세고비아 지방의 대표적인 요리로 태어난 지 20일 정도 된 새끼 돼지를 오븐에 구운 음식이다.

초리소(Chorizo)

다진 돼지고기, 소금, 빨간 피망을 다져 만든 것을 순대처럼 넣어 만든다. 후추를 첨가하기도 한다.

살치차(Salchidcha)

초리소와 비슷한 이탈리아의 살라미 Salami 와도 비슷하다. 햄과 돼지비계에 후추 열매를 섞어 창자에 채워 넣어 만든다. 소금에 어느 정도 올려놓아 간이 베게 한 다음, 건조시키기 위해 야외에 그냥 두거나 연기를 쏘여 보관한다.

파에야(Paella)

쌀에 해물이나 고기, 야채, 샤프란을 넣어 만든 스페인식 볶음밥으로 발렌치아 지방의 대표적인 요리이다. 해물이나 닭고기를 넣어 만든 걸쭉한 볶음밥으로 만들어 먹기도 하여 지역에 따라 약간씩 다른 맛을 낸다. 샤프란을 넣어 노란 빛이 나기도 하고 오징어 먹물을 넣어 검은 빛이 나기도 한다.

피바다(Fabada)

콩을 이용한 일종의 전골 요리로 스페인의 북동쪽에 위치한 아스푸리아스 지방의 요리이다.

바칼라오 알 라 비스카이나 (Bacalao a la vizcaina)

바스크식의 대구 요리로 대구, 마른 후추, 양파만으로 만든 바스크 지방의 대표요리이다.

사르수엘라(Zarzuela)

생선과 해물을 주재료로 해 한 가지 소스만 넣어 만든 요리로 나중에는 과일과 고기, 가금류 등을 넣어 만드는 바르셀로나 지역의 대표적인 요리이다.

소파 데 아호(Sopa de ajo)

빵, 마늘, 올리브기름, 피망만을 가지고 만드는 마늘 수프로 스페인 중앙에 위치한 카스티야 라만차 지방의 대표적인 요리이다.

추로스(Churros)

밀가루에 베이킹 파우더를 넣어 반죽해 막대 모양으로 튀겨낸 음식을 초콜릿에 찍어 먹는다. 이를 추로스 콘 초콜라테Churros con chocolate라고 한다.

우리나라의 추로스보다 더 부드러우며, 초콜라테는 진하고 무겁다. 갓 구운 추로스를 초콜라테에 찍어 먹으면 간식으로 훌륭하다. 스페인 사람들은 아침식사로 먹는 경우가 많다.

타파스(Tapas)

뚜껑이나 책 표지를 의미하는 단어인 타파스^{Tapas}는 저렴한 가격에 다양한 음식을 맛볼 수 있는 스페인 대표 음식으로 사실은 와인이나 맥주와 함께 먹는 안주가 발전한 요리라 보면 된다.

끼니를 간단히 때우기에 제격으로, 대부분 카페나 바^{Bar}에서는 스페인 사람들의 일상이 되어 버린 타파스^{Tapas}를 판매한다. 치즈, 생선, 계란, 야채 요리, 카나페 등의 간단한 것에서 복잡한 요리까지 포함된다. 바스크 지방에서는 핀초스^{Pinchos}라고 한다.

스페인 맥주

스페인은 국토가 넓고 다양한 기후를 가지면서 각 지방이 서로 달리 살아왔다. 그래서 맥주 브랜드에서도 다양하게 지방마다 특색이 있다. 주말에는 점심을 먹고 나서 친구들이나 가족끼리 1, 2, 3차를 맥주와 와인을 바^{Bar}를 돌아다니면서 마시고 이야기를 나눈다. 그들에게는 이런 이야기를 나누는 즐거움이 매우 큰 행복의 요소이다. 그만큼 맥주는 스페인 사람들에게 중요하다고 할 수 있다.

■ 마호우(Mahou)

중부지방에서 주로 볼 수 있는 마호우^{Mahou}는 마드리드에 본사를 둔 스페인 최고의 맥주 회사이다. 마드리드에서 1890년에 만들어진 맥주 회사로 패일 라거$^{Pale\ lager}$ 스타일의 맥주이다.

■ 마호우(Mahou)

1885년 말라가에서 만들어진 후에, 1890년, 필리핀으로 옮겼다. 그래서 필리핀 맥주라고 알고 있는 사람들도 있는 산 미구엘$^{San\ Miguel}$은 말라가에 본사를 둔 스페인 안달루시아 맥주이다. 마호우 – 산미구엘$^{mahou-\ san\ miguel}$ 이라는 회사로 말라가와 필리핀에 지사를 두고 있는데 마호우와 같은 패일 라거$^{Pale\ lager}$ 스타일의 맥주이다.

■ 알함브라(Alhambra)

그라나다의 대표 맥주인 알함브라^{alhambra}는 1925년 만들어진 그라나다 대표 맥주인 알함브라는 1990년대부터 경영난을 겪다가 2006년에 마호우^{Mahou}가 인수하였다. 앰버 라거$^{Amber\ lager}$ 스타일의 맥주는 마호우와 조금 다른 맥주 맛을 즐길 수 있다.

■ 에스뜨레야 댐(Estrella Damm)

바르셀로나에 본사를 둔 맥주회사로 검정색의 띠를 두른 브랜드로 알려져 있다. 라거lager와 몰타doble malta 스타일의 맥주 맛이 특징이다.

■ 에스뜨레야 갈리시아 (Estrella Galicia)

저자가 산티아고 순례길을 많이 걸어서인지 가장 입에 맞는 맥주이다. 1906년에 갈리시아 주에서 만들어진 맥주는 현재, 스페인 북동부 지방에서 가장 인기가 많은 맥주이다.

■ 암바르(Ambar)

사라고사 대표맥주인 암바르는 라거 스타일의 맥주로 맛이 풍부하다는 평가를 받고 있다.

스페인 와인

스페인 와인은 쉽다. 이탈리아와 프랑스에 이어 세계 3대 와인생산국인 스페인, 프랑스 와인에 비해 포도의 질감이 그대로 드러나기 때문에 맛이 있다고 느끼는 경우가 많다. 스페인의 남부인 안달루시아 지방은 더운 지방이고 1년 내내 태양이 뜨겁게 달구기 때문에 대부분의 와이너리들은 북부의 라 리오하 지방에 서늘한 고원지대에 위치해 있다. 그래서 서늘한 지대에서 재배된 포도는 잘 익어 풍부한 포도맛과 동시에 좋은 산미가 있는 와인은 복잡하지 않고 높은 풍미를 느끼게 해준다.

스페인 와인의 역사

기원전 3~4천년, 로마제국의 통치 아래 포도가 재배되고 와인 양조가 시작되었다. 로마제국의 멸망한 이후 이슬람교를 믿는 무어 족이 통치하면서 와인은 거의 사라지기에 이르렀다. 국토 회복 운동으로 가톨릭 국가로 다시 성장하면서 와인이 다시 생산되기에 이르렀다. 16세기 중반, 영국 국왕 헨리 8세와 스페인 공주와의 결혼으로 당시 스페인 와인이 미국과 영국으로 수출량이 증가했으나, 두 사람이 이혼하면서 수출은 주춤하게 되었다. 그러다가 19세기 중반에 결정적인 스페인 와인을 다시 평가하는 계기를 맞게 되었다. 프랑스를

중심으로 퍼진 필록세라 균으로 유럽의 포도밭이 황폐화되었을 당시, 다행이 피해가 없던 스페인 북부의 라 리오하 지방이 대체 와인 생산지로 스페인 와인을 알리게 되었다. 스페인 와인은 인기를 끌면서 세계 시장으로 진출하기 시작하였다.

20세기 초, 결국 스페인에도 필록세라 균이 퍼지면, 스페인 내전과 1~2차 세계대전까지 겹치며 스페인 경제가 타격을 입으면서 와인도 동력을 잃었다. 이후 스페인 경제는 1950년대나 되어서야 안정을 되찾았고 1980년대부터 양질의 와인 생산과 함께 세계 3대 와인강국으로 올라서게 되었다.

스페인 와인의 평가 체계

- **DO de Pago (Denominaci&oacuten de Pago)**
개인의 소유한 포도원에서 생산된 와인에 붙여지는 등급으로 최근에 등급을 만들었다. 국제적으로 높은 호평을 받으면서 2009년까지 9개가 선정되어 있다.

- **DOC (Denominaci&oacuten de Origen Calificada)**
DO보다 한 단계 높은 등급으로 좋은 품질의 와인으로 선정된 후, 같은 품질을 유지하면 선택이 된다. 1991년에 리오하Rioja가 최초로 승급되고, 그 후 프리오랏Priorat이 2003년에, 리베라 델 두에로Ribera del Duero가 2008년에 승급되었다.

- **DO (Denominaci&oacuten de Origen)**
스페인 와인 생산 지역의 2/3에 달하는 수많은 와인들이 대부분 속해 있는 등급이다. 콘세호 레굴라도르Consejo Regulador라는 기관의 규제를 받아 선정이 된다.

- **VCPRD (Vino de Calidad Producido en Regi&oacuten Determinada)**
DO 등급으로 승격되기 바로 이전 단계로 프랑스의 VDQS (Vin D&eacutelimité de Qualité Sup&eacuterieure)와 거의 흡사하다.

■ VdIT (Vinos de la Tierra)
와인 라벨에 지역명을 표기하는데 세밀한 지역이 아닌 폭넓은 지역명을 넣어서 대중적인 와인을 선정할 때 선택하는 등급이다.

■ VdM (Vino de Mesa)
'테이블 와인'이라고 부르는 특정된 포도원이나 양조장의 표기가 없으며 양조법과 포도의 블렌딩 또한 규제 받지 않은 저렴한 와인이다. 가격은 대부분 저렴한데 간혹 독특한 블렌딩으로 놀라운 맛이 탄생하는 경우도 있다.

와인 숙성에 따라 다른 표기
크리안자(Crianza)
레드 와인의 경우는 2년의 숙성을 거치는데, 오크통에서 적어도 6개월 이상을 보관해야 한다. 로제와 화이트 와인은 오크통 숙성 기간은 같지만 전체 숙성 기간은 1년 이상이다.

리제르바(Reserva)
레드 와인은 1년 동안의 오크통 숙성을 합쳐 적어도 3년의 시간이 필요하며, 로제와 화이트 와인은 6개월의 오크통 숙성과 더불어 2년 정도의 기간을 거친다.

그랑 리제르바(Gran Reserva)
레드 와인은 5년의 기간을 갖는데, 오크통에서 1년 6개월과 병에 넣은 후 3년을 거쳐야 한다. 로제와 화이트 와인은 적어도 6개월 이상의 오크통 보관과 함께 4년의 숙성 기간을 거친다.

스페인 대표 와인 품종
아이렌 (Air&eacuten)
스페인에서 가장 큰 재배 면적을 차지할 정도로 가장 대중적인 품종이다. 고원 지대에서 주로 생산되며, 알코올 도수가 높고 산화가 쉽게 되는 특성으로 인해 스페인산 브랜디 양조의 기본 포도로도 사용되어 왔다. 중부의 라 만차 La Mancha 지역의 주요 포도로, 레몬과 청사과의 향이 살짝 감도는 단순하고 드라이한 화이트 와인으로 탄생된다.

가르나챠(Garnacha Tinta)
적 포도 중에 가장 재배 면적이 크고 수확량도 많다. 스페인의 동부, 서부, 북부 등 여러 곳에서 재배되지만 수확량을 적게 한 곳에서 생산된 와인은 템프라니요 Tempranillo 와 카리녜 Cari&ntildeena와 섞어 양질의 뀌베를 만들어 내기도 한다. 컬트 와인처럼 진한 체리 향, 밝은

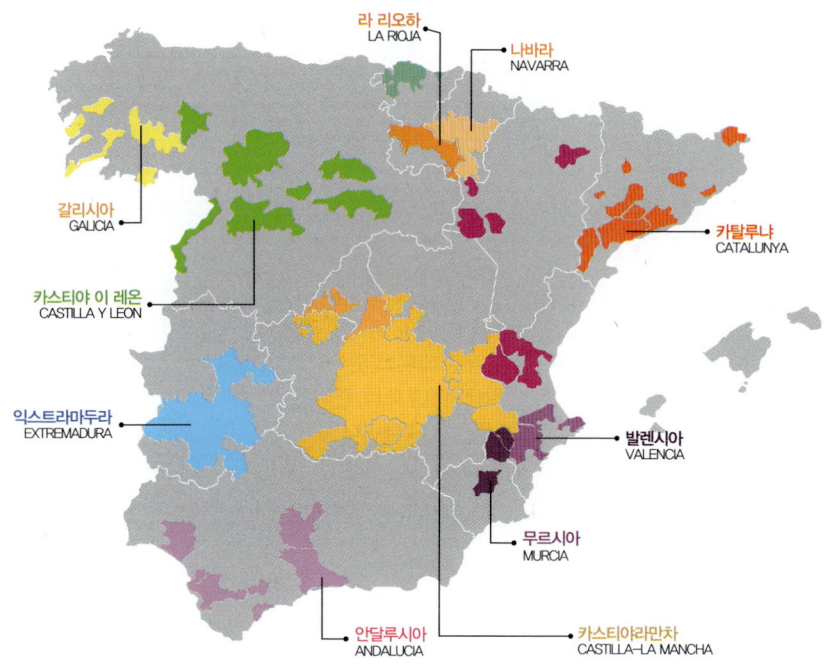

레드 색, 벨벳처럼 부드럽고 풀 바디한 특성을 지니게 된다. 'DOC Priorat'이 대표적이다.

보발(Bobal)
한 때 사라졌다 최근에 다시 급부상한 포도로, 포도가 달리 익기 때문에 재배하기 매우 까다롭지만 수확이 좋을 때는 우아하면서 복합적인 특징을 가진 와인으로 만들어 진다. 높은 지대에서 보통 생산하여 산도가 높고 알코올이 낮다.

템프라니요 (Tempranillo)
스페인을 대표하는 품종이지만 지방마다 다른 이름으로 불리기도 한다. 라 리오하$^{La\ Rioja}$ 나 리베라 델 디에로$^{Ribera\ del\ Diero}$ 같은 스페인 북부의 추운 지역에서 잘 자란다. 알코올과 산도의 조화가 잘 어우러지는 포도로 오크통에서 숙성하면 풍부하고 복합적인 맛의 와인으로 탄생된다. 짙은 루비색과 체리 혹은 잘 익은 무화과의 향미를 내며 때론 너무 오래 오크통에서 숙성되어 동물의 가죽 향이 짙어 지기도 한다.

알바리뇨 (Albari & ntildeo)
가장 비싸고 맛있는 와인으로 탄생하는 품종으로 갈리시아^{Galicia} 지방에서 주로 재배된다. 살구, 키위 같은 짙은 과일 향과 함께 꽃향기도 함께 들어 있으며, 리아스 바이하스 두 블랑코$^{Rias\ Baixas\ DO\ Blanco}$ 같은 여운이 긴 화이트 와인을 만든다.

스페인의 대표적인 축제

■ 라스 파야스(Las Fallas)

라스 파야스는 스페인의 동부 발렌시아 지방에서 목수들의 수호성인 산 호세 주간인 3월 15~19일까지 행해지는 스페인 3대 축제 중의 하나로, 중세 때 목수들이 일을 마무리하고 남은 목재 부스러기들을 모아 태워 버린 데서 비롯되었다. 오늘날에는 목공예 기능인들이 축제 때 불에 태울 작품을 만들기 위해서 1년 내내 준비한다.

유명한 인물이나 사건을 상징하는 목조 건축물이나 인형들을 지상 4~5층 높이로 만들어 거리 곳곳에 전시한다. 축제의 마지막 날인 3월 15일 '산 호세^{San Jose}'의 날에 모든 작품들을 일시에 불태우는데, 이는 한해에 쌓인 나쁜 일들과 낡은 것을 부수고, 새것을 창조하는 의미를 가진다. 오늘날 축제의 성격은 변화되어 정치, 사회적인 문제나 사건을 코믹하게 풍자하고 있다.

■ 세마나 산타(Semana Santa)

세마나 산타는 성^{Santa} 주간^{Semana}이라고 하는데, 성지 주일 Domingo de Ranos부터 부활절 주일Domingo de Resurreccion까지 행해지는 가톨릭 축제로 예수의 수난과 죽음을 기리는 행렬이 이어진다. 세비야의 축제가 가장 화려하다고 알려져 있다.

■ 4월의 축제(Feria de Abril)

4월의 축제는 스페인 남부 안달루시아 지방에 있는 세비야에서 세마나 산타가 끝나고 1주일 동안 열리는 축제이다. 축제 기간 동안에 플라멩코 옷이나 장식이 화려한 옷 등 전통적인 복장을 한 사람들을 쉽게 볼 수 있다. 정오가 되면 세비야 전통 스타일로 갖춰 입은 사람들이 말을 타고 행진을 한다.

■ 산 페르민(San Fermin)

산 페르민은 스페인의 북동쪽에 자리한 팜플로나 시에서 매년 7월6일 정오부터 14일까지 열리는 축제이다. 3세기 말 팜플로나의 주교이자 수호 성지인 산 페르민을 기리는 축제이다. 이

축제의 하이라이트는 소몰이인데 이는 투우에 쓰일 소들을 투우장까지 달리게 하면서 목과 허리에 빨간 손수건과 띠를 두르고 하얀 옷을 입은 사람들이 이 투우들과 함께 투우장까지 달리는 축제 행사의 하나이다. 이들이 소와 함께 달리는 거리는 불과 900m 정도로 몇 분에 지나지 않는다.

■ 라 토마티나(La Tomatina)

라 토마티나는 8월의 마지막 주 수요일, 발렌시아에서 서쪽으로 40㎞ 떨어진 인구 1만 명 남짓의 소도시인 부뇰^{Bunol}에서 열리는 축제이다. 11시에 신호탄이 발사되면 100ton이 넘는 토마토가 트럭에서 쏟아져 나오면서 시작된다.
이 축제는 1944년 시민들이 시의회 의원들에게 토마토를 던지면서 항의해 자신들의 의사가 관철된 것을 기념하여 벌어진 축제이다. 축제가 끝나면 청소차들은 2시간 동안 토마토로 인해 붉게 물든 도시를 깨끗하게 청소한다.

■ 인간 탑 쌓기(Castell-Torre humana)

인간 탑 쌓기는 발렌시아 지방의 춤에 그 기원을 두었다. 100~200명의 참가자들은 팀마다 독특한 셔츠를 입고 탑을 쌓는다. 이 축제는 주로 카탈루냐와 발렌시아 지방의 일부 마을에서 행해진다. 예전에는 전통 놀이로 1년에 한두 번 정도 열렸으나, 지금은 매월 거행된다.

연말 축제

스페인의 크리스마스 축제는 12월 22일 밤부터 시작하여 동방 박사가 예수의 탄생을 축하하기 위해서 예수를 방문했던 1월 6일까지 이어진다.

■ 새해 전야(Nochevieja)

많은 사람이 붉은 속옷을 입고 새해에 행운이 있기를 기원한다. 자정에 울리는 12번의 시계 종소리에 맞춰 포도 한 알씩, 모두 12알을 먹는다. 이른 행운의 '포도$^{Las\ uvas\ de\ Suerte}$'라고 부르는 데, 12알을 시간 내에 모두 먹으면 새해에 행운이 온다고 믿는다.

■ 성탄절(Navidad)

12월 24일과 25일에는 아기 예수의 탄생을 기리기 위해서 마구간^{Belen}을 만들어 온 가족이 모여 식사를 한다. 크리스마스 전통의 단 과자 투론^{Turron}, 마사판^{Mazapan}, 폴보론^{Polvoron}, 작은 인형이 든 로스콘^{Roscon} 빵을 먹는다.

■ 동방 박사의 날
(El Dia de los Reyes Magos)

1월 6일은 동방 박사들이 아기 예수에게 금, 향, 몰약을 선물한 날이다. 수십 대의 마차 행렬이 동방 박사의 행렬과 함께 사탕이나 선물을 나누어 주며 시내 일주를 한다.
스페인어 권에서는 성탄절에 아이들이 동방 박사들에게 받고 싶은 선물을 편지에 쓰고, 동방 박사로 분장한 어른들은 1월 5일 밤 잠자는 아이들에게 선물을 한다.

스페인의 유네스코 세계 유산

■ 톨레도 구시가지

톨레도는 과거 스페인의 중심지였던 도시로 서고트 왕국, 이슬람 왕국, 크리스트교 왕국의 수도로 번영을 누렸다. 고딕양식으로 지어진 톨레도 대성당과 이슬람과 고딕 양식이 혼합된 톨레도 성 등이 다양한 양식의 유적들이 남아 있다.

■ 그라나다의 알함브라

스페인의 남부 지방을 지배한 이슬람의 마지막 왕조가 지은 건축물로 그라나다를 대표하는 궁전이다. 그라나다를 한눈에 볼 수 있는 구릉 위해 세워진 알함브라는 궁전, 정원, 요새로 이루어져 있는데, 궁전의 장식이 매우 섬세하고 아름다워 이슬람 문화의 뛰어난 예술을 엿볼 수 있다.

■ 산티아고 데 콤포스텔라

스페인의 작은 도시이지만 우리에게는 산티아고 순례길의 마지막 종착지로 유명하다. 예수의 제자 중 한 명인 야곱이 크리스트교를 전파하려다 순교한 곳으로 알려져 있다. 10세기에 이곳에서 야곱의 유해가 발견된 뒤, 산티아고 데 콤포스텔라는 예루살렘과 로마에 이어 유럽의 3대 성지 순례지가 되었다. 여기에는 대성당, 수도원 등 중세 기대의 건물들이 많이 남아 있는데 특히 야곱을 기리며 세운 대성당이 가장 유명하다.

■ 알타미라 동굴

알타미라는 스페인 북부의 칸타브리아 주에 있는 동굴 유적으로 동굴 벽에는 들소와 매머드, 사슴 등 당시의 동물들이 생동감 있게 그려져 있다. 이 벽화를 통해 구석기 시대의 사냥 방법과 사용한 무기, 예술의 수준을 알 수 있다.

여행 추천 일정

스페인 여행에 대한 정보가 많을 것 같지만 부족하다는 것이 내가 내린 결론이다. 특히나 스페인 여행코스는 어떻게 여행계획을 세울까? 라는 걱정은 누구나 가지고 있다. 하지만 스페인 여도 역시 유럽의 나라를 여행하는 것과 동일하게 도시를 중심으로 여행을 한다고 생각하면 여행계획을 세우는 데에 큰 문제는 없을 것이다.

1 먼저 지도를 보면서 입국하는 도시와 출국하는 도시를 항공권과 같이 연계하여 결정해야 한다. 스페인으로 여행을 계획하고 있다면 수도인 마드리드에서 카탈루냐의 바르셀로나로 나오는 여행을 하거나 반대로 바르셀로나에서 시작하여 마드리드로 나오는 똑같은 여행코스로 들어가고 나가는 도시만 바꾸는 방법이 있다. 대한항공은 마드리드로, 아시아나 항공은 바르셀로나로 직항을 운항하고 있으니 참고하면 좋다.

> **항공사 선택**
> 대한항공은 마드리드로, 아시아나 항공은 바르셀로나로 직항을 운항하고 있어서 직항으로 가려면 같은 항공사를 선택할 수 없다. 경유하는 항공사를 선택한다면 마드리드로 IN하고 바르셀로나로 OUT하거나 반대로 바르셀로나로 IN, 마드리드로 OUT하는 항공을 선택할 수 있다.

2 스페인의 이베리아 반도를 보면 배가 나온 사람의 배처럼 아래로 볼록 튀어 나온 형태의 국토 모양이다. 여행사의 패키지 여행코스나 많은 대한민국의 여행자들은 안달루시아 지방의 세비야, 그라나다. 코르도바, 론다를 여행하므로 스페인의 북부지방으로 여행하는 경우는 많지 않다.

3 바르셀로나에서 야간열차를 타고 안달루시아의 그라나다. 코르도바, 세비야를 여행하고 마드리드 근교의 톨레도를 거쳐 수도인 마드리드에서 대한민국으로 돌아가는 여행코스를 선택한다. 야간열차를 이용하므로 숙박비를 아낄 수 있고 여행일정도 짧은 기간에 하나의 도시라도 더 볼 수 있기 때문이다. 마드리드에서 근교의 톨레도를 여행하고 이어서 안달루시아 지방의 코르도바, 세비야, 론다, 그라나다 여행을 하고 바르셀로나로 이동한다. 시작하는 도시에 따라 여행하는 도시의 루트가 같지만 일정은 조금 다르게 된다.

4 입국 도시가 결정되었다면 여행기간을 결정해야 한다. 중점적으로 둘러보고 싶은 도시는 어디인지 확인해야 한다. 마드리드와 바르셀로나를 각각 2~3일로 여행하므로

나머지 기간을 확인하여 이동하는 도시를 결정해야 한다. 스페인의 안달루시아 지방의 도시를 얼마나 여행할지에 따라 여행기간이 길어지거나 짧아질 수 있다.
스페인의 대표적인 대도시인 마드리드와 바르셀로나를 중점적으로 여행하고 마드리드에서 근교인 톨레도와 세고비아를 여행하고 바르셀로나에서 근교의 몬세라트, 시체스, 헤로나 등의 도시를 여행하는 경우도 많다.

5 7~14일 정도의 기간이 스페인을 여행하는데 가장 기본적인 여행기간이다. 그래야 중요 도시들을 보며 여행할 수 있다. 물론 2주 이상의 기간이라면 스페인의 북부나 안달루시아 지방의 다른 도시까지 볼 수 있지만 개인적인 여행기간이 있기 때문에 각자의 여행시간을 고려해 결정하면 된다.

■ 바르셀로나 출발

카탈루냐 지방 집중 투어
바르셀로나 → 몬세라트 → 피게레스 → 지로나 → 시체스 → 바르셀로나

바르셀로나&북동부지방

바르셀로나 → 몬세라트 → 이동(1일) → 빌바오 → 산 세바스티안 → 바르셀로나

바르셀로나 & 마드리드 집중투어 / 8일

바르셀로나(2일) → 몬세라트 → 피케레스 → 지로나 → 시체스 → 마드리드(2일)

바르셀로나(2일) → 몬세라트 → 피케레스 → 시체스 → 톨레도 → 세고비아 → 마드리드(2일)

패키지 기본투어 / 9일

바르셀로나(2일) → 야간기차 → 그라나다 → 론다 → 세비야 → 코르도바 → 마드리드

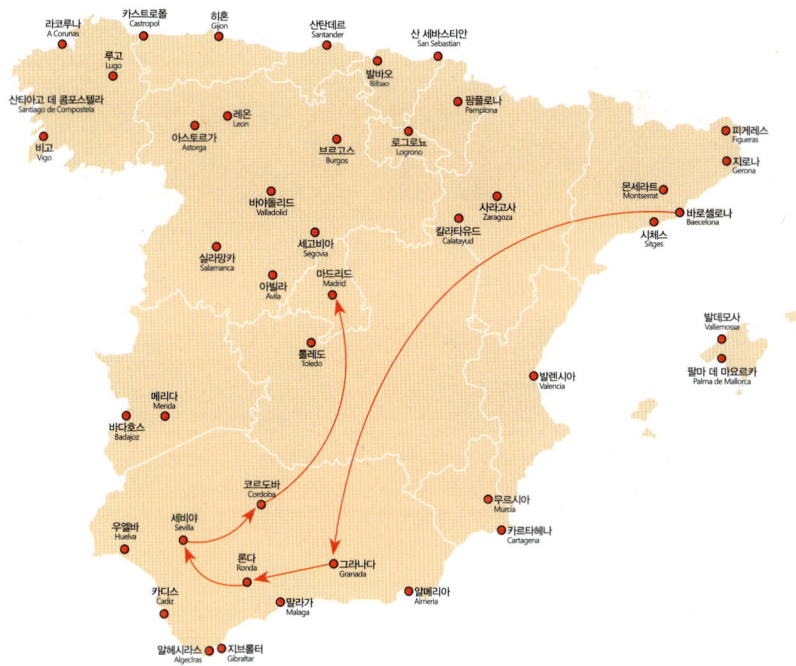

안달루시아 집중투어 / 14일(2주)

바르셀로나(2일) → 야간기차 → 그라나다 → 말라가 → 왕의 오솔길 → 론다 → 세비야 → 코르도바 → 톨레도 → 세고비아 → 마드리드

스페인 전체 투어 / 3주

바르셀로나(3일) → 몬세라트 → 야간기차 → 그라나다 → 말라가 → 왕의 오솔길 → 론다 → 세비야 → 코르도바 → 톨레도 → 세고비아 → 팜플로나 → 산 세바스티안 → 빌바오 → 마드리드(2일)

마드리드 출발

마드리드와 근교 집중 투어 / 6일
마드리드 → 톨레도 → 세고비아 → 살라망카 → 마드리드

마드리드&안달루시아지방 패키지 투어 / 7일
마드리드 → 톨레도 → 세비야 → 그라나다 → 바르셀로나

> 9일 마드리드
> & 5일 산티아고 순례길(완주증 받기)
>
> 마드리드(기차로 사리아 이동) → 사리아 → 포르투마린 → 팔라스 데 레이 → 멜리데 → 아르수아 → 산티아고 데 콤포스텔라 → 마드리드

마드리드 & 바르셀로나 집중투어

마드리드 → 세고비아 → 톨레도 → 몬세라트 → 피케레스 → 시체스 → 바르셀로나

마드리드 & 북부 기본투어 / 10일

마드리드(2일) → 톨레도 → 부르고스 → 산 세바스티안 → 빌바오 → 레온 → 세고비아 → 마드리드

마드리드 & 북부 집중투어 / 14일

마드리드(2일) → 톨레도 → 부르고스 → 산 세바스티안 → 빌바오 → 레온 → 아스토르가 → 살라망카 → 세고비아 → 마드리드

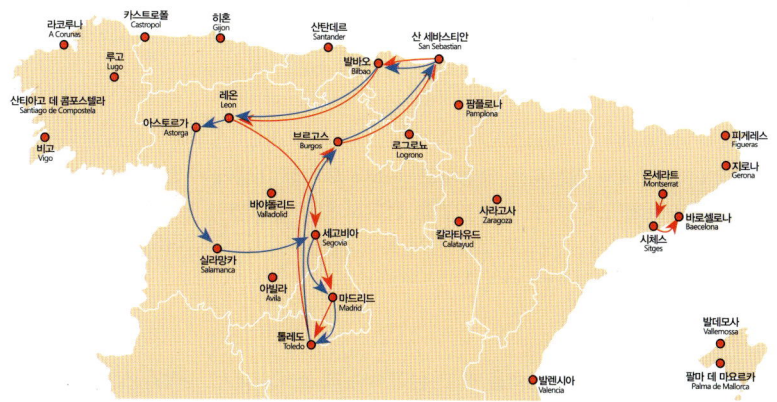

■ 스페인 숙소에 대한 이해

스페인 여행이 처음이고 자유여행이면 숙소예약이 의외로 쉽지 않다. 자유여행이라면 숙소에 대한 선택권이 크지만 선택권이 오히려 난감해질 때가 있다. 스페인 숙소의 전체적인 이해를 해보자.

1 | 숙소의 위치
스페인의 각 도시의 볼거리는 시내에 주요 관광지가 몰려있다. 따라서 스페인의 대부분의 숙소는 도시에 몰려 있기 때문에, 또 시내에서 떨어져 있다면 도시 사이를 이동하는 데 시간이 많이 소요되어 좋은 선택이 아니다. 먼저 시내에서 얼마나 떨어져 있는지 먼저 확인하자.

2 | 숙소예약 앱의 리뷰를 확인하라.
스페인의 숙소는 몇 년 전만해도 호텔과 호스텔, 민박이 전부였다. 하지만 에어비앤비를 이용한 아파트도 있고 부킹닷컴 같은 다양한 숙박 예약 어플도 생겨났다. 가장 먼저 고려해야 하는 것은 자신의 여행비용이다. 항공권을 예약하고 남은 여행경비가 7박 9일에 100만 원 이하라면 호스텔이나 민박을 이용하라고 추천한다. 스페인에는 많은 호스텔이 있어서 호스텔도 시설에 따라 가격이 조금 달라진다. 숙소예약 앱의 리뷰를 보고 여행자가 많이 이용하는 호스텔로 선택하면 선택해 문제가 되지는 않을 것이다.
스페인 여행에서 가장 편리한 점은 호텔 등의 숙박을 하려고 할 때 저렴한 숙소도 시설이 좋은 편이라는 점이다. 또한 조식도 제공하는 경우가 많아서 다른 유럽여행보다 숙소의 비용은 부담이 덜 된다.

3 | 내부 사진을 꼭 확인
호텔의 비용은 3~15만 원 정도로 저렴한 편이다. 호텔의 비용은 우리나라호텔보다 저렴하지만 시설이 좋지는 않다. 오래된 건물에 들어선 건물이 아니지만 관리가 잘못된 호텔보다 공유 숙박을 이용한 아파트나 개인 집들이 의외로 많다. 반드시 룸 내부의 사진을 확인하고 선택하는 것이 좋다.

4 | 에어비앤비를 이용해 아파트를 이용
시내에서 얼마나 떨어져 있는지를 확인하고 숙소에 도착해 어떻게 주인과 만날 수 있는지 전화번호와 아파트에 도착할 수 있는 방법을 정확히 알고 출발해야 한다. 아파트에 도착했어도 주인과 만나지 못해 아파트에 들어가지 못하고 1~2시간만 기다려도 화도 나고 기운도 빠지기 때문에 여행이 처음부터 쉽지 않아진다.

5 | 스페인 여행에서 민박을 이용
여행자는 한국인이 운영하는 민박을 찾고 싶어 하는데 소도시에서 민박을 찾기는 쉽지 않다. 민박보다는 호스텔이나 게스트하우스, 홈스테이에 숙박하는 것이 더 좋은 선택이다.

알아두면 좋은 스페인 이용 팁

1. 미리 예약해도 싸지 않다.
일정이 확정되고 호텔에서 머물겠다고 생각했다면 먼저 예약해야 한다. 임박해서 예약하면 같은 기간, 같은 객실이어도 비싼 가격으로 예약을 할 수 밖에 없다는 것이 호텔 예약의 정석이지만 여행일정에 임박해서 숙소예약을 많이 하는 특성을 아는 숙박업소의 주인들은 일찍 예약한다고 미리 저렴하게 숙소를 내놓지는 않는다.

2. 취소된 숙소로 저렴하게 이용한다.
스페인에서는 숙박당일에도 숙소가 새로 나온다. 예약을 취소하여 당일에 저렴하게 나오는 숙소들이 있다. 스페인 숙소의 취소율이 의외로 높아서 잘 활용할 필요가 있다.

3. 후기를 참고하자.
호텔의 선택이 고민스러우면 숙박예약 사이트에 나온 후기를 잘 읽어본다. 특히 한국인은 까다로운 편이기에 후기도 적나라하게 숙소에 대해 평을 해놓는 편이라서 숙소의 장, 단점을 파악하기가 쉽다. 스페인 숙소는 의외로 저렴하고 내부 사진도 좋다고 생각해도 의외로 직접 머문 여행자의 후기에는 당해낼 수 없다. 유명한 호스텔에 내부 사진도 좋고 가격도 저렴하게 책정되어 예약을 하고 가봤는데 지저분하고 침대시트에 얼룩이 많아서 시트를 벗겨내고 잠을 청했던 기억도 있다.

4. 미리 예약해도 무료 취소기간을 확인해야 한다.
미리 호텔을 예약하고 있다가 나의 여행이 취소되든지, 다른 숙소로 바꾸고 싶을 때에 무료 취소가 아니면 환불 수수료를 내야 한다. 그러면 아무리 할인을 받고 저렴하게 호텔을 구해도 절대 저렴하지 않으니 미리 확인하는 습관을 가져야 한다.

5. 에어컨이 없다?
경치가 좋고, 자연적 분위기에서 머물 수 있는 숙소로는 독립된 공간을 사용하여 인기가 많다. 하지만 냉장고도 없는 기본 시설만 있는 것뿐만 아니라 에어컨이 아니고 선풍기만 있는 숙소가 있다. 가격이 저렴하다고 무턱대고 예약하지 말고 에어컨이 있는 지 확인하자. 더운 여름에는 에어컨이 쾌적한 여행을 하는 데에 중요하다.

6 | 숙소 예약 사이트

부킹닷컴(Booking.com)
에어비앤비와 같이 전 세계에서 가장 많이 이용하는 숙박 예약 사이트이다. 체코에도 많은 숙박이 올라와 있다.

부킹닷컴
www.booking.com

에어비앤비(Airbnb)
전 세계 사람들이 집주인이 되어 숙소를 올리고 여행자는 손님이 되어 자신에게 맞는 집을 골라 숙박을 해결한다. 어디를 가나 비슷한 호텔이 아닌 현지인의 집에서 숙박을 하도록 하여 여행자들이 선호하는 숙박 공유 서비스가 되었다.

에어비앤비
www.airbnb.co.kr

스페인 여행 물가

스페인 여행의 가장 큰 장점은 저렴한 물가이다. 스페인 여행에서 큰 비중을 차지하는 것은 항공권과 숙박비이다. 항공권은 대한항공, 아시아나 항공 같은 직항이나 에어프랑스, 카타르 항공 등이 유럽의 각 도시를 경유해 스페인의 마드리드나 바르셀로나까지 가는 항공을 저렴하게 구할 수 있다.

숙박은 저렴한 호스텔이 원화로 10,000원대부터 있어서 항공권만 빨리 구입해 저렴하다면 숙박비는 큰 비용이 들지는 않는다. 하지만 좋은 호텔에서 머물고 싶다면 더 비싼 비용이 들겠지만 호텔의 비용은 저렴한 편이다.

▶**왕복 항공료** | 68~148만 원
▶**버스, 기차** | 3~30만 원(스페인 기차 패스 이용)
▶**숙박비(1박)** | 1~10만 원
▶**한 끼 식사** | 2천~4만 원
▶**입장료** | 2,700~30,000원

구분	세부 품목	3박4일	6박7일
항공권	에어프랑스, 대한항공	680,000~1,480,000원	
택시, 버스, 기차	택시, 버스, 기차	약 4,000~30,000원	
숙박비	호스텔, 호텔, 아파트	300,000~1,200,000원	500,000~1,600,000원
식사비	한끼	5,000~30,000원	
시내교통	택시, 우버	2,000~30,000원	
입장료	박물관 등 각종 입장료	2,000~8,000원	
		약 1,270,000원~	약 1,690,000원~

스페인 여행 계획 짜기

1 | 주중 or 주말
스페인 여행도 일반적인 여행처럼 비수기와 성수기가 있고 요금도 차이가 난다. 7~8월의 성수기를 제외하면 항공과 숙박요금도 차이가 있다. 비수기나 주중에는 할인 혜택이 있어 저렴한 비용으로 조용하고 쾌적한 여행을 할 수 있다. 주말과 국경일을 비롯해 여름 성수기에는 항상 관광객으로 붐빈다. 황금연휴나 여름 휴가철 성수기에는 항공권이 매진되는 경우가 허다하다.

2 | 여행기간
스페인 여행을 안 했다면 "스페인이 유럽 어디에 있지?"라는 말을 할 수 있다. 하지만 일반적인 여행기간인 7박9일의 여행일정으로는 다 못 보는 나라가 스페인이다.
스페인 여행은 대부분 7박 9일~9박 11일이 많지만 스페인의 깊숙한 면까지 보고 싶다면 3주 정도 여행은 가야 한다.

3 | 숙박
성수기가 아니라면 스페인 여행의 숙박은 저렴하다는 점이다. 숙박비는 저렴하고 가격에 비해 시설은 좋다. 주말이나 숙소는 예약이 완료된다. 특히 여름 성수기에는 숙박은 미리 예약을 해야 문제가 발생하지 않는다. 소도시로 가면 당일에도 숙소가 있지만 만일을 대비하는 것이 필요하다.

4 | 어떻게 여행 계획을 짤까?
먼저 여행일정을 정하고 항공권과 숙박을 예약해야 한다. 여행기간을 정할 때 얼마 남지 않은 일정으로 계획하면 항공권과 숙박비는 비쌀 수밖에 없다. 특히 스페인처럼 뜨는 여행 지역은 항공료가 상승한다. 최대한 저렴하게 구입하는 방법을 찾아야 한다. 숙박시설도 호스텔로 정하면 비용이 저렴하게 지낼 수 있다. 유심을 구입해 관광지를 모를 때 구글맵을 사용하면 쉽게 찾을 수 있다.

5 | 식사
스페인 여행의 가장 큰 장점은 물가가 저렴하다는 점이다. 그렇지만 고급 레스토랑은 스페인도 비싼 편이다. 한 끼 식사는 하루에 한번은 비싸더라도 제대로 식사를 하고 한번은 스페인 사람들처럼 간단하게 아침 식사를 하면 적당하다. 시내의 관광지는 거의 걸어서 다닐 수 있기 때문에 투어비용은 도시를 벗어난 투어를 갈 때만 교통비가 추가된다.

여행 준비물

1 | 여권
여권은 반드시 필요한 준비물이다. 의외로 여권을 놓치고 당황하는 여행자도 있으니 주의하자. 유효기간이 6개월 미만이면 미리 갱신하여야 문제가 발생하지 않는다.

2 | 환전
유로를 현금으로 준비하는 것이 가장 효율적이다. 예전에는 은행에 잘 아는 누군가에게 부탁해 환전을 하면 환전수수료가 저렴하다고 했지만 요즈음은 인터넷 상에 '환전우대권'이 많으므로 이것을 이용해 환전수수료를 줄여 환전하면 된다.

3 | 여행자보험
물건을 도난당하거나 잃어버리든지 몸이 아플 때 보상 받을 수 있는 방법은 여행자보험에 가입해 활용하는 것이다. 아플 때는 병원에서 치료를 받고 나서 의사의 진단서와 약을 구입한 영수증을 챙겨서 돌아와 보상 받을 수 있다. 도난이나 타인의 물품을 파손 시킨 경우에는 경찰서에 가서 신고를 하고 '폴리스리포트'를 받아와 귀국 후에 보험회사에 절차를 밟아 청구하면 된다. 보험은 인터넷으로 가입하면 1만원 내외의 비용으로 가입이 가능하며 자세한 보상 절차는 보험사의 약관에 나와 있다.

4 | 여행 짐 싸기
짧은 일정으로 다녀오는 스페인 여행은 간편하게 싸야 여행에서 고생을 하지 않는다. 돌아올 때는 면세점에서 구입한 물건이 생겨 짐이 늘어나므로 가방의 60~70%만 채워가는 것이 좋다. 주요물품은 가이드북, 카메라(충전기), 세면도구(숙소에 비치되어 있지만 일부 호텔에는 없는 경우도 있음), 수건(해변을 이용할 때는 큰 비치용이 좋음), 속옷, 상하의 1벌, 신발(운동화가 좋음)

5 | 한국음식

고추장/쌈장

각종 캔류

즉석밥

라면

6 | 준비물 체크리스트

분야	품목	개수	체크(V)
생활용품	수건(수영장이나 바냐 이용시 필요)		
	썬크림		
	치약(2개)		
	칫솔(2개)		
	샴푸, 린스, 바디샴푸		
	숟가락, 젓가락		
	카메라		
	메모리		
	두통약		
	방수자켓(우산은 바람이 많이 불어 유용하지 않음)		
	트레킹화(방수)		
	슬리퍼		
	멀티어뎁터		
	패딩점퍼(겨울)		
식량	쌀		
	커피믹스		
	라면		
	깻잎, 캔 등		
	고추장, 쌈장		
	김		
	포장 김치		
	즉석 자장, 카레		
약품	감기약, 소화제, 지사제		
	진통제		
	대일밴드		
	감기약		

달라도 너무 다른 스페인 자동차 여행

유럽에서 특별한 휴가를 보내고 싶다면, 최근에 유럽에서 인기를 끌고 있는 스페인, 시간이 멈춘 곳으로 다양한 문화가 결합하여 특별한 분위기를 자아내는 스페인을 자동차로 여행하는 관광객이 많아지고 있다. 사방에 꽃으로 새로운 시작이 되었다는 즐거움, 대한민국이 미세먼지로 숨 쉬는 것조차 힘들어 조심스러워 외부출입이 힘들지만 스페인에는 미세먼지가 없다. 한 여름에도 그늘만 들어서면 시원하게 불어오는 바람을 맞을 수 있고, 뜨거운 햇빛이 비추는 해변에서 나에게 비춰주는 따뜻한 마음이 살아 있는 스페인이 당신을 기다리고 있다.

우리가 알고 있던 유럽 여행과 전혀 다른 느낌을 보고 느낄 수 있으며, 초록이 뭉게구름과 함께 피어나는, 깊은 숨을 쉴 수 있도록 쉴 수 있고, 마음대로 자동차를 타고 여행하는 것이 더 편리한 곳이 스페인이다. 최근에 아시아나항공이 바르셀로나로 직항을 취항하면서 관광객은 더욱 쉽게 꿈꿀 수 있게 되었다.

스페인의 대중교통은 고속철인 렌페는 은근 비싸다. 그래서 자동차로 스페인을 여행하는 것은 최적의 조합이라고 할 수 있다. 더운 여름에도 필요한 준비물은 아침, 저녁으로 긴 팔을 입고 있던 바다부터 따뜻하지만 건조한 빛이 나를 감싸는 스페인의 자갈 해변 모습이 생생하게 눈으로 전해온다.

자동차 여행을 해야 하는 이유

나만의 유럽 여행

자동차 여행에서 가장 큰 장점은 나만의 여행을 다닐 수 있다는 것이다. 버스나 기차를 이용해 다니는 일반적인 스페인 여행과 달리 이동 수단의 운행 여부나 시간에 구애 받지 않고 본인이 원하는 시간에 이동이 가능하며, 국토의 면적이 크기 때문에 대중교통으로 이동하기 힘든 스페인은 유럽에서 가장 패키지 여행 수요가 많은 나라이다.

왜냐하면 자유여행으로 다니기에는 대중교통이 잘 갖춰진 나라는 아니었기 때문이다. 그래서 스페인 소도시 위주의 여행을 하려면 자동차는 필수이다. 그래서 최근에 자동차 여행은 급격하게 늘어나는 추세이다.

짐에서 해방

스페인을 여행하면 울퉁불퉁한 돌들이 있는 거리를 여행용 가방을 들고 이동할 때나 지하철에서 에스컬레이터 없이 계단을 들고 올라올 때 무거워 중간에 쉬면서 이렇게 힘들게 여행을 해야 하는 지를 자신에게 물어보는 여행자가 의외로 많다는 사실을 알았다.

일반적인 스페인 여행과 다르게 자동차 여행을 하면 숙소 앞에 자동차가 이동할 수 있으므로 무거운 짐을 들고 다니는 경우는 손에 꼽게 된다.

줄어드는 숙소 예약의 부담

대부분의 스페인 여행이라면 도시 중심에 숙소를 예약을 해야 하는 부담이 있다. 특히 성수기에 시설도 좋지 않은 숙소를 비싸게 예약할 때 기분이 좋지 않다. 그런데 자동차 여행은 어디든 선택할 수 있으므로 자신이 도착하려는 곳에서 숙소를 예약하면 된다. 또한 내가 어디에서 머무를지 모르기 때문에 미리 숙소를 예약하지 않고 점심시간 이후에 예약을 하기도 한다.

도시 중심에 숙소를 예약하지 않으면 숙소의 비용도 줄어들고 시설이 더 좋은 숙소를 예약할 수 있게 된다. 자동차 여행을 하다보면 여행 일정이 변경되는 경우가 많다. 대표적인 스페인의 도시인 바르셀로나는 도시 내에서 숙소 예약이 대단히 힘들지만 조금만 도시를 벗어나 인근의 소도시에는 성수기에도 당일에 저렴하게 나오는 숙소가 꽤 있기 때문에 숙소를 예약하는 데 부담이 줄어들게 된다.

줄어드는 교통비

스페인 여행을 기차로 하려고 가격을 알아보면 상당히 비싼 교통비용을 알게 된다. 그래서 최근에는 자동차를 3~4인이 모여 렌트를 하고 비용을 나누어 스페인을 여행하는 경우가 많아졌다.

자동차 여행을 2인 이상이 한다면 2주 정도의 풀보험 렌터카 예약을 해도 70만 원 정도에 유류비까지 더해도 100만 원 정도면 가능하다. 교통비를 상당히 줄일 수 있다는 사실을 알 수 있다.

줄어든 식비

대형마트에 들러 필요한 음식을 자동차에 실어 다니기 때문에 미리 먹을 것을 준비하여 다니면 식비 절감을 할 수 있다. 하루에 점심이나 저녁 한 끼를 레스토랑에서 먹고 한 끼는 숙소에서 간단하게 요리를 해서 다니면 식비 절감에 도움이 된다.

소도시 여행이 가능

자동차 여행을 하는 여행자는 스페인 여행을 다녀온 여행자가 대부분이다. 한 번 이상의 스페인 여행을 하면 소도시 위주로 여행을 하고 싶은 생각을 하게 된다. 그런데 시간이 한정적인 직장인이나 학생, 가족단위의 여행자들은 소도시 여행이 쉽지 않다.

자동차로 소도시 여행은 더욱 쉽다. 도로가 복잡하지 않고 교통체증이 많지 않아 이동하는 피로도가 줄어든다. 그래서 자동차로 소도시 위주의 여행을 하는 여행자가 늘어난다. 처음에는 자동차로 운전하는 경우에 사고에 대한 부담이 크지만 점차 운전에 대한 위험부담은 줄어들고 대도시가 아니라 소도시 위주로 여행일정을 변경하기도 한다.

단점

자동차 여행 준비의 부담
처음 자동차 여행을 준비하는 사람에게는 큰 스트레스가 될 수 있다. 일반적인 유럽여행과는 다르게 자동차를 가지고 여행을 하는 것은 다른 여행 스타일이 만들어지기 때문에 출발 전에 부담이 될 수 있다.

운전에 대한 부담
기차로 이동을 하면 이동하는 시간 동안 휴식이나 숙면을 취할 수 있지만 자동차 여행의 경우에는 본인이 운전을 해야 하므로 피로도가 증가할 수 있다. 그래서 자동차 여행을 일정을 빡빡하게 만들어서 모든 것을 다 보고 와야겠다고 생각한다면 스트레스와 함께 다 볼 수 없다는 생각에 실망할 수도 있다.

1인 자동차 여행자의 교통비 부담
혼자서 여행하는 경우에는 기차 여행에 비해 더 많은 교통비가 들 수도 있으며, 동행을 구하기 어렵다. 동행이 생겨 같이 여행해도 렌트 비용에서 추가적으로 고속도로 통행료, 연료비, 주차비 등의 비용이 발생하는 데 서로간의 마찰이 발생하기도 한다.

스페인 자동차 여행 잘하는 방법

출발 전

1. 항공편의 In / Out과 주당 편수를 알아보자.

입·출국하는 도시를 고려하여 여행의 시작과 끝을 정해야 한다. 항공사는 매일 취항하지 않는 경우가 많기 때문에 날짜를 무조건 정하면 낭패를 보기 쉽다. 따라서 항공사의 일정에 맞춰 총 여행 기간을 정하고 도시를 맞춰봐야 한다.

가장 쉽게 맞출 수 있는 일정은 1주, 2주로 주 단위로 계획하는 것이다. 스페인은 대부분 수도인 마드리드, 동부의 바르셀로나로 입국하는 것이 여행 동선 상에서 효과적이다.

2. 스페인 지도를 보고 계획하자.

스페인을 방문하는 여행자들 중 유럽 여행이 처음인 여행자도 있고, 이미 경험한 여행자들도 있을 것이다. 누구라도 생소한 스페인을 처음 간다면 어떻게 여행해야 할지 일정 짜기가 막막할 것이다. 기대를 가지면서도 두려움도 함께 가지고 있다. 일정을 짤 때 가장 먼저 정해야 할 것은 입국할 도시를 결정하는 것이다. 스페인 여행이 처음인 경우에는 스페인 지도

를 보고 도시들이 어떻게 연결되어 있는지 알아두는 것이 좋다. 스페인은 남북으로도 길고 동서로도 긴 국토자체가 큰 특징이 있어서 마드리드부터 남부의 안달루시아 지방을 거쳐 동부의 바르셀로나로 여행하는 경우가 일반적이므로 여행계획을 세우기가 어렵지 않다.

일정을 직접 계획하기 위해서는 다음의 3가지를 꼭 기억 해두자.
① 지도를 보고 도시들의 위치를 파악하자.
② 도시 간 이동할 수 있는 도로가 있는지 파악하자.
③ 추천 루트를 보고 일정별로 계획된 루트에 자신이 가고 싶은 도시를 끼워 넣자.

3. 가고 싶은 도시를 지도에 형광펜으로 표시하자.

일정을 짤 때 정답은 없다. 제시된 일정이 본인에게는 무의미할 때도 많다. 자동차로 가기 쉬운 도시를 보면서 좀 더 경제적이고 효과적으로 여행할 방법을 생각해 보고, 여행 기간에 맞는 3~4개의 루트를 만들어서 가장 자신에게 맞는 루트를 정하면 된다.

① 도시들을 지도 위에 표시한다.
② 여러 가지 선으로 이어 가장 효과적인 동선을 직접 생각해본다.

4. '점'이 아니라 '선'을 따라가는 여행이라는 차이를 이해하자.

① 이동하는 지점마다 이동거리를 표시하고
② 여행 총 기간을 참고해 자신이 동유럽의 여행 기간이 길면 다른 관광지를 추가하거나 이동거리를 줄여서 여행한다고 생각하여 일정을 만들면 쉽게 여행계획이 만들어진다.

스페인 자동차 여행 강의나 개인적으로 질문하는 대다수가 여행일정을 어떻게 짜야할지 막막하다는 물음이었다. 해외여행을 몇 번씩 하고 여행에 자신이 있다고 생각한 여행자들이 이탈리아를 자동차로 여행하면서 자신만만하게 준비하면서 실수를 하는 경우가 많다. 예를 들어 우리가 스페인 여행에서 마드리드에 도착을 했다면, 3~5일 정도 마드리드의 숙소에서 머무르면서, 마드리드를 둘러보고 다음 도시로 이동을 한다. 하지만 스페인 자동차 여행은 대부분 도로를 따라 이동하기 때문에 자신이 이동하려는 지점을 정하여 일정을 계획해야 한다. 다시 말해 스페인의 각 도시를 점으로 생각하고 점을 이어서 여행 계획을 만들어야 한다면, 자동차 여행은 도시가 중요하지 않고 이동거리(㎞)를 계산하여 여행계획을 짜야 한다.

5. 항공권을 결정하면 렌터카를 예약해야 한다.

렌터카를 예약할 때 글로벌 렌터카 회사로 예약을 할지 로컬 렌터카 회사로 예약을 할지 결정해야 한다. 안전하고 편리함을 원한다면 당연히 글로벌 렌터카 회사로 결정해야 하지만 짧은 기간에 1개 나라 정도만 렌터카를 한다면 로컬 렌터카 회사도 많이 이용한다. 특히 스페인은 도시를 이동하는 기차시간이 많지 않고 버스가 불편한 나라라서 렌터카로 여행하는 것이 더 효율적일 경우가 많다.

6. 유로는 사전에 소액은 준비해야 한다.

공항에서 시내로 이동하려고 할 때 렌터카로 이동하면 상관없지만 마드리드를 지나쳐 스페인 남부, 안달루시아 지방이나 서부의 포르투갈로 이동한다면 고속도로를 이용할 수 있다. 고속도로를 이용한다면 통행료나 휴게소 이용할 때 현금을 이용해야 할 때가 있으니 사전에 미리 준비해 놓자.

공항에 도착 후

1. 심(Sim)카드를 가장 먼저 구입해야 한다.

공항에서 차량을 픽업해도 자동차 여행에서 가장 중요한 것은 스마트폰이다. 스마트폰은 네비게이션 역할도 하지만 응급 상황에서 다양하게 통화를 해야 할 수도 있다. 그래서 차량을 픽업하기 전에 미리 심(Sim)카드를 구입하고 확인한 다음 차량을 픽업하는 것이 순서이다.

심(Sim)카드

스페인뿐만 아니라 유럽 전체에 나라에 상관없이 이용할 수 있는 심(Sim)카드는 보다폰(Vodafone)이 가장 널리 이용되고 있다. 2인 이상이 같이 여행을 한다면 2명 모두 심(Sim)카드를 이용해 같이 구글 맵을 이용하는 것이 전파가 안 잡히는 지역에서 문제해결에 도움을 받을 수 있다.

2. 공항에서 자동차의 픽업까지가 1차 관문이다.

최근에 자동차 여행자가 늘어나면서 각 공항에서는 렌터카 업체들이 공동으로 모여 있는 장소가 있다. 스페인의 수도, 마드리드나 동부의 바르셀로나는 모두 자동차 여행을 위해 공동의 장소에서 렌터카 서비스를 원스톱 서비스로 지원하고 있다.

공항이 크지만 표시가 정확해 렌터카 영업소를 쉽게 찾을 수 있다. 그러므로 어디로 이동할지 확인하고 사전에 예약한 서류와 신용카드, 여권, 국제 운전면허증, 국내 운전면허증을 확인해야 한다. 마드리드 공항 왼쪽으로 이동하면 바로 찾을 수 있다. 이동하면 렌터카를 한 번에 같이 이용할 수 있는 서비스를 제공하고 있다.

3. 보험은 철저히 확인한다.

스페인의 수도인 마드리드나 제2의 도시인 바르셀로나에서 렌터카를 픽업해서 유럽을 여행한다면 사전에 어디를 얼마의 기간 동안 여행할지 직원은 질문을 하게 된다. 이때 정확하게 알려준다면 직원이 사전에 사고 시에 안전하게 도움을 받을 수 있는 보험을 제안하게 된다. 그렇게 되면 사고가 나더라도 보험으로 커버를 하게 되므로 큰 문제가 발생하지 않는다. 하지만 대부분의 여행자는 스페인만을 여행하는 경우가 많다. 그런데 스페인 옆의 포르투갈까지 여행하면 3주가 넘는 시간이 필요할 수도 있다.

4. 차량을 픽업하게 되면 직원과 같이 차량을 꼼꼼하게 확인한다.

차량을 받게 되면 직원이 차량의 상태를 잘 알려주고 확인을 하지만 간혹 바쁘거나 그냥 건너뛰려는 경우가 있다. 그럴 때는 직접 사전에 꼼꼼하게 확인을 하고 픽업하는 것이 좋다. 또한 마드리드 공항에서는 혼자서 차량을 받을 때도 있다. 그렇다면 처음 차량을 받아서 동영상이나 사진으로 차량의 전체를 찍어 놓고 의심이 가는 곳은 정확하게 찍어서 반납 시에 활용하는 것이 좋다.

5. 공항에서 첫날 숙소까지 정보를 갖고 출발하자.

차량을 인도받아서 숙소로 이동할 때 사전에 위치를 확인하고 출발해야 한다. 구글 지도나 가민 네비게이션이 있다면 반드시 출발 전에 위치를 확인하자. 도로를 확인하고 출발하면서 긴장하지 말고 천천히 이동하는 것이 좋다. 급하게 긴장을 하다보면 사고로 이어질 수 있으니 조심하자. 또한 도시로 진입하는 시간이 출, 퇴근 시간이라면 그 시간에는 쉬었다가 차량이 많지 않은 시간에 이동하는 것이 첫날 운전이 수월하다.

> **자동차 여행 중**

1. '관광지 한 곳만 더 보자는 생각'은 금물

유럽여행은 쉽게 갈 수 있는 해외여행지가 아니다. 그래서 한번 오는 스페인 여행이라고 너무 많은 여행지를 보려고 하면 피로가 쌓이고 사고로 이어질 수 있으므로 잠은 충분히 자고 안전하게 이동하는 것이 중요하다. 또한 운전 중에도 졸리면 쉬었다가 이동하도록 해야 한다.

쉬운 말처럼 들릴 수 있지만 의외로 운전 중에 쉬지 않고 이동하는 운전자가 상당히 많다. 피로가 쌓이고 이동만 많이 하는 여행은 만족스럽지 않다. 자신에게 주어진 휴가기간 만큼 행복한 여행이 되도록 여유롭게 여행하는 것이 좋다. 서둘러 보다가 지갑도 잃어버리고 여권도 잃어버리기 쉽다. 허둥지둥 다닌다고 한 번에 다 볼 수 있지도 않으니 한 곳을 덜 보겠다는 심정으로 여행한다면 오히려 더 여유롭게 여행을 하고 만족도도 더 높을 것이다.

2. 아는 만큼 보이고 준비한 만큼 만족도가 높다.

스페인의 많은 나라와 도시의 관광지는 역사와 관련이 있다. 그런데 아무런 정보 없이 본다면 재미도 없고 본 관광지는 아무 의미 없는 장소가 되기 쉽다.

사전에 스페인에 대한 정보는 습득하고 여행을 떠나는 것이 준비도 하게 되고 아는 만큼 만족도가 높은 여행이 될 것이다.

3. 감정에 대해 관대해져야 한다.

자동차 여행은 주차나 운전 중에 스트레스를 받을 수 있다. 난데없이 차량이 끼어들기를 한다든지, 길을 몰라서 이동 중에 한참을 헤매다 보면 자신이 당혹감을 받을 수 있다. 그럴 때마다 감정통제가 안 되어 화를 계속 내고 있으면 자동차 여행이 고생이 되는 여행이 된다. 그러므로 따질 것은 따지되 소리를 지르면서 따지지 말고 정확하게 설명을 하면 될 것이다.

스페인 자동차 여행을 계획하는 방법

1. 항공편의 In / Out과 주당 편수를 알아보자.

입·출국하는 도시를 고려하여 여행의 시작과 끝을 정해야 한다. 항공사는 매일 취항하지 않는 경우가 많기 때문에 날짜를 무조건 정하면 낭패를 보기 쉽다. 따라서 항공사의 일정에 맞춰 총 여행 기간을 정하고 도시를 맞춰봐야 한다. 가장 쉽게 맞출 수 있는 일정은 1주, 2주로 주 단위로 계획하는 것이다. 스페인은 대부분 수도인 마드리드, 동부의 바르셀로나로 입국하는 것이 여행 동선 상에서 효과적이다.

2. 스페인 지도를 보고 계획하자.

스페인을 방문하는 여행자들 중 유럽 여행이 처음인 여행자도 있고, 이미 경험한 여행자들도 있을 것이다. 누구라도 생소한 스페인을 처음 간다면 어떻게 여행해야 할지 일정 짜기가 막막할 것이다. 기대를 가지면서도 두려움도 함께 가지고 있다. 일정을 짤 때 가장 먼저 정해야 할 것은 입국할 도시를 결정하는 것이다. 스페인 여행이 처음인 경우에는 스페인 지도를 보고 도시들이 어떻

게 연결되어 있는지 알아두는 것이 좋다. 스페인은 남북으로도 길고 동서로도 긴 국토자체가 큰 특징이 있어서 마드리드부터 남부의 안달루시아 지방을 거쳐 동부의 바르셀로나로 여행하는 경우가 일반적이므로 여행계획을 세우기가 어렵지 않다.

일정을 직접 계획하기 위해서는 다음의 3가지를 꼭 기억 해두자.

① 지도를 보고 도시들의 위치를 파악하자.
② 도시 간 이동할 수 있는 도로가 있는지 파악하자.
③ 추천 루트를 보고 일정별로 계획된 루트에 자신이 가고 싶은 도시를 끼워 넣자.

3. 가고 싶은 도시를 지도에 형광펜으로 표시하자.

일정을 짤 때 정답은 없다. 제시된 일정이 본인에게는 무의미할 때도 많다. 자동차로 가기 쉬운 도시를 보면서 좀 더 경제적이고 효과적으로 여행할 방법을 생각해 보고, 여행 기간에 맞는 3~4개의 루트를 만들어서 가장 자신에게 맞는 루트를 정하면 된다.

① 도시들을 지도 위에 표시한다.
② 여러 가지 선으로 이어 가장 효과적인 동선을 직접 생각해본다.

4. '점'이 아니라 '선'을 따라가는 여행이라는 차이를 이해하자.

① 이동하는 지점마다 이동거리를 표시하고
② 여행 총 기간을 참고해 자신이 동유럽의 여행 기간이 길면 다른 관광지를 추가하거나 이동거리를 줄여서 여행한다고 생각하여 일정을 만들면 쉽게 여행계획이 만들어진다.

스페인 자동차 여행 강의나 개인적으로 질문하는 대다수가 여행일정을 어떻게 짜야할지 막막하다는 물음이었다. 해외여행을 몇 번씩 하고 여행에 자신이 있다고 생각한 여행자들이 이탈리아를 자동차로 여행하면서 자신만만하게 준비하면서 실수를 하는 경우가 많다.

예를 들어 우리가 스페인 여행에서 마드리드에 도착을 했다면, 3~5일 정도 마드리드의 숙소에서 머무르면서, 마드리드를 둘러보고 다음 도시로 이동을 한다. 하지만 스페인 자동차 여행은 대부분 도로를 따라 이동하기 때문에 자신이 이동하려는 지점을 정하여 일정을 계획해야 한다. 다시 말해 스페인의 각 도시를 점으로 생각하고 점을 이어서 여행 계획을 만들어야 한다면, 자동차 여행은 도시가 중요하지 않고 이동거리(㎞)를 계산하여 여행계획을 짜야 한다.

안전한 스페인 자동차 여행을 위한 주의사항

스페인 여행은 일반적으로 안전하다. 폭력 범죄도 드물고 종교 광신자들로부터 위협을 받는 일도 거의 없다. 하지만 최근에 테러의 등장으로 일부 도시에서 자신도 모르게 테러의 위협에 내몰리고 있기도 하다. 하지만 테러의 위협은 상당히 제한적이기 때문에 테러로 스페인 여행을 가는 관광객이 크게 걱정할 필요는 없다. 스페인 여행에서 여행자들에게 주로 닥치는 위협은 소매치기나 사기꾼들이다. 특별히 주의해야 할 것에 대해서 알아보자.

차량

1. 차량 안 좌석에는 비워두자.

자동차로 스페인 여행을 하면서 사고 이외에 차량 문제가 가장 많이 발생하는 것은 차량 안에 있는 가방이나 카메라, 핸드폰을 차량의 유리창을 깨고 가지고 달아나는 것이다. 경찰에 신고를 하고 도둑을 찾으려고 해도 쉬운 일이 아니기 때문에 사전에 조심하는 것이 최고의 방법이다. 되도록 차량 안에는 현금이나 가방, 카메라, 스마트폰을 두지 말고 차량 주차 후에는 트렁크에 귀중품이나 가방을 두는 것이 안전하다.

2. 안 보이도록 트렁크에 놓아야 한다.

자동차로 여행할 때 차량 안에 가방이나 카메라 등의 도둑을 유혹하는 물건을 보이는 것을 삼가고 되도록 숙소의 체크아웃을 한 후에는 트렁크에 넣어서 안 보이도록 하는 것이 중요하다.

3. 호스텔이나 도시 내에서는 가방보관에 주의해야 한다.

염려가 되면 가방을 라커에 넣어 놓던지 렌터카의 트렁크에 넣어놓아야 한다. 항상 여권이나 현금, 카메라, 핸드폰 등은 소지하거나 차량의 트렁크에 넣어두는 것이 좋다. 호텔이라면 여행용 가방에 넣어서 아무도 모르는 상태에 있어야 소지품을 확실히 지켜줄 수 있다.

보란 듯이 카메라나 가방, 핸드폰을 보여주는 것은 문제를 일으키기 쉽다. 고가의 카메라나 스마트폰은 어떤 유럽국가에서도 저임금 노동자의 한 달 이상의 생활비와 맞먹는다는 것을 안다면 소매치기나 도둑이 좋아할 물건일 수밖에 없다는 것을 인식할 수 있을 것이다.

4. 모든 고가품은 잠금장치나 지퍼를 해놓는 가방이나 크로스백에 보관하자.

도시의 기차나 버스에서는 잠깐 졸수도 있으므로 가방이 몸에 부착되어 있어야 한다. 몸에서 벗어나는 일이 없도록 하자. 졸 때 누군가 자신을 지속적으로 치고 있다면 소매치기를 하기 위한 사전작업을 하고 있는 것이다. 잠깐 정류장에 서게 되면 조는 사람을 크게 치고 화를 내면서 내린다. 미안하다고 할 때 문이 닫히면 웃으면서 가는 사람을 발견할 수도 있다. 그러면 반드시 가방을 확인해야 한다.

5. 주차 시간은 넉넉하게 확보하는 것이 안전하다.

어느 도시에 도착하여 사원이나 성당 등을 들어가기 위해 주차를 한다면 주차 요금이 아깝다고 생각하기가 쉽다. 그래서 성당을 보는 시간을 줄여서 보고 나와서 이동한다고 생각할 때는 주차요금보다 벌금이 매우 비싸다는 생각을 해야 한다. 주차요금 조금 아끼겠다고 했다가 주차시간이 지나 자동차로 이동했을 때 자동차 바퀴에 자물쇠가 채워져 있는 경우도 상당하다.

주의

특히 스페인을 여행할 때 주의를 해야 한다. 마드리드를 중심으로 동부의 바르셀로나로 이동하는 사라고사와 몬세라트 등의 도시들과 남부, 안달루시아 지방의 소도시들은 최근에 도난 사고가 발생하고 있다. 경찰들이 관광객이 주차를 하면 시간을 확인했다가 주차 시간이 끝나기 전에 대기를 하고 있다가 주차 시간이 종료되면 딱지를 끊거나 심지어는 자동차 바퀴에 자물쇠를 채우는 경우도 발생한다.

도시 여행 중

1. 여행 중에 백팩(Backpack)보다는 작은 크로스백을 활용하자.
작은 크로스백은 카메라, 스마트폰 등을 가지고 다니기에 유용하다. 소매치기들은 가방을 주로 노리는데 능숙한 소매치기는 단 몇 초 만에 가방을 열고 안에 있는 귀중품을 꺼내가기도 한다. 지퍼가 있는 크로스백이 쉽게 안에 손을 넣을 수 없기 때문에 좋다.
크로스백은 어깨에 사선으로 메고 다니기 때문에 자신의 시선 안에 있어서 전문 소매치기라도 털기가 쉽지 않다. 백팩은 시선이 분산되는 장소에서 가방 안으로 손을 넣어 물건을 집어갈 수 있다. 혼잡한 곳에서는 백팩을 앞으로 안고 눈을 떼지 말아야 한다.
전대를 차고 다니면 좋겠지만 매일같이 전대를 차고 다니는 것은 고역이다. 항상 가방에 주의를 기울이면 도둑을 방지할 수 있다. 가방은 항상 자신의 손에서 벗어나는 일은 주의하는 것이 가방을 잃어버리지 않는 방법이다. 크로스백을 어깨에 메고 있으면 현금이나 귀중품은 안전하게 보호할 수 있다. 백 팩은 등 뒤에 있기 때문에 크로스백보다는 안전하지 않다.

2. 하루의 경비만 현금으로 다니고 다니자.
대부분의 여행자들은 집에서 많은 현금을 들고 다니지 않지만 여행을 가서는 상황이 달라진다. 아무리 많은 현금을 가지고 다녀도 전체 경비의 10~15% 이상은 가지고 다니지 말자. 나머지는 여행용가방에 넣어서 트렁크에 넣거나 숙소에 놓아두는 것이 가장 좋다.

3. 자신의 은행계좌에 연결해 꺼내 쓸 수 있는 체크카드나 현금카드를 따로 가지고 다니자.
현금은 언제나 없어지거나 소매치기를 당할 수 있다. 그래서 현금을 쓰고 싶지 않지만 신용카드도 도난의 대상이 된다. 신용카드는 도난당하면 더 많은 문제를 발생시킬 수 있으므로 통장의 현금이 있는 것만 문제가 발생하는 신용카드 기능이 있는 체크카드나 현금카드를 2개 이상 소지하는 것이 좋다.

4. 여권은 인터넷에 따로 저장해두고 여권용 사진은 보관해두자.

여권 앞의 사진이 나온 면은 복사해두면 좋겠지만 복사물도 없어질 수 있다. 클라우드나 인터넷 사이트에 여권의 앞면을 따로 저장해 두면 여권을 잃어버렸을 때 프린트를 해서 한국으로 돌아올 때 사용할 단수용 여권을 발급받을 때 사용할 수 있다.
여권용 사진은 사용하기 위해 3~4장을 따로 2곳 정도에 나누어 가지고 있는 것이 좋다. 예전에 여행용 가방을 잃어버리면서 여권과 여권용 사진을 잃어버린 것을 보았는데 부부가 각자의 여행용 가방에 동시에 2곳에 보관하여 쉽게 해결할 경우를 보았다.

5. 스마트폰은 고리로 연결해 손에 끼워 다니자.

스마트폰을 들고 다니면서 사진도 찍고 SNS로 실시간으로 한국과 연결할 수 있는 귀중한 도구이지만 스마트폰은 도난이나 소매치기의 표적이 된다. 걸어가면서 손에 있는 스마트폰을 가지고 도망하는 경우도 발생하기 때문에 스마트폰은 고리로 연결해 손에 끼워서 다니는 것이 좋다.
가장 좋은 방법은 크로스백 같은 작은 가방에 넣어두는 경우지만 워낙에 스마트폰의 사용빈도가 높아 가방에만 둘 수는 없다.

6. 여행용 가방 도난

여행용 가방처럼 커다란 가방이 도난당하는 것은 호텔이나 아파트가 아니다.

저렴한 YHA에서 가방을 두고 나오는 경우와 당일로 다른 도시로 이동하는 경우이다. 자동차로 여행을 하면 좋은 점이 여행용 가방의 도난이 거의 없다는 사실이다. 하지만 공항에서 인수하거나 반납하는 경우가 아니면 여행용 가방의 도난은 발생할 수 있다는 사실을 인지해야 한다. 호텔에서도 체크아웃을 하고 도시를 여행할 때 호텔 안에 가방을 두었을 때 여행용 가방을 잃어버리지 않으려면 자전거 체인으로 기둥에 묶어두는 것이 가장 좋고 YHA에서는 개인 라커에 짐을 넣어두는 것이 좋다.

7. 날치기에 주의하자.

스페인 여행에서 가장 기분이 나쁘게 잃어버리는 것이 날치기이다. 특히 스페인에서는 날치기가 거의 발생하지 않고 있지만 최근에 빈부 격차가 심해지면서 발생하고 있다.

내가 모르는 사이에 잃어버리면 자신에게 위해를 가하지 않고 잃어버려서 그나마 나은 경우이다. 날치기는 황당함과 함께 걱정이 되기 시작한다.

길에서의 날치기는 오토바이나 스쿠터를 타고 다니다가 순식간에 끈을 낚아채 도망가는 것이다. 그래서 크로스백을 어깨에 사선으로 두르면 낚아채기가 힘들어진다. 카메라나 핸드폰이 날치기의 주요 범죄 대상이다. 길에 있는 노천카페의 테이블에 카메라나 스마트폰, 가방을 두면 날치기는 가장 쉬운 범죄의 대상이 된다. 그래서 손에 끈을 끼워두거나 안 보이도록 하는 것이 가장 중요하다.

8. 지나친 호의를 보이는 현지인

스페인 여행에서 지나친 호의를 보이면서 다가오는 현지인을 조심해야 한다. 오랜 시간 여행을 하면서 주의력은 떨어지고 친절한 현지인 때문에 여행의 단맛에 취해 있을 때 사건이 발생한다. 영어를 유창하게 잘하는 친절한 사람이 매우 호의적으로 도움을 준다고 다가온다. 그 호의는 거짓으로 호의를 사서 주의력을 떨어뜨리려고 하는 것이다. 화장실에 갈 때 친절하게 가방을 지켜주겠다고 한다면 믿고 가지고 왔을 때 가방과 함께 아무도 없는 경우가 발생한다. 피곤하고 무거운 가방이나 카메라 등이 들기 귀찮아지면 사건이 생기는 경우가 많다.

9. 경찰 사칭 사기

스페인을 여행하다 보면 아주 가끔 신분증 좀 보여주세요? 라면서 경찰복장을 입은 남자가 앞에 있다면 당황하게 된다. 특수경찰이라며 사복을 입은 경찰이라는 사람을 보게 되기도 한다. 뭐라고 하건 간에 제복을 입지 않았다면 당연히 의심해야 하며 경찰복을 입고 있다면 이유가 무엇이냐고 물어봐야 한다. 환전을 할 거냐고 물어보고 답하는 순간에 경찰이 암환전상을 체포하겠다고 덮친다. 그 이후 당신에게 여권을 요구하거나 위조지폐일 수도 있으니 돈을 보자고 요구한다. 이때 현금이나 지갑을 낚아채서 달아나는 경우가 발생한다.

말할 필요도 없이 여권을 보여주거나 현금을 보여주어서는 안 된다. 만약 경찰 신분증을 보자고 해도 슬쩍 보여준다면 가까운 경찰서에 가자고 요구하여 경찰서에서 해결하려고 해야 한다.

스페인 도로사정

스페인은 1992년 바르셀로나 올림픽을 계기로 국가의 도로 인프라가 개선되기 시작했다. 스페인의 도로는 대한민국과 차이가 거의 없어서 운전을 하는 데에 불편함은 크지 않다. 마드리드, 바르셀로나 등의 대도시 내에서는 일방통행 도로가 많고 트램도 있어서 운전을 하는 데 조심해야 하지만 고속도로는 도로 상태가 좋고 차량이 적어서 운전을 하기는 비교적 쉽다.

도로 표지판도 대한민국에서 보는 것과 차이가 거의 없다. 또한 주차를 시내에서 할 때 주차료를 아까워하면 안 된다. 반드시 정해진 주차장에서 시간에 맞추어 주차를 해야 견인을 막을 수 있다. 숙소에서 사전에 주차가 되는 지 확인하고 숙소에 차량을 두고 시내관광을 하는 것이 주차의 고민을 해결하는 방법이기도 하다.

국도
제한속도가 시속 90km이고 작은 마을로 들어가면 시속 50km로 바뀌므로 반드시 작은 도시나 마을로 진입하면 속도를 줄이도록 인식하고 운전하는 것이 감시카메라에 잡히지 않는다. 최근에는 렌트 기간이 지나 감시카메라에 확인되면 신용카드를 통해 추후에 벌금이 청구된다.

스페인 고속도로

마드리드를 기점으로 남부 안달루시아의 세비야, 동부의 바르셀로나를 연결하는 고속도로가 잘 구축되어 있다. 자동차를 렌트하여 다니는 관광객의 입장에서 무료와 유료 도로가 있다는 점이 차이가 있다. 대부분의 고속도로가 무료이지만 최근에 건설되는 고속도로는 유료로 개통하고 있다. 무료 고속도로는 Auto Via, 유료는 Auto Pasta로 구분한다.

유로 고속도로에서 톨게이트를 지나가려면 티켓을 뽑아 나가는 톨게이트에서 현금으로 지금하면 된다. 대한민국의 하이패스 같은 시스템도 있지만 관광객의 경우에는 하이패스를 구입할 필요는 없다. 짧은 구간의 유로 고속도로는 바로 현금을 지급하도록 되어 있다. 톨게이트에 진입시 사전에 차량이 대기하고 있는 통로가 후불식이므로 확인하고 진입하는 것이 편리하다.

스페인 렌트카 예약하기

❶ 식스트 홈페이지(www.sixt.co.kr)로 들어간다.

❷ 출발지와 도착지, 대여시간, 반납시간을 입력하고 검색을 한다.

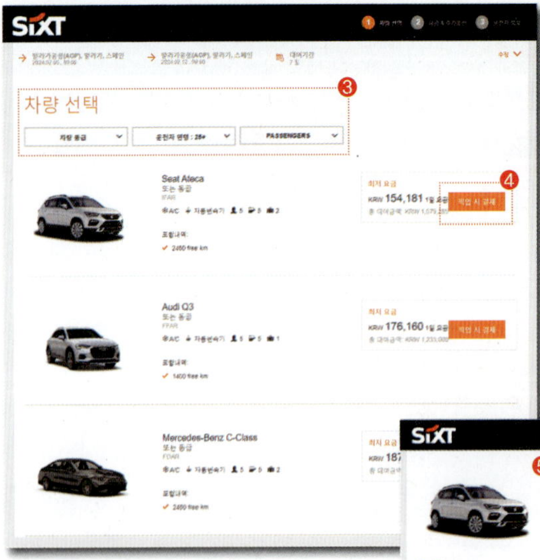

❸ **차량선택**
차량등급, 운전자 연령, 탑승 인원수를 선택한다.

❹ **옵션선택**
차량을 골랐다면 픽업 시 결제를 선택한다.

❺ **요금 및 추가옵션**
요금과 추가옵션, 보험금액을 확인하고 결제한다.

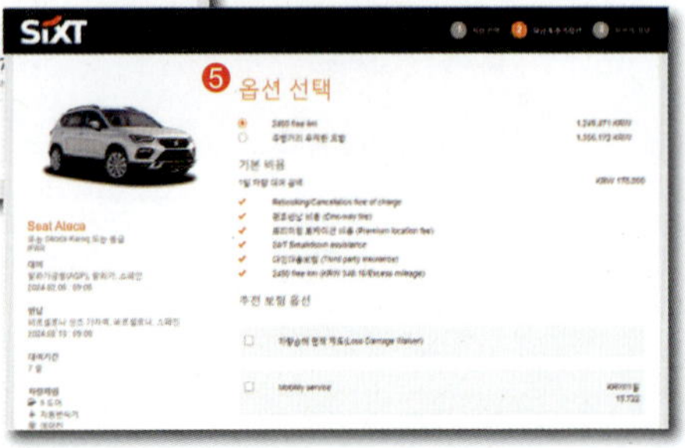

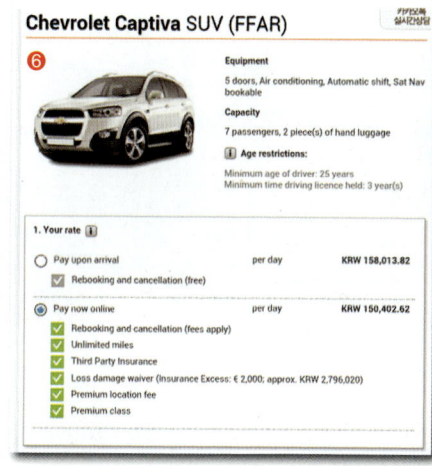

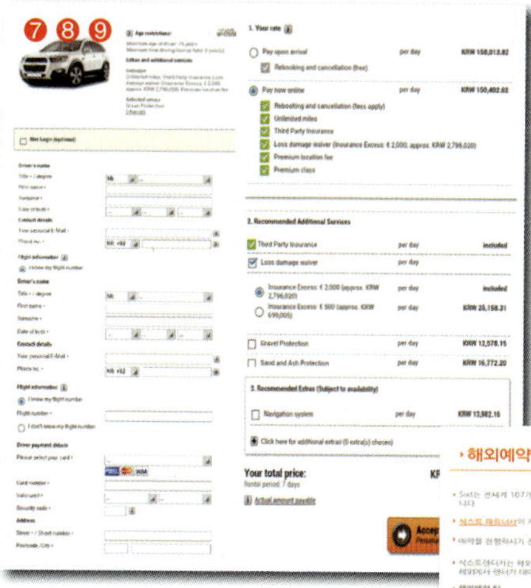

❻ 차량에 대한 보험을 선택하라고 나오면 보험금액을 보고 선택한다.

❼ 'Pay upon arrival'은 현지에서 차량을 받을 때 결재한다는 말이고, 'Pay now online'은 바로 결재한다는 말이니 본인이 원하는 대로 선택하면 된다.

이때 온라인으로 결재하면 5%정도 싸지지만 취소할때는 3일치의 렌트비를 떼고 환불을 받을 수 있다는 것도 알고 선택하자. 다 선택하면 비율 및 추가 허용(Accept rate and extras)을 클릭하고 넘어간다.

❽ 세부적인 결재정보를 입력하는데 *가 나와있는 부분만 입력하고 밑의 지금 예약Book now을 클릭하면 예약번호가 나온다.

❾ 예약번호와 가격을 확인하고 인쇄해 가거나 예약번호를 적어가면 된다.

❿ 이제 다 끝났다. 현지에서 잘 확인하고 차량을 인수하면 된다.

스페인 도로 운전시
주의사항

스페인을 렌터카로 여행할 때 걱정이 되는 것은 고속도로에서 "사고가 나면 어떡하지?" 하는 것이 가장 많다. 지금 그 생각을 하고 있다면 걱정일 뿐이다. 스페인의 고속도로는 속도가 시속 120㎞로 우리나라의 시속 100㎞보다 빠르다.

더군다나 스페인은 고속도로에 차가 많지 않아 운전을 할 때 힘들지 않다. 렌터가로 스페인에서 운전할 생각을 하다보면 단속 카메라도 신경 써야 할 것 같고, 막히면 다른 길로 가거나 내 차를 추월하여 가는 차들이 많아서 차선을 변경할 때도 신경을 써야 할 것 같지만 스페인은 차량도 많지 않고 속도도 느리다는 생각은 별로 들지 않는다.

스페인의 교통규칙이나 대한민국의 교통규칙은 대부분 비슷하다. 전 세계는 거의 같은 교통규칙으로 연결되어 큰 문제없이 우리가 렌터카로 스페인을 여행할 수 있는 것이다. 그러나 문제는 우리가 관습적으로 운전을 하기 때문에 교통규칙을 잘 모르고 있다는 데에 문제가 있다. 지금부터 우리나라와 스페인 시내도로의 차이점을 알아보자.

시내도로

❶

우리나라도 안전벨트를 메는 것이 당연해지기는 했지만 아직도 안전벨트를 하지않고 운전하는 운전자들이 있다. 안전벨트는 차사고에서 생명을 지켜주는 생명벨트이기 때문에 반드시 착용하고 뒷좌석도 착용해야 한다. 운전자는 안전벨트를 해도 뒷좌석은 안전벨트를 하지않는 경우가 많은데 사고에서는 뒷좌석에 탓다고 사고가 나지않는 것은 아니다. 혹시 어린아이를 태우고 렌트카를 운전한다면, 아이들은 모두 카시트에 앉혀야 한다. 카시트는 운전자가 뒷좌석의 카시트를 볼 수 있는 위치가 좋다.

❷ 스페인 도로의 신호등은 대부분 오른쪽 길가에 서 있고 도로위에는 신호등이 없다.

신호등이 도로 위에 있지 않고 사람이 다니는 인도 위에 세워져 있다. 신호등이 도로 위에 있어도 횡단보도 앞쪽에 있다. 그렇기 때문에 횡단보도 위의 정지선을 넘어가서 차가 정지하면 신호등의 빨간불인지 출발하라는 파란 불인지를 알 수 없다. 자연스럽게 정지선을 조금 남기고 멈출 수 밖에 없다. 횡단보도에는 신호등이 없는 경우도 있으니 횡단보도에서는 반드시 지정속도를 지키도록 하자.

❸ 스페인에서는 비보호 좌회전이 대부분이다.

우리나라는 좌회전 표시가 있는 곳에서만 좌회전이 된다. 이것도 아직 모르는 운전자가 많다는 것을 상담을 통해 알게 되었다. 스페인은 좌회전 금지표시가 없어도 다 좌회전이 된다. 그래서 더 조심해야 한다. 차가 안 오는 것을 확인하고 좌회전해야 한다.

❹ **우회전할 때 신호등이 빨간불이면 정지해야 한다.**

우리나라는 우회전할 때 횡단보도에 파란불이 들어와있어도 사람들이 길을 건너가는 중에도 사람들 틈으로 차를 몰아 지나가는 것을 목격할 수 있지만 스페인에서는 '신호위반' 사항이다. 신호등이 없으면 문제가 되지 않지만 우회전할 때 신호등이 서 있다면, 빨간불인지 확인하고 반드시 신호를 지켜야 한다.

❺ **신호등 없는 횡단보도에서도 잠시 멈추었다가 지나가자.**

우리나라는 우회전할 때 횡단보도에 파란불이 들어와있어도 사람들이 길을 건너가는 중에도 사람들 틈으로 차를 몰아 지나가는 것을 목격할 수 있지만 스페인에서는 '신호위반' 사항이다. 신호등이 없으면 문제가 되지 않지만 우회전할 때 신호등이 서 있다면, 빨간불인지 확인하고 반드시 신호를 지켜야 한다.
횡단보도에서는 항상 사람이 먼저다. 하지만 우리는 횡단보도를 건널 때 신호등이 없다면 양쪽의 차가 진입하는지 다 보고 건너야 하지만 스페인은 건널목에서 항상 사람이 우선이기 때문에 차가 양보해야 한다. 그래서 차가 와도 횡단보도를 지나가는 사람들이 많다. 근처에 경찰이 있다면 걸려서 벌금을 물어야 할 것이다.

❻ **시골 국도라고 과속하지 말자.**

스플리트에서 두브로브니크의 해안도로를 가다보면 굴곡이 심해 30㎞까지 속도를 줄이라는 표시를 보게 된다. 이때 과속하게 되어 사고를 내지 말아야 한다. 렌트카의 사고 통계를 보면 주택가나 시골로 이동하면서 긴장이 풀려서 사고가 나는 경우가 대부분이라고 한다. 사람이 없다고 방심하지 말고 신호를 지키고 과속하지 말고 운전해야 사고가 나지 않는다. 우리나라의 운전자들이 스페인에서 운전할 때 과속카메라가 별로 없고 경찰차도 거의 없는 것을 알고는 과속을 하는 경우가 많다. 그러나 재미있는 여행을 하려면 주의하여 운전하는 것이 중요하다. 마을이나 주택가 골목길의 제한속도는 대부분 30~40㎞인데 길 입구에 제한속도를 볼 수 있다.

❼ 교차로의 라운드 어바웃이 있으니 운행방법을 알아두자.

우리나라에도 교차로의 교통체증을 줄이기 위해 라운드 어바웃을 도입하겠다고 밝혔고 시범운영을 거쳐 점차 늘려가고 있다. 하지만 아직까지 우리에게는 어색한 교차로방식이다. 스페인 도로에는 교차로에서 라운드 어바웃을 이용하는 교차로가 대부분이다.
라운드 어바웃방식은 원으로 되어 있어서 서로 서로가 기다리지 않고 교차해가도록 되어 있다. 교차로의 라운드 어바웃은 꼭 알아두어야 할 것이 우선 순위이다. 통과할 때 우선순위는 원안으로 먼저 진입한 차가 우선이다.

그림[1]   그림[2]

우리나라에도 교차로의 교통체증을 줄이기 위해 라운드 어바웃을 도입하겠다고 밝혔고 시범운영을 거쳐 점차 늘려가고 있다. 하지만 아직까지 우리에게는 어색한 교차로방식이다. 스페인 도로에는 교차로에서 라운드 어바웃을 이용하는 교차로가 대부분이다.
라운드 어바웃방식은 원으로 되어 있어서 서로 서로가 기다리지 않고 교차해가도록 되어 있다. 교차로의 라운드 어바웃은 꼭 알아두어야 할 것이 우선 순위이다. 통과할 때 우선순위는 원안으로 먼저 진입한 차가 우선이다.

예를 들어 정면에서 내차와 같은 시간에 라운드 어바웃 원으로 진입하는 차가 있다면 같이 진입해도 원으로 막혀 있어서 부딪칠일이 없다.(그림1) 하지만 왼쪽에서 미리 라운드 어바웃으로 진입한 차가 있으면, '반드시' 라운드 어바웃 원으로 들어가서는 안된다. 안에서 돌면서 오는 차를 보았다면 정지했다가 차가 지나가면 진입하고 계속 온다면 어쩔 수 없이 다 가고 나서 라운드 어바웃 원으로 진입해야 한다.(그림2)

스페인은 우리나라와 같은 좌측통행시스템이기 때문에 왼쪽에서 오는 차가 거리가 있다면, 내 차로 왼쪽 차가 부딪칠 일이 없다고 판단되면 원으로 진입하면 된다. 라운드 어바웃이 크면 방금 진입한 차가 있다고 해도 충분한 거리가 되므로 들어가기 어렵지 않다.
라운드 어바웃 방식에서 차가 많아 진입하기가 힘들다면, 원 안에 진입한 차의 뒤를 따라가다가 내가 원하는 출구방향 도로에서 나가면 되고 나가지 못했다면 다시 한바퀴를 돌고 나가면 되기 때문에 못 나갔다고 당황할 필요가 없다.

❽ 교통규칙을 잘 지켜야 한다.

예를 들어 큰 도로로 진입할 때는 위험하게 끼어들지 말고 큰 도로의 차가 지나간 다음에 진입하자. 매우 당연한 말이지만 우리나라는 큰 도로의 차가 있음에도 끼어드는 차들이 많아 위험할때가 있지만, 스페인은 차도 많지가 않아서 큰 도로의 차가 지나가면 진입하면 사고도 나지않고 위험한 순간이 발생하지도 않는다.

교통규칙 중에서도 정지선을 잘 지켜야 한다. 교차로에서 꼬리물기를 하면 우리나라도 이제는 딱지를 끊는다. 그리고 스페인에서는 운전자들이 정지선을 정말 잘 지킨다. 정지선을 지키지 않고 가다가 사고가 나면 불법으로 위험한 상황이 발생할 수 있다.

고속도로

스페인의 A1고속도로는 대부분 편도 2차선(왕복4차선)인데, 앞 차를 추월하려고 하면 2차선에서 1차선으로 이동하여 추월하고 2차선으로 돌아와야 한다.

우리나라에도 같은 운전 규칙이지만 우리는 오른쪽으로 추월하는 경우가 많지만 스페인에서 운전을 할때는 주행은 주행차선으로 추월은 추월차선으로, 서행하는 차는 오른쪽 차선으로 가고, 빠르게 가려고 추월하려는 차는 1차선으로 이동하여 추월했다가 다시 2차선으로 가는 사항을 지키기 때문에, 2차선으로 운행한다면 큰 문제는 없다.

고속도로나 국도길에서 앞차를 추월할 때는 "왼쪽"이라는 단어를 항상 기억하자. 만약 경찰이 본다면 딱지를 끊어야 할 수도 있다. 경찰이 문제가 아니라 오른쪽으로 추월하다가 사고가 나지 않도록 한다. 추월을 하고나서 다시 2차선으로 원위치하여 운전을 하는 습관을 기르는 것이 좋다.

주유소에서 셀프 주유

스페인의 셀프 주유소는 INA라는 주유소가 대부분이다. 기름값은 우리나라와 거의 같다. 스페인이라고 싼 기름을 바란다면 그 생각은 버려야 한다. 렌트카에서 운전을 하다가 기름이 중간이하로 된다면 주유를 하는 것이 좋다. 기름을 넣는 방법은 쉽다.

① 렌트한 차량에 맞는 기름의 종류를 선택하자. 렌트할 때 정확히 물어보고 적어 놓아야 착각하지 않는다.
② 주유기 앞에 차를 위치시키고 시동을 끈다.
③ 자동차의 주유구를 열고 차에서 내린다. (주유구를 여는 방법은 차량마다 다르므로 렌트카를 받을 때 주유구를 여는 방법을 확인해야 착각하지 않는다.)
④ 차량에 맞는 유종을 선택한다. (렌트할 때 휘발유인지 경유인지 확인한다.)
⑤ 주유기의 손잡이를 들어 올린다. (혹시 주유기의 기름이 나오지 않을때는 당황하지 말고 눈금이 '0'으로 돌아간 것을 확인한다. 0으로 안 되어있으면 기름이 나오지 않기 때문이다. 잘 모르면 카운터에 있는 직원에게 문의한다.)
⑥ 주유구에 넣고 주유기 손잡이를 쥐면 주유를 할 수 있다.
⑦ 주유를 끝내면 주유구 마개를 닫고 잠근다.

⑧ 카운터로 들어가서 주유기의 번호를 이야기하면 요금이 나와 있다. 이 모든 것을 처음에 잘 모르겠다면 카운터로 가서 설명해달라고 하면 친절하게 설명하고 시범을 보여주기 때문에 걱정하지 않아도 된다. 경유와 휘발유를 구분하지 못해서 걱정하는 여행자들도 있지만, 주로 디젤의 주유기의 색깔은 "노랑손잡이"이고 녹색이나 청색 손잡이는 휘발유다. 하지만 처음에 기름을 넣을 때는 디젤인지 휘발유인지 확인하고 주유해야 잘못 넣는 경우를 방지할 수 있다.

휘발유에서 옥탄가가 높은 휘발유는 휘발유의 가격이 비싸다. 혹시 잘못 주유했다고 생각하지 않아도 된다. 옥탄가가 높은 휘발유는 가격이 비싸지만 그만큼 먼 거리를 탈 수 있어 결국 가격의 차이는 거의 없다.

주의사항

① 주유소에 따라 편의점 점원에게 지불하는 방식이 있다. 계산을 점원한테 가서 주유구 번호를 말하고(기계마다 번호가 매겨져 있음) 얼마만큼 넣겠다고 말한 뒤 주유하는 방식이 있는데 이러한 주유소도 많으니 미리 알아두자.

② 카드를 긁는데 읽지 못하는 경우가 간혹 있다. 안될 때는 직접 점원에게 가서 신용카드로 결제하면 된다.

③ 스페인에서 여행할 때는 연료를 넉넉히 채우는 게 좋다. 우리나라처럼 고속도로 곳곳에 주유소가 있지 않다.

표지판

각 나라의 글자는 달라도 부호는 같다. 고속도로 표지판에 쓰인 스페인어를 못 읽어도 교통표시판은 전 세계를 통일시켜놓아서 큰 문제가 생기지는 않는다. 하지만 고속도로의 입구, 출구를 뜻하는 문자가 다르고 휴게소를 뜻하는 문자도 다르다. 그래서 표지판을 잘 보고 운전해야 한다.

'P' 는 주차장(휴게소) 표시이고, 주유기 모양이 있으면 주유소와 매점이 있는 휴게소라는 뜻이다. 고속도로 굵은 도로선에서 나가는 화살표가 있으면 출구라는 뜻이고 굵은 도로선 들어가는 화살표가 있으면 입구라는 뜻이다. 도로 아래에 적혀 있는 숫자는 앞으로 남은 거리를 말한다.

고속도로 출구 표시 위에 있는 원 안의 숫자는 인터체인지 번호다. 지도에서도 고속도로 선 위에 잘 보면 인터체인지 번호가 나와 있다. 교통 표지판은 녹색바탕에 하얀 색으로 씌여 있다.

▶톨게이트에서 통행료 내는 방법
1. 고속도로에 진입하면서 버튼을 누르고 통행권을 발급받는다.
2. 고속도로에서 나오면서 통행료를 지불하게 되는데, 원하는 지불방식을 택해서 지불하면 된다.(우리나라처럼 HIPASS 구간으로 들어가지 않도록 주의하자.)

▶유료주차장에서 주차하기
1. 라인에 주차를 한다.
2. 주차요금 미터기(Parkini Automat)에 돈을 넣고 원하는 시간을 누른다. 서울이나 부산의 도시안에 주차하는 것보다 주차비가 저렴하다. (평일기준 주차비용: 시간당 6kn)
3. 주차증이 차량의 앞 유리에 보이도록 차량 내부에 놓는다.

▶주차/교통위반 스티커
도로변에는 무인주차 기계가 있다. 동전을 넣으면 넣은 만큼 주차할 수 있다. 시간당 요금은 기계에 나와 있다. 돈을 넣었을 때와 넣지 않았을 때(시간이 지났을 때)는 기계에 표시가 난다. 그래서 단속원이 지나가다 보고 그 앞에 있는 차에 스티커를 붙이고 간다. 주차비가 비싸지 않아서 시간을 충분히 계산하여 주차해야 여행을 하면서 신경쓰지 않고 다닐 수 있다. 〈꽃보다 할배〉라는 프로그램에서도 스페인에서 이서진씨가 주차를 하면서 짧은 시간을 주차를 해놓아 자주 차량으로 가는 장면이 나오는데 충분히 시간을 고려하지않으면 이서진씨와 같은 행동을 하는 자신을 볼 수 있다.

스페인에서 한번도 단속경찰에게 걸려서 벌금을 받은 적은 없지만 경찰에 걸렸다면 즉석에서 벌금을 내면 영수증을 떼어준다. 주차위반 스티커를 내기가 어려워 귀국해버리는 경우가 있다. 그러면 다시 해외를 나갈 때 큰 돈을 물어내라고 하거나 다시 해외여행을 나갈 때 출입국 심사에서 문제가 될 수도 있으니, 벌금을 내고 인천으로 들어오자. 렌트카일 경우, 렌트카업체에서 결재하는 신용카드에 청구되는 경우도 있다.

운전사고

스페인에서에서 운전할 때 고속도로에서 빠른 차들로 위험하다고 하기도 하지만 그렇게 과속하는 자동차가 많지는 않다. 렌트카를 운전할 때 방심하지 않는 한 사고는 거의 일어나지 않는다는 말이 맞다.

자동차 사고는 대부분이 여행의 들뜬 기분에 '방심'하여 사고가 나기 때문이다. 안전벨트를 꼭 매고, 렌트카 차량보험도 필요한 만큼 가입하고 렌트해야 한다. 다른 나라에 가서 남의 차 빌려서 운전하면서 우리나라처럼 편안한 마음으로 운전할 수는 없다. 그러다 오히려 사고가 나니 적당한 긴장은 필수적이다.
그러나 혹시라도 사고가 난다해도 사고 처리는 렌트카에 들어있는 보험이 있으니 크게 걱정할 필요는 없다. 차를 빌릴 때 의무적으로, 나라마다 선택해야 하는 보험을 들으면 거의 모든 것을 해결해 준다.

렌트카는 차량인수시에 받는 보험서류에 유사시 연락처가 크고 굵직한 글씨로 나와 있다. 회사마다 내용은 조금씩 다르지만 스페인 어느 지역에서든지 연락하면 30분정도면 누군가 나타난다. 그래서 혹시 걱정이 된다면 식스트나 허츠같은 한국에 지사를 둔 글로벌 렌트카업체를 선택하면 한국으로 전화를 하여 도움을 받을 수도 있다.

렌트카는 보험만 제대로 들어있다면 차를 본인의 잘못으로 망가뜨렸다고 해도 본인이 물어내는 돈은 없고, 오히려 새 차를 주어 여행을 계속하게 해 준다.
시간이 지체되어 하루 이상의 시간이 걸리면 호텔비도 내주는 경우가 있다. 그래서 렌트카는 차량을 반납할 때 미리 낸 차량보험료가 아깝지만 사고가 난다면 보험만큼 고마운 것도 없다.
스페인은 도난이 많은 나라는 아니지만 대한민국 여행객들이 많아짐에 따라 도난사고도 생겨나고 있다. 만일 처음 스페인 여행에서 도난을 당하면 당황스러워진다. 처음 당하면 여행을 마치고 집에 가고 싶은 생각이 굴뚝같아진다. 하지만 스페인 여행을 마치고 돌아오기는 쉽지 않고 하루 이틀 지나면 기분도 다시 좋아질 것이다. 그래서 해외여행에서 반드시 필요한 것이 여행자 보험에 가입하는 것이다. "해외에서 도난 시 어떻게 해야할까"를 안다면 남은 여행을 잘 마무리하고 즐겁게 돌아올 수 있다.

스페인은 여름 휴가시즌에 도난사고가 많아지고 있다. 스페인은 도난사고가 거의 없었던 국가이지만 현재는 도난이 발생하고 있다. 짐이나 지갑을 도난당했다면 근처에 가장 가까운 경찰서를 찾아야 한다. 경찰서에 가서 '폴리스리포트'를 써야 한다. 폴리스리포트에는 이름과 여권번호를 적기위해 여권을 제시하라고 하며 물품을 도난당한 시간과 장소, 사고이유, 도난 품목과 가격 등을 자세히 기입하게 되어 있어 시간이 1시간 이상은 소요가 된다.

폴리스리포트를 쓸 때 가장 조심해야하는 사항은 도난인지 단순 분실인지를 물어보게 된다. 대부분은 도난이기 때문에 'stolen'이라는 단어로 경찰관에게 알려줘야 한다. 단순분실은 본인의 과실이라서 여행자보험을 가입해도 보상받지 못한다. 또한 잃어버린 도시에서 일정상 경찰서를 가지 못하는 경우에는 폴리스리포트를 작성할 수 없다. 폴리스 리포트가 없으면 여행자보험으로 보상을 받을 수 없다.

여행을 끝내고 돌아와서는 보험회사에 전화를 걸어 도난 상황을 이야기하고 폴리스리포트와 해당 보험사 보험료 청구서, 휴대품신청서, 통장사본과 여권을 보낸다. 도난당한 물품의 구매 영수증이 있다면 조금 더 보상받는 데 도움이 되지만 없어도 상관은 없다.
보상금액은 여행자보험에 가입할 당시의 최고금액이 결정되어 있어 그 금액이상은 보상이 어렵다. 보통 최고 50만 원까지 보상받는 보험에 가입하는 것이 일반적이다. 보험회사 심사과에서 보상이 결정되면 보험사에서 전화로 알려준다. 여행자보험의 최대 보상한도는 보험의 가입금액에 따라 다르지만 휴대품 도난은 한 개 품목당 최대 20만 원까지 전체금액은 80만원까지 배상이 가능하다. 여러 보험사에서 여행자보험을 가입해도 보상은 같다. 그러니 중복 가입하지 말자.

교통 표지판

각 나라의 글자는 달라도 부호는 같다. 도로 표지판에 쓰인 교통표지판은 전 세계를 통일시켜놓아서 큰 문제가 생기지 않는다. 그래서 표지판을 잘 보고 운전해야 한다.

자동차 여행 준비 서류

국제 운전면허증, 국내 운전면허증, 여권, 신용카드

국제운전면허증

도로교통에 관한 국제협약에 의거해 일시적으로 외국여행을 할 때 여행지에서 운전할 수 있도록 발급되는 국제 운전 면허증으로 발급일로부터 1년간 운전이 가능하다. 전국운전면허시험장이나 경찰서에서 발급할 수 있다. 발급 시간은 1시간 이내지만 최근에는 10분 이내로 발급되는 경우가 많다.

▶준비물 : 본인 여권, 운전면허증, 사진 1매 (여권용 혹은 칼라반명함판)
▶비용 : 8,500원

차량 인도할 때 확인할 사항

차량 확인

렌터카를 인수하는 경우, 꼼꼼하게 1. **차량의 긁힘 같은 상태를 확인**하는 것은 기본적인 사항이다. 최근에는 차량을 인도받으면 동영상으로 차량의 모습을 가까이에서 찍어 놓으면 나중에 활용이 가능하다. 차체 옆면은 앞이나 뒤에서 비스듬하게 빛을 비추어보면 파손된 부분이 확인된다. 타이어는 2. **옆면에 긁힘을 확인**하여 타이어 손상에 대비해야 한다. 3. 유리가 금이 가 있는지 확인해야 한다. 마지막으로 4. **비상 장비인 예비타이어와 삼각대, 경광봉 등이 있는지 확인**해야 한다.

차량 내부

연료가 다 채워져 있는지 확인하고 주행 거리를 처음에 확인해야 한다. 차량의 내부는 크게 부서진 부분을 확인할 사항은 없지만 청소 상태와 운전할 때의 주의사항은 설명을 듣고 운전을 시작하는 것이 안전하다. 로컬 업체에 예약을 하고 인도하는 경우에는 문제가 있다고 생각 되면 차량 인도전에 확인을 하고 처리를 받고 출발해야 안전하다.

연료

비슷한 모양의 차량이라도 휘발유와 경유가 다르기 때문에 차량 인도 시 연료를 꼭 확인해야 한다. 연비적인 측면에서 경유가 유리하다.

주행 거리

차량의 주행거리를 확인하는 것은 이 차량이 오래된 차량인지 최신 차량인지를 알 수 있는 기본적인 정보이다. 특히 로컬 렌터카 업체에서 예약을 하면 오래된 구식 차량을 인도받을 경우가 많기 때문에 차량의 상태를 확인하는 것이 좋다. 허츠(Hertz)나 식스트(Sixt) 같은 글로벌 렌터카는 구식차량보다는 최근의 차량을 많이 이용하고 있으므로 구식 차량일 경우는 많지 않다. 또한 오래된 차량이면 교체를 해 달라고 요청해도 된다. 대부분 주행거리가 무제한이므로 문제가 되지는 않는다. 무제한이 아닌 경우가 있기 때문에 예약을 할 때 확인하는 것이 좋다.

해외 렌트보험

■ 자차보험 | CDW(Collision Damage Waiver)
운전자로부터 발생한 렌트 차량의 손상에 대한 책임을 공제해 주는 보험이다.(단, 액세서리 및 플렛 타이어, 네이게이션, 차량 키 등에 대한 분실 손상은 차량 대여자 부담)
CDW에 가입되어 있더라도 사고시 차량에 손상이 발생할 경우 임차인에게 일정 한도 내의 고객책임 금액CDW NON-WAIVABLE EXCESS이 적용된다.

■ 대인/대물보험 | LI(LIABILITY)
유럽렌트카에서는 임차요금에 대인대물 책임보험이 포함되어 있다. 최대 손상한도는 무제한이다. 해당 보험은 렌터카 이용 규정에 따라 적용되어 계약사항 위반 시 보상 받을 수 없다.

■ 도난보험 | TP(THEFT PROTECTION)
차량/부품/악세서리 절도, 절도미수, 고의적 파손으로 인한 차량의 손실 및 손상에 대한 재정적 책임을 경감해주는 보험이다. 사전 예약 없이 현지에서 임차하는 경우, TP가입 비용이 추가 되는 경우가 많다. TP에 가입되어 있더라도 사고 시 차량에 손상이 발생할 경우 임차인에게 '일정 한도 내의 고객책임 금액TP NON-WAIVABLE EXCESS'이 적용된다.

■ 슈퍼 임차차량 손실면책 보험 | SCDW(SUPER COVER)
일정 한도 내의 고객책임 금액(CDW NON-WAIVABLE EXCESS)'와 'TP NON-WAIVABLE EXCESS'를 면책해주는 보험이다.
슈퍼커버SUPER COVER보험은 절도 및 고의적 파손으로 인한 임차차량 손실 등 모든 손실에 대해 적용된다. 슈퍼커버보험이 적용되지 않는 경우는 차량 열쇠 분실 및 파손, 혼유사고, 네이베이션 및 인테리어이다. 현지에서 임차계약서 작성 시 슈퍼커버보험을 선택, 가입할 수 있다.

■ 자손보험 | PAI(Personal Accident Insurance)
사고 발생시, 운전자(임차인) 및 대여 차량에 탑승하고 있던 동승자의 상해로 발생한 사고 의료비, 사망금, 구급차 이용비용 등의 항목으로 보상받을 수 있는 보험이다.
유럽의 경우 최대 40,000유로까지 보상이 가능하며, 도난품은 약 3,000유로까지 보상이 가능하다. 보험 청구의 경우 사고 경위서와 함께 메디칼 영수증을 지참하여 지점에 준비된 보

험 청구서를 작성하여 주면 된다. 해당 보험은 렌터카 이용 규정에 따라 적용되며, 계약사항 위반 시 보상받을 수 없다.

야누스(Janus)

고대 로마인들은 문에 앞뒤가 없다고 생각하여 두 개의 얼굴을 가지고 있는 것으로 여겼다고 한다. 집이나 도시의 출입구 등 문을 지키는 수호신 역할을 하였다고 사람들은 믿었다고 한다. 문은 집의 시작을 나타내는 데서 모든 사물과 계절의 시초를 주관하는 신으로 숭배되어 그 믿음이 단어로 형성된 것이다.

1월이라는 어원은 야누스^{Janus}에서 왔다. 영어에서 1월을 뜻하는 'January'는 '야누스의 달'을 뜻하는 라틴어 '야누아리우스^{Januarius}'에서 유래한 것이다. 우리는 현재, 양면성을 가진 사람들을 야누스의 얼굴을 가졌다라고 말하면서 사용하고 있다. 1월을 생각해보자. 1월은 새해를 바라보기도 하고, 12월을 되돌아보기도 한다. 다시 오지 않을 1년을 돌아보면서 슬퍼기도, 회한에 차기도, 아쉬움을 나타내기도 한다. 그런데 한편으로는 1월은 한해의 시작으로 새로운 시작이자 희망의 시작, 기대감을 나타내면서 기다린다.

인간도 마찬가지인 것 같다. 어떤 일이 원하는 대로 안 되는 슬픈 상황에서도 사람들은 앞으로는 '잘 될 거야'라는 희망을 가지면서 견뎌내려고 한다. 로마 시대에 달력이 생겨나면서 각 달의 의미를 가진 단어에서 만들었을 텐데, 단어를 만드는 실력은 참으로 대단하다.

슬퍼도 희망을 가지면서 기쁨을 생각하고, 아쉬워도 더 열심히 하여 열정으로 아쉬움을 털어낸다. 사랑을 하는 연인들이 행복하게 연애를 해도 만약 헤어지면 어떻게 할까? 라는 슬픔을 생각하는 것은 참으로 아이러니하다. 그런 면에서 인간은 누구나 야누스의 얼굴을 가졌다고 볼 수 있다.

나에게도 오랜 시간을 어둡고 힘든 시기를 지날 때 다양한 방법을 동원하여 희망을 가지려고 노력했다. 노력하지 않고 슬픔만을, 고통만을 가지고 있었다면 나는 극단적인 선택을 했을 수도 있다. 나의 노력의 대가로 야누스^{Janus}적인 시각으로 나는 살아남을 수 있었을 것이다.

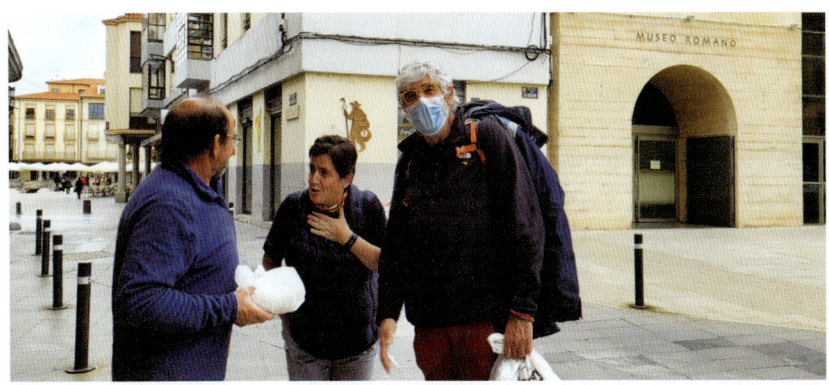

스페인도 야누스적인 시각을 지녔다. 그들은 대항해 시대의 산물을 온전히 받아 16세기에 무적함대를 건설하고 남아메리카에서 새로운 음식재료를 알게 되어 다양한 음식문화를 가진 스페인이 되었다. 부자는 망해도 3대가 간다는 말이 사실일까?
부자인 스페인은 망했지만 아직도 사람들은 인식하지 못해서일까? 무적함대가 사라지고 남아메리카의 산물이 사라진 17세기에 오히려 스페인은 문화적으로 태어나 예술 문화적으로 화려한 족적을 남겼다.

지금도 스페인은 유럽에서 낙후된 나라이다. 대한민국과 2021년에 비교하면 대한민국이 더 앞서가는 나라가 되었다. 현지에서 있다 보면 그들의 월급수준은 의외로 낮고 일자리도 많지 않다. 경제적으로 힘들지만 스페인 사람들은 주말을 즐기고 서로 행복한 삶을 살아간다.

노엘리아^{Noelia}와 오랜 시간을 이야기하면서 대한민국의 시각을 가진 나는 힘든 데도 하루를 충실히 즐기면서 가족을 챙기고, 이웃과 화목하게 살아가는 그들이 이해가 안 될 때도 있었지만 점차 그들의 행복에 같은 체험을 하면서 동화되는 나를 보았다.

이것도 어떻게 보면 야누스^{Janus}적인 시각일까?
현실은 힘들지만 가족과 이웃과 재미있게 즐기면서 행복하게 살아가는 것이 현실을 잊으면서 살아가는 방법이 아닐까 생각해본다. 그래서 스페인에 머물면 행복하지만 한편으로 대한민국으로 돌아갈 시간이 다가오면 불안하다.

Madrid
마드리드

Madrid

마드리드는 활기찬 분위기, 매혹적인 역사, 유명한 박물관과 아름다운 건축물들로 유럽에서 가장 인기가 있는 도시 중 하나이다. 마드리드는 스페인의 세련되면서도, 국제적이고, 정당 중심의 수도이다. 넓은 공원, 현대적인 시설, 카페테라스와 야외 예술을 즐기고, 도시의 궁전과 교회를 볼 수 있다. 현대의 마드리드는 유럽에서 상업적, 정치적으로 매우 중요한 도시가 되었다. 하지만 전통이 있는 스페인 문화는 거대한 건물, 박물관, 미술관 등이 줄지어 있는 도시 거리에서 가장 독보적인 요소이다.

마드리드 이름의 유래

마드리드라는 지명은 이슬람의 용감한 물이라는 뜻의 '마헤리드'라는 단어에서 유래되었다. 마드리드의 역사는 유럽의 다른 도시에 비해 비교적 짧은 편인데 1561년 펠리페 2세가 톨레도로부터 마드리드로 거주지를 옮기고 난 후 1606년 정식 수도가 되었다.
18세기에는 합스부르크 왕가에 '마르가리타 공주'를 시집을 보내 혈맹을 맺기도 하였는데, 화가 벨라스케스가 마르가리따의 초상화를 그려 오스트리아로 보내기도 했다.

광장과 공원의 도시
마드리드의 풍경

18세기에 지어진 마요르 광장에서 식사를 하고 시청을 보면서 관광을 할 수 있다. 왕은 도시 외곽에 거주하지만 여행객들은 시내 중심에 있는 왕궁에서 화려하게 장식된 방과 인상적인 유품들을 관람할 수 있다. 인근의 완공되는 데 1세기가 걸린 알무데나 대성당은 꼭 가봐야 하는 곳이다. 상징적인 알칼라문은 놀라운 건축물과 정원, 연못으로 이루어진 인상적인 녹색지대인 엘 레티로 공원을 장식하고 있다. 카사 데 캄포는 더 큰 도시 공원이다.

저녁에는 마드리드 최고의 펍Pub과 클럽으로 둘러싸인 푸에르타 델 솔에 들러 늦게 식사를 할 수 있다. 자정 가까이에 현지 시민들과 어울려 타파스나 파에야를 싱그러운 상그리아와 현지 와인과 함께 즐겨보자. 마드리드는 유럽에서 가장 활기찬 도시 중 하나로 관광객의 마음을 훔치기에 충분하다.

마드리드 IN

예전에는 야간열차를 타고 바르셀로나 또는 파리에서 마드리드로 많이 들어왔는데 지금은 야간열차가 없어지고 주간열차만 운행하고 있다. 바르셀로나에서 출발하는 열차를 제외하면 대부분의 열차는 마드리드 차마르틴역Estacón de Chamartín에 도착한다. 차마르틴역은 우리나라의 서울역이라고 보면 된다. 요즘은 저가항공을 타고 들어와 스페인만 여행하는 경우가 많아졌는데 이때도 공항에서 가까운 차마르틴역을 많이 이용한다.

차마르틴역은 도심 중앙에서는 북쪽으로 떨어져 있는 편이지만 여행 안내소는 물론이고 환전소, 코인로커, 우체국, 전화국, 레스토랑, 슈퍼마켓 등 모든 편의시설이 갖추어져 있다. 근처에는 호텔이 많아 우리나라에서 이용하는 패키지여행의 호텔은 대부분 이곳에 위치한다.

세비야에서는 고속열차(AVE)를 이용해 들어올 수 있다. 파리에서 마드리드로 들어오는 경우, 일반 열차를 타고 들어오면 유럽의 다른 나라들과 스페인 철로의 궤도넓이가 달라 프랑스와 스페인의 국경역인 이룬Irun에서 열차를 갈아타야 한다.

파리에서 마드리드로 가는 방법

파리에서 마드리드나 바르셀로나를 가는 직통 야간열차가 없어졌다. 그러나 여러 군데를 정차했다가 가는 야간열차는 이용할 수 있다. 이 야간열차는 파리 오스텔리츠역에서 출발해 다음날 아침 국경역인 이룬에 도착한다. 이때 이룬에서 마드리드로 출발하는 열차로 갈아타면 된다.

리스본에서 마드리드로 가는 방법

리스본에서 야간열차를 이용해 들어올 경우, 리스본의 산타 아폴로니아역을 출발해 마드리드 차마르틴역에 도착한다.

세비야에서 마드리로 가는 방법

세비야에서는 시간마다 고속열차가 3시간 만에 마드리드 아토차역으로 들어간다. 아토차역과 차마르틴역, 노르테역은 모두 시내를 관통하는 국철로 연결되어 있다.(유레일패스 이용 가능)

배낭여행의 경우, 마드리드로 들어온 날 시내를 둘러보고, 당일에 야간기차나 저가항공으로 파리로 들어가기도 한다. 마드리드를 하루만에 둘러볼 예정이라면, 이동할 때 짐이 불편할 수 있으니 코인로커에 짐을 보관한 후 마드리드 시내를 둘러보도록 하자.

차마르틴역에 도착하면 기차에서 내린 후 플랫폼에서 오른쪽 아래로 내려가는 계단을 이용하여 지하철역으로 가자. 위쪽 계단으로 올라가게 되면 지하철역으로 내려갈 때 무거운 짐을 들고 긴 계단을 내려가야 한다.

차마르틴역

- ▶**여행 안내소** | 월요일~금요일 08:00~20:00, 토요일 08:00~13:00
- ▶**은행** | 08:00~22:00
- ▶**코인로커** | 07:00~23:00, 크기별로 €5~5.50
- ▶**교통** | M-8 Chamartín B-5, 14

아토차역

- ▶**은행** | 08:30~22:00
- ▶**코인로커** | 07:00~23:00, 크기별로 €5~5.50
- ▶**교통** | 지하철 Atocha역 다음 정거장인 M-1 Atocha renfe에서 하차 B-10, 19, 24, 26, 27, 32, 34, 37, 54, 57, 102, 112

시내 교통

10회권을 이용하여 버스와 지하철Metro을 하나의 티켓으로 이용할 수 있다. 1회권을 이용하는 것보다 10회권을 이용하는 것이 편리하다. 10회까지 사용하지 않을 예정이라면, 같이 온 일행과 함께 구입해 나누어 사용하는 것이 좋다.
▶티켓 요금 : 1회권 €1.90(Zone A), 10회권 €15

지하철

지하철은 12개의 노선이 운영되고 있으며, 06:00부터 새벽 01:30까지 운행하기 때문에 늦은 밤에도 지하철을 많이 이용한다. 지하철역과 국철역은 연결되어 있어 원하는 곳은 어디든지 이용할 수 있다. 지하철 티켓은 지하철매표소, 자동판매기 등에서 구입할 수 있다.

버스

버스는 06:00~24:00까지 운행하며, 00:00~05:15의 심야시간대에는 나이트 버스Buhos를 운행한다. 정류장마다 자세하게 노선 안내가 되어 있기 때문에 쉽게 이용 가능하다. 혼자서 버스를 기다리다 보면 그냥 지나치는 경우도 있으니 기다리는 버스가 보이면 손을 들어 표시해주는 것이 좋다. EMT(마드리드 지역 버스회사)의 사무소, 홈페이지 등에서 자세한 버스 노선도를 구할 수 있다.

택시

빈 택시인지는 표시등의 왼쪽 라이트에 녹색불이 켜져 있는 것으로 구분한다. 기본요금은 2유로로 비싸지 않지만 마드리드 시내는 교통 체증이 심해 택시요금이 많이 나오는 편이다. 기차역이나 공항에서는 대기수수료도 추가되어 가격이 비싸다.

마드리드
핵심 도보 여행

마드리드는 스페인의 수도지만 바르셀로나보다 작아서 하루만에 다 돌아볼 수 있다. 하지만 프라도 미술관과 국립 소피아 왕비 예술센터, 티센보르네미서 미술관을 본다면 3일도 모자란다.
미술관과 박물관을 따로 돌아보고 마드리드 시내는 1일 정도 따로 돌아보는 것이 좋다. 미술관과 시내를 하루에 함께 둘러보면 금방 피로해지기 쉬우니 시내와 미술관을 분리하여 여행하자. 1일 동안 알차게 둘러볼 수 있는 코스를 알아보자.

일정
솔 광장 → 산타아나 광장 → 마요르 광장 → 산 미구엘 시장 → 비야 광장 → 레알 왕궁 → 알무데나 대성당 → 비스티야스 정원

솔 광장, 루에르타 델 솔은 우리나라의 명동과 같은 곳으로 마드리드 시민들의 만남과 휴식의 장소다. 솔 광장에서 새해 불꽃놀이도 시작되는데 이때가 아니어도 언제나 사람들로 북적거리기 때문에 이곳에서는 소매치기를 항상 조심해야 한다. 또한 9개의 도로가 시작

되는 장소로, 중앙에는 시계탑이 있는 건물인 카사 데 코레오스Casa de Correos 바닥에 9개의 도로가 이곳에서 시작된다는 의미의 0㎞가 적혀 있다. 푸에르타 델 솔은 '태양의 문'이라는 뜻인데 태양이 항상 비추는 곳에 사람들이 몰리듯 솔 광장에도 늘 많은 사람으로 붐빈다. 마드리드의 광장은 솔, 산타아나, 마요르 광장이 거의 붙어 있어서 구분하기가 쉽지 않다. 뿔처럼 높이 솟은 탑이 있는 건물과 가운데에 펠리페 3세의 기마상이 서 있는 장소가 마요르 광장이고, 곰 동상이 나오면 솔 광장이다.

산타아나 광장은 솔 광장에서 동쪽으로 내려가거나 마요르 광장에서 동쪽으로 직진하면 나온다. 1848년 이후에 지금과 같은 모습을 갖추게 되었다. 노천카페와 레스토랑들이 즐비해 점심이나 저녁을 즐기기에 좋은 광장이다. 호화 호텔인 메이어와 빅토리아 호텔이 있어 대중적인 느낌은 아니다.

매우 넓은 마요르 광장은 후안 고메스 데모라가 설계하여 1619년에 완성한 광장으로 마드리드의 상징이었다. 하지만 3차례의 화재로 대부분이 파괴되면서 솔 광장이 이 역할을 대신하였다. 1854년에 지금의 모습으로 탈바꿈하였으며, 마요르 광장에는 9개의 아치문이 있다. 그중 남쪽으로 향하는 쿠치예로스 문의 돌계단을 따라 가면 레스토랑과 술집들이 밀집되어 있어 다양한 먹거리를 즐길 수 있다. 우리나라의 강남역 같은 느낌이다.

산 미구엘 시장Mercado de San Miguel은 특이한 외관을 자랑한다. 통유리로 된 외관을 보면 시장이라기보다는 식당을 연상케 한다. 마드리드에서 먹을 수 있는 모든 음식들을 먹어볼 수 있는 곳으로, 1835년부터 마드리드를 대표하는 시장으로 이름을 알렸다. 대표적으로는 오징어튀김 샌드위치가 유명하다. 시장이라고 싼 가격을 기대했다면 실망이 클 수도 있다.

솔 광장의 분수

마요르 광장

산 미구엘 시장

비야 광장과 오리엔테 광장은 마드리드 사람들이 가장 아름다운 광장으로 꼽는 곳이다. 비야 광장의 동쪽에는 15세기의 루하네스 저택Casa de los Lujanes이, 남쪽에는 16세기 르네상스양식의 시스네로 저택Casa de Cisneros이, 서쪽에는 17세기 합스부르크 왕조의 바로크양식인 비야 저택Casa de la Villa이 있다. 이런 중세 건물들에 둘러싸여 있는 비야 광장은 밤에 더 운치 있게 즐길 수 있다.

산 미구엘 시장에서 왕립 극장으로 올라가면 오리엔테 광장이 나오고 레알 왕궁이 보인다. 왕궁은 공원과 함께 마드리드 사람들의 산소공급처 역할을 한다. 1931년까지 알폰소 13세가 살았던 궁으로 18세기에 화재로 소실되었으나 펠리페 5세가 화려하게 지으면서 지금에 이르렀다.

벨라스케스와 프란시스코 데 고야의 작품들과 화려한 시계들도 볼 수 있다. 왕궁을 보려면 적어도 1시간 이상은 소요되므로 하루의 마지막에 여유롭게 보는 것이 좋다.

왕궁 동쪽으로는 오리엔테 광장Plaza de Oriente, 북쪽으로는 사바티니 정원Jardines de Sabatini, 왕궁 정면에는 알무데나 대성당Catedral de la Almudena이 있으며, 왕궁과 알무데나 대성당 사이로 아르메리아 광장Plaza de Armeria이 있다.

오리엔테 광장 중심에는 펠리페 4세 기마상과 분수대가 자리하고 있으며, 주변에는 잘 가꾸어진 나무들과 스페인 왕국을 지배한 역대 국왕들의 동상이 있다. 이 광장에서는 거리의 음악가들이 펼치는 공연을 쉽게 볼 수 있다. 이탈리아 건축가 프란체스코 사바티니가 설계한 데서 이름 붙여진 사바티니 정원은 왕궁에 딸린 큰 정원으로 전형적인 프랑스양식이다. 왕궁이 베르사유 궁전을 본떠 만들었음을 확인할 수 있다.

왕궁과 마주보고 있는 알무데나 대성당은 약 1세기에 거쳐 완성되었다. 건물이 지어지는 동안 스페인 내전 등의 문제로 방치되었다가 다시 지어지면서 고딕양식에서 바로크양식으로 변경되어 지금의 모습이 되었다.

왕궁의 사바티니 정원

왕궁 외관 및 내부 모습

베스트 코스

레티로 공원
Parque del Retiro

M-2 Retiro역에서 내리면 바로 초록의 물결이 넘실대는 마드리드 분위기를 만나게 된다. 1630년 펠리페 2세와 1868년 이사벨 2세가 왕궁의 정원을 시민들에게 돌려주기로 결정하면서 레티로 공원은 시민들에게 공개되었으며, 지금은 마드리드에서 가장 사랑받는 공원이 되었다.

공원의 핵심은 알폰소 12세의 동상이 세워진 레티로 연못이다. 이곳은 인공호수인데, 한가로이 유람선이나 카누를 타며 즐거운 시간을 갖기에 좋다. 남쪽에는 벨라스케스관Palacio de Velazquez과 크리스탈관Palacio de Cristal이 있다. 주말마다 다양한 공연이 열린다.

자세히 레티로 공원 알아보기

호숫가에서 휴식을 취하고, 풍경 좋은 정원을 거닐며 마드리드의 가장 크고 유명한 공원에서 고귀한 동상과 건물을 감상하며 휴식을 취하는 시민들을 볼 수 있다. 레티로 공원은 마드리드에서 가장 유명한 공원 중 하나로 약 140ha 규모로 시내 중심에 있다. 한 때 왕족들의 휴가지로 대형 궁전이 있었으며 1860년대에야 일반인들에게 공개되었다.

공원 전역에는 동상과 기념비 등이 있으며 2개의 호수와 갤러리, 분수대 등이 있다. 일요일 오후 피크닉으로 인기가 좋으며, 사람이 많이 붐비는 곳에서는 거리 예술가들이 자신들의 재능을 뽐내는 공연도 보게 된다.

기억의 숲

무성한 나무와 꽃들 사이를 거닐면 풍경 좋은 정원과, 좀 더 야생적이면서 더욱 자연적인 지역 등도 돌아다녀보자. 로살레다 델 레티로를 거닐면 다채로운 장미의 향연도 만끽할 수 있다. "기억의 숲"은 2004년 마드리드의 테러 공격의 희생자들을 기리기 위해 만들어졌다.

레티로 연못

"아르헨티나 산책길"을 거닐며 한때 왕궁의 내부에 있었던 동상들을 구경하고, 레티로 연못에서는 알폰소 12세 왕의 기념비도 있다. 반원형 구조의 돌기둥이 말에 탄 왕의 우화적인 동상들에 둘러싸여 있으므로 공원을 계속 돌아다니면서 더 많은 동상과 정원, 분수 등을 보면서 힐링을 하게 된다.

연못에서는 보트를 직접 빌릴 수도 있고, 신고전주의 양식의 벨라스케스 궁 또는 크리스탈 궁에 가면 각종 미술품도 볼 수 있다. 공원에 있는 17세기 궁전 중 유일하게 남아있는 건물인 카손 델 부엔 레티로로 둘러싸인 울타리가 있는 정원도 거닐다 보면, 한때 연회장 이였지만 현재는 프라도 박물관의 연구센터가 있다.

이동하는 방법

엘 레티로는 파세오 델 프라도나 시벨레스 광장에서 걸어서 갈 수 있다. 정문은 알칼라 문 바로 옆에 있지만, 공원은 레티로, 프린시페 데 베르가라, 이비사, 아토차 지하철역에서도 쉽게 이동할 수 있다.

티센보르네미서 미술관
Thyssen-Bornemisza Museum

프랑스나 이탈리아만 미술관을 관람해야 한다는 생각을 가진 관광객이 많지만 스페인의 마드리드에도 3일은 봐야 할 정도로 미술관과 박물관이 많다. 티센보르네미서 미술관, 프라도 미술관, 국립 소피아 왕비 예술센터가 삼각형 모양으로 위치해 있어 골든 트라이앵글이라 불린다.

3개의 미술관과 박물관만 관람해도 하루가 부족하다. 프라도 미술관 건너편에 있는 티센보르네미서 미술관은 M-2 Banco de Espana역에서 내리면 프라도 미술관보다 먼저 만나게 된다. 그래서 프라도 미술관으로 혼동하는 관광객들도 많다. 이 미술관은 19세기 초 네오클래식 양식 붉은색 건축물로, 아담하게 보이지만 상당히 크다.

1920년에 하인리히 남작이 모은 수집품부터 1960년대에 그의 아들인 보르네미서 남작이 모은 수집품까지 모아 1988년에 미술관으로 개관하며 시작되었다. 1993년에는 스페인 정부가 미술관을 매입하여 국립 미술관이 되었고, 13세기부터 지금까지의 회화 800점 이상을 전시하고 있다. 피카소, 달리 등의 현대미술과 16~18세기 이탈리아, 네덜란드 등의 회화도 감상할 수 있다.

아토차역, 프라도 미술관, 시벨레스 광장을 연결하는 도로로 연결되는 넵투노 광장 왼쪽의 붉은 건물이 티센보르네미서 미술관이다.

🏠 M-2 Banco de Espana ⓒ 화요일~일요일 10:00~19:00, 월요일, 1/1, 5/1, 12/25은 휴무 € 상설전시 €12, 학생 €8

시벨레스 광장
Plaza de la Cibeles

반코 데 에스파냐^{Banco de Espana}역에서 하차하여 시벨레스 광장에 들어서서 오른쪽 길을 따라가면 독립 광장^{Plaza de la Independencia}과 알칼라 문^{Puerta de Alcala}이 나온다. 여기서 계속 직진하면 콜론 광장^{Plaza de Colon}이 나온다.

시벨레스 광장의 북쪽이 콜론 광장, 동쪽이 알칼라 문, 남쪽이 프라도 미술관이다. 솔 광장에서 동쪽으로 뻗은 알칼라 거리^{Calle de Alcala}와 그란비아^{Gran Via}의 합류지점으로, 중심에 대지와 풍요의 여신 시벨레스가 두 마리의 사자가 끄는 마차를 탄 조각과 분수가 있다. 이곳에서 멀지 않은 곳에 바다의 신 넵투노(포세이돈)가 한 손에는 삼칼창을 들고 해마가 끄는 전차를 탄 분수가 있다. 시벨레스 분수와 비교하며 보는 재미가 쏠쏠하다.

자세히 시벨레스 광장 알아보기

마드리드에서 가장 중요한 도로의 교차로에 위치한 시벨레스 광장은 델 프라도, 카예 데 알칼라, 파세오 데 라 카스테야나의 중요한 교차로 3개가 만나는 곳에 있어서 가장 아름다

운 건물들을 볼 수 있다. 눈에 띄는 오래된 건물들로 둘러싸여 있으며, 중앙의 상징적인 분수대로 유명한 시벨레스 광장은 마드리드에서 가장 인상적이다.
섬세하게 장식된 외관을 보고, 우체국이나 시청으로 잘 알려진 시벨레스 궁전의 탑도 볼 수 있다. 20세기 초반에 지어져 스페인 우체국으로 이용되다가 2007년 새로운 시청이 되었다. 광장 맞은편에는 부에나비스타 궁전이 있다. 1770년대 완공된 이후 알바 공작부인이 거주하던 궁으로 이후에 국방부가 사용하고 있다. 카예 데 알칼라 거리를 건너 방코 데 에스파냐는 3층 높이에도 불구하고 블록 전체를 차지하고 있는 건물은 신기하다.
광장을 건너 바로 걸으면 1900년대에 완공된 개인 저택인 리나레스 궁이 나온다. 위풍당당하게 서있는 네오 바로크 양식의 건축물을 감상하고, 내부로 들어가 스페인과 미국의 문화적 관계 증진을 위한 기구, 카사 데 아메리카를 방문하면 여기에는 전시홀, 박물관, 서점, 레스토랑 등이 있다.
광장 중앙으로 가면 사자 한 쌍이 이끌고 있는 전차를 타고 있는 다산의 로마 여신 시벨레가 있는 시벨레스 분수를 볼 수 있다. 18세기 말 카를로스 3세 왕에 의해 의뢰되어 건축가 벤투라 로드리게스가 직경 32m, 높이 8m로 건축하였다.

마드리드 시청
Palacio de Cibeles

마드리드의 옛 시청 건물을 보거나 안으로 들어가 300여 년 동안 의원들이 도시의 행정을 담당했던 내부 모습도 볼 수 있다. 마드리드의 카사 델 아윤타미엔토는 도시의 시청으로 1696~2007년까지 운영되었다.

유명한 건축가 후안 고메스 데 모라에 의해 1640년대 설계되었지만 그가 죽은 후 1696년에야 완공되었다. 이 건물은 마드리드의 가장 오래된 지역인 로스 아우스트리아스에 있는 비야 광장에 있다.

광장을 돌아다니며 빌딩의 화려한 외관도 구경하고 광장 앞 알바로 데 바산 장군의 동상도 만나보자. 시청으로 들어가는 두 개의 별도의 입구가 있는 것을 발견할 것이다. 수 세기 동안 하나는 행정 구역으로 연결해 주며, 다른 하나는 건물의 반을 차지했던 감옥으로 이동시켜 주는 역할을 했다.

무료 가이드 투어

월요일 저녁에 방문하면 투어에 참가할 수 있다. 투어는 스페인어와 영어로 이루어지며, 관광객들에게 4개의 인상적인 방들을 소개시켜 준다. 총회의실의 천장을 덮고 있는 안토니오 팔로미노의 벽화를 보면 의원들의 좌석들이 있는 17~19세기 스타일의 섬세한 장식들로 꾸며져 있는 것을 알 수 있다.

이어서 크리스탈 아트리움으로 향해 스테인드글라스로 된 채광창이 도시의 문장과 알칼라문을 묘사하고 있는 것을 알 수 있다. 아트리움을 둘러보면 스페인 유명 작가들의 흉상도 볼 수 있다. 리셉션홀에는 수도원에서 몰수한 거대 샹들리에를 볼 수 있으며 프랑스에서 스페인으로 전해진 한 쌍의 꽃병과 기타 예술 작품들도 볼 수 있다. 투어는 수 세기 동안의 마드리드 도시 시장들의 초상화가 있는 카레타 홀에서 마무리된다.

전망대   전망대에서 바라본 광장의 모습

- 🌐 www.cateraldelaalmudena.es 🏠 Calla Bailen 10(왕궁 바로 옆)
- 🕘 9시 30분~20시 30분 (박물관 10~14시 30분 / 일요일 휴무)
- € 1€(기부금 입장 / 박물관 6€) 📞 915-422-200

알무데나 대성당
Catedral de la Almudena

입구를 통해 마드리드 유일한 성당의 매혹적인 내부로 걸어가면서 바로크 양식의 건축물을 감상할 수 있다. 알무데나 대성당Catedral de la Almudena은 스페인에서 가장 유명한 성당 중 하나이다. '알무데나Almudena'는 성벽이라는 아랍어로 성모상이 성벽 안에서 발견됐기 때문에 붙여졌다. 정통적인 성당의 평면도와 다양한 건축적 특성을 보유하고 있지만 현대적인 감각도 엿볼 수 있는 성당이다. 외부에 앉아 우뚝 솟은 외관을 감상하고 내부로 향해 네오고딕양식의 실내를 구경할 수 있다. 본당을 돌아다니면서 팝아트 스테인드글라스 창문, 다채로운 색감의 천장 벽화, 과거와 현재의 작가들의 작품을 모두 감상할 수 있다.

2004년 스페인 왕자 펠리페와 레티시아 오르티스 로카솔라노의 결혼식이 열렸던 성당의 넓은 복도를 걸으면 104m의 길이와 76m의 넓이의 거대한 성당을 구경하면서 왕실 행사의

▲▲ 104m의 길이와 76m의 넓이의 거대한 성당

◀ 네오고딕 양식과 바로크 양식의 혼합되어 있다.

화려함도 상상할 수 있다. 중앙 돔은 직경 20m로 도시의 멋진 전망을 위해 돔의 전망대로 이동하는 것이 좋다. 성당 착공 계획은 16세기에 시작되었지만 교황 요한 바오로 2세에 의해 축성된 해와 같은 1993년에서야 완공되었다. 성당 전면에 교황의 동상도 있다.

건축이 지연되는 과정을 통해 성당은 2가지 건축 양식을 띄는데, 외부는 신고전주의 양식으로 내부는 네오 고딕양식으로 건축되었다. 성당에서 가장 오래된 공간인 지하는 네오 고딕양식이지만 반면 외부는 주변 건축물인 왕궁의 신고전주의 양식을 따르기 위해 디자인되었다.

지하로 가면 16세기의 성모 마리아 알무데나(Almudena)의 이미지를 볼 수 있다. 트랜셉트의 서쪽으로 향하면 15세기 제단의 모습도 볼 수 있다. 성당 내 박물관에 들리면 성직자 의복 및 기타 유물 등도 전시되어 성당의 역사와 마드리드 교구에 대해 자세히 알 수 있다.

추에카 지구
Chueca

추에카^{Chueca} 전철역 앞에는 커다란 건물들로 둘러싸인 추에카^{Chueca} 광장이 자리하고 있다. 추에카 Chueca는 19세기 작곡가 페데리코 추에카^{Pederico Chueca}의 이름을 따 명명되었다. 추에카는 오페라와 산문을 결합한 사르수엘라 장르 전문 작곡가였다. 광장의 널찍한 규모는 추에카의 넉넉한 마음씨를 상징하는 듯하다.

카페에 앉아 책을 읽거나, 저녁에는 바에 들러 칵테일을 즐기기 때문에 후엔카랄 거리와 호르탈레자 거리는 저녁부터 동이 틀 때까지 밝은 불빛과 사람들로 가득하다. 거리와 상점에서는 독특한 의상들을 구경할 수 있는데, 고급 브랜드에서부터 개성 있는 보헤미아 풍 의상까지 다양하다. 중앙 광장과 거리에는 각국의 요리를 즐길 수 레스토랑이 즐비하다. 마드리드의 아방가르드적 면이 돋보이는 이곳에는 수많은 성소수자 상점과 바가 늘어서 있다. 게이 프라이드 퍼레이드도 이곳에서 개최되고 있다.

> **게이 프라이드 축제**
>
> 마드리드 구시가지 북쪽의 세련된 추에카 지구는 마드리드의 성소수자 구역으로 유명하다. 수많은 성소수자 상점과 바가 늘어서 있는 이곳은 게이 프라이드 축제가 열리는 곳이기도 하다. 추에카의 진보적이고 세련된 분위기는 구시가지의 전원적인 분위기와 대비를 이룬다.
>
> 매년 6월이나 7월에는 게이 프라이드 축제가 개최된다. 축제 때가 되면 화려한 의상과 색색의 깃발, 춤과 노래가 거리를 가득 채운다. 추에카의 자유롭고 다채로운 분위기를 완벽하게 드러내는 게이 프라이드 축제는 이제 추에카 지구를 상징하게 되었다.

알칼라 문
Puerta de Alcalá

한때 마드리드의 동쪽 경계였지만, 오늘날은 스페인 대도시의 상징이 된 위풍당당한 알칼라 문은 아마 마드리드의 오래된 도시 문 중 가장 유명할 것이다. 1559년에 세워진 기존 문의 장엄한 교체를 위해 1770년대 초 카를로스 3세 왕이 건설을 의뢰했다. 많은 길 중 하나의 코너에 우뚝 서있는 우아한 신고전주의식 건축물은 사자의 머리로 장식된 2개의 아치와 뿔 부조가 돋보이는 2개의 더 작은 사각형 문이 있다.

저명한 건축가 '프란시스코 사바티니'에 의해 설계되었고, 프리즈 부조와 로베르트 데 미켈과 프란시스코 구티에레스 등의 조각상으로 장식되었다. 비록 한 때는 이곳이 도시의 동쪽 경계를 의미하는 곳이었지만, 현재는 마드리드 시내의 중심부에 위치하며, 알칼라 데 에나레스 길에 있다. 동쪽을 장식한 돌기둥과 왕립 문장을 볼 수 있는데, 문에는 카를로스 3세 왕을 기리기 위해 'Rege Carolo III Anno MDCCLXXVIII'라고 적혀져 있다. 문의 위쪽에서는 다양한 종류의 우화 동상이 인상적이다.

1800년대 초 인근에서 폭발된 대포로 인해 훼손된 벽돌을 가까이서 살펴보면 문 주변의 작지만 깨끗한 정원을 거닐거나 멀리서 구경해도 좋다. 문에 가까이 다가가기는 많은 차량이 지나가기 때문에 힘들다.

알칼라 문은 푸에르타 델 솔에서 카예 데 알칼라를 따라 동쪽에 있다. 엘 레티로 공원이나 레티로 지하철역 바로 옆에 있다.

콜론 광장
Plaza de Colón

콜론역(M-4)에서 내리면 콜럼버스를 기념하기 위해 만든 콜론 광장이 있다. 콜럼버스 동상이 높은 기둥 위에 서 있는데 웅장한 멋이 있다. 밑에는 항해일지를 새긴 돌로 된 기념물이 있다. 차량들이 지나가는 광장이라 대륙을 발견했을 때의 분위기는 없지만 콜럼버스가 스페인 역사에서 얼마나 중요한지를 알 수 있는 광장이다.

국립 고고학 박물관
Museo Arqueológico Nacional

국립 고고학 박물관은 무료로 관람할 수 있으니 부담없이 둘러보자. 특히 알타미라 동굴벽화를 보러 가는 박물관으로 유명하며, 전시된 벽화는 복제품이지만 볼 만한 가치가 있다. 들어가서 왼쪽 지하로 내려가는 길에 벽화를 볼 수 있다. 구석기 시대부터 15세기까지의 페니키아, 카르타고, 이베리아, 로마, 서고트, 기독교, 이슬람교 등의 유물과 자료들이 연대순으로 전시되어 있다.

🏠 세라노역(M-4)
🕐 화요일~토요일 09:30~20:00, 일요일 · 공휴일 09:30~15:00 휴무 : 월요일, 1/1, 1/6, 5/1, 12/24~25, 12/31

대표적인
마드리드 광장 Best 5

솔 광장(Puerta del Sol)

'태양의 문'이라는 뜻을 가지고 있는 솔 광장은 마드리드의 중심지역이다. 여기에서부터 9개의 도로가 뻗어나가며, 지하철도 3개 노선(M-1, 2, 3호선)이 교차하고 있다. 태양이 새겨진 성문이 있었다고 전해지지만 지금은 없다. 많은 이가 약속 장소로 이용하고 있어 항상 붐비며, 새해맞이 행사도 솔 광장에서 진행할 정도다.

광장 앞에는 시계탑이 있는 마드리드 의회 건물이 있고, 건너편에는 마드리드 최고의 백화점인 엘 코르테 잉글레스El Corte Ingles와 많은 상점이 있는 번화가 쁘레시아도스Preciados 거리가 있다. 솔 광장에서 마요르 거리Calle Mayor를 따라 10분 정도 걸으면 왼쪽으로 마요르 광장이 나온다.

마드리드에서 수천 명의 사람들이 저녁 시간을 즐기기 전 만남의 장소로, 집회의 모임 장소로, 관광객이 마드리드 관광을 시작하는 장소로 북적거린다. '태양의 문'이라는 뜻의 솔 광장Puerta del Sol은 마드리드의 심장부에 있다. 한 때 도시의 동쪽 경계에 위치했을 때, 중세 문은 그 이름의 유래대로 떠오르는 태양으로 장식되었다. 현재, 이곳은 도시의 주요 행사가 열리는 광장으로 정치적 집회에서부터 새해 축하 행사까지 다양하게 열린다.

광장을 거닐며, 웅대한 옛 건물을 구경하고, 상징적인 동상과 함께 마드리드 시민들의 일상을 관찰할 수 있다. 광장 중앙에는 도시의 수많은 건축과 공공시설의 설립을 개시했던 카를로스 3세 왕의 동상이 있다. 솔 광장은 부티크 숍, 바, 레스토랑으로 북적거리는 거리로 둘러싸여 있다. 그래서 방향을 정하고 관광을 시작하는 것이 좋다. 도시 중심부에 위치하여 현지인과 관광객 모두가 모여 다음의 행선지를 정하고 하루 일정을 계획해야 길을 잃지 않을 수 있다.

광장의 특징

카사 데 코레오스
1760년대 지어진 붉은색과 베이지색의 이 건물은 수 세기 동안 도시의 우체국으로 이용되었다. 이후 내무부가 되었고, 프랑코 시절에는 경찰 본부가 되었다. 지금은 마드리드 지역 대통령 위원회에서 사용하고 있다.

곰 동상
광장의 동쪽에는 마드리드에서 가장 유명한 곰과 마드론 나무 일화를 담은 동상이 있다. 이는 도시의 상징이며 모든 택시 문의 문장을 이루기도 한다. 한때 분수대가 있던 장소를 나타내는 마리블랑카 동상 복제품도 있다.

12월 31일 축제
모든 스페인 사람들이 새해 전야를 카운트다운하기 위해 바라보는 시계탑도 있다. 새해 자정이 되면 포도 12알을 먹는 것은 이곳의 전통이다. 건물 앞에서 킬로메트레 세로 명판은 스페인의 6개 국가적 길의 중심을 표시한다.

마요르 광장(Plaza Mayor)

마드리드의 공식 행사나 시장, 투우, 종교재판 등이 이루어졌던 광장으로, 지금은 많은 사람들이 오가며 일요일에는 우표·화폐시장이 열리는 광장이다. 중앙에는 펠리페 3세의 기마상이 있으며, 1617~1619년에 완성되었다. 하지만 여러 번의 화재로 1854년에 현재의 모습이 만들어졌다.

광장 중앙의 지암 볼로냐와 피에트로 타카에 의해 탄생한 말을 타고 있는 '펠리페 3세 왕 동상'은 마요르 광장의 상징이다. 1616년에 주조되어 19세기 복원기간 동안 마요르 광장으로 옮겨졌다.

광장은 시장에서부터 공공 행사, 투우와 사형집행까지 모든 것을 볼 수 있는 장소였다. 현재, 거리 공연과, 예술가들, 수많은 상점들이 즐비해 있다. 마요르 광장은 마드리드에서 가장 유명한 공공 광장이다. 자갈이 깔린 마당 거리는 세련된 레스토랑, 부티크 숍, 바Bar, 카페Cafe로 둘러싸여 있다. 펠리페 2세 왕이 공공 광장으로 의뢰하기 전인 16세기에 이곳은 아주 복잡한 시장 거리였다. 건축가 후안 고메스 데 모라의 감독 하에 1619년 완공된 광장은 1790년에 오늘날의 모습을 한 광장이 완공되기까지 3번의 화재를 경험했다.

광장을 거니며, 분위기에 취하고, 우아한 건축물들을 보고, 마드리드에서 가장 비싼 거주 지역도 구경하고, 카사 데 라 파나데리아의 아름다운 외부 벽화도 볼 수 있다. 한때 빵집들이 모여 있던 곳이기도 했던 마요르 광장은 관광안내센터로 이용되고 있다.
예술가들이 자신들의 작품을 팔며, 거리 공연가와 음악가들이 자신의 재능을 뽐내는 모습도 쉽게 볼 수 있다. 광장은 여전히 공식 행사와 기타 축제를 위한 장소로 사용된다. 때문에 방문하는 동안 행사가 있는지 확인하는 것도 도움이 된다. 산책로를 거니며 부티크 숍을 둘러 보기도 하고, 수많은 레스토랑과 카페에서 커피 한 잔에 스페인 음식도 즐길 수 있다.
마드리드의 로스 아우스트리아스 지구는 9개의 길을 따라 거닐 수 있는 곳이다. 마요르 광장은 시내 중심부에 있으며 시청과 왕궁 같은 관광지와도 가깝다.

위치_ 오페라, 푸에르타 델 솔 역 하차

스페인 광장(Plaza de España)

마드리드에서 가장 상징적인 고층 건물들을 구경하고 가장 중요한 광장에서 세르반테스의 기념비를 볼 수 있다. 스페인 광장은 마드리드에서 가장 바쁜 거리의 교차로에 위치한다. 북적이는 그란비아는 자동차, 트럭 및 버스들이 경적을 울리며 분주하게 돌아다니는 카예 데 라 프린세사와 만나게 된다. 이곳이 도시의 심장부에 있어도, 사람들은 이곳의 나무 그늘에 앉아 여유를 만끽한다는 사실을 알게 된다.

광장 중앙으로 향하면 희곡 작가이자 소설가인 미겔 데 세르반테스 사베드라의 기념비를 만날 수 있다. 문학 애호가라면 자신의 소설 속 인물들을 바라보며 서 있는 세르반테스의 동상 아래 청동으로 조각된 돈키호테와 그의 신하 산초 판사를 쉽게 알 수 있다. 양쪽에는 돈키호테의 진정한 사랑을 대표하는 인물들이 있다. 하나는 둘시네아 델 토보소이며 다른 하나는 알돈사 로렌소이다.

저녁에는 조명이 밝혀져 더욱 아름다운 대형 분수가 있는 광장 중앙으로 향해 보자. 공원 주변에 있는 수많은 나무 그늘에서 휴식과 여유를 만끽할 수 있다. 여름에는 음식과 기타 물품들을 파는 거리 상인과 수많은 레스토랑도 있다.
스페인 광장은 마드리드 중심부에 있으며 왕궁이나 그란비아에서 쉽게 걸어갈 수 있는 거리에 있다.

사진 포인트

스페인의 위대한 작가 세르반테스의 서거 300주년을 기념해 세운 동상과 돈키호테, 로시 난테, 산초의 동상이 있는 스페인 광장은 사진 찍기에 좋다. 동상 뒤에 있는 건물은 스페인 빌딩(Edificio España)이고 왼쪽에 있는 높은 건물이 마드리드 타워(Torre de Madrid)이다. 맨 위층에는 카페가 있어 마드리드 시내가 내려다보인다. 광장 북서쪽에는 대학가가 있어 학생들을 위한 각종 상점, 식당 등이 있다.

비야 광장(Plaza de la Villa)

마드리드 심장부에 자리한 예쁜 광장에 훌륭하게 보존된 옛 건물들이 테두리처럼 늘어선 비야 광장은 사랑스러운 작은 광장이다. 삼면을 17세기 건물들이 둘러싸고 있어 바로크 건축 양식이 돋보이는 마드리드만의 독특한 스타일을 한눈에 볼 수 있다. 시내에서 현존하는 가장 오래된 건물 몇 채가 평화로운 광장을 에워싸고 있다. 수백 년 동안 마드리드 정부의 중심역할을 해왔다.

광장에서 가장 큰 건물은 1645년에 지어진 카사 델라 비야$^{Casa\ della\ Villa}$이다. 벽돌과 석재로 만든 외관에 붙은 2개의 대칭되는 문을 눈여겨보자. 이 문들은 한때 시청과 교도소라는 2

가지 목적을 한꺼번에 수행한 건물의 출입문이었다. 건물 안에 들어서면 안토니오 팔로미노가 그린 아름다운 17세기 프레스코화를 볼 수 있고, 스테인드글라스로 장식한 천장은 실로 경탄이 절로 나올 정도이다. 마드리드 도시를 상징하는 문장 옆에 서 있는 여자로 묘사한 프란치스코 고야Goya의 유명한 회화 작품 마드리드시의 우화도 볼 수 있다.

카사 델라 비야Casa della Villa와 아치 하나로 연결되어 있는 건물이 카사 데 시스네로스이다. 시스네로스 추기경의 조카가 살기 위해 1537년에 지어진 집이다. 호화롭게 장식한 건물 외관을 살펴보면 초기 르네상스 시대 스페인 건축 양식인 플라테레스크 양식으로 지어진 건물 중 마드리드에 얼마 남지 않은 사례이다. 현재, 마드리드 시장의 관저로 사용하고 있다.

광장 맞은편에 시내에서 가장 오래된 건물 중 하나로 15세기 작품인 토레 데 로스 루하네스가 있다. 건물에 딸린 붉은 벽돌로 지은 무데하르 양식 탑을 잘 보면 1525년 파비아 전투 당시 프랑스 왕인 프랑수아 1세를 가둬 두고 감옥으로 썼다는 사실을 알 수 있다. 고딕 양식의 출입구 위에서 루하네스 문장을 찾아보자.

광장 한가운데에 선 조각상은 스페인의 아르마다 함선을 이끌고 영국 침략을 계획했던 해군 제독인 돈 알바로 데 바산을 기린 것이다. 19세기에 조각가 마리아노 벤리우레가 설계한 이 조각상은 새하얀 대리석 받침대 위에 3m 높이로 당당하게 서 있다.

🏠 Calle Mayor오페라 역 하차

그란비아 거리
Gran Vía Street

스페인 광장과 시벨레스 광장 사이에 자리 잡은 그란비아 거리 인근에는 여러 전철역이 있어서 쉽게 찾아갈 수 있다. M-3 10 Plaza de Espana역에서 내려 세르반테스의 동상을 바라보면서 오른쪽으로 고개를 돌리면 보이는 곳이 바로 마드리드에서 가장 번화한 그란비아 거리다. 1910년부터 10년에 걸쳐 구획 정리를 하면서 만들어진 그란비아 거리는 스페인 광장에서 시벨레스 광장까지 뻗어 있는 마드리드의 쇼핑 중심지다.

그란비아 거리를 경계로 좁은 길들이 모여 있는 구시가, 북동쪽의 길게 뻗은 길들이 모여 있는 신시가로 나뉜다. 길의 양쪽에는 상점과 호텔, 레스토랑, 나이트클럽, 극장 등이 모여 있다.

그란 비아의 거리를 따라 늘어선 유서 깊은 건물 안에 자리 잡고 있는 세련된 부티크 상점과 유명 브랜드 상점들이 몰려 있다. H&M이나 리바이스와 같은 익숙한 브랜드는 물론, 개성 있는 부티크도 볼 수 있다. 스페인 브랜드 중에는 엘 코르테 잉글레스와 레알 마드리드가 유명하다.

그란 비아는 마드리드 쇼핑의 중심지이자 밤의 유흥이 살아나는 곳이다. 극장, 영화관, 바와 클럽으로도 가득한 그란 비아는 마드리드의 '잠들지 않는 거리'라 불린다. 낮에는 식사와 쇼핑을 즐기고, 밤이 되면 다음날 아침까지 쇼와 댄스를 즐기는 모습도 볼 수 있다.

간략한 그란 비아 역사

그란 비아는 마드리드의 북서쪽과 올드 타운을 연결하기 위해 설계되었다. 새로운 쇼핑 지구를 만들기 위해 4개의 거리, 수녀원 2곳, 시장 1곳이 철거되었다. 덕분에 설계자들은 당대의 최신 유행을 따라 멋스러운 대규모 건물을 설계할 수 있었다.

그란 비아 거리에서는 아르데코와 보자르와 같은 유명 양식뿐만 아니라 역사주의나 합리주의와 같이 덜 알려진 건축 양식도 볼 수 있다. 유명한 그라시 건물과 메트로폴리스 건물이 있다. 그라시 건물은 아름다운 원형 건물로서, 건물 꼭대기의 2개의 전망대가 무척 인상적이고, 메트로폴리스 건물은 꼭대기의 빅토리아 여신상으로 인해 쉽게 찾을 수 있다.

산 미구엘 시장
Mercado de San Miguel

마드리드의 유명 시장을 방문하여 신선한 농산물을 구입하고, 축제에 참여하거나 맛있는 타파스Tapas를 맛보는 미식 문화의 중심지이다. 마드리드의 산 미구엘 시장Mercado de San Miguel의 수많은 식료품점에서는 신선한 농산물을 판매하고 있다. 앉아서 먹을 수 있도록 의자와 테이블도 마련되어 있는 20세기 초반에 설계된 건물은 21세기 초입에 대규모 재건 작업을 거쳤다.

마드리드에서 가장 오래된 시장인 산 미구엘 시장Mercado de San Miguel은 활기찬 분위기와 우아한 보자르 양식은 주민들과 관광객들을 모두 매료시킨다. 1916년에 문을 연 시장은 파리의 '레 알'을 본떠 설계됐다. 재건 작업을 거쳤지만, 건물의 기존 양식은 그대로 보존되었다. 또한 상인들과 방문객들을 위한 현대적인 편의시설도 더해졌다. 이곳에서는 에어컨을 사용하는 대신, 수분마다 한 번씩 공기 중으로 수분이 유입되도록 설계되었다.

🌐 www.mercadesanmiguel.es 🏠 Plaza de San Miguel(M 2, 5호선 Ópera 하차)
🕐 10~24시(일~수요일 / 목~토요일 새벽 2시까지)

시장의 풍경

철과 나무로 된 높은 지붕 아래에 일렬로 늘어서 있는 33개의 상점들을 둘러보면 장을 보러 나온 주민들과 인사를 나누고, 신선한 과일과 굴, 맛있는 햄을 구입한다. 해가 지면 중앙 시장에서는 많은 사람들이 타파스(tapas)와 음료를 곁들여 가벼운 식사를 즐긴다. 연어, 굴, 산양유 치즈 타파스는 신선하다. 타파스는 보통 적은 양으로 판매되며, 가격도 저렴하다.

현지 와인, 맥주, 또는 샹그리아와 같은 칵테일을 곁들여 타파스를 즐겨 보자. 또한 양념한 소시지인 초리조(chorizo), 계란 오믈렛인 또띠야(tortilla)와 같은 전통 음식을 추천한다. 시장 내의 서점에서는 스페인어로 된 요리책, 고급 부엌용품 상점에 들러 스페인 요리용품도 구입하는 관광객도 상당히 많다.

마드리드
미술관 Best 3

프라도 미술관(Prado National Museum)

스페인이 자랑하는 세계적인 미술관으로 수천 점의 미술품을 전시하고 있다. 원래는 스페인 왕가의 소장품을 중심으로 1819년에 건립된 왕립 미술관이었으나 1868년 혁명 후 국유화되었다. 중세부터 18세기까지 스페인 및 유럽 각국의 회화를 중심으로 전시하고 있다. 특히 그레코, 벨라스케스, 고야에 관해서는 질적·양적으로 세계에서 가장 많은 작품을 소장하고 있다. 루벤스, 반 다이크를 중심으로 하는 플랑드르 회화, 리베라, 무리요, 수르바란 등 스페인 화가의 작품도 많이 전시되어 있다. 프라도 미술관의 가장 큰 자랑거리는 역시 고야의 작품이다. 〈옷을 벗은 마하〉, 〈옷을 입은 마하〉, 〈카를로스 4세의 가족〉, 〈마녀의 집회〉 등 초기부터 말년에 이르는 100점이 넘는 유화와 수백 점의 소묘를 소장하고 있다. 이 외에 그레코의 〈부활〉과 〈삼위일체〉, 벨라스케스의 〈술꾼들〉과 〈시녀들〉, 보스의 〈쾌락의 뜰〉과 루벤스의 〈사랑의 뜰〉도 빼놓을 수 없는 작품들이다.

프라도 미술관 돌아보기

프라도 미술관에는 서쪽의 고야 문, 남쪽의 벨라스케스 문, 동쪽의 무리요 문으로 들어가는 3곳의 출입구가 있다. 미술관은 4개층에 있으며 주요 작품들은 대부분 1층과 2층에 몰려 있다. 특히 2층에는 벨라스케스, 고야, 엘 그레코 등의 작품 등 스페인의 국보급 미술품이 모두 전시되어 있다. 2층만 돌아봐도 미술관이 자랑하는 대표작은 대부분 볼 수 있다.

〈카를로스 4세의 가족〉| 고야

궁정화가로 활동하던 고야가 마지막으로 그린 가장 큰 왕실 초상화로, 벨라스케스의 〈시녀들〉의 분위기와 비슷하다. 바로크식 궁정 초상화에서는 왕족을 그릴 때 사실보다는 근엄한 모습으로 그리는데, 고야는 낭만주의의 신바로크적 기질을 발휘하여 왕족 일가의 표정을 그대로 노출시키고 있다.
왕은 근엄한 표정을 지으려고 노력하고 있지만 왠지 모르게 멍청해 보이고, 왕비는 화려한 옷을 입고 있음에도 천박한 느낌이 든다. 어린 왕자들은 잔뜩 겁에 질린 듯한 표정이다.

〈옷을 벗은 마하〉, 〈옷을 입은 마하〉| 고야

두 점의 '마하' 그림은 고야의 그림 중 가장 유명한 작품으로 나란히 걸려 있다. '마하'는 당시 스페인의 멋쟁이 여인들을 통칭하는 말로 고야는 종종 이런 여인들을 소재로 그림을 그

렸다. 이 그림이 그려질 당시는 일반 회화 부분에서 도발적인 누드화를 그리는 것 자체가 큰 화제였다. 이 그림은 당시의 관념을 깬 회화 사상 최초의 누드화다.

〈1808년 5월 3일〉 | 고야

고야의 후기 작품으로 스페인을 점령한 나폴레옹 군대가 한 무리의 마드리드 시민들을 잔인하게 처형하는 장면을 사실적으로 그렸다. 전체적으로 어두운 톤의 그림 오른쪽에는 프랑스 군인들이 일렬로 서서 총을 겨누고 있고, 왼쪽에는 총살당한 마드리드 시민들의 피가 땅을 적시고 있다.
가운데 흰 옷을 입고 두 팔을 높이 든 사나이의 모습만이 유일하게 밝게 묘사되어 있는데, 이는 어떤 억압에도 굴복하지 않는 스페인 민중들의 희망을 표현한 것이다. 이 그림에 사용된 날카로운 색채와 대범하고 유동적인 붓질, 극적 분위기를 연출하는 어둠 속의 빛은 신바로크 화풍의 기초가 되었다.

〈시녀들〉 | 벨라스케스

스페인이 낳은 최고의 궁정화가 벨라스케스는 주로 펠리페 4세의 젊은 왕비와 자녀들의 그림을 많이 그렸다. 우울하고 바로크적 분위기를 주는 이 그림 속의 공간은 창과 열린 문으로 들어오는 따스한 햇볕에 의해 뒤 채 비굴해 보이는 2명의 난쟁이, 어리지만 위엄을 갖춘 공주, 2명의 시녀 등이 사실적으로 그려져 있다.
벨라스케스의 후기 작품으로 사실주의적 화풍이 돋보이는 걸작이다. 벨라스케스는 궁정화가로서 종교성과 신비함을 배제하고 철저한 사실주의에 바탕을 둔 인물화를 주로 그렸다.

간략한 프라도 미술관 역사

루브르 박물관과 영국 대영박물관과 함께 유럽의 대표적인 프라도 박물관은 유럽에서 만날 수 있는 걸작들을 감상할 수 있는 장소이다. 프라도 박물관은 세계에서 가장 훌륭한 미술관 중 하나로 카를로스 3세 왕에 의해 1785년에 의뢰된 이후 수많은 스페인의 천재적인 재능을 선보이는 중요한 곳이다.

1819년 일반인에게 공개된 이후 왕실 컬렉션은 박물관 전시의 핵심을 담당하고 있다. 매년 전시는 확장되어 다른 유럽 국가에서 온 작품들과 함께, 고대 그리스 & 로마 동상들까지 포함하게 되었다.

전시실

2만여 점 이상의 회화, 조각, 판화, 드로잉 등으로 구성된 상설 전시에는 언제든지 1,300여 점 이상의 작품들을 만날 수 있다. 세계 최대의 스페인 작품, 인상적인 프랑스, 이탈리아, 네덜란드, 플랑드르 회화 작품과 독일과 영국 작품까지 전시되어 있다.

미술관에서 가장 인기 있는 작품 중 하나인 벨라스케스의 "라스 메니나스"는 놓치지 말아야 한다. 프란시스코 데 고야의 "검은 그림"이 있는 갤러리에는 1819~1823년 화가의 집에 벽화로 그려졌던 작품들로 불안정한 그의 시기를 잘 표현해주는 어두운 그림들로 구성되었다. 티치아노, 보티첼리, 루벤스, 보쉬, 뒤러 같은 작가들의 작품들은 서양 세계에서 가장 가치 있는 보물 같은 예술 작품들을 전시해 놓았다.

티센 보르네미서 미술관(Museo Nacional Thyssen-Bornemisza)

프랑스나 이탈리아만 미술관을 관람해야 한다는 생각을 가진 관광객이 많지만 스페인의 마드리드에도 3일은 봐야 할 정도로 미술관과 박물관이 많다. 티센보르네미서 미술관, 프라도 미술관, 국립 소피아 왕비 예술센터가 삼각형 모양으로 위치해 있어 골든 트라이앵글이라 불린다. 3개의 미술관과 박물관만 관람해도 하루가 부족하다. 프라도 미술관 건너편에 있는 티센보르네미서 미술관은 M-2 Banco de Espana역에서 내리면 프라도 미술관보다 먼저 만나게 된다. 그래서 프라도 미술관으로 혼동하는 관광객들도 많다. 이 미술관은 19세기 초 네오클래식 양식 붉은색 건축물로, 아담하게 보이지만 상당히 크다.

1920년에 하인리히 남작이 모은 수집품부터 1960년대에 그의 아들인 보르네미서 남작이 모은 수집품까지 모아 1988년에 미술관으로 개관하며 시작되었다. 1993년에는 스페인 정부가 미술관을 매입하여 국립 미술관이 되었고, 13세기부터 지금까지의 회화 800점 이상을 전시하고 있다. 피카소, 달리 등의 현대미술과 16~18세기 이탈리아, 네덜란드 등의 회화도 감상할 수 있다.
아토차역, 프라도 미술관, 시벨레스 광장을 연결하는 도로로 연결되는 넵투노 광장 왼쪽의 붉은 건물이 티센보르네미서 미술관이다.

티센 보르네미사 미술관 전시실 둘러보기

마드리드의 3개 대형 박물관 중 하나로 13~20세기의 천여 점의 명작들이 전시되어 있다. 티센-보르네미스차 박물관은 한때 세계에서 가장 방대한 개인 소장품을 보유했다. 1920년대 바론 하인리히 티센-보르네미스차에 의해 시작되었으며 이후 그의 아들과 며느리에 의해 계승되었다. 고대의 위대한 작품을 보유한 미술관으로 수많은 인상주의 작품과 19세기 미국 작품들도 전시되어 있다.

옛 이탈리아 화가들에 관심이 있다면 기를란다요의 조반나 토르나부오니의 초상, 두초 디 부오닌세냐의 예수와 사마리아 여인과 같은 명작을 추천한다. 카르파치오, 티치아노, 카라바조 등의 작품도 있다. 뒤러, 얀 반 에이크, 루벤스, 렘브란트와 같은 옛 플랑드르, 네덜란드, 독일 작가들의 작품이 모여 있는 갤러리도 인기가 높다.

근, 현대 작품들을 모아 놓은 갤러리에서는 훌륭한 풍경화를 그린 에드워드 호퍼, 샌퍼드 기퍼드와 같은 미국 작가들의 작품들뿐만 아니라 마네, 모네, 드가, 르느와르 및 반 고흐와 같은 대가들의 인상적인 작품도 전시되고 있다. 또한 파블로 피카소와 그의 동시대 작가들의 입체파 그림도 볼 수 있다. 카르멘 티센-보르네미스차Carmen Thyssen-Bornemisza 갤러리에는 19〜20세기의 스페인 예술과 툴루즈-로트렉, 페히슈타인, 피사로의 작품들도 있다.

라스 벤타스
Las Ventas

스페인에서 가장 중요한 투우 경기장을 상징하는 라스 벤타스Las Ventas는 마드리드 동쪽에 위치한 23,800석 규모의 투우 경기장이다. 1922~1929년 사이에 건설되어 당시 투우 경기의 인기 성장을 도모했다. 시에 기증된 땅에 건설된 경기장은 건축가 호세 에스펠리우에 의해 설계된 이후, 스페인 최고의 경기장으로 여겨지며 나라에서 가장 중요한 경기가 열리는 장소이다.

1800년대 마드리드에서 유행한 무어 영향의 네오 무데하르 건축 양식으로 지어진 라스 벤타스Las Ventas는 칙칙한 주황색 벽돌, 말굽 모양의 아치와 섬세한 외관 등으로 유명하다. 스페인 각 지방의 문장이 그려진 세라믹 타일도 인상적이다.

🏠 Calle de Alcalá(M 2, 5호선 Ventas)

가이드 투어
이곳에 얽혀있는 뒷이야기와 역사를 들으면서 60m 넓이의 경기장을 구경하고, 투우 경기가 열렸을 때의 그 환호와 함성을 사진을 통해 상상해 볼 수 있다. 승리의 투우사들이 경기장으로 향해 떠나는 "푸에르타 그란데"를 구경하고 나서 "파티오 데 콰드리야스"는 경기 전 투우사들이 대기했던 장소를 확인할 수 있다. 또한 경기 후 황소들이 이동했던 "파티오 데 아라스트레"도 있다.

투우를 직접 보고 싶다면?
산 이시드로(Feria de San Isidro) 축제 기간(5월 중순부터 6월 초)에 방문해야 한다. 1년 중 투우 경기로 가장 분위기가 고조되는 시기이다.

국립 소피아 예술 센터
Museo Nacional Centro de Arte Reina Sofía

스페인의 근, 현대 미술 작품을 중심으로 피카소, 달리, 미로, 타피에스, 로베르토 마타 등 1900년대 뛰어난 예술가들의 작품을 전시하고 있는 미술관이다. 스페인의 근대와 현대 예술작품 뿐만 아니라 세계적으로 훌륭한 작품들을 보유한 미술관은 예술 애호가라면 절대로 놓쳐서는 안 되는 곳이다. 국립 소피아 예술 센터는 세계에서 가장 유명한 현대 미술관으로 피카소, 달리와 같은 스페인 거장들의 상설 전시에 19세기부터 현대까지의 작품들을 다루고 있다. 여행객들에게 가장 인기 있는 작품은 파블로 피카소의 게르니카이다.

"20세기의 돌입(Irruption of the 20th Century)"
1900~1945년까지의 작품들이 전시되어 있다. 작품들은 근대로의 전환과 그 시기에 일어났던 대형 정치적, 사회적 변화에 대해 다루고 있다. 후안 그리스, 조르주 브라크, 호안 미로, 달리 등의 작품 등이 전시되어 있다.

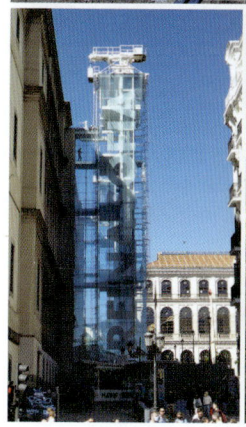

"전쟁이 끝났나요(Is The War Over)"
분단된 세상 속 작품들로 추상화와 실존주의 작품들의 주제는 세계 2차 대전 이후 이데올로기적 분열과 소비의 상승 등을 다루고 있다. 호르헤 오테이사, 장 뒤뷔페 및 기타 유명 작가들의 회화와 조각 등을 구경할 수 있다.

"반란에서 근현대주의(From Revolt to Postmodernity)"
성, 세계화, 예술의 본질과 같은 현대적이고 근대적인 주제를 다룬 예술 작품이 전시되어 있다. 루이스 고르디요, 자이 그룹과 같은 스페인 예술가들의 현대 작품을 비롯해 대륙에서 일어나는 정치적 문제를 다룬 남미 작가의 작품들까지 전시되어 있다.

- www.museoreinasofia.es M-1 atocha, M-3 lavapies
- 월요일~토요일 10:00~21:00, 일요일 10:00~14:30
- €9, 월·수·목·금요일 19:00 이후 무료, 토요일 14:30 이후 무료, 일요일 무료, 4/18, 5/18, 10/12, 12/6 무료

레알 왕궁
Palacio Real de Madrid

마드리드에서 가장 아름다운 장소로, 이탈리아 르네상스와 신고전주의양식을 혼합하여 만든 왕궁이다. '옥좌의 방', '황금의 방' 등 스페인 왕실의 화려한 방들을 구경하면서 프랑스나 다른 유럽의 왕궁과 비교할 수 있는 좋은 기회다.

1738~1764년에 펠리페 5세에 의해 2,800여 개의 방을 가진 커다란 왕궁으로 지어졌다. 그 중에 지금은 50여 개만 공개하고 있다. 150여 명을 동시 수용하는 연회장이 특히 아름답다. 이 연회장은 지금도 스페인 왕실에서 공식적인 행사에 사용한다. 왕궁 안에는 고야, 벨라스케스 등의 그림과 함께 2,500여 개에 달하는 15~16세기의 타피스트리(장식천), 200여 개에 이르는 시계 수집품, 왕궁 약재실, 메달 박물관, 음악 박물관, 무기 박물관, 마차 박물관 등이 있다. 꼭 관람해 볼 것을 추천한다.

캄포 델 모로(Campo del Moro)
왕궁 뒤편에 있는 공원으로 마드리드 시민이 많은 레티로 공원과는 달리 조용하여 휴식을 취하기에 좋다. 무성한 나무와 분수, 조각 들이 있고 왕궁도 내려다볼 수 있다.

왕궁 둘러보기
스페인 왕궁은 서유럽 최대의 궁전 중 하나이다. 궁전은 사치스러운 장식과 함께 3,400개 방에서 발견되는 가구, 그림, 무기, 갑옷, 장신구 등으로 구성된 엄청난 컬렉션으로 유명하

다. 오늘날의 건물은 1734년 같은 지역의 건물이 화재로 훼손된 후 1738년에 공사가 시작되었다. 스페인 왕가는 더 이상 궁전에 거주하지는 않는다.

내부
70개의 대형 계단을 올라 정교하게 장식된 연회실을 통과해 주거 공간으로 이동하면 카를로스 3세 왕의 지시 하에 완성된 것으로 유럽에서 가장 인상적인 것들이다. 그의 방에 들어가면 화려한 가구와 유명 걸작들도 만날 수 있다.

거실
지암바티스타 티에폴로의 훌륭한 벽화, 스페인의 영광을 비롯해 화려한 샹들리에, 거울, 태피스트리를 구경할 수 있다. 창병실Hall of Halberdiers에서는 또 다른 티에폴로의 작품을 만날 수 있고, 왕립 예배당Royal Chapel에는 우아한 대리석과 황금 장식을 감상할 수 있다. 왕립 도서관Royal Librady에서 희귀한 고서적과 문서 등을 구경하고 지도, 그림, 스트라디바리우스 바이올린 전시품도 볼 수 있다.

회화 갤러리(Painting Gallery)
벨라스케스, 카라바지오, 엘 그레코, 고야와 기타 작가들의 작품을 둘러볼 수 있고, 웅장한 왕립 무기고Royal Armories도 볼 수 있다. 수백 년 동안 스페인 왕과 그들의 가족들이 사용한 무기를 구경할 수 있다. 왕립 약국Royal Pharmacy에 가면 고대 의약품, 저장고, 장비 등이 전시되어 있다.

🌐 www.patrimonionacional.es 🏠 M-2, 5 Opera 💶 €13, 학생 €5, 가이드 투어 €9
🕐 4~9월, 월요일~토요일 10:00~20:00, 일요일·공휴일 09:00~15:00
   10~3월, 월요일~토요일 10:00~18:00, 일요일·공휴일 09:00~14:00

전문점을 찾아가자!!!

감바스

소브리노 데 보틴(Sobrino de Botín)

1725년부터 영업을 시작하여 약 300년 동안 한 자리를 지키고 있는 식당이다. 세계에서 가장 오래된 레스토랑으로 기네스북에 올렸지만 헤밍웨이의 소설에 나왔던 음식점으로도 유명하다. 세계 여러 나라의 관광객들이 찾는 곳이므로 예약하지 않으면 무조건 대기를 하게 된다. 이 곳의 대표 메뉴는 새끼 돼지고기 구이인 코치니요 아사도 Cochinillo Asado인데 잡내가 살짝 나는 편이지만 부드럽고 짜지 않아 한국인 입맛에도 괜찮다. 한국인 여행자들에게는 감바스와 샹그리아가 맛있는 것으로 소문났다.

🌐 www.botin.es 📍 Cava de San Miguel, 17, 28005 Madrid (마요르 광장에서 약 150m)
🕐 13~16시, 20~24시 💶 코치니요 아사도 25€ 📞 0913-66-42-17

타파스

트리시클로(Triciclo)

본래 인근에 사는 현지인들에게 유명한 타파스 전문점이었으나, 2019년 미슐랭 가이드 빕 구르망(합리적인 가격에 훌륭한 음식을 제공하는 식당)에 선정되면서 선풍적인 인기를 끌고 있는 곳이다. 저녁 시간에는 대기가 기본이므로 예약하고 가는 것을 무조건 추천한다. 계절마다 메뉴가 바뀌기 때문에 직원 추천 메뉴로 주문하는 것이 좋으며, 양이 조금 적은 편이므로 식사를 하러 가기보다는 적당히 배부른 상태에서 술에 안주를 곁들이고 싶을 때 가는 것이 좋은 식당이다.

🌐 www.eltriciclo.es
📍 Calle de Sta. María, 28, 28014 Madrid
   (1호선 Antón Martín역에서 약 300m)
🕐 13시 30분~16시, 20~23시 30분(월~목)
   금, 토요일 24시까지 / 일요일 13~16시까지
💶 타파스 18€ 📞 0910-24-47-98

카사 루카스(Casa Lucas)

음식이 맛있고 직원들이 친절해 인기 있는 타파스 전문점이다. 인테리어는 밝고 깔끔해서 화사하지만, 내부는 테이블이 많지 않기 때문에 식사 시간에는 현지인들로 가득하게 붐빈다. 대부분의 메뉴가 짜지 않고 맛있어 한국인 입맛에도 좋다. 저렴한 타파스 전문점들에 비하면 타파스의 가격이 조금 더 높긴 하지만 그만큼 맛있는 편으로, 돈이 아까워지거나 실망하는 일은 없을 것이다.

🌐 www.casalucas.es 🏠 Calle de la Cava Baja, 30, 28005 Madrid(5호선 La latina역에서 약 300m)
🕐 13~15시 30분, 20~24시(일~화, 목) / 20~24시(수) / 13~16시, 20~새벽1시(금, 토)
💶 타파스 6€ 📞 0913-65-08-04

하몽

무세오 델 하몽(Museo del jamon)

단짠단짠의 완벽한 조화인 하몽 콘 멜론을 저렴하게 먹을 수 있는 체인점이다. 아침부터 밤까지 쉬지 않고 영업하여 언제든 방문하기 좋으며, 여기서는 sol역에서 가까운 지점을 안내한다. 1층은 서서 먹는 바르, 2층은 앉아서 먹는 레스토랑이 있다.

대부분의 메뉴가 가격이 저렴해 많은 현지인들이 찾으며, 맥주 한잔과 함께 가볍게 즐기고 나간다. 2층에서 식사 시 자리값 명목으로 가격이 1~2€ 정도 추가되나, 앉아서 편하게 먹을 수 있으므로 여행자에 따라 선택하자. 이는 어느 지점이나 공통 사항이다.

🌐 www.museodeljamon.com 🏠 Carrera de S. Jerónimo, 6, 28014 Madrid(1·2·3호선 sol역에서 약 100m)
🕐 9~23시 30분, 20~24시(월~목) / 9~새벽1시(금, 토) / 10~24시 30분(금, 토)
💶 하몽 콘 멜론 4.5€ 📞 0915-21-03-46

추로스

초콜라테리아 산 히네스(Chocolatería San Ginés)

1894년에 영업을 시작하여 100년 넘게 운영하고 있는 마드리드의 유명 추로스 전문점이다. 관광객뿐만 아니라 현지인들도 자주 찾는 곳으로 언제나 줄이 길게 서있지만, 회전율이 빠른 편이기 때문에 오래 기다리지 않는 편이다. 이곳에서는 다른 추로스 전문점과 다르게 포라스라고 부르는 뚱뚱한 추로스도 맛볼 수 있다. 추로스도 많이 주지만 초콜라떼의 양 또한 넉넉하게 주는 편이며 초콜라떼는 진하고 달달한 편이다.

🌐 www.chocolateriasangines.com
🏠 Pasadizo de San Ginés, 5, 28013 Madrid(1·2·3호선 sol역에서 약 100m)
🕘 8~23시 30분 ⓔ 추로스, 포라스 1.40€ / 초콜라테 4€ 📞 0913-65-65-46

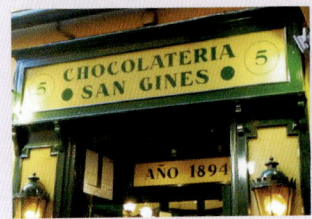

빠에야

라 바라카(La Barraca)

1935년부터 영업하고 있는 빠에야 전문점으로 인테리어가 고풍스러운 곳이다. 오랫동안 현지인들의 식사를 담당해 온 현지인 맛집으로 가족 식사를 오는 현지인들이 많은 편이다. 가격이 적진 않지만 그만큼 양이 많기 때문에 든든하고 맛있는 식사를 하고 싶을 때 추천하는 식당이다. 해산물이 맛있는 곳으로 해산물 빠에야가 가장 인기 있으며, 그 외의 메뉴 또한 해산물이 들어간 것을 고르는 것이 좋다. 기본적으로 동양인에 대한 이해가 있어 음식이 조금 덜 짜게 나오며, 직원들의 서비스도 좋은 편이다.

🌐 www.labarraca.es/la-carta
🏠 Calle de la Reina, 29, 28004 Madrid(1·5호선 Gran Vía역에서 약 300m)
🕘 13시 30분~16시 15분, 20시 30분~23시 45분 ⓔ 빠에야 15.70€ / 초콜라테 4€ 📞 0915-32-71-54

메손 델 참피뇬
Mesón del Champiñón

tv N〈꽃보다 할배〉에 방송되면서 많은 한국인들이 방문하는 곳이다. 동굴 인테리어의 내부에는 왠지 모르게 귀여운 상형 문자로 장식이 돼있고, 외부 테라스 자리 또한 예쁘게 꾸며져 있어 어디서 식사해도 좋다. 가게 이름에 들어가 있는 참피뇬의 뜻은 버섯으로, 양송이 버섯 구이와 버섯 파스타는 이곳의 인기메뉴이므로 방문 시 꼭 시켜보자. 태블릿 메뉴판에 한국어 해석이 잘 돼있어 주문도 편한데다, 직원들도 친절하고 음식도 맛있는 편으로 만족도가 높은 식당이다.

홈페이지 www.mesondelchampinon.com 위치 Cava de San Miguel, 17, 28005 Madrid(마요르 광장에서 약 170m)
시간 12~새벽 2시까지(화~토 / 일, 월요일 새벽1시30분까지) 요금 양송이 버섯구이 8€ 전화 0915-59-67-90

카사 라브라
Casa Labra

1860년에 영업을 시작한 타파스 바로, 뜨거운 튀김에 시원한 맥주 한잔하기에 딱 좋은 곳이다. 겉은 바삭하고 속은 탱탱하며 적당히 짭짤한 대구 크로켓Tajada de bacalao이 인기 메뉴다. 타파스는 계산대에서, 술은 바에서 따로 주문해야하므로 혼란스러워하지 말자. 언제나 단골인 현지인들로 가득 차 있지만 회전율이 빠른 편이므로 대기가 길지 않다. 앉아서 먹기는 거의 힘들어 서서 먹는 경우가 많다. 사람 많고 정신없는 분위기를 좋아하지 않는 여행자에겐 방문을 추천하지 않는다.

홈페이지 www.casalabra.es 위치 Calle de Tetuán, 12, 28013 Madrid (1·2·3호선 sol역에서 약 50m)
시간 11~15시 30분, 18~23시 요금 대구 크로켓 1.50€~ 전화 0915-31-06-16

타베르나 알람브라
Taberna Alhambra

스페인 남부 안달루시아 지방의 전통처럼 술을 시키면 무료 타파스를 내어주는 곳이다. 직원들이 친절하고 서비스가 좋은 편이다. 음식이 뛰어나게 맛있는 것은 아니지만 대중적인 음식으로, 저렴한 가격에 양도 많은 편으로 현지인들도 자주 찾는다. 적당히 배가 부르지만 술 한 잔 하면서 가벼운 안주를 곁들이고 싶을 때 저렴하게 즐길 수 있는 곳으로 추천하는 식당이다. 식사를 한다면 고기류를 추천한다.

홈페이지 www.casalabra.es 위치 Calle de la Victoria, 9, 28012 Madrid(1·2·3호선 sol역에서 약 170m)
시간 11~새벽 1시 요금 맥주·클라라·와인 1.50€~, 타파스류 3.50€ 전화 0915-21-07-08

라 마요르키나
La Mallorquina

100년 넘게 운영하고 있는 빵집으로 현지인들에게 인기 있는 곳이다. 대부분의 빵이 저렴하고 달달한 종류가 많다. 현지인들의 아침 식사 장소로 현지인들은 1층 바에서 서서 먹고 가는 경우가 많다. 언제나 많은 사람들로 붐비는 곳으로 편하게 앉아서 먹고 싶다면 테이블이 있는 2층을 추천한다. 현지인들은 크림이 들어간 패스츄리인 나폴리타나를 좋아하며, 한국인 여행자들에게는 크로와상 맛집으로 알려졌다.

홈페이지 www.pastelerialamallorquina.es 위치 Puerta del Sol, 8, 28013 Madrid(1·2·3호선 sol역에서 약 170m)
시간 8시 30분~14시, 17시 30분~21시(월~목) / 8시 30분~21시(금~일) 요금 빵류 1.70€~ 전화 0915-21-12-01

아조티 델 시르쿨로
Azotea del Círculo

마드리드의 유명 루프탑 바로, 4€의 입장료를 따로 지불하는 독특한 곳이다. 높이는 6층밖에 되지 않지만 마드리드 시내가 한 눈에 보이는 곳이다. 마드리드의 하늘이 새파란 날에는 낮에도 가보고, 분위기 있게 시내를 수놓은 야경을 즐기기 위해 밤에 가도 좋다. 입장료 덕에 음료는 시키지 않아도 되지만 마드리드 시내의 풍경을 보다보면 한잔 걸치지 아니할 수가 없을 것이다. 다양한 음료와 술, 간단한 식사 종류와 디저트는 값이 조금 있지만 생각보다 맛이 괜찮은 편이다.

홈페이지 www.circulobellasartes.com 위치 Calle de Alcalá, 42, 28014 Madrid(2호선 Banco de España역에서 약 100m)
시간 12~새벽 1시 30분 요금 입장료 4€, 음료류 3€ 전화 0915-30-17-61

타코스 알 파스토
Takos Ál Pastor

무려 1유로라는 저렴한 가격에 다양한 타코를 맛볼 수 있는 멕시코 타코 전문점이다. 부드럽고 쫄깃한 식감의 또띠야는 크기는 한 손에 들어오는 크기로, 작기는 하지만 재료가 듬뿍 들어가서 맛이 좋다. 다양한 멕시코 맥주나 음료 또한 먹어볼 수 있다는 것도 이곳의 장점이다. 매장 내부가 작아 언제나 젊은 현지인들로 매장 앞이 인산인해를 이루므로, 방문 시 대기할 것을 감수하고 찾아가야한다.

홈페이지 www.facebook.com 위치 Calle de Botoneras, 7, 28012 Madrid(마요르 광장에서 약 100m)
시간 13시 30분~24시(화~일 / 월요일 휴무) 요금 타코 1€~ 전화 0636-63-21-77

레스토랑 알보라
Restaurante Álbora

고급 하몽 회사로 유명한 호셀리토Joselito에서 운영하는 레스토랑으로, 미슐랭 원스타 식당이다. 입에서 녹는 듯 한 최상급의 하몽을 맛 볼 수 있는 곳으로, 이곳의 하몽을 맛보면 다른 하몽은 실망하게 될 수 밖에 없으므로 마드리드를 떠나기 전 마지막으로 먹어보는 것을 추천한다. 단품과 코스 모두 만족도가 높은데, 미슐랭 레스토랑임에도 불구하고 코스 가격이 100유로가 넘어가지 않는 저렴한 가격이기 때문에 코스를 더 추천한다.

홈페이지 www.restaurantealbora.com 위치 Calle de Jorge Juan, 33, 28001 Madrid(마요르 광장에서 약 100m)
시간 12시 30분~16시, 20시 30분~24시(월~토 / 일 12시 30분~17시) 요금 숏 테이스팅 코스 71€ 전화 0917-81-61-97

웍 투 워크
wok to walk

스페인 음식에 질렸을 때 찾아가기 좋은 아시아 누들 전문점이다. 영어 주문이 가능하여 주문에 큰 어려움이 없으며, 재료부터 소스까지 취향대로 주문하면 그 자리에서 즉시 조리해주어 따뜻하고 맛있는 음식을 먹을 수 있다. 볶음면과 볶음밥, 라멘 그리고 초밥에 마끼까지 판매하며 가장 인기 있는 메뉴는 볶음면이다. 현지인들에게 인기 좋은 곳이지만 한국인 입맛에도 잘 맞아 많은 한국인 여행자들이 찾는 곳이다.

위치 Calle de Hortaleza, 7, 28004 Madrid(마요르 광장에서 약 100m)
시간 13~24시(토 13~새벽1시까지) 요금 4.95€~ 전화 0917-81-61-97

하몬(Jamón)이란?

하몬은 돼지의 뒷다리를 소금에 절여 숙성한 음식인데, 로마시대에도 기록이 남아있을 정도로 오래된 음식이다. 기원전 210년부터 시작되었다고 전해진다. 사람들은 앞다리를 숙성하면 안 되냐고 묻지만 팔레타^{Paleta}라는 다른 이름이 있기 때문에 하몬^{Jamón}과는 엄연히 다르다는 사실을 알아야 한다.

하몬(Jamón) 등급
하몬 이베리코^{Jamón ibérico}는 하몬을 만드는 돼지의 품종이 이베리코 돼지인 경우에 쓸 수 있다. 최상품인 하몬 이베리코 데 베요타^{Jamón ibérico de bellota}는 도토리만 먹여서 키웠다는 오해가 있는데 이는 사실과 다르다. 하몬 이베리코 데 베요타^{Jamón ibérico de bellota}는 몬타네라 라는 집중적으로 살을 찌우는 시기에 도토리나무가 있는 산에 풀어놓는다. 돼지들이 산을 자유로이 돌아다니면서 도토리를 주워 먹어서 살을 찌우기 때문에 근육의 량이 올라가면서 특유의 맛을 가지게 된다.

도토리를 먹여 키운 돼지는 전체 하몬 생산량의 3.3%만 차지할 정도로 가장 희귀하게 여겨진다. 이베리코 돼지가 아닌 경우 흔히 하몬 세라노 혹은 하몬 리제르바 라고도 불리는데 이는 보통의 돼지로 만든 것이다. 이베리코 및 이베리코 데 베요타 하몬은 발굽이 검은 것으로 구분할 수 있다.

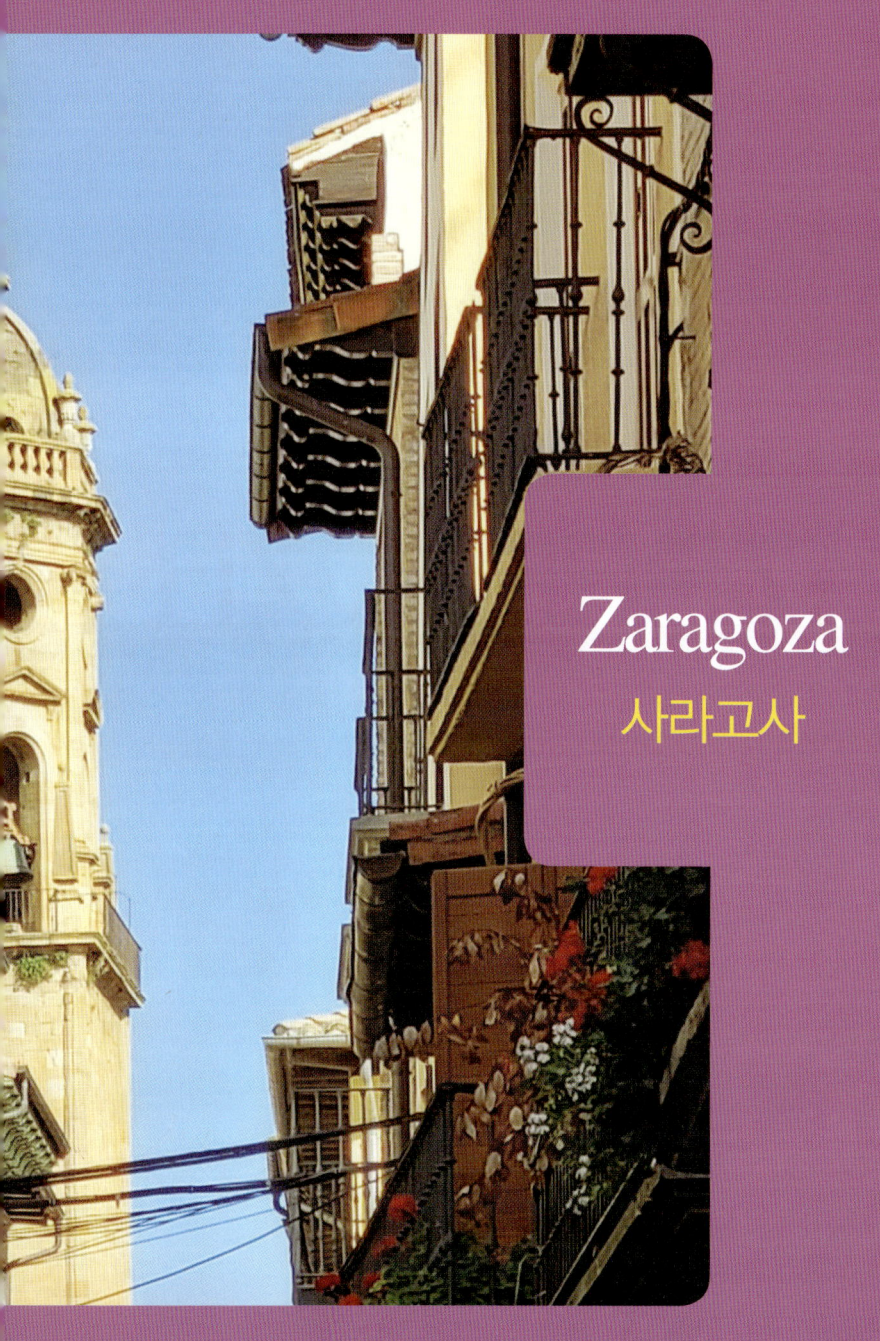

Zaragoza
사라고사

사라고사
ZARAGOZA

사라고사는 바르셀로나 서쪽으로 300㎞ 떨어진 곳에 있는 작은 도시로 고속 열차로 마드리드 와 바르셀로나에서 편리하게 다녀올 수 있다. 사라고사는 아라곤 주의 주도로 널찍한 보도를 걸으며 멋진 가게를 구경하고 가장 맛있기로 소문난 타파스도 맛보자.
무데하르 교회, 로마 유적지와 르네상스 건축물 등 변화한 현대 도시에 깊이를 더하는 매력적인 역사를 눈으로 확인할 수 있다.

사라고사
한눈에 파악하기

도시 최고의 건축물이 경계를 짓고 있는 델 필라르 광장을 관광의 출발점으로 삼으면 된다. 기원전 40년에 성모 마리아가 나타났다고 알려진 지점에 세운 멋진 17세기 건물인 누에스트라 세뇨라 델 필라르 성당이 우뚝 서 있다. 안에 들어서면 다미안 포르멘트가 설화석고로 제작한 16세기 제단화 조각품이 눈에 들어온다.
광장 동쪽에는 인상적인 라 세오 성당이 고딕 제단화부터 아름다운 무데하르풍 외관까지 각종 양식이 뒤섞여 보는 이의 시선을 사로잡는 하나의 예술 작품이다. 바로 옆에 있는 박물관에 전시된 14~17세기 태피스트리도 놓치지 말자.

아베니다 드 세자르 아우구스토는 한때 이 도시 전체를 휘감았던 로마 성벽의 현존하는 가장 긴 부분이다. 이 벽은 이제 80m 길이의 조각밖에 남지 않았지만, 1세기 무렵에 세운 원래의 벽은 한때 도시 전체를 둘러싸며 무려 3,000m도 넘게 이어졌다고 한다.

11세기에 지어진 스페인 최고의 무어 궁전인 알하페리아는 원래 이슬람 지도자들의 왕궁이었다. 정교한 꽃문양을 보면 탄성이 절로 나오는 무데하르 양식 격자 천장도 인상적이다. 포로 데 카에사라아구스타 박물관에는 잘 보존된 로마식 원형 극장을 볼 수 있다. 거대한 6,000석 규모의 극장은 물론 발굴 중에 복원한 관련 박물관에 전시된 유물도 있다.
엘 투보 주변의 좁은 거리를 돌아보면 맛있는 타파스 바는 물론 매력적인 거리 예술 작품도 많이 만날 수 있다. 고기 요리가 기본인 든든한 아라곤 전통 요리를 맛볼 수 있다.

로마 성벽
Roman Walls

사라고사의 로만 월은 '카에사라아구스타Caesaraugusta'라는 로마 시대 식민지였던 시절 도시 전체를 둘러싼 벽이었다. 한때 견고한 위용을 자랑했던 이 벽이 이제 파편 수준으로만 남아 현대의 사라고사 전역에 여기저기 흩어져 있지만 이 유적을 보면 옛 로마 시대 도시 풍경을 상상할 수 있다.

벽의 남아 있는 부분 근처에 세워진 아우구스투스 황제의 청동상이 있다. 1940년 이탈리아 정부에서 사라고사에 증여한 이 조각상은 바티칸에서 발견된 원본을 청동으로 복제한 작품이다. 가슴판을 자세히 보면 아우구스투스가 정복한 수많은 지역 중 몇몇 곳의 상징을 볼 수 있다. 설화석고로 만든 장식벽에는 수 세기 동안 변해온 사라고사의 4가지 이름이 새겨져 있다.

이 벽은 중세 시대 요새의 일부분이었던 토레온 데 라 수다(수다 탑)에서 끝난다. 10세기경에 로만 월 위에 세워진 이 탑은 이곳에 세워진 웅장한 무어식 궁전에서 오늘날까지 남아 있는 유일한 흔적이다. 안을 들여다보면 도시 전체를 내려다볼 수 있는 전망대를 비롯해 오래된 사진과 그림이 전시되어 있다.

⌂ Avenida Cesar Augusto s/n, 50003

간략한 로마 성벽 역사

로마인이 기원전 14세기에 이 도시를 세웠을 때, 이름은 '카에사라아구스타(Caesaraugusta)'라 명명했다. 지금의 이름인 '사라고사'도 여기서 파생된 것이다. 도시 성벽은 3세기가 되어서야 세워졌다. 원래는 3,000m도 넘는 길이로 길게 이어졌으며 120개의 방어 탑이 포함되어 있었다.

로마 문명이 멸망하고 난 뒤 서고트족과 무슬림 등 이후의 통치자들도 이 벽을 외부의 공격에 맞서는 방어책으로 계속 활용했다. 원래의 벽은 대부분 도시 경계를 넓히기 시작한 15세기 무렵 파괴되고 말았다.

규모

남아 있는 부분 중 가장 긴 조각은 아베니다 드 세자르 아우구스토Augusto에서 찾아볼 수 있다. 이 부분은 80m 정도의 길이로, 원래 벽과 마찬가지로 바깥쪽은 설화석고와 백악질 평판으로 만들고 단단한 모르타르를 채워 만들었다. 이 벽은 한때 10m 높이에 달했고 너비는 7m에 육박하는 부분도 많을 정도로 엄청난 규모였다.

필라르 성모 대성당
Fiestas Del Pilar

기둥이라는 뜻의 필라르Pilar를 사용하는 필라르 성모 대성당Fiestas Del Pilar은 화려하게 타일을 붙인 11개의 둥근 지붕으로 유명하다. 옛날 성모 마리아가 나타나 신앙을 전파하러 온 야곱에게 기둥을 전했다는 것에서 유래되었다.

성당의 천장에는 사라고사 출신의 세계적인 화가인 고야F.Goya의 천정화로 유명하다. 스페인 시민전쟁 당시 성당을 뚫고 들어온 포탄 2개가 다행히 불발이 되어 고야가 그린 프레스코화는 오늘날까지 무사히 보전되고 있다. 사라고사의 교좌 성당에 보존되어 있는 13세기의 문헌들에 기록되어 있는 대로, 기둥의 성모의 전승은 예수 그리스도의 승천 직후 사도들이 성령으로 가득차서 힘차게 복음을 전하고 있다.

성당 내부에 있는 '산따 까비야'는 벤뚜라 로드리게스의 작품으로 빛나는 은과 꽃들 사이의 기둥 위에 작은 성모상이 있다. 성당 한 켠의 작은 보석박물관에는, 역대 성당 주교들의 장신구, 18C 귀족들부터 지금까지 사람들이 기증한 각종 보석들이 전시되어있다. 그중에는 에바 페론의 귀걸이도 있다.

🏠 Plaza Pilar Ntra. Sra s/n, 50003　⏰ 10~19시　📞 +34-976-397-497

필라르 광장
Plaza del Pilar

스페인에서 가장 큰 보행자 전용 광장 중 하나인 플라자 델 필라르는 예쁜 카페와 유서 깊은 건물에 에워싸여 있다. 사라고사의 여러 명소를 둘러보기에 가장 좋은 출발점이다. 이 광장은 공연, 축제를 비롯한 활발한 행사로 늘 바쁘게 북적인다.

북쪽에 위치한 누에스트라 세뇨라 델 필라르 성당에서 광장의 이름을 따왔다. 압도적인 바로크 성당은 1681년에 지어진 건물로, 18세기에 대대적인 개보수 공사를 거쳤다. 실내에 들어가면 프란치스코 고야의 프레스코화 두 점이 시선을 사로잡는다. 매년 수천 명의 순례자를 끌어 모으는 자그마한 조각상인 비르헨 델 필라르도 못지않은 명성을 자랑한다. 엘리베이터를 타면 탑 꼭대기까지 올라가 도시 전체를 가로지르는 아름다운 전망을 볼 수 있다.

🏠 Plaza Pilar Ntra. Sra s/n, 50003

광장 둘러보기

성당 바로 근처에서 시청인 '아윤타미엔토'를 찾아보자. 원래 르네상스 시대에 지어진 건물이 스페인 내전 때 손상되어 지금 볼 수 있는 재건된 건물은 20세기 중반에 완공된 형태이다. 주 출입구 양쪽에 세운 조각상의 한쪽은 산 발레로이고 다른 한쪽은 이 도시의 수호 천사인 '안헬 쿠스토디오'이다. 이들은 추상 조각가인 파블로 세라노가 설계한 작품이다.

광장 맞은편으로 향하면 1380~1550년 사이에 지어진 라 세오 성당이 보인다. 고딕, 바로크와 무데하르 양식이 매력적으로 뒤섞인 이 성당은 원래 모스크로 설계되었다. 성당 옆에 붙어 있는 박물관에는 멋진 프랑스와 플랑드르산 태피스트리가 전시되어 있다.

광장 서쪽 끝에 있는 분수인 푸엔데 델라 이스파니다드는 1991년에 라틴 아메리카 지도 모양을 본떠 만들었다. 남미 대륙의 북쪽을 상징하는 폭포와 왼쪽 위에 있는 구멍은 유카탄 반도와 중미 대륙을 상징한다.

스페인 광장
Plaza de Espana

도심 한가운데의 스페인 광장은 근처에 레스토랑과 바, 기념비와 박물관이 많다. 역사가 오래된 건축물은 물론 현대식 건물이 주위를 장식하듯 서 있다. 약 2,000년이라는 세월 동안 사라고사 역사에서 뗄 수 없는 관계를 유지해 왔지만 이름, 형태, 기능은 여러 차례 변화를 거듭했다. 도시의 당시 상황에 따라 레알 플라사 데 산페르난도, 플라사 데 라 콘스티투시온 등으로 불렸다.

사라고사 초기 시절에는 로마 시대 문도 스페인 광장에 서 있었는데, 초창기 기독교인들이 처형지로 향하는 길목에서 마지막으로 보게 되는 광경에 스페인 광장이 포함되어 있었다. 15세기에는 순교자들을 기리는 신전이 광장 중간에서 한 자리를 차지하기도 했다.
고대 건축물들은 세월이 지나면서 없어졌지만 그렇다고 해서 스페인 광장에 주목할 만한 건물이 없는 건 아니다. 지방 의회가 자리한 1940년대 신고전주의 건물이 대표적이다.
스페인 광장 중앙에는 순교자들을 위한 기념비가 서 있는데, 20세기 초에 세운 이 기념비는 초기 기독교 순교자들과 1808년에 시작된 독립 전쟁 당시 프랑스 침략자들로부터 도시를 구하는 데 온 힘을 다한 용사들을 기리고 있다.

⌂ Avenida Independencia y Calle Coso

로마 원형극장
Roman Forum

2세기가 넘는 세월 동안 로마 원형극장은 사라고사 주민들이 서로 어울리고 유흥을 즐겼던 장소였다. 1세기 도시 전성기 시절에 지어졌으며 사라고사에서 가장 잘 보존된 로마 건축물이기도 하다.

대부분의 관광객들이 로마 원형극장에 마련된 박물관 1층에서 관람을 시작한다. 1972년에 우연히 카에사라아구스타 극장을 발견한 때부터 이후의 발굴에 이르기까지 당시 상황을 자세히 기록한 사진과 문서를 볼 수 있다. 지하층으로 내려가면 발견 당시에서 시작해 1세기 무렵 원형극장이 건설되기까지 이곳의 역사를 모두 기록한 시청각 자료를 볼 수 있다. 유적지에서 발굴된 유물과 복원 모형을 살펴보고 유리 바닥을 통해 보이는 극장 토대도 살펴보자.

로마 원형극장의 지하층에서 통로를 따라 걷다 보면 보호 덮개 아래에 놓여 있는 극장 유적이 나오는데, 여러 층으로 배치된 좌석 중 일부도 볼 수 있다. 로마 원형극장 박물관 2층에는 원형극장, 극작가, 배우, 연극 장르 등에 관한 시청각 자료가 더 준비되어 있다. 3세기 후반기에 로마 문명이 쇠퇴하면서 이곳에 나타난 이슬람, 유대인, 가톨릭 문화에 초점을 둔 전시도 있다.

알하페리아 궁전
Palacio de la Aljaferia

11세기 이슬람 통치자를 위해 지은 요새화된 궁전인 알하페리아 궁전Palacio de la Aljaferia의 수많은 방과 공간을 따라 걸으면 당시를 상상할 수 있다. 오랜 역사를 거치며 기념비적인 건축물로 자리 잡은 이 궁전은 아라곤의 기독교 왕들과 스페인 가톨릭 군주들의 집으로 이용되기도 했는데 지금은 지방 의회 청사로 활용되고 있다.

알하페리아 궁전 입구에 있는 해자를 다리로 건너면서 역사적인 원형 탑을 볼 수 있다. 주 출입구를 따라 성 마르틴의 안뜰로 들어가면 주변에 다양한 건축 양식으로 지어진 건물들이 눈에 들어온다. 초기 무어인의 궁전으로 향하는 출입구와 의회 청사 정면, 성 마르틴의 예배당에 적용된 무데하르 양식인 점을 눈여겨보자. 홀로 서 있는 모습의 직사각형 탑은 주세페 베르디의 오페라인 일 트로바토레 중 한 장면의 배경으로, 오늘날 음유 시인이라는 의미의 트루바두르 타워라고 불리고 있다.

알하페리아 궁전안에 마련된 14세기 교회 안으로 들어가면 아라곤 군주의 문장과 함께 양각으로 새긴 장미를 목재 천장에서 볼 수 있다. 가톨릭 군주의 왕궁에 있는 숙고의 방에서 아름다운 천장화도 유명하다. 1469년, 페르디난드 왕과 이사벨라 여왕의 결혼의 상징과 모토는 현대 스페인의 시작인 역사적인 곳이다.

 알하페리아 궁전Palacio de la Aljaferia의 복잡한 복도를 따라 늘어선 방마다 들러 아름다운 천장화와 위층 회랑을 거닐다 보면 금박을 입힌 오목한 천장과 그림을 그린 목재가 인상적인 공간인 왕의 알현실로 향하게 된다.

🏠 Calle Los Diputados 🕐 10~14시, 16시30분~20시 📞 +34-976-289-589

라 세오 성당
La Seo del Salvador

사라고사 중심의 세오 광장에 자리한 라 세오 성당La Seo del Salvador이 들어선 자리는 수 세기에 걸쳐 성스러운 장소로 여겨졌는데 처음에는 로마 신전이 이 자리에 있었다. 그 이후, 서고트족 교회가 들어섰다가 마침내 이슬람 사원이 자리하게 되었다.

현재의 성당은 12세기에 들어서야 착공되어 거대한 건축물에는 고딕, 르네상스, 무데하르 등의 건축 양식이 조화를 이루고 있다. 아치형 아프시스와 심보리오(8각 돔)로 덮인 높은 탑, 아름다운 조각이 일품인 파로키에타 덕분에 무데하르 양식을 잘 보여주는 건축물로 가치를 인정받아 유네스코 세계 문화유산으로 등재되었다.

라 세오 성당La Seo del Salvador 내부를 직접 둘러보며 역사를 살펴보고 오랜 세월 동안 공간을 지킨 종교 예술품을 볼 수 있다. 제단화는 15세기에 조각된 고딕 작품으로, 사라고사의 수호성인인 성 발레리우스의 삶을 묘사하고 있다. 오르간의 파이프는 15세기까지 거슬러 올라갈 만큼 오랜 역사를 자랑한다.

라 세오 성당La Seo del Salvador에는 예배당도 다수 자리하는데, 일부는 요절한 성인을 기리기 위해 지어졌다는 전설이 있다. 성 베르나르드의 르네상스풍 예배당에는 아라곤의 대주교인 돈 에르난도와 그의 어머니의 무덤이 있다. 대천사 미카엘의 예배당도 놓치지 말자.

🏠 Plaza de la Seo   📞 +34-976-291-238

필라르 성모 대성당과의 비교
라 세오 성당을 둘러본 후 사라고사에 있는 또 다른 성당인 필라르 성모 대성당을 방문하면 인상적인 커다란 돔 1개와 작은 돔 10개가 보인다. 에브로 강을 따라 약 5분 정도만 걸으면 도착한다.

카에사라아구스타 박물관
Museo del Foro de Caesaraugusta

라 세오 광장 아래에 마치 다른 세계처럼 펼쳐진 포로 데 카에사라아구스타 박물관 Museo del Foro de Caesaraugusta에는 사라고사 고대 로마 포럼의 흔적이 남아 있다. 사회, 정치, 경제, 종교 생활의 요충지였던 이곳은 포르티코로 둘러싸인 넓고 개방된 공간으로, 신전과 행정처로 연결되었다. 2,000년이 훨씬 넘는 유적지를 살펴보면서 도시가 형성되던 당시의 모습을 그려볼 수 있다.

포로 데 카에사라아구스타 박물관 Museo del Foro de Caesaraugusta의 지하층은 역사에 관한 시청각 자료를 보면 로마인들이 사라고사에 온 배경을 알 수 있다. 포로 데 카에사라아구스타 박물관 Museo del Foro de Caesaraugusta의 전시창 너머로 가득한 로마 시대 도자기를 볼 수 있다. 시장 구역 아래에서 중앙 분수까지 물을 운반하는 데 사용된 납관 중 일부가 전시된 창도 보인다. 역사가 1세기까지 거슬러 올라가는 커다란 하수관 내부는 도시에서 에브로 강으로 폐수를 흘려보내는 용도로 사용되었다. 하수관 벽을 보면 무언가 보이는데 건설 당시 쓰인 나무판자 자국이다.

2층으로 올라가면 이 박물관의 주연급 고고학 유적을 볼 수 있다. 하수관 2개의 배치와 포럼 포르티코의 토대, 역사가 1세기까지 거슬러 올라가는 시장의 자취 등이다. 로마 상점 지하를 재현한 전시와 포럼의 모형이 전시되어 있다.

 Plaza Seo 2, 50001   +34-976-399-752

호세 안토니오 라보르데타 공원
Parque Grande Jose Antonio Labordeta

잔디, 나무, 꽃, 정원, 기념비 등이 그림처럼 아름답게 조화를 이루는 곳, 도시의 오아시스 같은 곳이 호세 안토니오 라보르데타 공원^{Parque Grande Jose Antonio Labordeta}이다. 주변 지역을 산책하거나 조깅, 자전거, 스포츠를 즐기셔도 좋고 그냥 쉬어도 좋은 장소이다.

밖으로 나가 호세 안토니오 라보르데타 공원^{Parque Grande Jose Antonio Labordeta}의 넓고 탁 트인 공간에서 휴식을 취하면 '그랜드 파크'라고도 하는 공원은 사라고사에서 가장 넓은 공원으로, 약 405,000㎡에 이르는 면적을 아우르는 초록의 싱그러운 공간이다. 잎이 무성한 푸른 나무, 식물원, 분수, 넓은 거리, 기념비 등이 마음을 편하게 해준다.

호세 안토니오 라보르데타 공원^{Parque Grande Jose Antonio Labordeta}에 마련된 파세오 산세바스티안을 따라 걸어가면 장식용 분수와 깔끔하게 손질된 울타리, 장미 덤불 등이 아름답다. 이곳은 프랑스의 화려한 베르사유 정원에서 영감을 받았다.

호세 안토니오 라보르데타 공원^{Parque Grande Jose Antonio Labordeta}에서 12세기 전쟁 왕이라고 불렸던 '알폰소 1세'의 거대 조각상도 있다. 커다란 대리석 기념물의 받침대에는 도시의 상징인 청동 사자 조각상도 볼 수 있다. 조각상 근처에는 주변보다 조금 더 높게 마련된 공간이 있는데 이곳에 오르면 공원과 사라고사의 멋진 풍경을 볼 수 있다.

린콘 데 고야는 합리주의 양식이 돋보이는 건물로 스페인 화가인 프란시스코 데 고야 사망 100주년을 추모하기 위해 지어졌다. 넵튠 분수와 베네수엘라의 군 지도자였던 시몬 볼리바르의 청동 반신상이 건물 앞에 있다. 호세 안토니오 라보르데타 공원^{Parque Grande Jose Antonio Labordeta} 내 식물원 입구에는 연못과 유압식 시계가 자리하고 있다. 아라곤 지역 토착 식물과 침엽수, 관목 사이를 산책하다 보면 마음이 차분해진다.

🏠 Paseo de Isabel la Catolica 75, 50009

사라고사 박물관
Museo de Zaragoza

사라고사 박물관은 방대한 양의 소장품이 여러 곳에 흩어져 있는데 1908년 스페인-프랑스 박람회 건물이 본부 역할을 하고 있다. 사라고사 박물관 본관은 시내 바로 동쪽에 있는 플라사 데 로스 시티오스 근처에 자리하고 있다. 이곳에서 고대 유물과 순수 미술을 만날 수 있다.

고대 유물이 전시된 사라고사 박물관 1층은 기원전 80,000년부터 로마 시절까지 다양한 시대의 유물이 전시되어 있다. 구석기 시대 사람들이 사용하던 도구와 청동기 시대의 문화 유물 등을 볼 수 있다.

사라고사 박물관 2층으로 올라가면 지난 몇 세기 동안 활동한 작가들의 예술 작품이 있다. 스페인 회화 역사상 가장 위대한 예술가로 꼽히는 프란시스코 데 고야의 작품이 전시된 공간이 가장 관광객의 방문이 많은 곳이다. 동아시아 예술품과 19 ~ 20세기 회화 및 조각품이 전시된 공간도 있다.

사라고사 박물관의 안뜰을 거닐면 명문가의 문장과 15세기 성 도밍고 교회의 고딕 아치 등 다양한 작품이 컬렉션을 볼 수 있다.

3곳의 전시관

사라고사 박물관의 소장품은 다른 3곳에도 나뉘어 전시되어 있는데, 선사 시대부터 현재까지 아라곤에서 만들어진 도자기는 호세 안토니오 라보르드타 파크에 있는 알바라신 하우스에 있다. 이 공원에는 민족학 관련 전시를 볼 수 있는 피레네안 하우스도 있다.

사라고사에서 남동쪽으로 50㎞ 정도 이동하면 벨리야 데 에브로에 있는 콜로니 오브 셀사가 나온다. 에브로 계곡에 기원전 44년에 세워진 최초의 로마 식민지 유적지이다. 박물관으로 들어가 식민지의 일상생활과 정치 역사를 아우르는 유물과 전시품이 전시되어 있다. 고대 로마의 거리와 주택, 그 밖의 건물도 볼 수 있다.

🏠 Plaza los Sitips 6 CP 50001 🕐 10~14시, 17~20시 💶 무료 📞 +34-976-222-181

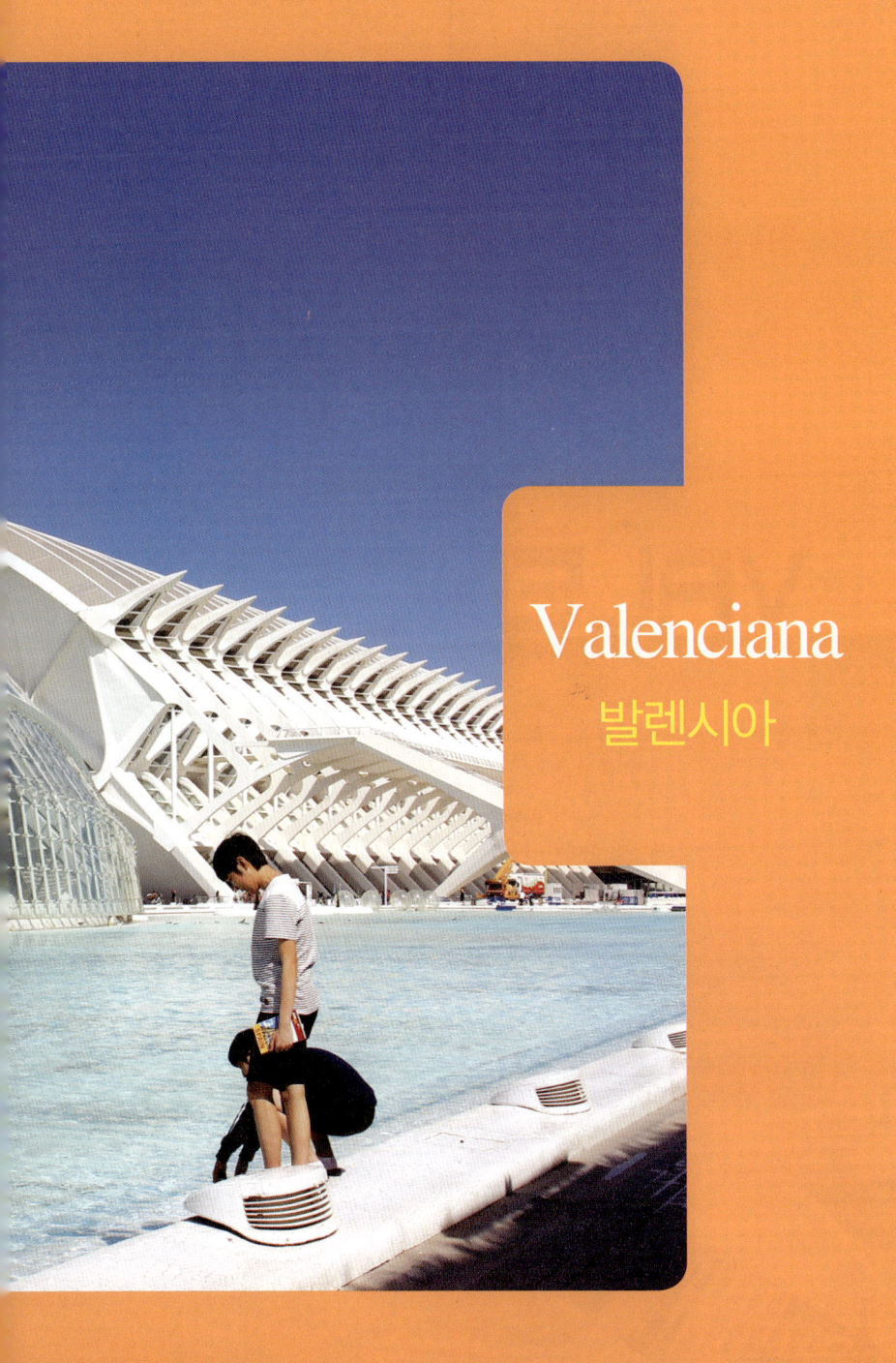

Valenciana
발렌시아

발렌시아
VALENCIANA

기원전 138년 로마인들에 의해 세워진 스페인에서 3번째로 큰, 지중해의 항구 도시인 발렌시아는 수족관, 과학 센터와 같은 현대적인 명소뿐만 아니라, 스페인에서 가장 역사적인 건축과 문화도 함께 공존하고 있다. 중세 건축물, 지중해 해변에서부터 미래적인 문화 센터와 우아한 도시 공원까지, 발렌시아는 분위기와 스타일이 조화를 이루는 도시이다.

발렌시아는 스페인에서 가장 큰 역사적 도시 지역 중 하나로, 현대적인 산업 성장의 원동력이 되는 도시이다. 걸어서 구경하기에 이상적인 구시가지의 거리와 광장 주변에 모여 있는 발렌시아의 관광지들은 쉽게 찾아갈 수 있다.

왕의 광장에서는 성배를 갖고 있는 곳으로 유명한 발렌시아 성당을 구경하고, 성당의 종탑에서는 도시의 파노라믹 전망도 즐길 수 있다. 성모 광장의 카페에 앉아 거리 공연과 17세기 바로크 교회를 비롯한 도시 랜드마크를 느껴보자.

발렌시아 신구의 조화, 다양한 건축물

마르케스 데 도스 아구아스 궁전은 바로크, 로코코, 네오클래식 양식이 조화된 독특한 건축 스타일을 나타내고 있다. 라 론하에는 발렌시아의 오래된 실크 무역의 역사를, 섬세한 르네상스 장식과 함께 고딕 양식의 건물이 조화를 이룬 것을 알 수 있다.

투리아 가든(Turia Garden)

한때 발렌시아의 구시가지를 흐르던 투리아 강은 엄청나게 큰 홍수가 발생한 후 더 이상 이곳으로 흐르지는 않는다. 강이 흐르던 지역은 현재 투리아 가든 Turia Garden이라고 불리는 대형 도시 공원으로 변모했다. 잔디밭에 앉아 피크닉을 즐기고, 비오파크 발렌시아 동물원에서는 멸종된 아프리카 동물도 확인할 수 있다. 예술과 과학의 도시로 거듭나게 만든 투리아 가든에는 수족관, 콘서트홀, 박물관 등이 있는 다목적 문화센터로 시민들의 휴식처로 변화하였다.

올드 타운
old Twon

발렌시아의 구시가지는 도시의 역사적인 중심부에 위치하며 활기찬 공공 광장으로 이어지는 구불구불한 거리들이 미로처럼 연결되어 있다. 이 매력적인 동네를 구경하는 데는 시간이 필요하다 일부는 로마 시대까지 거슬러 올라가는 아주 상징적인 건물들을 발견하게 된다. 음식 시장도 구경하고, 박물관도 방문하며, 카페에 앉아 바쁘게 지나치는 도시인들의 삶도 엿보는 것도 좋은 방법이다.

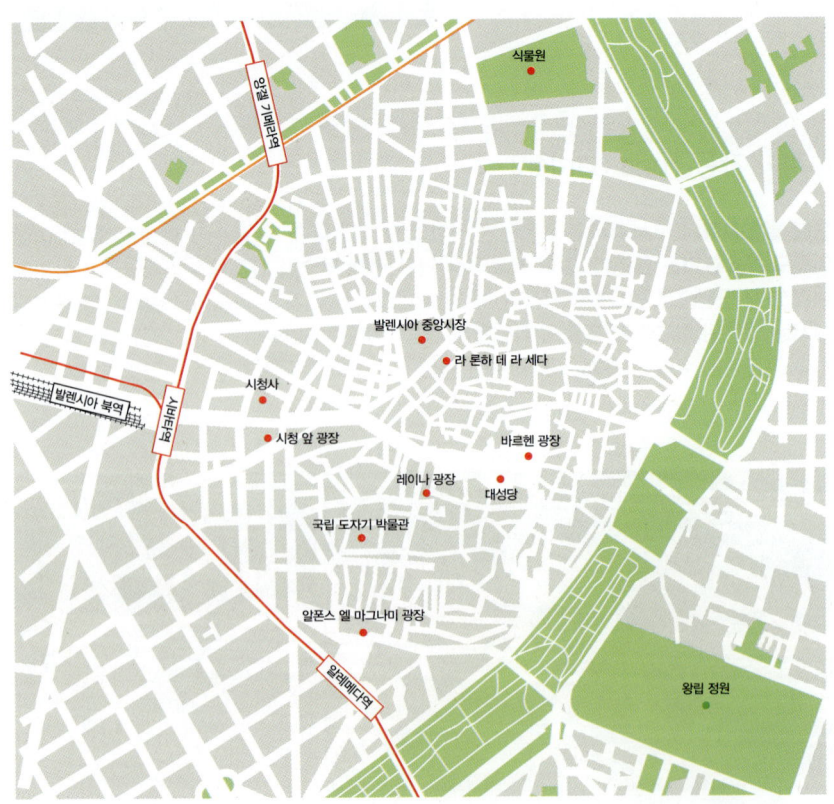

올드 타운
한눈에 파악하기

활기찬 광장에서 다양한 사람들도 구경하고, 발렌시아의 중세 시대 거리를 탐험하고, 역사적 건축물을 감상하고, 음식 시장과 박물관도 방문해 보자. 관광을 시작하기에 좋은 장소는 왕의 광장이다. 바로크, 고딕, 로마네스크 건축 양식이 훌륭하게 조화를 이룬 발렌시아 성당을 만날 수 있다. 성당 내부로 들어가면 최후의 만찬에 사용되었다고 믿어지는 성배를 보게 된다. 계단을 따라 성당의 종탑에 올라가면 도시의 파노라마 선경을 감상할 수 있다. 성모 광장 인근에는 더 많은 역사적 건물들이 있다. 이중 하나가 스페인의 첫 바로크 양식 건물 중 하나인 성모 성당이다. 저녁에 광장에 오면 카페에 앉아 거리 예술가들의 공연에 빠져 쉬어보자. 광장에서 엘 카르멘 지구까지 걸어가면 펍, 레스토랑, 타파스 바들이 즐비한 골목길이 있어서 저녁을 즐기는 시민들을 발견할 수 있다.

올드 타운을 둘러볼 때는 세라노 타워와 쿼트 타워도 절대 놓쳐서는 안 될 명소이다. 도시의 성문은 주변 지역에서 올드 타운으로의 통로가 되었었으며, 오래된 중세 도시 성벽의 일부였다.

성모 광장
Plaza de la Virgin

활기 넘치는 구시가지 광장에서 지나가는 사람들을 구경하고 성모 광장에서 유서 깊은 건물들을 카메라에 담고, 다양한 문화 행사도 즐기면서 발렌시아의 일상의 모습을 느껴 볼 수 있다. 보행자 전용으로 운영되는 성모 광장은 발렌시아 구시가지의 중심부에 자리 잡고 있다.

광장에 늘어서 있는 건물들은 관광객들의 가슴을 설레게 한다. 푸른색 타일로 이루어진 돔 지붕이 아름다운 무기력의 성모 성당이 특히 인상적이다. 17세기에 세워진 성모 성당은 스페인 최초의 바로크 양식 건물로 성당 옆으로는 발렌시아 대성당의 후문을 볼 수 있다. 고대 로마의 콜로세움을 연상케 하는 열주와 정교하게 조각된 고딕 양식 입구는 로마와 착각을 일으키게 한다. 궁전 같이 생긴 광장 맞은편의 카탈루냐 자치 정부는 고딕 양식, 르네상스 양식과 무어 양식이 혼합된 건축물이다.

'투리아 분수Touria Pountain'라고 불리는 중앙의 조각 분수대를 구경하며 더위를 식히는 시민들을 볼 수 있다. 분수대는 발렌시아의 구석구석까지 물을 공급하는 관개 운하와 투리아 강을 형상화했다. 성모 성당과 발렌시아 대성당, 분수대를 한꺼번에 카메라에 담으면 아름다운 사진을 간직할 수 있다.

카페에 앉아 휴식을 취하거나, 중앙 시장에서 간식을 준비해 분수대 옆에 앉아 햇볕을 쬐면서 쉬다가, 해질 무렵에는 성모 광장으로 모여드는 거리의 악사들이 흥겨운 분위기를 즐길 수 있다. 광장에는 연중 다양한 문화 행사가 열리는데, 3월에 이틀 동안 발렌시아 불꽃 축제에서 성모 마리아에게 꽃을 바치는 행사가 가장 유명하다. 전통 의복을 입은 발렌시아인들이 일렬로 행진하며 성모 마리아 상에 색색의 꽃을 바친다.

왕의 광장
Plaça del Rei

발렌시아의 구시가지의 중심부에 위치한 왕의 광장에는 웅대한 건축물을 보면서 오래전부터 이어져 온 카페에서 휴식도 취하고, 수공예 시장에서 쇼핑도 즐기는 대표적인 광장이다. 광장에는 역사적 도시 건축물, 계절에 따라 오픈하는 수공예 시장, 야외 데이블이 마련된 다양한 카페와 레스토랑 등이 있다. 광장은 발렌시아 도시 관광을 위한 시작 지점으로 관광객으로 항상 북적인다.

왕의 광장 주변 거리에는 다양한 카페, 바, 레스토랑이 있다. 야외 테라스에 자리를 잡고, 성당과 산타 카탈리나 교회의 종탑과 같은 광장의 다양한 건축물을 즐길 수 있다. 물, 설탕, 기름골로 만들어진 현지 전통 음료인 오르차타도 추천한다. 이 음료를 맛보기에 가장 좋은 장소는 아마 광장의 남쪽에 위치한 오르차테리아 데 산타 카탈리나일 것이다. 이 카페는 1800년 대에 발렌시아 시내에서 이 음료를 선보이는 가장 오래된 장소이다. 1년 중 특정한 시기에 열리는 장인 시장 중에 대표적인 곳은 5월에 열리는 장인 메르카도 데 레스쿠라에타로 점토 냄비, 조리 도구, 도자기 물품들을 만날 수 있다.

발렌시아 대성당
Valencia Cathedral

광장에 도착하면 광장의 북쪽 지역을 지배하고 있는 발렌시아 대성당이 눈에 띈다. 13세기 무어인들의 사원 지역에 지어진 성당은 바로크, 고딕, 로마네스크 건축 양식의 훌륭한 조화를 보여주고 있다. 프란시스코 고야의 예술 작품과 많은 사람들이 최후의 만찬에 사용되었다고 믿고 있는 성배를 발견할 수 있다. 나선형 계단을 따라 발렌시아의 탁 트인 시내 전망을 선사하는 미겔레테 종탑에 올라 시내를 조망해 보자.

라 론하
La Lonja de la Seda

발렌시아의 기름과 실크 무역 번성의 중심지였던 후기 고딕 양식의 건물인 라 론하는 발렌시아의 기름과 실크 무역 거래를 서비스했던 건물들의 집합소이다. 후기 고딕 건축 양식의 대표적인 예와 함께 섬세한 르네상스 스타일의 장식을 볼 수 있다. 1482~1533년에 지어진 라 론하는 현재 세계유산지역으로 지정되었다. 위대한 지중해 상업 도시의 하나인 발렌시아의 풍요로움과 권위의 상징으로 그 역할을 이어왔다.

본관인 '살라 데 콘트락티온'은 상인들이 서로 만나고 무역하고 계약을 하던 곳이다. 무늬가 있는 대리석 바닥으로 된 홀을 3개의 통로로 나누는 5개의 나선형 기둥을 따라 걸어 보자. 벽을 장식하는 라틴 문구는 옛 상인들의 정직함을 선언해 준다.
본관을 나와 다층 구조의 타워로 가면 작은 예배당을 만날 수 있다. 나선형 돌계단을 따라 가면 타워의 위층으로 올라갈 수 있다. 1층은 파산한 상인들을 가두는 감옥의 역할을 했다. 섬세하게 장식된 창문이 특징인 콘술Consol 건물도 놓치지 말자. 오늘날 발렌시아의 문화 아카데미로 사용되고 있는 이곳에는 전시와 문화 활동이 이루어지고 있다. 외부로 나오면 괴물 석상과 로마 황제와 유명인들의 흉상이 건물의 외관을 장식하고 있는 것을 볼 수 있다. 산토스 후아네스 교회로 나 있는 거리를 건너면 아름다운 전망과 함께 사진을 남길 수 있을 것이다.

🏠 Plaza del Mercado, 46001　🕐 월요일 휴무　📞 +34-963-153-931

센트럴 마켓
Central market

유럽에서 가장 오래된 음식 시장 중 한 곳에서 상인들이 파는 현지 과일, 채소, 치즈, 절인 고기를 구매해 볼 수 있다. 알폰소 XIII세에 의해 1928년에 탄생한 시장에는 오늘날 약 1,000여 개의 상점이 들어서 있으며, 유럽에서 가장 오래된 음식 시장 중 하나로 여겨지고 있다. 바르셀로나에서 교육을 받은 알레한드로 솔레르 마치와 프란시스코 가르디아 비알, 이 2명의 건축가가 1914~1928년 사이에 이곳을 지었다. 건물의 여러 돔 중 하나의 꼭대기에 살고 있는 녹색 앵무새는 시장 내부의 대화와 북적거림을 상징하는 새이다.

센트럴 마켓에는 다양한 볼거리와 함께 음식으로 가득 찬 소리와 냄새에 매료되실 것이다. 신선한 과일에서부터 야채, 치즈, 절인 고기까지 발렌시아의 모든 맛을 만나 볼 수 있다. 시장을 방문하기에 가장 좋은 시간은 오전으로 상인들이 자신의 상점을 꼼꼼하게 준비하는 과정을 볼 수 있다. 베이커리에서 따뜻한 패스트리를 사서 즐기면서 시장이 현지인은 물론 관광객들로 점점 붐벼가는 과정은 인상적이다.

현지 상인들이 신선한 과일과 채소, 절인 고기와 해산물 요리까지 다양한 음식을 판매하고 있다. 시장 외부에 있는 음식 노점상에서 발렌시아 스타일의 파에야를 맛보는 것을 추천한다. 시장에서 걸어갈 수 있는 가까운 라 론하 거리가 있다. 한때 발렌시아의 실크 무역의 중심이 되었던 고딕 양식의 웅대한 건물이다.

시장의 모습

시장은 신선한 식품들을 종류별로 만날 수 있는 섹션으로 구분되어 있다. 과일 섹션에서 다양한 과일 접시를 고르거나 신선하게 짜진 주스를 마셔보자. 연어, 가재 및 게 등은 수산 시장에서, 고기를 좋아하면 절인 햄, 살라미 등을 판매하는 상점이 반가울 것이다. 구매하기 전 시식할 수 있는 기회도 주어진다. 내장을 파는 상점에 가면 돼지의 상상할 수 있는 모든 부위를 볼 수 있다. 시장 외부에 있는 음식 스탠드에 자리를 잡고 타파스와 파에야를 비롯한 스페인의 정통 음식을 먹어보는 것을 추천한다. 사탕과 장인정신이 깃든 아이스크림도 맛보고, 조리 도구와 기념품을 파는 상점도 발견할 수 있다.

Photo Point

시장 건물을 배경으로 사진을 찍는 관광객이 많지만 스테인드글라스 창문과 철과 유리로 된 돔 등이 특징인 건물들과 같이 사진을 찍는 것이 더 좋다.

쇼핑

콜론과 핀토르 소로야 거리에 위치한 백화점과 독립 상점에 둘러보자. 역사를 좋아한다면 15세기에 지어진 마르케스 데 도스 아구아스 궁전에 있는 도자 박물관도 흥미롭다. 발렌시아 현대미술관에 들러 현대 예술 작품과 사진 전시회도 자주 열린다.

마르케스 데 도스 아구아스 궁전
Palacio del Marques de Dos Aguas

마르케스 데 도스 아구아스 궁전은 15세기에 지어진 발렌시아의 유서 깊은 건물이다. 관내의 국립 세라믹 박물관에는 스페인 최고의 도자기 컬렉션이 유명하다. 15세기 후반에 발렌시아의 귀족 일가를 위해 고딕 양식으로 지어진 마르케스 데 도스 아구아스 궁전은 18세기와 19세기에 한차례씩 재건되었다. 로코코와 신고전주의, 동양의 양식이 어우러진 파사드와 바로크 양식의 거대한 정문도 시선을 사로잡는다.

 Calle Poeta Querol 2   10~14시, 16~20시(월요일 휴관)   +34-963-516-392

한눈에 궁전 살펴보기
작은 파티오를 통해 궁내로 들어가면 마차 안뜰이 나오는데, 발렌시아의 귀족들이 사용하던 마차와 전차를 볼 수 있다. 도스 아구아스(Dos Aguas) 후작이 직접 사용하던 전차인 님프의 전차도 전시돼 있다.
계단을 올라 2층으로 가서 궁전의 여러 방을 둘러보면 원래의 모습 그대로 보존된 가구와 장식을 통해 과거 귀족들의 생활상을 엿볼 수 있다. 로코코와 신고전주 양식 건축과 발렌시아 최고의 도자기 컬렉션에는 커다란 연회장, 동양풍으로 꾸며진 중국실, 도자기로만 꾸며진 부엌이 인상적이다.

각 방의 도자기 전시
1954년 발렌시아의 학자 마누엘 곤잘레스 마르티의 개인 소장품으로 시작됐다. 이베리아, 그리스와 로마를 거쳐 현대에 이르기까지 도자기가 어떻게 발달해 왔는지 확인할 수 있다.

다목적 문화
엔터테인먼트 단지

예술 및 과학도시
(Ciudad de las Artes y las Ciencias)

현대적인 건축 양식으로 디자인된 다목적 문화 / 엔터테인먼트 단지는 발렌시아가 예술과 과학의 도시라는 인식을 만들어주었다. 오페라 공연을 보고, 상호작용석인 과학박물관을 방문하고, 500여 종이 넘는 해양 동물에 대해 즐기는 시민들을 볼 수 있다.

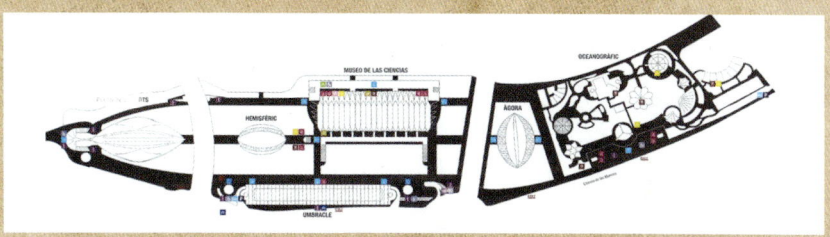

6개의 장소로 구성된 이 단지는 발렌시아 투리아 가든 Jardi del Turia까지 약 2km로 뻗어 있다. 에미스페릭에서 관람을 시작하자. 3D 영화와 디지털 애니메이션을 돔 형태의 IMAX 영화관에서 관람할 수 있다. 호수에 반사되는 모습과 함께 반구 형태로 구성된 건물은 대형 눈을 연상시키는 특이한 구조를 갖추고 있다.
과학박물관은 상호작용 전시를 통해 재미있게 배우도록 만들어서 주중에는 학생들의 관람이 많다. 개미집의 재현, 15m 구조물로 완성된 DNA 분자 등이 참여가 높다. 오세아노그라픽는 스페인 최대의 수족관이다. 수족관은 남극 대륙, 지중해와 홍해를 포함해 각 수상 생태계를 대표하는 영역으로 구분되어 있다. 수중 터널을 통해 상어와 가오리도 구경하고, 펭귄과 바다 사자, 돌고래 쇼도 즐길 수 있다. 움브라클레에서는 이 단지의 건축 구조를 감상할 수 있다.

🌐 www.cac.es 🏠 Av. Professor Lopez Pinero 7 📞 96-197-44-00

오세아노그라픽 수족관(Oceanogràfic València)

획기적인 전시회를 열고 500여 종 해양 생물을 품고 있는 실내외 복합 수족관의 웅장한 장관이 압도적이다. 오세아노그라픽 수족관Oceanogràfic València은 유럽 최대 규모의 수족관으로 손꼽힌다. 널찍한 복합 건물이 여러 가지 구역으로 나뉘어 있어 각 부분이 세계의 주요 해양 생태계를 나타내는 구조이다. 흰 고래, 상어, 바다코끼리, 펭귄 등 수백 종의 해양 생물도 볼 수 있고 동물들과 특별한 방식으로 교감할 수 있는 즐거운 활동 프로그램도 제공된다.

수족관 내부
위층과 아래층으로 구성된 건축 양식도 눈여겨볼 만하다. 위층, 즉 '표면' 층은 호수를 둘러싸고 여러 채의 건물과 조경으로 가꾼 구역으로 구성되어 있다. 펠릭스 칸델라가 설계한 '언더워터 레스토랑'이 그 중 가장 눈에 띄는 건물로, 마치 수련처럼 생겼다. 관리 사무소 건물 또한 칸델라가 설계한 작품이다. 여기에 안내 데스크와 매점 등이 있다. 아래층에는 대부분의 동물 전시관이 위치해 있다. 복합 단지 전체를 통틀어 45,000여 종의 수중 생물들이 살고 있다.

홍해(Red Sea)
거대한 전시장에는 실제로 홍해에서 찾아볼 수 있는 생물종으로 구성된 수족관이 꾸며져 있다. 자세히 들여다보면 지붕이 가리비 껍데기처럼 생긴 것이 눈에 띈다. 시연 시간이 되면 다이버가 수족관 내 동물들에게 먹이를 주는 광경을 구경할 수 있다.

돌고래 수족관
수영장 5개에 관람객 2,000명을 수용할 수 있는 세계 최대 규모를 뽐낸다.

🌐 www.oceanografic.org 🏠 Carrer Eduaedo Primo Yufera 1 🕐 10~20시 📞 +34-960-470-647

🏠 Avenida Manuel de Falla S/N, 지하철 알라메다와 투리아 역 하차
🕐 10~20시 📞 +34-963599-967

투리아 가든(Jardi del Turia)

투리아 가든Jardi del Turia은 발렌시아의 시내 중심부를 가로지르는 문화와 레저 공원이다. 1957년 엄청난 홍수가 발생한 후 발렌시아 시는 투리아Turia 강의 흐름을 우회하도록 만들고, 그 지역을 110ha 규모의 공공 공원인 투리아 가든으로 변모시켰다. 이곳의 동물원에서는 아프리카 야생 동물을 볼 수 있고, 잘 가꾸어진 정원의 길을 따라 여유로운 산책도 즐길 수 있다.

공원의 서쪽 끝에 위치한 비오파크 발렌시아 동물원에는 아프리카 서식지를 그대로 재창조한 구역에서 코끼리, 고릴라, 멸종 위기의 여우원숭이와 같은 동물들을 만날 수 있다. 동물원에서 북쪽으로 향하면 주말에는 발렌시아 사람들로 가득 차는 공공 스포츠 부지와 어린이 놀이 공간이 있다.

아데무스 다리와 아르테스 다리 사이에 위치한 정원의 운동 구역에서 피크닉이나 운동을 즐길 수도 있다. 공원의 길을 따라가다 보면 세라노 다리를 볼 수 있다. 공원에서 가장 좋은 구역 중 하나는 매년 재즈 페스티벌과 기타 음악 이벤트를 여는 콘서트홀, 팔라우 데 라 무시카 앞에 펼쳐져 있다. 나무가 우거진 길을 따라 걷다 보면 대칭구조의 정원, 연못, 분수, 콜로네이드 등을 발견하게 된다. 어린 아이들은 유명한 소설을 바탕으로 한 걸리버 파크에 있는 미끄럼틀과 어드벤처 놀이 공간을 즐긴다.

펠리페 왕자 자연과학 박물관(Museo de Cienias Naturales)

시내의 남동쪽에 위치한 펠리페 왕자 자연과학 박물관은 발렌시아 "예술과 과학의 도시"의 일부분으로 만들어져 있다. 신비로운 인간 유전체의 비밀과 최첨단 우주 과학 연구에 대해 배워볼 수 있는 대화형 과학 박물관이다. 펠리페 왕자 자연과학 박물관은 남녀노소 누구나 과학을 쉽게 접하고 이해할 수 있도록 체험 전시물을 다양하게 준비해 놓았다. 병아리가 부화되는 광경을 보고 전기 발생의 현장을 직접 확인하며 기후 변화, 보안 감시 기술 등 이외에도 매혹적인 주제에 대해 배워볼 수 있다.

2000년에 개장한 박물관은 건축가 산티아고 칼라트라바의 작품으로 고래 뼈를 본뜬 모양이 특징이다. 이곳의 표어인 '만지지 못하고 느끼지 못하고 생각하지 못하도록 막는 것 금지'만 보아도 체험 학습이라는 철학이 확연히 드러난다. 전시물은 3개 층에 걸쳐 26,000㎡가 넘는 넓은 면적에 진열되어 있다.

- www.museodecieniasnaturales.es Calle General Elio S/N, 46010
- 10〜18시 8€(콤비네이션 티켓은 할인가로 반구형 IMAX와 오세아노그라픽 수족관 입장권까지 이용가능)

내부

1층
여러 가지 과학적인 현상을 재현하고 설명해주는 과학관Exploratorium에 들러 보자. 15m에 달하는 DNA 조각상과 건물 꼭대기에 매달린 푸코의 진자도 볼거리이다. 이 진자는 길이가 무려 34m에 육박해 세계에서 가장 긴 진자 중 하나로 꼽힌다.

2층
과학 유산관Legacy of Science에는 산티아고 라몬 이 카할, 세베로 오초아와 장 도세라는 3명의 노벨상 수상자의 연구 내용을 볼 수 있다. 3층의 염색체 숲Chromosome Forest은 꼭 봐야할 코스이다. 이곳은 1950년대 왓슨Watson과 크릭Crick의 DNA 구조 발견이라는 의미심장한 사건을 다루고 있다. 이곳의 전시물은 크게 확대한 염색체 모델 23쌍이다. 각각 특정한 유전자 집합체의 기능에 대해 알려주는 대화형 모듈을 포함하고 있다.

무중력(Zero Gravity) 전시
유럽 우주 기구(ESA)와 함께 만든 프로젝트로 허블 우주 망원경이 20년간 궤도를 돌면서 촬영한 다양하고 매혹적인 영상이 펼쳐지며, ESA의 현재 진행 중, 앞으로 예정된 스페이스 미션 등을 알아볼 수 있다.

대한민국의 관광객이 주로 가는
스페인의 도시 Best 5

마드리드(Madrid)

스페인여행에서 첫발을 디디는 곳은 단연 마드리드다. 스페인의 한가운데에 있는 수도인 마드리드는 1561년부터 스페인의 수도였으며 오늘날, 스페인의 정치와 경제의 중심지이다. 가장 번화한 거리인 그랑비아로 들어서면 파란 하늘과 어울리는 하얀 석조 건물들이 줄지어 있고 거리에는 사람들이 햇빛을 피해 파라솔 아래에서 오후를 여유롭게 즐기고 있다.

마드리드를 벗어나면 중부의 드넓은 밀밭이 펼쳐지는데, 너울거리는 구릉 위에 연두색 융단을 깔아 놓은 듯한 메세타 평원은 평균 고도가 700m정도로 스페인 전제에서 2/3를 차지한다. 비가 많이 내리지 않기 때문에 중앙에 있는 메세타 평원에서는 밀농사를, 남부에서는 오렌지, 올리브, 포도 등의 과일나무를 많이 심고 농가에서는 소와 돼지를 기른다.

톨레도
마드리드에서 조금 떨어진 곳에 있는 아주 오래된 도시로 강물이 도시를 감싸며 흘러, 스페인이 로마의 지배를 받을 때부터 중요한 요새였다. 서고트 왕국 때는 수도로 정해져 카스티야 왕국이 수도를 마드리드로 옮기기 전까지 왕국의 수도였다. 톨레도에는 로마, 가톨릭, 이슬람 문화를 골고루 느낄 수 있고 먼 옛날 스페인의 풍경을 볼 수 있다.

론다(Londa)

투우는 아주 먼 옛날 스페인 남쪽 지방에서 신에게 제사를 지낼 때 소를 죽여 바치던 의식에서 시작된 것이다. 화려한 옷을 입은 투우사가 소와 대결을 펼치는 모습은 무용을 하는 것처럼 부드럽고 우아하지만 흐트러짐 없는 매서운 모습을 보여주었다. 관중들은 투우사가 소를 공격할 때마다 '올레'라고 환호를 터뜨린다. 투우사와 소, 그리고 관객들이 뿜어대는 후끈한 열기 속에서 스페인의 열정을 느낀다.

투우 경기 순서

1. 팡파르와 함께 3명의 투우사와 소가 들어온다.
2. 첫 번째 투우사인 피카도르가 긴 창으로 소 등을 3번 찌른다.
3. 두 번째 투우사인 반데릴레로가 나와서 작살 모양의 짧은 창을 소 등에 꽂는다.
4. 마지막 투우사인 마타도르가 붉은 천인 물레타와 검을 들고 나와 소의 숨통을 끊는다.

세비야(Sevilla)

플라멩코와 투우, 유럽 최고 건물들의 본고장인 안달루시아 지방의 수도는 풍부한 역사, 종교, 삶에 대한 열정으로 가득한 곳이다. 과달키비르 강 유역을 감싸는 안달루시아의 세비야는 역사적, 건축적, 문화적 보물들이 넘쳐난다. 이곳을 구경하다 보면 어느 새 과달키비르 동쪽 유역에 있는 도시의 구 시가지에서 3개의 주요 문화재를 만날 수 있다.

세비야 대성당은 규모 자체로 커다란 감동을 주며 금박을 입힌 화려한 장식이 눈에 띈다. 성당 바로 옆에는 한 때 미라네트였던 종탑, 히랄다 탑이 우뚝 솟아 있다. 광장을 지나면 유명한 이슬람과 기독교의 디자인이 혼합되어 수 천 년 동안 환상적인 아름다움을 유지하고 있는 알카사르 성이 있다.

그라나다(Granada)

좁은 골목에는 이슬람풍의 주전자, 양탄자, 공예품을 파는 가게들이 즐비하다. 스페인이 오랫동안 이슬람 세력의 지배를 받았는데, 이슬람의 흔적이 그라나다에 남아 있는 것이다. 710년경, 로마가 멸망한 뒤 혼란스러웠던 이베리아 반도 남부는 무주공산이었다. 아프리카 북부에 살던 무어 인들이 바다를 건너 스페인 남부에 쳐들어와서 왕국을 세웠다. 이들은 이슬람교를 믿는 사람들로, 800년동안 스페인 남부를 지배했다. 그라나다는 이슬람 왕국의 마지막 수도였다. 이슬람 왕국은 오랫동안 스페인을 지배하면서 이슬람식으로 아름다운 거리를 만들고 건물들을 세웠다. 오늘날 코르도바, 세비야, 그라나다는 모두 이슬람 왕국의 수도였던 곳으로 스페인 남부를 대표하는 안달루시아의 도시이다.

그라나다에는 이슬람 왕국이 남긴 뚜렷한 흔적이 알함브라 궁전이다. 이슬람 건축의 최고 걸작으로 손꼽히는 이 궁전은 시내가 한눈에 내려다보이는 언덕 위에 있다. 궁전 안으로 들어섰을 때 벽과 천장을 가득 메운 아름답고 섬세한 무늬들은 당신의 마음을 사로잡을 것이다. 알함브라 궁전은 약 500년에 걸쳐 지은 이슬람 건축의 최고 걸작으로 궁전의 뜰에는 큰 연못이 있고 연못에 비치는 궁전의 모습은 더욱 아름답다. 마치 나무를 깎듯이 돌을 쪼아서 만든 궁전의 벽면은 이슬람교의 경전인 쿠란의 구절과 모자이크로 꾸며져 있다. 천장에는 정교한 조각 사이로 스며드는 빛이 특히 아름다운데 종유석 모양으로 섬세하게 장식하였다.

바르셀로나(Barcelona)

스페인 북동쪽에 자리 잡은 항구도시로 가우디의 열정이 살아 숨 쉬는 스페인 제2의 도시이다 스페인과 유럽을 잇는 통로가 되는 중요한 도시이다. 북으로는 높은 피레네 산맥이 유럽과 경계를 이루고 바다를 통해서는 프랑스, 이틸리아 등과 쉽게 이동이 가능하다. 일찍부터 무역을 통해 서유럽의 발달된 문물을 받아들여 발전했다.

1700년대 서유럽에서 산업 혁명이 일어나자 바르셀로나도 산업혁명을 시작했다. 거기에 프랑스 대혁명이 일어나 왕정이 공화정으로 바뀌자 바르셀로나 인들은 먼저 받아들여서 스페인에서 왕을 끌어내리고 공화정을 세우는 데 앞장섰다. 바르셀로나는 옛 전통에 얽매이지 않고 새로운 것을 자유롭게 받아들이기 분위기가 이때부터 형성되었다.

바르셀로나 인들이 새로운 것을 추구하는 모습은 스페인이 자랑하는 건축가 가우디가 세운 건축물에서 가장 잘 느낄 수 있다. 사그라다 파밀리아 성당은 거대한 옥수수들이 하늘로 치솟은 모양으로 가까이 다가가면 사방이 반듯한 곳이 없고 온통 손으로 진흙을 주무른 듯 울퉁불퉁하다. 가까이 다가가면 모두 정성들여 빚은 조각품이다. 가우디의 건축물은 모두 스페인의 아름다운 자연을 본떠 자연을 닮은 곡선을 많이 사용해 자유롭고 독창적인 건축물을 지었다.

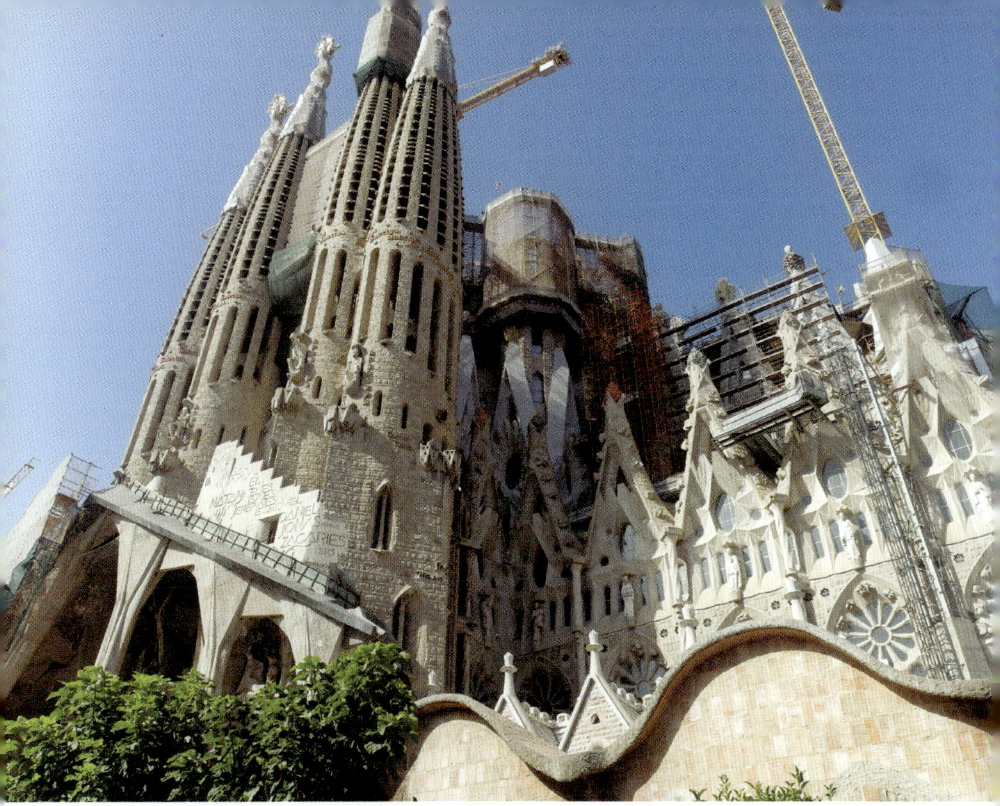

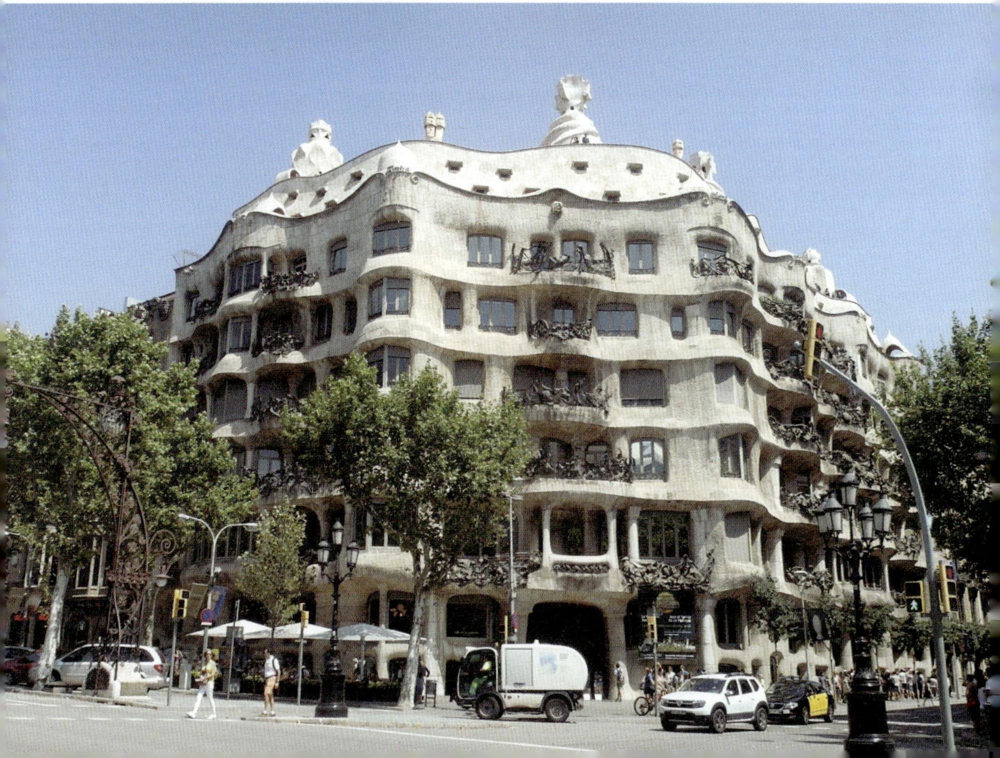

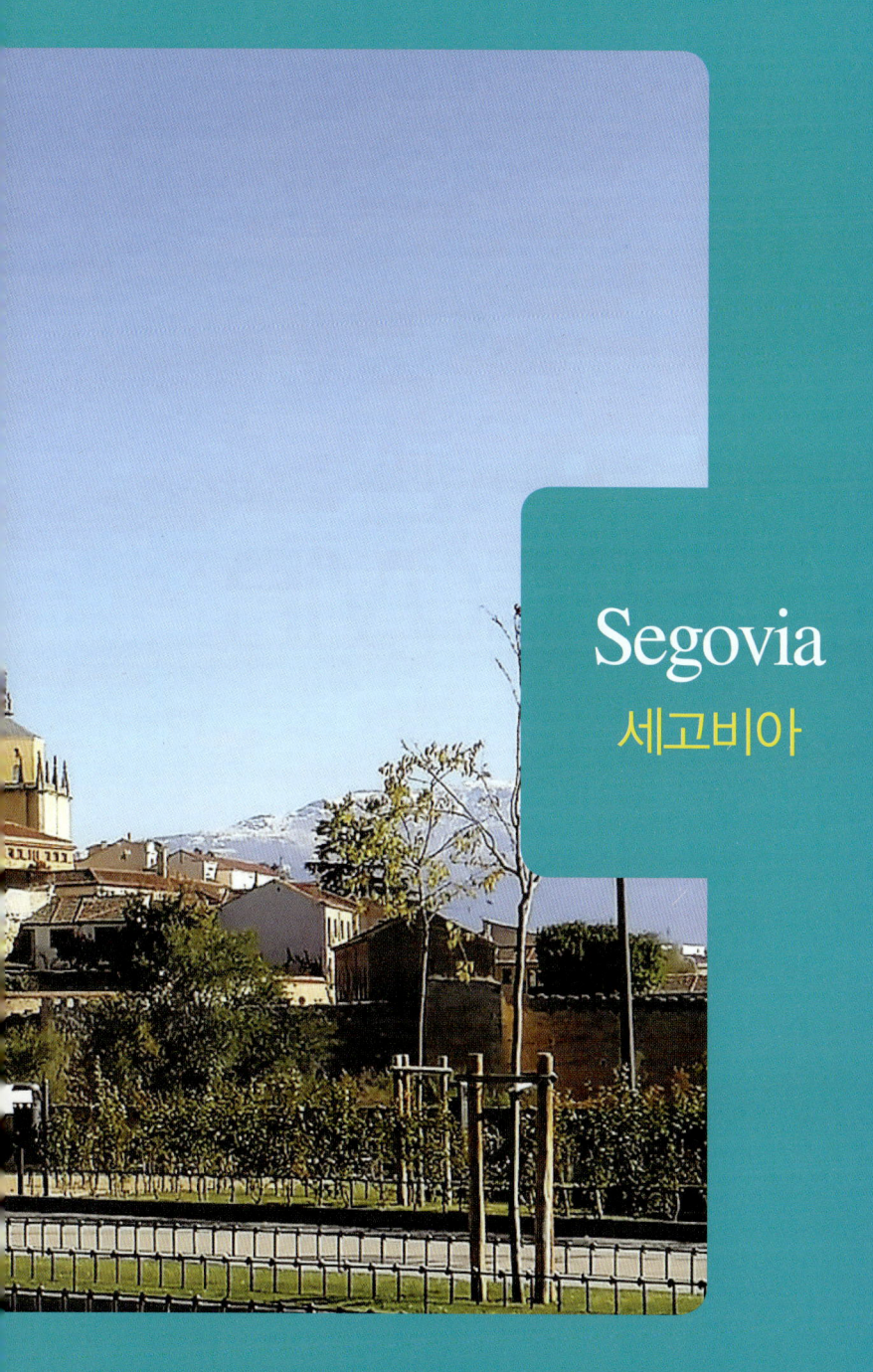

Segovia
세고비아

세고비아

SEGOVIA

주민 약 57,000명의 세고비아는 수도인 마드리드에서 북서쪽 방향으로 약 70km 떨어져 있다. 세고비아 주에 있는 역사유적. 로마 시대의 수도교와 로마네스크 양식의 건축물들이 잘 보존되어 있어 1985년 유네스코 세계문화유산으로 지정하였다. 안토니오 마차도 생가 박물관, 센트로 디 닥티코 데 라 후데리아에서 다양하고 흥미로운 전시물을 둘러볼 수 있다. 예술을 좋아한다면 에스테반 비센테 현대미술관, 안토니오 마차도 하우스 박물관, 세고비아 주립박물관을 추천한다.

간략한
세고비아 역사

기원전 700년 무렵부터 이베리아 인들이 거주하였으며 기원전 1세기 말에 로마의 식민지가 되면서 기독교 문화권에 편입되었다. 11세기에 이슬람교도가 침입하여 도시가 파괴되었으나 카스티야 왕국의 알폰소 10세는 이곳을 수도로 정하였다.

중세에는 양모공업이 번창한 이후로 지금까지 농업을 중심으로 살던 도시였다. 현재는 도자기와 직물제조가 이루어진다. 도시 곳곳에 로마인이 세운 수도교와 성채 알카사르, 대성당 등 고대와 중세의 건축물이 많이 남아 있다.

중세로의 시간 여행

유명한 사적 중 인기가 높은 세고비아 로마 수도교에 가셔서 시간을 거슬러 여행을 해보자. 긴 세월을 버텨온 세고비아 알카사르는 지역의 대표 명소이다. 세고비아의 궁전은 화려한 건물과 아름답게 가꿔진 정원 등 볼거리가 풍성하다. 동화 같은 모습으로 여행객의 사랑을 한 몸에 받는 라 그란하, 리오프리오 왕궁에 가보는 것을 추천한다.

세고비아 대성당, 파랄 수도원, 파로키아 데 산 안드레스, 카멜리타 수녀원에서 조용하고 기품 있는 종교적 분위기를 경험할 수 있다. 광장의 주변에는 시장이나 오래된 건축물을 만날 수 있으며 도시의 심장 박동을 제대로 느낄 수 있다. 산 마르틴 광장 및 산로렌소 광장에 가보지 않고서는 이곳을 제대로 여행하셨다고 할 수 없을 것이다.

라 프라데라 데 산마르코스 전망대는 세고비아의 대표적인 랜드마크이다. 플라사 데 메디나 델 캄포, 토레온 데 로소야, 에피스코팔 고궁 같은 명소에 방문해 세고비아의 과거로 여행을 떠나보자.

세고비아 수도교
Acueducto de Segovia

로마시대의 수도교는 여러 지역에 남아 있지만 세고비아 수도교로 대표된다. 그만큼 수도교가 온전한 모습으로 남아 있다는 것이다. 유럽에서 가장 보존이 잘 되어 있는 수도교의 길이가 거의 720m나 된다. 128개의 2층 아치로 이루어진 수도교는 전체길이가 813m, 최고 높이는 약 30m로 과달라마 산맥에서 가져온 화강암만을 사용해 축조했다.

수도교는 1세기, 로마 트라야누스 황제 때 건설되었으며 1906년까지 고지대에 물을 공급하는 역할을 하였다. 시내에서 17㎞정도 떨어진 산에서 흐르는 맑은 물을 끌어오기 위하여 축조되었는데, 완벽한 형태로 보존되어 있다. 아치 윗단 니치 부분에는 성인조각상이 모셔져 있다. 지금은 물이 흐르지 않지만 1세기부터 당시의 최신 수도시스템이 설치되어 있어 깨끗한 물을 사용할 수 있었기 때문에 도시가 형성될 수 있었다.

⌂ Plaza del Azoguejo, 1

'악마의 수도교'라는 이름에 얽힌 전설

옛날에 한 젊은 여인이 물을 긷기 위해 마을에서 멀리 떨어진 계곡까지 다녀야 했다. 하루도 빠짐없이 무거운 물통을 져 날라야 했던 그녀는 어느 날 계곡에 주저 앉아 이렇게 중얼거렸다. "만약 누가 이 계곡에서 마을까지 수로를 놓아준다면 내 영혼이라도 바칠 수 있겠다." 어둠 속에서 여인의 탄식을 들은 악마가 그녀 앞에 나타났다. 악마는 '당신의 영혼을 준다면 하룻밤 사이에 수로를 만들어 주겠다.'고 제안했다.

여인과 악마의 거래는 이루어졌고 악마는 서둘러 돌을 쌓아 수로를 만들기 시작했다. 자신의 영혼을 팔아야 하는 공사가 진행되는 동안 여인은 밤새 성모에게 기도를 올렸고 악마는 동이 트기 전에 수로를 완성하기 위해 바삐 움직였다. 그러나 수로를 완성하는 마지막 돌을 놓기 직전에 해가 뜨고 말았다. 햇살에 놀란 악마는 어둠 속으로 사라져 버렸다. 악마는 약속을 지키지 못했기 때문에 여인은 영혼을 빼앗기지는 않았고 수로는 그대로 남게 되었다. 하룻밤 사이에 나타난 거대한 수로를 본 마을 사람들은 깜짝 놀랐고 그들은 이 수로를 '악마의 수도교'라고 부르게 되었다.

히스파니아(Hispania)

로마 제국은 기원전 3세기 무렵부터 서기 5세기까지 '히스파니아(Hispania)'라는 이름으로 이베리아 반도를 지배하여 종교, 언어, 법, 사회 및 경제 체제 등에서 스페인에 많은 영향을 끼쳤다. 스페인에는 특히 로마 유적지가 많이 있는데, 그 중에서도 카스티야 이 레온 지방의 세고비아(Segovia)에는 서기 1세기 무렵 건설된 로마의 수도교(Acueducto)가 거의 원형 그대로 보존되어 있다.

수도교의 아름다운 야경

알카사르
Alcázar de Segovia

월트 디즈니의 만화 '신데렐라'에 나오는 성의 모델이 되었다고 해서 '신데렐라의 성'이라고 불리기도 하는 알카사르Alcázar는 로마 시대부터 시작되었다.
무어왕조의 이베리아 반도 점령시기인 12~13세기에 확장되어 지금의 형태를 갖추었다가 14세기에 레콘키스타로 무어왕조를 몰아낸 뒤에 방치되었다. 그 후 19세기 다시 복원되었다. 높이 80m의 망루, 궁전 등이 시내를 내려다보는 위치에 있으며 움직이는 다리를 지나 성으로 들어갈 수 있게 되어 있다. 스페인에서 가장 아름다운 성으로 불리지만 수많은 전쟁을 치른 요새로 사용되기도 하였다.
세고비아 서쪽 시내를 끼고 흐르는 에레스마Eresma 강과 클라모레스Klamores 강이 내려다보이는 언덕 위에 있는 알카사르Alcázar에 오르기 전에 세고비아를 둘러싼 성벽 외곽의 일주도로에서 바라보는 성이 아름답다.

🌐 www.alcazardesegovia.com 🏠 Plaza Reina Victoria Eugenia7
💶 5.5€(후안 2세 탑 2.5€) 🕙 10~20시(11~3월 18시까지)

간략한 알카사르 역사

로마시대부터 전략상 요새가 있던 곳이며, 14세기 중엽 처음으로 성이 건축된 뒤 수세기에 걸쳐 알카사르Alcázar에 살았던 왕들에 의하여 증축과 개축이 거듭되었다. 16~18세기에는 알카사르 일부가 감옥으로 이용되기도 했으며, 1862년에 화재로 불탄 것을 복원했다. 스페인 전성기에 즉위한 펠리페 2세Felipe II는 1570년 11월 14일 이곳에서 결혼식을 올리기도 했다. 성 내부의 각 방에는 옛 가구와 갑옷, 무기류가 전시되어 있고 회화, 태피스트리 등이 있다.

라 프라데라 데 산마르코스 전망대

아름답고 시야가 탁 트인 공원 한가운데에 있는 라 프라데라 데 산마르코스 전망대는 세고비아 알카사르에서 북쪽으로 조금만 걸어가면 나오는 초록빛의 공원이자 전망대이다. 라 프라데라 데 산마르코스 전망대는 세고비아 북서쪽 언덕에 있는 에레스마 강변에 위치하고 있다.

공원에 펼쳐진 들판 한가운데에 전망대가 있어서 성과 그 아래에 우거진 나무들로 이루어진 아름다운 경치를 보실 수 있다. 성 꼭대기에 있는 작은 황금 탑과 타워, 활을 쏘는 구멍이 있는 벽을 올려다보면 뱃머리의 형상이 떠오른다.

라 프라데라 데 산마르코스 전망대의 평화로운 공원을 산책하고 요새의 경치도 감상해 보자. 지붕이 뾰족한 성과 그 옆을 둘러싸고 있는 나무까지 사진에 담을 수 있다. 라 프라데라 데 산마르코스 전망대가 있는 공원의 길을 따라가면 숲으로 이어진다. 세고비아의 바쁜 일상과 대조되는 평화롭고 자연 친화적인 분위기를 느낄 수 있다. 성 가까이에 있는 스페인 5월 2일 사태의 영웅들을 기린 기념비는 1808년 마드리드에서 일어난 봉기를 기념하는 곳이다.

세고비아 역사 지구에서 특히 눈여겨 볼만한 곳인 라 프라데라 데 산마르코스 전망대에서 미로 같은 자갈길을 걸어보자. 성까지 걸어가 수많은 복도를 따라 마련된 방들을 구경해 보고, 무기고에는 작은 장신구나 공예품을 감상하고 엄숙한 분위기가 느껴지는 왕의 알현실을 관람하면 좋다. 솔방울 방에서는 천장의 독특한 디자인을 볼 수도 있다.

세고비아 성모 대성당
Cathedral de Ssnta Maria de Segovia

스페인 후기 고딕양식의 건축물인 대성당은 1525~1768년에 걸쳐 고딕양식으로 건설되었으며 1985년 유네스코 세계문화유산으로 지정되었다.
가로 50m, 세로 105m, 높이 33m의 웅장한 규모로 이루어져 있다.
3개의 볼트 신랑과 익랑, 돔, 중앙후진, 7개의 예배실 등이 있다. 세련된 모양 때문에 '대성당 중의 귀부인'이라고 불린다. 부속 박물관에 회화, 보물과 함께 유아의 묘비가 있다. 이 묘비는 유모의 실수로 창문에서 떨어져 죽은 엔리케 2세 아들의 묘비이다. 왕자를 실수로 죽게 한 유모도 즉시 그 창문에서 떨어져 죽었다고 한다.

🏠 Plaza Mayor ⏰ 9시 30분~21시 30분(11~3월 18시 30분까지)

Toledo

톨레도

톨레도

TOLEDO

스페인의 옛 수도 톨레도는 1561년 수도가 마드리드로 옮기기 전까지 스페인의 정치문화의 중심지였다. 그때의 톨레도에서 시간이 멈춘 듯 중세의 모습을 간직한 스페인의 몇 안되는 도시이다. 톨레도 구시가 전체는 1986년 세계문화유산으로 지정되었다.
약 400년간 이슬람의 지배를 받아 이슬람, 가톨릭 등 다양한 종교의 유적들이 공존하고 있어 새로운 모습으로 여행자에게 다가온다.

마드리드에서 남서쪽으로 70㎞ 떨어져 있는 톨레도는 세르반테스의 소설 "돈키호테"가 모험을 떠난 라만차La Manch 지방의 주요 도시이기도 하다. 스페인의 3대 거장 엘 그레코가 오랜 시간을 살아 도시 곳곳에는 돈키호테와 엘 그레코의 발자취를 볼 수 있다.

▶톨레도 관광청(www.toledo-turismo.com)

톨레도 IN

마드리드에서 당일여행으로 다녀오기도 하고 톨레도에서 1박을 하는 배낭여행자도 많다. 렌페 기차와 버스로 갈 수 있다.
▶ 열차 33분. 버스 1시간 20분 소요

철도

마드리드 아토차Puerta de Atocha역에서 탑승하면 톨레도로 고속열차(AVE)가 운행한다. 유레일 패스가 있어도 예약비를 내야 하기 때문에 현지에서 구간권을 사는 것이 더 저렴하기도 하다. 스페인 3일권을 이용하면 당일 오전 일찍 톨레도를 들러 여행했다가 그라나다까지 이동하여 1일을 사용하는 경우가 많다.
톨레도 역에서 구시가 소코도베르 광장까지 조코도버Pl. de Zocodover는 도보로 약 20분정도 소요되어 시내버스를 이용한다.(버스티켓 운전사에게 구입)
▶ 홈페이지 : www.rente.com   ▶ 운행시간 : 06:50~21:50   ▶ 소요시간 : 30분

버스

유럽 배낭여행자들은 스페인에서는 대부분 버스를 이용하는데, 더 저렴하고 소도시까지 이동이 편리하기 때문이다. 마드리드에서 당일여행으로 트래블 패스 1일권Abono Transportes Turistico (1 Dia-Zona T)를 구입하면 더욱 편리하다. 마드리드 엘립티카 광장의 버스 터미널Intercambiador de Plaza Eliptica에서 톨레도행 버스표를 구입한다. 1시간 30분정도 걸려 톨레도 버스 터미널Toledo Estacion Autobus에 도착하면 톨레도 버스터미널에서 구시가 소코도베르 광장까지는 시내버스 5번(터미널 지하에 연결)을 타고 가는 것이 좋다. (도보는 20분 정도 소요)
▶ 홈페이지 : www.alsa.es   ▶ 요금 : 편도 €7

여행자 트래블 패스 1일권
마드리드 → 톨레도 구간 왕복 요금은 무료. 마드리드 시내 교통 1일권도 포함됨.
▶ 요금 : 19€

톨레도의 풍경 감상
스페인어로 '성'이란 뜻으로 고성을 호텔로 바꾼 전망대가 있는 파라도르(Parador de Toledo)의 레스토랑과 카페가 전망대로 개방하고 있다. 아름다운 톨레도의 해지는 풍경은 정말 아름답다. 소코도베르 광장에서 7-1번 버스를 타고 10분정도 걸려 파라도르에 도착한다.

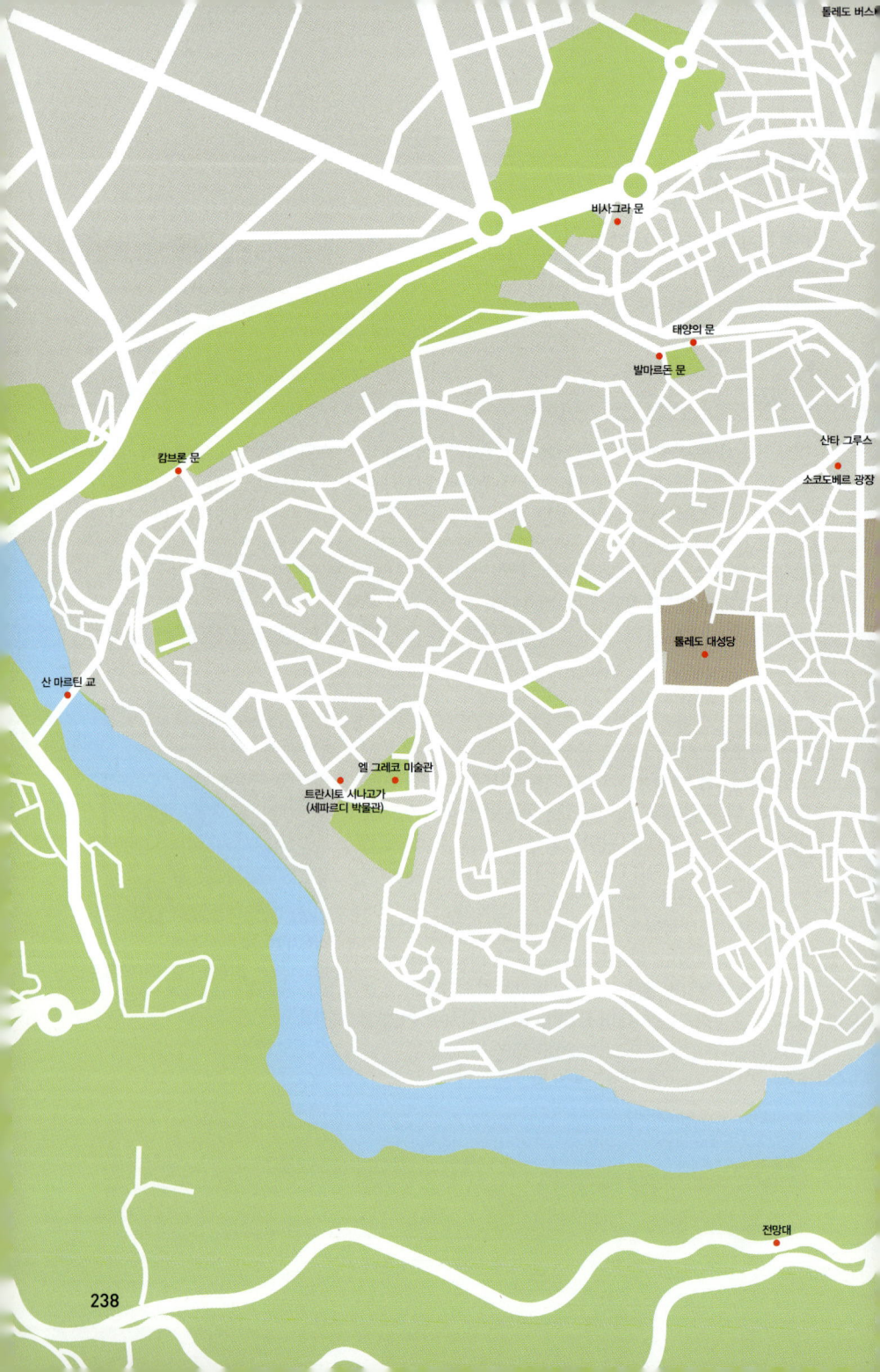

- 태양의 문
- 발마르돈 문
- 호텔 도무스 플라사 소코도베르
- 오아시스 백패커스 호스텔
- 산타 그루스 미술관
- 소코도베르 광장
- 버스터미널행 5번 버스 기차역행 61/62번 버스
- 알카사르 (군사박물관)
- 꼬마 기차 출발 정류장
- 시티 투어버스 1번 정류장
- 톨레도 대성당

톨레도
베스트 코스

톨레도는 작은 도시라서 5시간 정도면 충분히 볼 수 있다. 좁은 골목으로 중세의 분위기가 전해진다. 톨레도 여행은 산타크루즈 미술관부터 시작한다. 톨레도에서 반나절만 여행하고 다른 도시로 이동해야 한다면 꼬마열차 소코트렌을 타고 톨레도를 돌아보면 시간이 절약된다.

▶ **꼬마열차, 소코트렌(Zocotren)**
소코도베르 광장부터 톨레도의 주요 관광지를 한 바퀴 도는 꼬마열차인 소코트렌은 1시간 정도면 톨레도를 돌아보도록 되어 있다. 버스처럼 열차에서 한번 내리면 끝난다. 유의점은 다시 탑승이 불가능하다.

알칸타라 다리 → 산타크루즈 미술관 → 알카사르 → 대성당 → 산토 토메 성당 → 엘 그레코의 집 → 비사그라 문 → 파라도르 전망대

한눈에
톨레도 파악하기

마드리드 남쪽으로 약 73㎞ 떨어진 스페인 중부 지방의 톨레도는 다양하고 인상적인 풍경 속에 유서 깊은 성당과 요새가 자리한 중세 풍경의 도시이다. 고대 아랍의 성채부터 수백 년 된 성당, 성, 타워를 비롯한 톨레도의 역사적 보물들을 통해 과거의 모습을 엿볼 수 있다. 광활한 평야와 높은 산봉우리, 숲으로 둘러싸인 도시와 마을 곳곳에 유물이 흩어져 있다. 등산을 하거나 국립공원에서 야생동물을 구경해 보고 고딕 양식의 성당 또한 둘러볼 수 있다.

톨레도는 역사적인 가치가 높은 기념물들이 풍부한 덕에 유네스코 세계 문화유산으로 지정되었다. 중세의 성벽 너머에 있는 오래된 성당, 궁전, 유대교 회당과 모스크 등을 탐험해 보는 것을 추천한다. 13세기 고딕 양식의 톨레도 성당, 고대 아랍의 요새 알카사르, 치장 벽토 장식이 아름다운 엘 트란시토 회당 등 둘러볼 관광지들이 많다. 톨레도에서 거의 40년 가까이 살았던 르네상스 시대의 스페인 화가 엘 그레코가 그린 걸작도 꼭 감상해보자. 그의 그림은 성당 벽면과 엘 그레코 박물관에 전시되어 있다.

톨레도는 수백 년 동안 도예에 관한 중요한 역할을 맡아왔다. 루이스 데 루나 도자기 박물관에서 14세기부터 현재까지의 작품을 전시하고 있다. 언덕 위에 지어진 13세기 성을 구경하고 16세기 예수회 대학교와 세례자 성 요한 병원 등 다른 역사적인 건축물을 방문해도 좋을 것이다.

마지팬, 미트 스튜, 양의 젖으로 만든 치즈 등 톨레도 지방의 전통 요리는 이곳을 떠나기 전에 꼭 먹어봐야 하는 별미이다. 하이킹이나 자동차를 타고 톨레도 산을 오를 수도 있다. 산악 지역에 위치한 카바네로스 국립공원으로 가면 넓게 펼쳐진 푸른 초원을 지나 참나무 숲과 산을 거닐 수 있다. 독수리나 황조롱이, 사슴 같은 현지에 서식하는 야생동물을 직접 볼 수 있다.

알칸타라 다리
Alcántara

타호 강에 놓인 다리 중 가장 오래된 '교량'이라는 뜻의 알칸타라 다리는 구시가로 넘어가는 문의 역할을 한다. 전쟁을 거치면서 훼손되었지만 15세기 이후에 다시 재건되어 지금에 이르렀다.

🏠 소코도베르 광장에서 도보 7분

산타크루즈 미술관
Museum of Santa Cruz

병원으로 운영하던 건물을 미술관으로 사용하고 있는데 건물이 성 십자가 모양을 띠고 있어 산타크루즈라는 이름을 붙였다. 무료로 좋은 미술작품을 만날 수 있다.
16~17세기의 엘 그레코El Greco, 고야Goya, 리베라Rivera 등 화가들의 작품 등을 전시하고 있는 회화관이 있다. 고고학 유물, 전통 수공예품 등 3개관으로 나누어 전시하고 있다. 엘 그레코의 '성모마리아의 승천Asuncion(1613)'이 유명하다.

🏠 소코도베르 광장에서 도보 3분
🕐 10:00~18:30(일~14:00) 1/1, 5/1, 12/25 휴관

알카사르
Alcázar

톨레도에서 가장 높은 세르반테스 언덕에 자리잡고 있는 스페인에서 처음 세워진 요새이다. 카를로스 5세 Carols V가 르네상스 양식의 개축하여 궁전으로 사용하면서도 여러번 화재와 1936년 스페인 내전으로 폐허가 되기도 했다.
1940년 복구되어 지금에 이르렀다. 북쪽의 파사드와 중앙 정원, 황제의 계단 등은 무기 변천사를 볼 수 있는 군사 박물관으로 사용되고 있다.

🏠 소코도베르 광장에서 도보 5분
🕐 10:00~19:00(일~15:00) / 6~9월 10:00~21:00, 일~15:00) / 수, 공휴일(1/1, 1/6, 5/1, 5/24, 12/25, 12/31)
€ 일반 €5, 학생 €2.5, 일요일 무료

엘 그레코의 집
El Greco's House

1906년 스페인 국립 관광국장이던 베가 인클란 Vega Inclan 이라는 후작이 엘 그레코가 살던 곳의 집을 사들여 1912년 박물관으로 개관하였다. 박물관에는 엘 그레코의 그림을 비롯한 스페인 화가들의 작품을 전시하고 있으며 '성 베드로의 눈물', '톨레도의 전경' 등이 주요작품이다.

🌐 www.museodelgreco.mcu.es 🏠 소코도베르 광장에서 도보 13분
🕐 09:30~20:00(10~3월 : 18:30) / 일요일 10:00~15:00, 1/1, 1/6, 5/1, 12/24, 25, 31 휴관일
€ 일반 €3, 학생 €5

비사그라 문
Puerta Nueva de Bisagra

아랍어로 '신성한 문'이라는 뜻의 비사그라 문은 톨레도 구시가를 둘러싼 성벽의 북쪽 문이다. 벽면에 독수리 2마리의 머리가 달린 황제가의 문장이 새겨져 있다. 카를로스 5세와 펠리페 2세가 톨레도에 입성한 것을 기념해 16세기에 새겨진 모습이다.

🏠 소코도베르 광장에서 북동쪽으로 도보 8분

톨레도 대성당
Santa Iglesia Catedral Primada de Toledo

톨레도의 상징이자 카톨릭 본산이라 더욱 중요한 대성당이다. 예술적, 역사적, 신학적으로 뛰어난 가치를 지니는 톨레도 성당은 6세기경, 이슬람 사원으로 사용되던 자리에 다시 1227년, 성당으로 짓기 시작해 1493년에 250년이 넘어서야 완공되었다.

고딕 양식으로 총 길이 120m, 너비 60m, 높이 45m로 둥근 천장을 88개의 기둥이 떠받치고 있는 형태이다. 성당 안으로 들어가는 문은 중앙은 '용서의 문', 오른쪽은 '심판의 문', 왼쪽은 '시계의 문'으로 3개가 있다. 성당 내부에는 22개의 예배당을 비롯해 엘 그레코, 고야, 티치아노 등이 그린 프레스코화가 압권이다. 성서를 주제로 스테인드 글라스에 제단, 성가대석 코로Coro, 종교 관련 유물들이 전시된 보물관 테소로Tesoro 등이 인기가 많다.

Barcelona
바르셀로나

바르셀로나
BARCELONA

스페인에서 2번째로 큰 도시이자, 카탈루냐의 수도인 바르셀로나는 인구 250만의 해안 대도시이다. 바르셀로나는 훌륭한 건축물, 세계적인 박물관, 카탈루냐의 향기와 리듬이 넘치는 거리 등으로 가득하다.

바르셀로나의 구불구불한 거리에는 타파스tapas를 파는 바가 즐비하며, 도시 광장에는 전통 댄서의 안무가 관광객을 맞이한다. 모더니스트 건축가 안토니 가우디의 영향은 언덕 위의 공원에서부터 공공 건축에까지 스며들어 있다.

About
바르셀로나

제2의 도시

스페인 북동쪽에 자리 잡은 항구도시로 스페인 제2의 도시이다 스페인과 유럽을 잇는 통로가 되는 중요한 도시이다. 북으로는 높은 피레네 산맥이 유럽과 경계를 이루고 바다를 통해서는 프랑스, 이탈리아 등과 쉽게 이동이 가능하다. 일찍부터 무역을 통해 서유럽의 발달된 문물을 받아들여 발전했다.

스페인에서 가장 먼저 이루어진 산업혁명

1700년대 서유럽에서 산업 혁명이 일어나자 바르셀로나도 산업혁명을 시작했다. 거기에 프랑스 대혁명이 일어나 왕정이 공화정으로 바뀌자 바르셀로나 인들은 먼저 받아들여서 스페인에서 왕을 끌어내리고 공화정을 세우는 데 앞장섰다. 바르셀로나는 옛 전통에 얽매이지 않고 새로운 것을 자유롭게 받아들이는 분위기가 이때부터 형성되었다.

가우디로 먹고 사는 도시

바르셀로나 인들이 새로운 것을 추구하는 모습은 스페인이 자랑하는 건축가 가우디가 세운 건축물에서 가장 잘 느낄 수 있다. 사그라다 파밀리아 성당은 거대한 옥수수들이 하늘로 치솟은 모양으로 가까이 다가가면 사방이 반듯한 곳이 없고 온통 손으로 진흙을 주무른 듯 울퉁불퉁하다. 가까이 다가가면 모두 정성 들여 빚은 조각품이다.

가우디의 건축물은 모두 스페인의 아름다운 자연을 본떠 자연을 닮은 곡선을 많이 사용해 자유롭고 독창적인 건축물을 지었다.

스페인의 또 하나의 나라 카탈루냐

스페인은 오랫동안 여러 왕국으로 나뉘어 살아왔기 때문에 지역마다 특색이 강하다. 그 중에서도 바르셀로나가 있는 카탈루냐와 북쪽의 바스크는 스페인으로부터 독립을 요구할 정도로 독자성이 강하다.

구석구석
바로셀로나 즐기기

바르셀로나는 걸어 다니기 위한 도시를 추구하면서 버스, 지하철, 자전거로 도시 구석구석을 다니는 여행자가 많기 때문에 편안한 신발을 챙겨서 걸어보자. 걷는 것이야말로 바르셀로나의 맛과 소리, 풍경을 제대로 즐길 수 있는 방법이다.

도시 중심부의 라스 람블라스 거리는 북쪽 카탈루냐 광장에서부터 항구까지 대로가 뻗어 있다. 보도 양옆에는 레스토랑과 꽃 파는 가판, 기념품 가게들이 즐비하여 낮에는 거리의 예술가들이 가족 단위의 관광객들을 즐겁게 하며, 밤에는 바에 늦게까지 흥겨운 음주를 즐기는 사람들로 가득 차 있다. 라스 람블라스의 북쪽 고딕 지구에는 14세기 건물 바르셀로나 대성당에는 바르셀로나의 공동 수호 성녀인 에우랄리아의 유해가 보관되어 있다. 바르셀로나에는 50여 곳의 미술관이 있다. 피카소 미술관에서 스페인의 위대한 예술가인 피카소의 유년기 습작을 감상할 수 있다.

도시 중앙부에서 멀지 않은 곳에 있는 전망이 좋은 몬주익 언덕까지 케이블카를 타고 올라가 언덕 위 명소를 볼 수 있다.

네오 바로크 양식의 국립 고궁 앞 몬주익 매직 분수에서 더위를 식히고 스페인 민속촌인 포블레 에스파뇰에서 전통 예술과 음식을 즐긴다. 가우디의 환상적인 건축물을 연대순으로 감상할 수 있다. 가우디의 첫 작품인 카사 비센스에서 출발하여 가우디의 마지막 걸작인 사그라다 파밀리아(성 가족 교회)로, 구엘 공원의 모자이크 테라스에서 보이는 도시와 항구의 전경으로 마무리한다.

바르셀로나 IN

바르셀로나 역시 마드리드와 마찬가지로 직접 항공으로 들어가지 않으면 대부분 파리와 니스, 밀라노, 제네바 등에서 야간열차를 이용했지만 지금은 야간열차가 없어져 저가항공 부엘링을 타고 이동하는 경우가 많다.

바르셀로나에는 여러 개의 열차역이 있지만 산츠역^{Estacio´n Sants}이 중앙역 역할을 하고 있다. 산츠역 도착 전에 빠세오 데 그라시아^{Paseo de Gracia}에 정차하는데 산츠역인 줄 알고 내리는 사람이 많으니 주의하자. 산츠역 주변에는 가격이 저렴하고 시설이 좋은 호텔과 아파트, 다양한 편의시설이 있어 여행자들이 이용하기에 편리하다.

공항에서 시내 IN

공항은 서남쪽 바닷가에 있는데 시내와 그리 멀지 않다. 교통편은 철도 R2노선을 이용해 산츠역까지 바로 연결된다. 산츠역에서 공항 쪽으로는 05:43부터 22:16까지, 공항에서 산츠역 쪽으로는 06:13부터 23:40까지 운행되고 있다.

공항에서 산츠역까지는 약 20분 정도, 바르셀로나 한복판의 카탈루냐 광장까지는 23분이 소요된다. 공항 철도역은 터미널 A와 B 사이에 육교로 연결되어 있다. 바르셀로나 공항에서 스페인 광장, 카탈루냐 광장까지 공항버스^{Aerobus}가 운행 중이며, 약 30분 정도 소요된다.(편도 €6.65)

산츠역

바르셀로나 대부분의 열차가 들어오고 나가는 현대적인 건물로 은행, 약국, 코인 로커, 레스토랑, 슈퍼마켓, 여행 안내소, 화장실 등의 각종 편의시설이 있어서 매우 편리하다.

산츠역은 지상 1층, 지하 1층의 시설을 갖추고 있으며, 모든 열차의 플랫폼은 지하층에 위치해 있다. 열차에서 내리면 에스컬레이터를 이용해 1층으로 올라간다. 지하철인 메트로는 시내 곳곳으로 가기 편하게 연결되어 있다. 숙소로 이동하기 전, 역 곳곳에 있는 식당에서 아침식사를 해결할 수 있다. 역에서 나와 오른쪽 길 건너에 슈퍼마켓 '에끌라^{ESCLAT}'가 있다.

시내 교통

지하철

바르셀로나의 지하철은 11개 노선으로 복잡하다. 대부분은 관광지와 편리하게 연결된다. 1회권과 10회권, 2일권, 3일권 등으로 나눠져 있고, 관광객 대부분은 10회권을 버스와 같이 이용한다.

10회권은 T-10이라고 적혀 있다. 사용할 때마다 사용 시간이 찍히며 한 번만 75분 이내에 갈아탈 수 있다. 모든 티켓은 자동발매기에서 구입하는데 영어로도 설명되어 있어 쉽게 사용할 수 있다. 자동발매기에 적힌 안내에 따라 티켓 종류를 잘 선택하면 된다.

▶요금
- 1회권 : Single €2
- 10회권 : T-10 €10.25
- 1일권 : T-Dia €7.95
- 2일권 : 2 Dies €13.80
- 3일권 : 3 Dies €19.50
- 홈페이지 : www.tmb.cat

▶지하철 운행 시간
- 월~목요일 : 05:00~23:00, L-2, 3, 5는 05:00~24:00
- 금, 토, 공휴일 전날 : 05:00~02:00
- 일요일 : 06:00~24:00

버스

티켓은 버스 안에서 운전기사에게 구입해도 된다. 10회권(T-10)을 샀다면 버스 안에 있는 펀칭기에 넣으면 사용 횟수가 자동 차감된다. 구엘 공원과 몬주익 언덕을 갈 때 주로 이용한다.

푸니쿨라(Funicular)

지하철 파랄 렐Palal-lel역에서 몬주익 언덕까지 운행하는 등반열차로 지하철과 비슷하지만 승강장이 계단식으로 되어 있다.
▶운행시간 : 09:00∼20:00 (10분 간격)

택시

다른 도시에 비해서는 비싸지 않지만 많이 막히는 시내에서는 되도록 이용하지 않는 것이 좋다. 기본요금은 1.9유로이며 1km마다 0.88유로씩 올라간다. 공항에서 탑승해 시내까지는 약 15∼25유로 정도 나온다. 심야와 주말, 공휴일에는 할증요금이 적용되니 조심하자.

바르셀로나
베스트 코스

핵심 도보 여행

바로셀로나는 관광의 중심지인 카탈루냐 광장에서 항구까지 길게 뻗은 람블라스 거리를 중심으로 한 고딕 지구가 바둑판처럼 펼쳐져 있다. 핵심 관광지는 람블라스 거리와 고딕 지구에 몰려 있다. 대부분의 관광객은 20세기 천재 건축가 안토니오 가우디의 열정과 예술혼이 담긴 건축물을 만나기 위해서 바르셀로나를 찾는다.
이 때문에 가우디 투어가 만들어졌을 정도다. 가우디 투어를 신청하여 돌아봐도 좋지만, 천천히 가우디의 작품을 중심으로 시내를 둘러보는 일정을 추천한다. 가장 멀리 떨어져 있는 구엘 공원을 시작으로 둘러보자.

일정(가우디 건축물 중심)
구엘 공원 → 사그라다 파말리아 성당 → 카사 밀라, 카사 바트요 → 카탈루냐 광장 → 람블라스 거리 → 스페인 광장

구엘 공원은 가우디의 독창적인 건축양식의 정수를 맛볼 수 있는 곳이다. 바르셀로나 시내 언덕 위에 있어 입구부터 둘러보면 1시간 정도 걸린다. 가우디의 후원자였던 구엘이 동경하던 영국의 전원도시를 꿈꾸며 가우디의 설계에 맞춰 계획된 공동 주택지였다.
자금 문제로 계획은 중단되었지만, 자연과 조화된 가우디의 특징과 예술성을 잘 보여준다. 느긋하게 걸으면서 동화 속 공원 같은 구엘 공원을 여유롭게 감상할 것을 추천한다.

구엘 공원에 이어 가우디의 평생 역작이라 할 수 있는 사그라다 파밀리아 성당으로 발걸음을 옮겨보자. 사그라다 파밀리아 성당은 멀리서 보면 옥수수 모양의 종탑 12개가 하늘을 향해 높이 솟아 있다. 12개의 종탑은 예수의 12제자를 상징한다. 성당 지하에 가우디의 유해가 모셔져 있고, 성당 건축의 역사를 기록한 자료가 전시된 박물관이 있다. 아직 미완성의 상태지만 가우디는 사그라다 파밀리아 성당을 완성하기 위해 다른 작품을 거절하고 오직 이곳에만 매달리다 초라한 행색으로 죽음을 맞이했다. 이후 다른 건축가들에 의해 성당 건축 작업이 계속되고 있다.

카사밀라와 카사바트요는 서로 가까이에 위치하고 있다. 카사밀라는 가우디의 설계로 5년에 걸쳐 지어졌다. 곡선미를 강조하여 마치 파도가 치는 듯한 모습을 하고 있으며, 석회암으로 지어진 하얀색 건물이다. 카사바트요는 동화적인 요소가 많은 재미있는 건축물이다. 특히 다양한 색상의 타일로 모자이크를 하듯 치장한 건물 벽과 기이한 모습을 한 테라스가 인상 깊다.

이렇게 가우디 건축물을 중심으로 둘러본 후 바르셀로나 시내에서 가장 활기찬 카탈루냐 광장에서 잠시 쉬었다가 콜럼버스 기념탑이 있는 항구까지 둘러보면 시내를 거의 다 볼 수 있다. 특히 여름이면 스페인 광장에서 펼쳐지는 레이저 분수쇼가 환상적이다. 분수쇼는 밤 10시부터 시작된다.(목~일요일, 22~23시)

람블라스 거리
La Rambla

바르셀로나를 둘러보고 싶은 여행자들이 가장 먼저 만나게 되는 바르셀로나의 중심거리이다. 카탈루냐 광장Plaça de Catalunya에서 시작해 바다를 볼 수 있는 포트벨Port Vell까지 이어지는 보행자 거리는 바르셀로나 관광의 시작이자 핵심이다. 다만 소매치기가 많아서 항상 자신의 가방과 지갑을 잘 확인해야 한다.

람블라스 거리
Las Ramblas

카탈루냐 광장에서 콜럼버스 기념탑까지 이르는 바르셀로나의 중심 거리로 차량이 통제된 보행자 전용거리다. 플라타너스 가로수를 양옆으로 두고 돌이 깔린 거리를 따라 거리의 악사들과 무용수, 가짜 돈키호테 등과 꽃가게, 신문 가판대 들이 줄지어 있다. 또한 거리 양옆으로 다양한 레스토랑을 비롯하여 숙박시설, 식료가게와 부티크, 극장들이 즐비하다.

각양각색의 사람들과 주변의 진기한 풍경을 즐기면서 한가로이 거리를 따라 항구까지 내려가면 바르셀로나의 매력에 흠뻑 빠져든다. 람블라스 거리에 행위 예술가를 흉내내며 서 있는 인간 동상들의 사진을 찍으려면 모델료를 준비해 야 한다. 사진을 찍으면 동업자가 나타나 모델료를 달라고 한다.

> **개념잡기**
> 람블라스 거리는 바르셀로나 중심부에 있는 거리를 가리키는데 밤낮에 관계없이, 1.2km에 이르는 거리와 주변은 걸어서 바르셀로나 분위기를 만끽하기 좋다. 중심가는 차 없는 거리로 운영되는데, 길 양옆에는 나무들이 줄지어 서 있다. 중심가 양쪽으로 가지처럼 뻗어 나가는 거리에는 상점과 카페가 즐비하다. 레스토랑과 카페의 야외 테이블은 관광객과 현지인들로 가득하다. 음식점 사이사이에는 꽃 파는 노점상과 간이 기념품 가게, 각종 가게들이 산재해 있다.
>
> 람블리스 거리는 구 시가지를 두 구역으로 나눈다. 중심가인 라 람블라(La Lambla)는 북쪽의 카탈루냐 광장과 남쪽의 벨 항구를 이어준다. 한편에는 중세풍의 고딕 쿼터가 다른 한편에는 다문화적인 분위기가 느껴지는 라발(Labal) 지역이 자리 잡고 있다.
>
> ※주의 : 시간에 관계없이 언제나 관광객으로 무척 붐비기 때문에 소매치기가 많으니 소지품을 잘 보관해야 한다.

카탈루냐 광장
Puente Nuevo Ronda

L-1, 3, 5, 국철 카탈루냐^{Catalunya}역에서 내려 계단을 올라오면 카탈루냐 광장을 만나게 된다. 람블라스 거리가 시작되는 중심가이며 분수가 있는 넓은 광장으로, 비둘기가 상당히 많다. 이 광장을 중심으로 북쪽으로는 그라시아 대로를 따라 신도시가 펼쳐지며, 남쪽으로는 그라시아 대로와 일직선으로 람블라스 거리와 그 옆에 고딕 지구가 있다.

광장 주변에는 은행, 사무실, 상가와 백화점 등이 있어 우리나라의 명동을 연상시킨다. 카탈루냐 광장에서는 거리 공연이 자주 이어지고, 광장 한쪽의 작은 공원 주변에서는 낮잠을 자는 사람들의 모습 등 자유로운 분위기의 바르셀로나를 만날 수 있다.

간략한 카탈루냐 개념과 역사

바르셀로나 만남의 장소로 유명한 카탈루냐 광장은 도시의 구시가지와 신시가지를 연결시켜 주며, 쇼핑, 기념비, 축제 공간으로 유명하다. 카탈루냐 광장은 바르셀로나 시내 중심부에 위치하여 상점들로 둘러싸여 있으며 곳곳에 기념비가 있다. 대형 광장은 구시가지(시우타트 벨라)와 19세기의 현대적인 엑샴플레 지역이 모여 있는 곳이기도 하다. 알폰소 12세 왕이 1927년 구시가지 성벽 문들이 있는 지역에 광장을 오픈했다.

쇼핑

쇼핑을 위해 바르셀로나에 오셨다면 카탈루냐 광장이 여행의 시작을 위한 이상적인 장소라는 것을 알 수 있다. 광장 주변에 있는 백화점을 구경하거나 바르셀로나에서 가장 중요한 쇼핑 거리를 따라 걸을 수 있다. 가로수가 늘어선 람블라스 거리는 도시 항구까지 뻗어 있는 산책길로 북적거리는 활동의 중심지이다. 고급 브랜드숍에서부터 독립 디자이너 부티크 숍까지 만날 수 있으며, 역사적인 건물, 타파스 바, 보케리아 시장도 구경할 수 있다.
반대쪽에 있는 파세이그 데 그라시아에는 렉샴플레 지역의 현대적인 훌륭한 건축물들이 즐비하다. 고급 패션 상점, 바, 레스토랑을 따라 가다보면 안토니 가우디의 가장 유명한 걸작, 카사 바트로 및 라 페드레라도 볼 수 있다. 포르탈 데 랑헬과 람블라 데 카탈루냐 거리에서 더욱 많은 쇼핑 상점들이 있다.

다양한 이벤트

카탈루냐 광장의 넓은 중앙 공간은 다양한 축제와 행사를 위해 사용된다. 매년 9월 11일, 카탈루냐 국경일에 열리는 무료 콘서트가 열린다. 광장에서는 바르셀로나의 수호성인을 기념하는 9월의 메르세 축제 기간 동안 다양한 라이브 음악 공연을 벌인다.

구엘 저택
Palau Güell

가우디 초기 건축물인 구엘 저택Palau Güell은 거대한 돔 천장과 예술적인 세부 장식을 감상할 수 있다. 유리를 이용한 세부 장식은 자기와 철 세공, 빛과 공간을 사용하는 현대적 감각까지 가우디의 특징을 모두 갖추고 있다. 람블라스 거리에서 몇 걸음만 걸으면 구엘 저택을 찾을 수 있다.

가우디Gaudi는 후원자이기도 했던 부유한 기업가, '에우세비 구엘Eusebi Güell'을 위해 이 저택을 설계하였다. 구엘Güell은 이 저택에서 19세기 후반부터 20세기 초반에 이르기까지 부인과 10명의 자녀와 함께 살았다.

건립 초기 상태로 복원된 후, 대중에게 공개되어 관람이 가능하다. 저택에서 주목해야 할 곳은 돔 천장이 있는 거대한 홀이다. 홀은 사교 모임 개최를 위해 설계되었다. 그의 가족들이 지냈던 방들은 천장 높이가 17m나 되는 홀이 펼쳐져 있다. 한 번에 200명 이하의 방문객만 입장할 수 있다. 줄을 서서 기다리는 사람들이 많기 때문에 오전에 일찍 방문하는 것이 좋다.

저택을 입장하면 구엘 일가의 말들이 살던 지하 마구간에서 시작한다. 버섯 모양의 기둥을 감상하고, 1층으로 가면 침실과 거실, 훌륭한 홀을 볼 수 있다. 가우디는 그가 설계하는 건물 면면에 예술적 장식을 가미하기 위해 화가와 장인들을 고용했는데 구엘 저택도 마찬가지이다. 고개를 돌려 화려한 색상의 깨진 타일과 조각상으로 장식된 기묘한 20개의 굴뚝이 있는 지붕을 감상하면 가난한 어린 시절을 딛고 자수성가한 구엘의 삶을 표현한 것이다.

- 🌐 www.palauguell.cat
- 🏠 Carrer Nou de la Rambla, 3–5(지하철 3호선 Liceu에서 도보 5분)
- 🕐 10~20시(11~3월은 17시 30분까지), 폐관 1시간 전까지 입장 가능, 매주 월요일 휴관, 12월 25~26일, 1월1~6일
- € 14€(18~25세 9€ / 10~17세 5€ / 9세 이하 무료 (오디오 가이드 포함 – 티켓에 40분 분량의 오디오 가이드 대여료가 포함되어 있다. 오디오 가이드는 각 방의 특색 과 가우디의 건축 기법에 대한 설명을 제공한다. 어린이들이를 위해 특별히 제작된 20분짜리 오디오 가이드도 준비되어 있다.)

무료입장일_ 매월 1번째 일요일, 4월 23일, 5월 21일, 9월11~24일, 12월 25일

포트 벨
Port Vell

람블라스 거리의 끝자락에 바다가 보이는 곳이 바르셀로나의 가장 주목할 항구인 포트 벨 Port Vell이다. 수천 년 동안 바르셀로나 항구는 도시를 형성하는 데 중요한 역할을 해왔다. 포트 벨Port Vell은 매일 수많은 사람들이 산책로를 따라 걷고 아이스크림을 먹고 바다 공기와 소리에서 바르셀로나의 새로운 분위기를 느낄 수 있다. 바르셀로나의 오래된 조선소에 위치한 해양 박물관에는 바르셀로나 역사상 가장 위대한 배가 박물관 안에 위치해 있는데, 옛 스페인 해군의 힘을 느낄 수 있는 실물을 볼 수 있다.

걷기도 하지만 자전거를 타고 뛰고, 그냥 앉아 앉아서 쉴 수 있는 포트 벨Port Vell의 '보드워크Board Walk'는 고대 로마인들이 한때 바르치노Barcino의 어항을 따라 시장과 역을 설립 한 장소였다. 자전거 도로, 편안한 야자수, 벤치가 있는 넓은 열린 공간으로 요트가 항구를 감싸고 있다.

콜럼버스 기념비

포트 벨(Port Vell)에서 가장 눈길을 끄는 기념물은 크리스토퍼 콜럼버스(Christopher Columbus)의 거대한 동상이다. 카탈루냐어로는 콜럼버스를 '콜롬(Colóm)'이라고 부른다.

한때 항해한 바다를 향해 기념비는 콜럼버스가 그의 첫 여행에서 신세계로 돌아온 날의 끄덕임을 거대한 기둥과 받침대 꼭대기에 콜럼버스(Colóm)를 묘사해 놓았다. 바르셀로나 항구가 돌아온 콜럼버스의 첫 번째 정류장이었기 때문에 도시의 특별한 순간이었을 것이다. 그 특별한 순간을 60m 높이에서 항구를 보면서 느낄 수 싶다면 콜럼버스 전망 탑(Mirador de Colom)에서 볼 수 있다. 기둥 안에 엘리베이터가 있고 상단에는 전망대가 있다.

마레마넘(Maremagnum)

바르셀로나에 있는 현재적인 펑키 건물은 포트 벨(Port Vell) 항구 한가운데에 위치한 상업 센터이다. 마레마넘(Maremagnum)에는 레스토랑, 스포츠 바, 칵테일 라운지, 커피숍 등이 있다. 특히 더운 여름에 차가운 에어컨에서 쉴 수 있는 멋진 장소이다. 특히 물이 내려다보이는 테라스는 항상 사람들이 앉아서 쉬는 것을 볼 수 있다.

케이블카

전 세계에서 가장 높은 공중 철탑으로 이어진 케이블카를 타고 바다 위와 항구를 보는 특별한 경험도 추천한다. 몬주익(Montjuïc)에서 출발하여 부두를 통해 관측소로 이동한 다음 항구를 건너 도착한다.

해양 박물관
Museu Martim

바르셀로나 항구에 위치한 해양 박물관은 14세기에 지어진 조선소에 자리 잡고 있다. 스페인의 18~19세기 해양 역사에 관련된 모형 선박과 회화, 연계 전시물이 있다. 선박 마니아들도 이곳을 좋아하지만 멋진 건축물로 인해 일반인도 즐겨 찾는다.

로얄 조선소는 1378년에 건립되었다. 중세 조선소 중 현존하는 가장 크고 완벽한 곳으로 원래 해군이 배를 만들고 보관하는 용도로 사용되었다. 아치형 석조 통로와 목재 기둥 등의 고딕 양식으로 지어져 있다. 네이브 중에는 길이 60m에 높이 9m에 달하는 것도 있다.
박물관의 주요 전시물은 1300년대에 조선소에서 만들어진 선박의 실물 크기 모형이다. 바르셀로나 역사상 가장 위대한 배가 박물관 안에 위치해 있는데, 상당히 자세한 실물 모형을 직접 볼 수 있어서, 무적함대였던 옛 스페인 해군의 힘을 느낄 수 있는 실물을 볼 수 있다. 천천히 선박 주위를 돌면서 크기에 감탄하고 붉은색과 금색의 장식을 보고, 14세기의 세계지도를 찬찬히 들여다보고 항구 도시 바르셀로나의 역사에 대해서도 알아보자.

박물관은 라 람블라 거리가 끝나는 곳에 크리스토퍼 콜럼버스 동상을 마주 보고 서 있다. 중심부에 위치해 있기 때문에 어디서든 쉽게 접근할 수 있지만 관광객은 대부분 람블라스 거리를 걸어서 이동한다.

🌐 www.mmb.cat 🏠 Av. de les Drassanes S/N Drassanes Reials, 08001
🕐 10~20시 📞 933-429-920

보케리아 시장
Mercat de la Boqueria

바르셀로나의 토속적인 음식 시장의 혈기 넘치고 다채로운 음식 가판대와 타파스 바를 구경하면 식욕을 일깨운다. 바르셀로나에서 가장 인기 있는 관광 명소 중 한 곳인 보케리아 시장 Mercat de la Boqueria에서 선사하는 화려한 음식의 세계가 여러분의 입과 눈을 즐겁게 해준다.

13세기에 탄생한 보케리아 시장 Mercat de la Boqueria은 바르셀로나의 구시가지 성벽 앞 야외 시장으로 시작하여 현지 농부들이 자신들만의 노점상을 열고 과일과 채소 등을 팔았다. 오늘날 대부분의 상점 주인의 조상들이 시장을 열었던 장본인들이다.
람블라스 거리를 걷다 보면 바르셀로나 최대의 전통시장인 보케리아 시장 Mercat de la Boqueria을 만나게 된다. 형형색색의 싱싱한 과일과 채소, 해산물 등이 여행자를 유혹한다. 보케리아 시장은 오전 8시부터 오후 8시 30분 정도까지 영업한다. 문 닫는 시간은 상점마다 다를 수 있으며, 일요일은 쉬는 날이니 방문할 때 참고하자.

대형 철제문을 지나면 여러분은 다양한 볼거리와 함께 과일과 야채 가판대의 풍요로운 냄새에 압도되게 된다. 신선한 아열대 과일을 고르거나 갓 짜낸 주스를 선택한 후 시장의 끝

🌐 www.boqueria 🏠 La Rambla, 89(L3 Liceu 역 하차) 🕗 8~20시30분 (일요일 휴무)

이 없어 보이는 골목길을 거닐면서 꼼꼼하게 채워진 올리브, 다채로운 색감의 고추, 장인 정신이 깃든 치즈 등이 풍부한 가판대를 구경할 수 있다. 고소한 빵 굽는 냄새와 절인 거대한 넓적 다리가 걸려 있는 하몽 상점이 흥미롭다. 아열대 과일, 올리브, 해산물, 베이커리, 타파스 바, 쿠킹 클래스 등 다양한 음식을 만날 수 있다.

가장 북적거리는 시간은 현지인과 관광객들이 다양한 타파스 바에 들리는 점심시간이다. 신선하게 양념된 음식들과 다양한 해산물 요리, 장작불에서 갓 구워낸 피자 등이 입맛을 돋운다.

바르셀로나에서 유명한 가로수 산책길인 라 람블라를 따라 중간 지점에 위치하여 걸어서 이동하는 것이 좋다. 카탈루냐 광장과 포르탈 데 라 파우 광장에서 모두 걸어서 10분 거리에 있다.

에샴플레 지구
Eixample

카탈루냐 광장에서 디아고날 역까지 이어지는 지구로 일대에는 바르셀로나 최고의 쇼핑 거리인 그라시아 거리가 있어 여행자들은 반드시 찾게 된다. 카탈루냐 광장을 기점으로 해안으로 이동하면 람블라스 거리가 이어진다.

그라시아 거리
Passeig de Gràcia

그라시아 거리는 카탈루냐 광장에서 디아고날 거리까지 이어진다. 바르셀로나의 샹젤리제로 불리는 바르셀로나 최고의 쇼핑 거리이자, 가우디의 건축물을 비롯해 당시의 멋진 건축물을 볼 수 있는 곳이다. 대표적인 쇼핑과 상업지구이며 망고, 자라 등의 일반 브랜드부터 백화점, 명품을 파는 다양한 상점들이 자리 잡고 있다.

피카소 미술관, 카사밀라, 카사바트요가 있는 곳이기도 하다. 바르셀로나의 주요 건축물들이 모여 있어 카탈루냐 광장 방향부터 북쪽을 향해 걸어가면서 가우디의 작품을 자연스럽게 감상할 수 있다. 노천 레스토랑이 많아 따뜻한 햇볕 아래에서 먹음직스러운 음식도 즐기기 좋다.

> **모데르니스메(Modernisme)**
> 19세기에 카탈루냐 지방의 자연을 바탕으로 건축물에 투영시키는 움직임이 발생하였다. 에샴블레 지구에 조성된 건물이 많은데, 대표적인 건축물로는 카사 밀라, 카사브트요, 카사 칼베트 등이 있다.

🏠 L2, 3, 4 Passeig de Gràcia / L3, 5 Diagonal / L1, 3 Catalunya 하차

- www.lapedrera.com　🏠 Passeig de Gràcia 92(L3, 5 Diagonal 하차)
- ⏱ 9~20시 30분(11~2월 18시 30분까지) / 야간개장 21~23시(11~2월 19~21시)
- € 23€(학생과 65세 이상 17€ / 7~12세 12€, 6세 이하 무료)

카사밀라
Casa Milà(La Pedrera)

전통적인 관습에 반하는 조각과 타일, 색채 등의 초현실적인 디자인은 가우디 건축의 전형적인 형태이다. 가우디에 의해 설계되어 1906~1912년까지 건설된 미술관이자 예술 공간인 카사밀라Casa Milà는 도심의 바로 북쪽인 에샴플레 지구에 있다. 1984년에 유네스코 세계유산으로 지정되었다.

곡선과 환상적인 조각, 지붕 위의 환기구와 같은 복잡한 세부 사항 하나하나까지, 내, 외부 모두 가우디의 특징적인 스타일 그대로 설계되었다. 현재, 전시를 위한 화랑 공간으로 운영되고 있는데, 가우디 양식의 전형을 보여주는 안뜰과 다락, 1층, 지붕 공간, 라 페드레라 주거 공간이 대중에게 공개되어 있다. 건물의 또 다른 이름인 '라 페드레라La Pedrera'는 '채석장The Quarry'을 뜻한다. 건물의 거친 외관이 채석장을 닮아 있다. 건물은 개인용 주택으로 지어졌는데, 위의 몇 층에는 세를 놓았다고 한다.
엘리베이터를 타고 꼭대기로 올라가면 나선형 굴뚝과 같은 독특한 세세한 부분들과 주변 경관을 감상할 수 있다. 다락은 작은 미술관으로 운영되는데, 이곳에서 가우디 최고의 작품들을 만나볼 수 있다. 드로잉과 설계도, 영상을 감상해보자. 복원된 주거 공간은 건립 당시의 예술 작품과 가구로 채워져 있다. 문손잡이와 같은 세세한 부분까지 건물의 대부분은 건립 당시의 상태 그대로이다. 1층의 전시실에서 관람이 마무리된다. 이곳에는 스페인을 비롯한 각국 예술가들의 정기 전시가 열린다.

십자가와 장미꽃을 형상화해 만든 굴뚝과 환기구

옆에서 보면 십자가이지만 위에서 보면 장미 모양이 특징이다.

몽환적 분위기가 입구부터 느껴진다. 미 모양이 특징이다.

에스파이 가우디 카사밀라의 평면도와 모형이 전시되어 있다.   일부는 분양되기도 했다.

카사 바트요
Casa Batlló

20세기 초반에 가우디가 타일업계 바트요로부터 의뢰받아 설계하고 1904~1906년까지 건설한 카사 바트요$^{Casa\ Batlló}$에는 곡선을 주축으로 밝은 색채와 같이 가우디만의 독특한 요소가 가미되어 있다. 가우디의 또 하나의 걸작인 카사 바트요는 가우디가 설계하여 미술관으로 운영되는 개인용 서택 누 군데 중 하나이다.

파사드^{Passad}는 타원형 창문과 뼈 모양의 기둥, 다채로운 색상의 모자이크 등으로 꾸며져 모더니즘적인 요소를 뽐낸다. 초현실적인 디자인과 연한 청색은 고요한 바다를 떠올리게 한다. 가우디의 스타일에 충실한 이 건축물에선 직선이 보이지 않는다. 화려한 색의 지붕은 용의 등을 연상시킨다. 내부는 붙박이 벽난로, 아치형 천장, 스테인드글라스 등으로 원래의 상태와 같이 복원되었다. 수년간의 복원을 걸쳐 2002년 대중에게 공개된 카사 바트요$^{Casa\ Batlló}$는 유네스코 세계유산으로 지정되었다. 실내에 가구는 없지만 모든 방은 바트요 일가가 살던 그대로 남아 있다.

바트요 일가가 살았던 노블 층$^{Noble\ Floor}$과 햇살이 환하게 들어오는 안뜰에서 계단통을 통해 꼭대기 층과 옥상 테라스로 올라가 구경할 수 있다. 마지막으로 기념품 가게에서 책과 엽서 등 가우디와 관련된 기념품을 구입할 수 있도록 동선이 구성되어 있다.

플란타 노블레(Planta Noble) 2층에 있는 응접실, 다이닝 룸은 바트요 가족이 사용하던 집이다.

빛의 파티오(Patio de Luces)
계단을 올라가면 푸른색 타일로 장식한 중정인 파티오가 나온다.

용의 옥상(Azotea del Dragon)
카탈루냐의 수호성인 산 조르디의 칼에 맞아 쓰러진 용의 모습을 담았다.

용의 머리뼈를
연상시키는 발코니

사그라다 파밀리아 성당
Temple Expiatori de la Sagrada Familia

가우디가 설계한 바르셀로나 중심부의 사그라다 파밀리아 성당Temple Expiatori de la Sagrada Familia은 경이로운 건축물로 바르셀로나를 대표하는 건축물이다. 줄을 서서 엘리베이터를 타고 첨탑 꼭대기에 가파른 나선 계단을 따라 올라가면 8개의 높은 첨탑에서 도시 전체를 조망할 수 있다. 가우디Gaudi는 비록 생전에 완성을 보지 못하고 그는 눈을 감았지만 성당은 바르셀로나를 대표하는 상징적인 건축물이 되었다.

거대한 규모의 교회는 건축가 안토니오 가우디Gaudi가 설계했다. 도시의 거의 모든 곳에서 높이 솟은 여덟 개의 첨탑을 볼 수 있다. 매일 수천 명의 방문객이 건축물을 감상하고 첨탑에서 도시의 전경을 감상할 수 있다면 평생 기억에 남을 것이다.

사그라다 파밀리아 성당Temple Expiatori de la Sagrada Familia은 어마어마한 설계도로 인해 지금도 공사가 진행 중이며 2020년대 후반까지는 공사가 계속될 예정이다. 교회 건축 프로젝트는 1882년에 착수되어, 1883년에 가우디Gaudi가 이어받았다. 가우디Gaudi는 말년을 교회 건립에 바쳤지만 교통사고로 완공 전에 세상을 떠났다. 사그라다 파밀리아 성당Temple Expiatori de la Sagrada Familia은 유네스코 세계유산으로 지정되어 있다.

내, 외부 디자인

가우디(Gaudi)는 아르누보와 고딕 양식을 결합하여 교회를 설계했다. 외관은 탑과 첨탑, 정교한 파사드로 이루어져 있다. 이를 정교한 모래성에 비유하는 이들이 많다. 다채로운 색상의 기둥은 나무로 된 차양과 같이 구성되어 내부를 장식했다. 천천히 신도 석(nave)를 걸으며 숲의 나무와 같이 구성된 기둥과 자연광, 천장의 세부 장식을 감상할 수 있다.

오디오 가이드

1시간 45분 분량의 오디오 가이드는 교회의 역사와 가우디에 대해 쉽게 설명해 준다. 어린이를 위해 특별 제작된 40분 분량의 오디오 가이드는 더욱 쉽고 재미있다. 시청각 전시실에서 교회의 역사에 관한 20분짜리 영상을 시청해보거나 지하 미술관도 추천한다.

지하 박물관

성당 지하의 예배당으로 내려가면 그의 유해가 모셔져 있고, 지하 박물관에는 성당의 건축 역사를 기록한 자료들을 전시해 놓았다. 구엘 공원 안에 있는 가우디가 살던 집에도 그의 유품과 그가 남긴 스케치 작품들이 남아 있다.

집중탐구

가우디의 최고 걸작인 사그라다 파밀리아 성당(Temple Expiatori de la Sagrada Familia)은 성당 역에서 하차해 멀리서 보면 옥수수 모양 같다고 느끼는 높은 기둥은 옥수수 모양인 8개의 탑이 인상적이다. 고딕 양식처럼 높은 첨탑이 있지만 날카로움이 없어 돌이 아니라 부드러운 진흙으로 만든 것 같다는 느낌을 준다.

탄생 파사드 (Façana del Naixement)

중앙에 솟은 돔은 예수님을 표현하고, 3개의 현관은 생과 사, 부활을, 각 현관에 4개씩 서 있는 종탑은 모두 12개로 12사도를 나타낸다. 하늘을 향해 뻗은 12개의 첨탑으로 예수의 12제자를 상징하고 있다. 성당에 있는 3개의 출입문은 동문은 '그리스도의 탄생', 서문은 '그리스도의 영광과 부활'을, 남문은 '그리스도의 영광과 부활'을 상징하고 있다.

좌측
① 마리아와 요셉의 약혼
② 요셉과 예수
③ 로마 병사의 영아살해
④ 이집트로 피신

중앙
⑤ 수테고지
⑥ 마리아와 엘리사벳
⑦ 예수의 탄생
⑧ 천사들의 찬양
⑨ 동방 박사들의 경배
⑩ 목동들의 경배

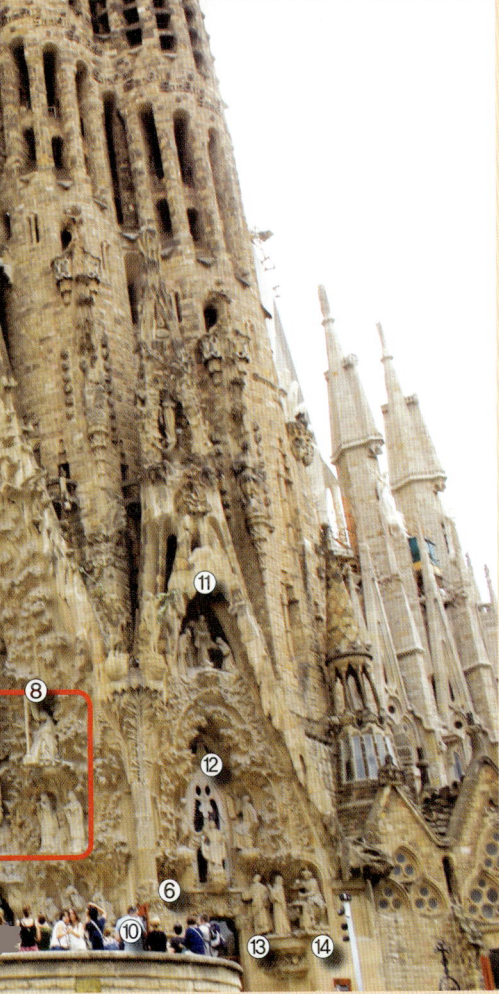

우측
⑪ 아기 예수의 봉헌
⑫ 제사장과 토론하는 예수
⑬ 요셉과 마리아
⑭ 목수 일을 하는 예수
⑮ 성모의 대관식

수난 파사드(Façana de la Passió)

성당에 있는 3개의 출입문에는 의미가 있어서 가우디Gaudi가 작업한 동쪽 파사드는 '그리스도의 탄생'을 주제로 부조가 조각되어 있고, 가우디 사후에 수비라치Josep Maria Subirachs가 작업하여 2006년에 완성한 서쪽 파사드는 '그리스도의 수난과 죽음'을 주제로 하고 있다. 남쪽 문은 '그리스도의 영광과 부활'을 상징하며 마지막으로 건설 중에 있다.

최후의 만찬에서 시작해 십자가에 못 박혀 죽는 예수가 겪는 수난을 주제로 조각해 놓았다. 의미를 알고 성당을 보면 단순하게 만들어진 성당이 아니고 하나하나에 의미가 있다는 사실에 놀라게 된다.

② 유다의 배신

③ 십자가에 묶인 예수

수비라치(Josep Maria Subirachs)

가우디가 교통사고로 죽고 난 후 남은 파사드를 누가 이어서 만들 것인가는 바르셀로나 시민들의 관심 사항이었기 때문에 건축가들은 거부를 하는 경우가 있었다. 수비라치(Josep Maria Subirachs)는 파사드 조각을 수락하면서 자신만의 세계를 구축하는 것에 동의하면서 작업은 시작되었다. 단조롭지만 직선적이고 추상적인 방식으로 자신만의 파사드를 구축시켰다는 평가를 받고 있다.

④ 고민에 빠진 베드로

⑤ 고민에 빠진 빌라도

⑦ 십자가를 매고 골고다 언덕으로 올라가는 예수

내부

내부를 보지 않고 겉모습에 놀라 사진만 찍고 돌아서는 관광객도 상당수 있다. 하지만 가우디의 어린 시절에 숲 속에서 보는 하늘을 보면 내리쬐는 햇빛의 모습을 형상화하여 기존의 성당과는 다른 매력이 있다. 또한 성당 지하의 예배당으로 내려가면 그의 유해가 모셔져 있고, 지하 박물관에는 성당의 건축 역사를 기록한 자료들을 전시해 놓았다. 구엘 공원 안에 있는 가우디가 살던 집에도 그의 유품과 그가 남긴 스케치 작품들이 일부 남아 있다.

◀기둥들(Columna)
내부의 기둥들은 숲 속에서 햇빛이 들어오는 채광으로 자연을 옮겨놓은 것 같다.

▼천장의 모습
천장에서 햇빛이 내리쬐도록 설계되어 자연채광으로 실내를 최대한 밝게 해준다. 나뭇가지와 잎사귀, 꽃들이 기둥에 표시되어 있다.

▲중앙 통로(Nave)
하얀색의 대리석 기둥들은 숲 속의 나무들에서 이어진 가지들이 천장을 받쳐주어 옥수수 모양의 첨탑들의 무게를 분산시켜주는 기능을 하고 있다.

◀ 복음서 저자의 상
천사는 마태오, 날개 달린 사자는 마르코, 날개 달린 암소는 루카, 독수리는 요한을 나타내는 상징이다.

◀ 스테인드글라스
가운데 좌우에는 스테인드글라스에서 다양한 색상이 자연의 채광으로 아름답다.

▲ 중앙 제단(Absis)
반원형 지성소인 앱스는 신부가 미사를 할 때 집전하는 제단이다. 십자가에 매달린 예수 위에 드리운 장식 덮개인 발다키노도 시선을 끌어당긴다.

사진으로 보는 사그라다 파밀리아 성당의
공사 변천사

스페인 여행을 2007년부터 해왔지만 처음에는 스페인 여행이 즐거움이 크지 않았다. 오히려 소매치기 많고 어수선한 스페인의 도시들이 여행의 즐거움을 반감시켜 다시는 스페인에 오지 않겠다고 생각했지만 2008년 사그라다 파밀리아 성당에 들어가 그 당시에 누군지도 모르는 가우디가 생전에 완성하지 못한 성당인데, 아직도 공사 중이라는 설명을 듣고 입장료가 아깝다는 생각을 했다.

당시에 내부에는 먼지가 풀풀 날리는 공사장의 분위기와 다르게 기둥과 스테인드글라스를 보면서 완전히 다른 분위기에 매료되면서 그날 일정을 중단하고 사그라다 파밀리아 성당에서 영어로 가이드 투어를 들으면서 하루를 보냈다. 그 이후 바르셀로나에 올 때 마다 해마다 조금씩 달라지는 사그라다 파밀리아 성당의 모습을 살펴보곤 했다.

2008년의 모습
먼지가 풀풀 날리는 공사장의 분위기에도 수많은 관광객이 성당을 둘러본다.

고딕지구
Gothic Quarter

구시가 지역은 람블라스 거리를 사이에 두고 양옆에 펼쳐져 있다. 옛날엔 성벽 안에 존재하였던 곳으로 700년 전의 고딕 시대 건물들에 둘러싸여 여전히 시간이 정지된 것 같은 느낌을 준다.

고딕 지구에는 대성당을 비롯하여 역사적인 고딕양식의 건축물들과 갤러리 등이 있으며, 다양한 볼거리와 쇼핑, 먹거리 등을 여행자에게 제공한다. 이곳의 좁은 골목들 사이를 걷다 보면 중세의 스페인 분위기를 느낄 수 있다. 고딕 지구의 좁은 길들은 람블라스 거리와 묘한 대조를 이룬다.

바르셀로나 대성당
Catedral de Barcelona

대성당은 라스 람블라스에서 조금만 걸으면 갈 수 있는 고딕 지구에 있다. 고딕 지구의 대표적 건축물인 대성당은 1298년에 건축을 시작하여 대부분이 1454년에 완성되었으나 현관 장식이 완성된 것은 1892년의 일이다. '라 세우Le Seu'라고도 부르는 성당은 바르셀로나의 수호 성녀인 '에울랄리아'의 이름에서 따온 것이다. 오랜 역사만큼 바르셀로나 시민들의 정신적 안식처로 자리하고 있다.

1200년대로 거슬러 올라가는 바르셀로나 대성당에는 바르셀로나 수호성인의 유해가 보존되어 있다. 바르셀로나 대성당은 13세기로 거슬러 올라가는 고전적인 고딕 양식 건물이다. 거대한 아치형 천장 밑에서 집행되는 전통 미사가 유명하다. 성당에는 1300년대부터 이어진 장식 예술이 전시되어 있으며 회랑, 안뜰에는 분수대와 거위를 볼 수 있고, 엘리베이터를 타고 성당 꼭대기로 올라가면 360도의 전망을 감상할 수 있다.

둘러보기

산타 루치아 예배당(Capilla de Santa Lucia) 쪽의 뜰에 고딕양식의 회랑으로 연결되어 있고, 회랑 주위에 박물관 살라 카피툴라(Sala Capitular)가, 지하에는 바르셀로나의 수호성녀 산 타 에우랄리아의 묘가 있다.

파사드(Pasad)는 1800년대에 아치와 조각을 더한 네오고딕 양식으로 개조되었다. 회랑은 작은 고딕 예배당으로 둘러싸여 있습니다. 회랑에는 나무와 분수대가 있다. 회랑 전시실 아래에는 미술관이 있다. 11세기까지 거슬러 올라가는 회화와 조각들로 이루어져 있다. 성당 앞 광장에서 간간히 오래된 성당물품이나 투우사의 옷 등을 파는 골동품 시장이 열리며, 일요일에는 카탈루냐 지방의 전통춤인 '사르다나'를 추기도 한다.

1298~1448년 사이에 지어진 대성당의 성가대석은 카탈루냐 최고의 고딕 양식으로 장식되었다. 조각이 장식된 캐노피, 기념비적인 방패, 회화 부조 등을 감상해 보자. 성녀 에울랄리아의 지하 묘는 중앙 제단 아래에 있다. 성녀의 유해는 장식 석관 안에 보존되어 있다. 부활절에는 전통적인 '춤추는 달걀' 의식이 열리는데, 이때 성체 축일을 기념하여 '춤을 추도록 분수대 위에 달걀 껍질을 놓아둔다.

피카소 미술관
Picasso Museum

바르셀로나 구시가지에 위치한 피카소 미술관에는 3,500점이 넘는 파블로 피카소의 작품을 보유하고 있다. 미술관에 전시된 회화, 데생, 조각과 도예는 유년기의 습작부터 주요 입체파 경향 작품까지를 모두 아우르는 전시를 보면 피카소의 삶과 재능을 보면서 감탄하게 된다.

화려한 전시와 유년기 데생으로 인해 미술관은 미술에 관심이 있는 사람뿐 아니라 어린이들에게도 인기가 많다. 매주 일요일 15시 이후와 매월 첫째 일요일은 무료입장이 가능하므로 자신의 요일을 잘 확인해 보자.

바르셀로나의 활기찬 구시가지에 위치한 다섯 채의 고딕 양식 성에 피카소 미술관이 자리 잡고 있다. 이 중에는 13세기까지 거슬러 올라가는 성도 있다. 다섯 채의 성은 모두 연결되어 있으며, 작품들은 연대순으로 전시되어 있다.

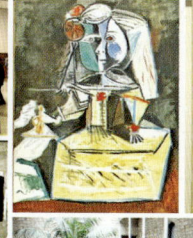

바르셀로나에 피카소 박물관이 세워진 이유

피카소는 스페인 남부에서 태어나 어린 시절 가족과 함께 바르셀로나로 이주했다. 그는 유년기를 이곳에서 보냈고 1973년 작고할 때까지 바르셀로나와 각별한 관계를 유지했다. 피카소의 친구이자 비서인 야우메 사바르테스(Jaume Sabartés)와 피카소 본인은 그의 작품을 전시할 첫 번째 미술관을 바르셀로나에 세우기로 하였다.

관람하기

입구에서 가장 가까운 전시실에는 작가의 일생을 담은 전기와 유년기의 사진, 회화, 데생이 전시되어 있다. 4개의 전시실에서 1900~1901년까지의 파리 시절 작품과 1904년까지의 '청색 시대(Blue Period)'라 불리는 우울기의 작품, 그리고 〈라스 메니나스〉를 감상할 수 있다.

〈라스 메니나스〉는 디에고 벨라스케스의 유명한 동명 작품을 재해석한 58점의 연작으로 1957년에 완성되었다. 피카소는 친구, 야우메 사바르테스를 애도하는 뜻으로 이 연작을 미술관에 기증하였다. 아버지를 그린 초상화와 〈첫 영성체/1896〉, 1900년 작 〈포옹〉 등의 작품이 유명하다.

About 피카소

피카소는 20세기 입체주의 미술을 대표하는 화가로 스페인의 말라가에서 태어났다. 그는 어려서부터 그림 그리는 것을 좋아해서 14세 때 미술 학교에 입학했다. 피카소는 르노아르, 뭉크 등 유명화가들의 그림을 보며 열심히 공부했다. 그 뒤 1904년에 피카소는 프랑스 파리의 몽마르트로 가서 다른 화가들과 교류하며 작품 활동을 했다.

그리고 3년 뒤, 입체주의의 선구적인 작품 '아비뇽의 아가씨들'을 완성했다. 5명의 벌거벗은 여인들을 그린 이 그림은 다른 화가들이 그렸던 여인들의 모습과는 달랐다. 여인들의 얼굴은 정면인데 옆얼굴을 함께 그려 여인의 양쪽 눈이 삐뚤어져 있거나 코가 옆에서 본 것처럼 그려져 있었다.
피카소는 눈에 보이는 부분뿐만 아니라 눈에 보이지 않는 부분도 그려야 한다고 생각했는데, 이것이 입체주의의 특징이 되었다. 피카소는 이 양식을 더욱 발전시켜 미술계에 많은 영향을 주었다. 1973년에 세상을 떠날 때까지 게르니카, 우는 여인 등 많은 작품을 남겼다.

❶ 아비뇽의 처녀들 ❷우는 여인 ❸게르니카

카탈루냐 음악당
Palau de la Música Catalana

라스 람블라스 북쪽 라 리베라에 위치한 카탈루냐 음악당Palau de la Música Catalana은 유네스코 세계유산으로 지정되어 있다. 카탈루냐 음악당Palau de la Música Catalana은 장엄한 근대 건축물의 전형으로 내부의 청중석은 근대 건축 양식으로 멋지게 설계되었다. 낮에 음악당을 돌아보거나 저녁에 진행하는 공연을 즐겨볼 수도 있다. 이곳에서는 오페라, 고전 음악, 카탈루냐 전통 음악, 현대극 등이 모두 공연된다.

음악당은 오르페오 카탈라 합창단을 위해 1905~1908년까지 건설되었는데, 건축가 루이스 도메네크 이 몬타네르Lluís Domènech i Montaner가 설계했다. 유명한 화가와 조각가, 스테인드글래스 장인과 모자이크 작가들이 건물 설계에 참여했다. 스테인드글라스 벽과 화려한 조각, 천장에 달린 물방울무늬 유리 장식 등으로 인해 이곳은 바르셀로나 최고의 명소 중 하나가 되었다.

🏠 Carrer del Palau de la Música, 4-6 C, L1, L4 Urquinaon 하차
ⓔ 20€(3주전 사전 예매시 16€+수수료 2€) 📞 +34-932-957-200

음악당 투어 (공연 시간 : 10, 11, 12, 13, 15시)

55분이 소요되는 투어는 꽃무늬 타일로 장식된 아치형 통로의 로비에서 시작된다. 투어에서 두 번째로 발걸음을 멈추게 되는 곳은 연습실로 오르페오 카탈라 합창단이 여전히 이곳에서 연습을 한다고 알려준다. 철과 유리로 장식된 계단을 올라 루이스 밀렛(Lluis Millet) 홀로 가 보면 벽은 2층의 스테인드글라스로 되어 있으며 기둥은 화려한 꽃 모양으로 장식되어 있다.

투어의 꽃은 콘서트홀이다. 햇살 가득한 청중석에 앉아 화려한 색채에 몸을 맡겨볼 수 있는 이곳은 '장식 예술의 걸작'으로 여겨지기도 한다. 채광창 바로 밑에 서서 위를 올려다보면 곡면으로 된 유리 천장의 예술성에 감탄할 수밖에 없다. 건물의 각 면은 과일이나 꽃 모양, 혹은 보석으로 장식되어 있다.

바르셀로네타 해변
La Barceloneta

바르셀로나에서 가장 유명한 가로수가 우거진 산책길, 라 람블라에서 걸어서 20분 거리에 있는 바르셀로네타 해변La Barceloneta은 바르셀로나를 더욱 활기차게 만든다. 지중해의 따뜻한 물과 해양 스포츠, 해변 바와 나이트라이프가 환상적으로 조화된 바르셀로나에서 가장 인기 있는 도시 해변이다. 바르셀로나의 지중해 해안선을 따라 있는 바르셀로네타 해변La Barceloneta은 라 람블라에서도 걸어서 가까운 거리에 있다. 바르셀로네타 지역의 중심지로 현지인과 여행객 모두에게 전통적인 지중해식 분위기를 선사하는 장소이다.

바르셀로나에서 가장 사랑받는 해변이기 때문에 일광욕을 위해 최고의 장소를 찾으려면 일찍 도착해야 한다. 일광욕 의자와 파라솔을 대여할 수 있으며 샤워실과 탈의실도 마련되어 있다. 비치 발리볼장이 있어 운동을 좋아하는 사람들에게 안성맞춤이며, 따뜻한 지중해 바다는 수영과 윈드서핑, 카이트서핑을 즐기기에도 이상적이다. 해변을 지키는 인명 구조원들 덕분에 가족이 여행하기에도 좋다. 조깅, 사이클, 롤러블레이드를 즐기는 사람들에게도 인기가 많은 해변 산책길도 즐겨볼 것을 추천한다.

해변의 북쪽 끝에 있는 올림픽 항구에서의 나이트라이프도 관광객이 많이 찾는다. 원래 1992년 올림픽 경기를 위해 지어진 후 현재 바르셀로나에서 가장 인기 있는 바, 나이트클럽, 카지노 등이 있다.

🏠 L4 Barceloneta에서 하차

유명 조형물과 수족관
독일 작가인 레베카 호른의 작품으로 기울어진 탑 모양의 기념물인 오메나헤 아 라 바르셀로네타도 볼 수 있다. 멀리에는 스페인 북부 구겐하임 미술관을 설계한 프랭크 게리의 '황금 물고기(Peix Daurat)'라는 독특한 물고기 조각상이 해변을 더욱 아름답게 만든다.

바르셀로나 수족관에서 형형색색의 아열대 물고기를 구경하고 상어에게 먹이도 줄 수 있다. 여행으로 피곤하다면 바르셀로나 공원에서 수풀 속 그늘에서 더위를 식힐 수도 있다. 1761년에 지어진 카사 데 바르셀로나에서는 지역의 역사에 관한 전시도 열린다.

고딕 지구에 있는
바르셀로나의 대표적인 광장들

레이알 광장(Plaça Reial)

1879년 바르셀로나 시의 공모전을 통해 가우디가 처음으로 만든 광장으로 가우디가 디자인한 가로등이 있어 유명해졌다. 관광객이 가장 많이 몰리는 람블라스 거리와 이어져있어 관광객들이 가장 많이 찾는다.
가로등 꼭대기에는 뱀과 전령의 신인 헤르메스가 표현되어 있다. 오래된 건물이 광장을 둘러싸고 있고, 키가 큰 야자수가 하늘을 향해 뻗어있어, 굉장히 이국적인 느낌을 준다. 레이알 광장Plaça Reial 근처에는 맛있는 식당이 많은 편이다. 야자수가 많아서 바르셀로나가 아닌 이국적인 정취를 느끼게 한다. 광장 가운데에 삼미신 분수Las Tres Gracias와 가우디가 1879년에 만들었다는 표시가 되어 있다.

🏠 M L3 Liceu 하차

피 광장(Plaça del Pi)

바르셀로나 대성당 앞에서 피카소와 달리도 초콜릿에 로스를 찍어 먹었다는 광장으로 주말마다 꿀과 초콜릿을 파는 시장이 비정기적으로 열리고, 푸드 마켓 등 다양한 이벤트가 열린다. 그래서 언제나 사람들이 모여드는 곳으로 1958년 광장을 조성하면서 소나무를 심게 되었고, 소나무라는 뜻의 카탈루냐어인 '피Pi(스페인어 Pino) 이름을 짓게 되었다.

🏠 M L4 Jaume 하차

ⓜ M L4 Jaume 하차

왕의 광장(Plaça del Rei)

콜럼버스가 신대륙을 발견한 후, 이사벨 여왕과 페르난도 왕에게 보고를 한 광장으로도 알려져 있다. 한 쪽 벽으로 계단이 펼쳐져있어 낮 동안은 지나가다 잠깐 앉아서 쉴 수도 있다. 광장 바로 앞에 있는 카페에서 테이블에 쉬었다가 갈 수 있다.
커피 값도 많이 비싸지 않아서 테라스에 앉아 커피나 생맥주를 한 잔하며 여행의 피로를 풀기 좋다. 밤이 되면 노란 조명이 건물 구석구석을 비추면서 로맨틱한 풍경이 펼쳐지고 거리 공연이 열리기도 한다.

산 자우메 광장(Plaça de Sant Jaume)

시청과 주청이 마주보고 있는 커다란 광장에는 예부터 정치의 중심역할을 하였다. 지금도 바르셀로나 시청과 카탈루냐 주청이 마주보고 있어 각종 시위도 자주 열리고, 행사도 많이 있는 곳이다. 현재와 같은 모습으로 정비가 된 시기는 1823년 묘지가 있던 곳을 광장으로 만들면서부터이다. 광장이 조성되면서 상권이 형성되었다.

구시가지 골목골목을 헤매듯 걷다, 갑자기 탁 트인 넓은 산 자우메 광장Plaça de Sant Jaume을 만나면 가슴이 뻥 뚫리는 듯하다. 람블라스 거리나 보른 지구, 대성당 등으로 이동하기 좋은 산 자우메 광장은 젊은 남녀들의 데이트 장소로도 인기가 높다.

> **광장 바라보기**
> 산 자우메 광장(Plaça de Sant Jaume) 가장자리에는 코스타 커피(Costa Coffee)와, 팡앤 컴퍼니(Pang & Company)라는 체인 카페가 있는데, 두 카페 모두 이층에서 산 자우메 광장(Plaça de Sant Jaume)을 내려다 보는 자리가 좋다.

몬주익 지구
Montjuïc

바르셀로나의 서쪽에 해안에 있는 언덕으로 바르셀로나를 한눈에 볼 수 있는 전망대의 역할을 하고 있다. 유대인들이 중세 시대에 공동묘지로 사용하기 위해 모여들면서 산이라는 뜻의 '몬Mont', 유대인이라는 뜻의 '주익Juic'이라고 불렀다.

1929년 바르셀로나 만국 박람회에서 전시장을 만들기 위해 개발을 시작하였다. 그 이후 스페인의 경제발전이 더디면서 전망을 위해 찾는 장소로만 머물렀다. 하지만 1992년 바르셀로나 올림픽을 위해 경기장 공사를 시작으로 대대적인 혁신을 거듭해 지금에 이르렀다.

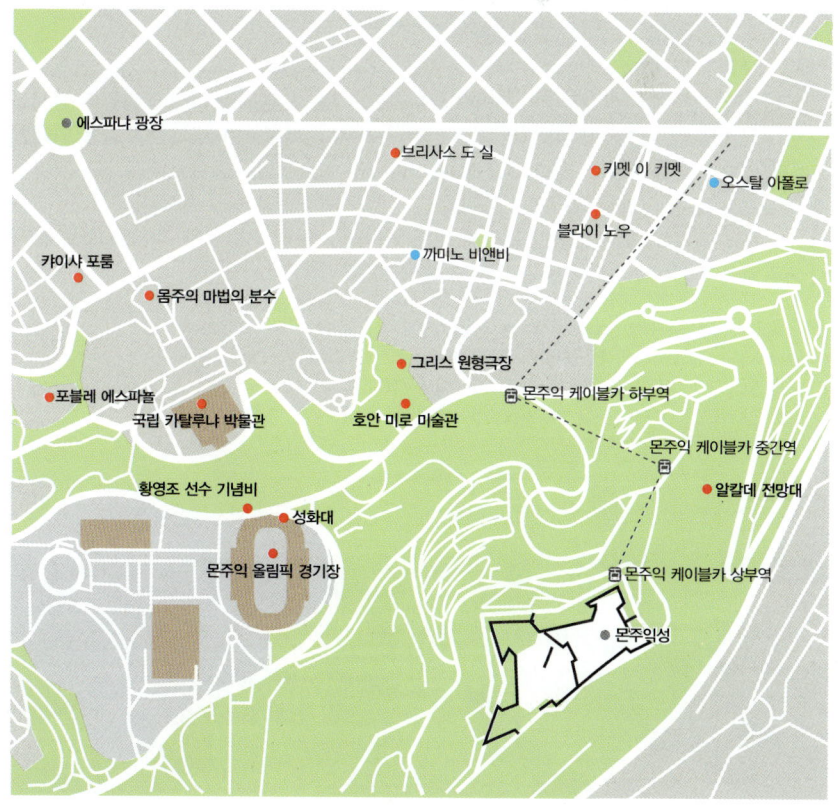

국립 카탈루냐 미술관
Museu Nacional d'Art de Catalunya

10~20세기에 걸친 방대한 카탈루냐의 예술 세계를 살펴볼 수 있는 가장 상징적인 박물관이다. 네오 바로크 양식의 국립 고궁은 현재 카탈루냐 국립 미술관으로 운영되고 있다.
국립 카탈루냐 미술관에는 카탈루냐 지역의 예술적 문화유산에 대해 연대기적으로 전시를 해 놓았다. 10세기 이상에 쌓인 작품들은 그림, 조각, 사진에서부터 판화에 이르기까지 아주 다양하다. 미술관은 박물관, 갤러리, 스포츠 경기장과 공원으로 유명한 언덕에 있는 몬주익Montjuic 성에 위치해 있다. 미술관의 임시 전시회에는 고대 동전 전시, 건축 자료 전시, 사진 저널, 가구, 홈 장식 전시 등 다양하여 항상 관람객들로 북적인다.

로마네스크 양식의 벽화와 나무 조각상, 고딕 패널 그림, 석조각상, 금속 작품 등뿐만 아니라 16~18세기에 걸친 위대한 르네상스, 바로크 시대 걸작들도 볼 수 있다. 엘 그레코, 티치아노, 프란시스코 데 수르바란의 작품들이 유명하다.

현대 미술 컬렉션에는 신고전주의, 아방가르드, 모더니즘, 노센티즘 시대 작품들이 전시되어 있다. 살바도르 달리, 마리아 포르투니, 안토니 가우디, 파블로 피카소 등과 같은 위대한 작가들의 모든 예술이 모여 있다. 사진을 좋아한다면 픽토 리얼리즘에서부터, 포토저널리즘, 네오리얼리즘에 이르는 6,500여 점의 다양한 사진전에 놀라게 될 것이다.
걸어서 15분 거리에 있는 스페인 광장에 대중 버스나 지하철역이 있다. 아니면 포트 벨에서 몬주익까지 케이블카로 찾는 관광객이 대부분이다.

- www.mnac.cat Palau Nacional Parc de Montjuic
- 10~18시(5~9월 20시까지), 일/공휴일 15시까지/월요일, 1/5, 5/1, 12/25 휴무)
- 12€(한 달 내 2회 사용 가능 / 학생 30%할인 / 15세 이하 무료)
  무료입장(토요일 15시 이후, 매월 첫째 일요일, 5/18, 9/11일)

전능한 그리스도 산 클리멘트 성당에 있었던 12세기 벽화로 예수의 눈은 모든 것을 보고 두려워하지 않는다는 뜻이다. 왼손의 책은 세상의 빛이라는 뜻이다.

십자가를 든 예수 엘 그레코가 그린 독창적인 화법의 그림으로 영적인 세계를 표현하고 싶어 죽음을 넘어선 승리의 상징으로 그렸다.

큐피드와 프시케 18세기 고야가 그린 그림으로 큐피드가 정체를 숨기고 프시케를 찾아가는 신화를 에로틱하게 그린 작품이다.

에스파냐 광장
Plaça d'Espanya

중세 시대부터 공개 처형 장소로 활용되던 장소였지만 1929년, 바르셀로나 만국박람회를 위해 새롭게 광장을 조성하였다. 33m 높이의 분수는 가우디의 동료인 '호세 마리아 후홀'이 이베리아 반도를 둘러싼 바다와 스페인의 3대 강(에브로, 과달키비르, 타호)을 상징하는 의미로 설계하였다.
47m의 빨강색 벽돌로 세워진 베네치아 탑 Torres Venecianes은 이탈리아 베네치아의 산마르코 성당의 종탑을 본떠 만들었다. 세계 3대 분수 쇼 중 하나인 마법의 분수쇼는 관광객을 끌어 모으면서 바르셀로나 여행에서 꼭 찾아가야 하는 광장으로 자리매김했다.

🏠 L3 Tarragona 역 하차

포블레 에스파뇰
Poble Espanyal

몬주익 언덕 위에 위치한 '스페인 마을'이라는 뜻의 포블레 에스파뇰 Poble Espanyal은 미술과 공예, 전통 음식점과 공연을 통해 스페인 문화를 볼 수 있는 장소이다. 포블레 에스파뇰 Poble Espanyal은 1920년대 후반, 스페인 건축물과 문화를 전시하기 위해 건립되었다. 사람들로 붐비는 광장과 좁은 골목들, 상점과 음식점과 나이트클럽이 즐비한 이곳은 오늘날 실제 마을과 같은 모습을 지니고 있다.

옥외 전시관인 이곳은 115 채가 넘는 건물로 이루어져 있다. 스페인 전역의 건축물에서 영향을 받아 건립되었다. 1929년 만국박람회를 위해 몬주익 언덕에 건립된 포블레 에스파뇰은 지금까지도 관광지로서의 명맥을 이어가고 있다.

40개의 공예 작업장에서는 직접 제작한 물건을 판매하는데, 유리 세공, 자수, 보석 세공, 판화 등의 전통 기법을 구경할 수 있다. 마을의 중앙 광장인 마야 광장에서는 음악과 춤 공연이 열린다. 매주 일요일, 마을에서는 퍼레이드와 인형극과 이야기꾼이 다양한 공연을 보여준다. 미술에 관심이 있다면 프랜 다우렐 미술관 Fran Daurel Foundation을 방문해 달리, 피카소, 미로를 비롯한 20세기 작품과 현대 미술 작품을 살펴보자.

🌐 www.poble-espanyol.com 🏛 Av. Francesc Ferrer I Guàrdia, 13, 150번 버스 타고 Poble Espanyal에서 하차
🕘 9~24시(월요일 20시까지, 금요일 15시까지, 토요일 새벽 4시까지)

마법의 분수 쇼
Font Màgica

세계 3대 분수 쇼(라스베가스 벨라지오, 두바이 두바이 몰)로 유명한 에스파냐 광장에는 초당 약 2,600리터의 물이 3,620개의 배출구에서 52m까지 분출되며 4,700개의 조명으로 사람들을 사로잡는 분수 쇼이다.

카탈루냐 미술관 앞에서는 환상적인 분수 쇼가 매년 밤 9시부터 약 1시간가량 열린다.(4~5월 목~토 : 21~22시 / 6~9월 수~일 : 21시30분~22시30분 / 11~3월 목~토 : 20~21시) 한 번 치르는 데 꽤 많은 비용이 드는 이 분수 쇼는 광장을 울리며 퍼지는 음악에 맞춰 시원스럽게 춤을 추는 분수들과 화려한 레이저 조명, 주위의 환상적인 야경들이 만들어 낸다.

몬주익Montjuic 분수대에서 눈과 귀를 즐겁게 해주는 소리와 빛의 쇼는 평생의 추억에 남을 정도로 인상적이다. 여름밤의 더위를 식혀 주고 낭만적인 추억을 선사하는 바르셀로나의 분수 쇼는 놓치기에 아까운 볼거리이다. 바르셀로나에서 좀 더 색다른 경험과 낭만적인 밤을 느끼고 싶은 여행자들이 몰려든다.

분수 쇼를 보는 최고의 장소

① **카탈루냐 국립미술관의 계단**
분수 쇼를 한눈에 담는 최고의 장소로 쇼가 시작되기 2시간 전부터 사람들은 기다린다. 특히 가방을 노리는 소매치기는 분수 쇼의 황홀한 기분을 망치는 주범이므로 항상 조심해야 한다.

② **아레나스 쇼핑몰 전망대(Arenas de Barcelona)**
에스파냐 광장 건너편에 있는 쇼핑몰의 옥상 전망대로 가면 편하게 앉아서 분수 쇼를 관람할 수 있다. 하지만 음악소리가 들리지 않아 쇼의 황홀함은 반감된다.

몬주익 언덕
Carretera de Montjuic

몬주익 언덕의 높이는 약 180m로 꼭대기에는 16세기에 지어진 몬주익 성 Castell de Montjuic이 자리 잡고 있다. 요새 주변을 돌며 바르셀로나의 전경을 감상하면서 쉬어가자.

항구를 내려다보고 있는 공원은 오래된 보루와 국립 미술관, 산책로로 이루어져 있다. 바르셀로나의 항구를 내려다보고 있는 몬주익 언덕 Carretera de Montjuic은 녹지와 미술관, 체육시설로 이루어져 있으며, 공원에서는 도시와 항구의 전경이 보인다. 언덕 꼭대기의 요새까지 케이블카를 타고 가거나, 자전거를 빌려 공원으로 갈 수 있다.

푸니쿨라타고 케이블카 이용하기
1. 지하철 L2, L3 Paral-lel에서 내려 연결된 통로로 푸니쿨라(Funicule de Montjuic)를 탑승한다.
2. 푸니쿨라에서 내리면 내려서 역 밖으로 나가 오른쪽에 있는 케이블카로 이동한다.
3. 케이블카를 탑승한 후 미라도르(Mirador)에서 내리면 몬주익 언덕에 도착한다.

푸니쿨라(Funicule de montjui)(소요시간 2분)
- 7시 30분~22시(10~4월 20시까지 / 토, 일, 공휴일은 9시부터 시작)
- 1회권 2.4€(T-10등의 교통카드 이용가능)

케이블카(Telefèric de Montjuic)
- 노선(왕복) Paral de Montjuic → Mirador → Castell de Montjuic
- 10~21시(6~9월 / 3~5월 19시까지 / 11~2월 18시까지
  겨울 점검 시 1달 정도 휴무)
- 8.4€(편도 / 왕복 12.7€ / 온라인 구매시 왕복 10% 할인
  T-10등의 교통카드 이용불가능)

미로 미술관
Fundasió Joan Miró

1975년에 개관한 미로 미술관Fundasió Joan Miró은 하얀 건물이 잔디밭의 조각들과 어울려 색채의 대비로 시선을 끌어당긴다. 하얀 건물위로 파란 하늘과도 대비가 된다. 미술관은 단순하고 직선적이며 선명한 색체를 표현한 미로의 작품전시뿐만 아니라 스페인의 신인 작가들을 발굴해 내는 역할을 하고 있다. 세미나, 비디오 상영, 음악회 등 다양한 문화공간으로 이용되도록 설계되었다.

전시된 미로의 작품들은 대개 1917~1970년대까지의 회화, 조각과 5,000여점의 드로잉, 동판화, 섬유작품 등이 있다. '공간 안의 외침과 나부', '아르누보 액자 속의 회화', '한밤중의 여자와 새들' 등이 유명하다. 내부는 자연광을 최대한 이용하도록 설계되었으며 전시 공간 간격도 넓게 고안되어 여유롭게 돌아볼 수 있다.

🌐 www.fmirobcn.org 🚌 버스 55번, 150번 Av Miramar-Fundació Joan, Miró 하차, L-3 ParaHel에서 푸니쿨라
🕙 10~19시(화~토요일 / 7~9월 20시까지 목요일 21시 30분까지, 일, 공휴일 14시 30분 월요일 휴관)
💶 €13(학생, 65세이상 €7 / 14세 이하 무료)

바르셀로나 북쪽
Barcelona North

구엘 공원
Parc Güell

구엘 공원Parc Güell은 구엘 저택과 함께 가우디의 후원자였던 은행가 구엘Güell의 이름을 따서 지은 것이다. 구엘Güell은 평소에 영국의 전원도시를 동경했고 가우디의 설계로 언덕 지대에 세워졌다. 가우디가 설계한 구엘 공원Parc Güell은 1900~1914년 사이에 조성되었다.

바르셀로나 시민들이 가족끼리, 연인끼리 자주 찾는 이곳은 무료였다가 최근에 유료로 바뀌어 공적인 공원보다 관광지로 바뀌었다. 자연과 잘 조화된 가우디의 건축 특징을 오밀조밀하게 한곳에 모아 놓은 구엘 공원Parc Güell은 느긋하게 걸으면서 가우디의 건축적 특징과 그의 예술성을 느낄 수 있다.

바르셀로나에 익숙해지는 가장 좋은 방법은 도심 북쪽에 위치한 구엘 공원Parc Güell 꼭대기에서 도시 전체를 조망해보는 것이다. 공원은 언덕 꼭대기의 황홀한 경치, 과자집이 연상되는 진저브레드 스타일의 집과 지붕이 씐 산책로, 모자이크 타일과 같이 개성 넘치는 풍경으로 유명하다.

15ha에 달하는 공원은 원래 도시의 귀족층을 위한 주거 단지로 설계되었지만 지어진 집은 두 채뿐이다. 가우디가 그 중 한 채에 살았다. 가우디가 살던 집은 오늘날 대중에게 공개되어 가우디 박물관으로 운영되고 있다. 소정의 입장료를 내고 들어가 가우디가 직접 디자인한 가구와 작품에 대해 살펴볼 수 있다.

카사 비센스
Casa Vicens

가우디의 다른 건축물에 비해 유명하지도 관광객이 많지도 않지만 카사 비센스Casa Vicens는 건축가 안토니 가우디가 맨 처음 설계한 개인용 주택이라는 점에서 의미를 찾을 수 있다. 수많은 관광객들이 사진을 찍고 파사드를 감상하기 위해 몰려들고 있다. 거리에 서서 가우디가 맨 처음 설계한 벽돌 건물의 색채를 감상해보자. 내부에는 입장할 수 없다.
카사 비센스Casa Vicens는 바르셀로나 시내의 북쪽 그라시아Gracia의 작고 조용한 거리에 있다. 1800년대 후반 처음 건설된 당시의 바닥 면적은 16m에 12m였다.
대부분이 벽돌로 이루어진 파사드에 윤기가 나는 녹색과 흰색 타일이 더해지고 꽃의 모티프도 가미되었고 대문은 야자나무의 모티프로 장식되었다. 건축에서는 작은 부분도 중시한 가우디는 어떠한 세세한 부분도 놓치지 않았다. 블라인드와 환기 구멍을 비롯한 세세한 부분들까지 모두 장식되었다. 발코니의 정밀한 철 구조물과 생생한 타일 색을 자세히 살펴볼 수 있다.

🌐 www.casavicens.org
🏠 Carrer de les Carolines, 20~26, 08012(Fontana 역에서 걸어서 2분 거리, 구엘 공원에서 멀지 않다.)
🕙 10~18시   📞 +34-932-711-064

특징
건물은 여러 측면에서 당시의 전통적인 건축 관습을 어기는 것이었다. 장식적인 측면은 과장되었으나 구조적인 설계 부분에서는 단순했다. 설계 당시 가우디는 갓 대학을 졸업한 상태였지만, 카사 비센스(Casa Vicens)에 그의 개성이 많이 녹아있다. 설계에는 자연을 상징하는 여러 요소들이 있으며, 색채와 질감의 대비도 뚜렷하다. 가우디는 라틴 아메리카와 아랍 문화에 동양적 색채를 가미했다.

주의사항
카사 비센스(Casa Vicens)의 구석구석까지 볼 수 있도록 밝은 낮에 방문하는 것이 좋다. 건물주는 관광객들이 집 밖에 서서 사진 찍는 것을 불편해하지 않지만, 담을 넘어가는 것은 안 된다.

스페인 요리 전문점

■ 타파스(Tapas)

퀴멧 이 퀴멧(Quimet & Quimet)

몬주익 지구에서 현지인들에게 인기 있는 바르로, 다양한 메뉴의 타파스가 맛있는데다 한국인 입맛에 잘 맞아 많은 한국인 여행자들이 방문하는 곳이다. 식당 자체가 작고 테이블도 몇 개 없어 협소한 편이지만 언제나 사람들로 북적인다.
직원과 눈을 마주쳤을 때 메뉴를 말해야 음식이 나오는 주문 방식이다. 주문 방식도 생소하고 사람이 많아 불편할 수 있지만, 현지 분위기를 제대로 느낄 수 있는 곳으로 여행자의 취향에 따라 방문하는 것을 추천한다. 타파스와 몬타디토는 연어나 새우가 들어간 것을 먹으면 실패할 수 가 없다.

🌐 www.quimetquimet.com 🏠 Carrer del Poeta Cabanyes, 25, 08004(몬주익 마법의 분수에서 약 1.5㎞)
🕐 12~16시, 18~22시(월~금 / 토, 일 휴무) 💶 타파스, 몬타디토류 3€~ 📞 0934-42-31-42

비니투스(VINITUS)

Olive 〈원나잇 푸드트립〉에서 개그맨 권혁수가 눈물을 흘릴 정도로 맛있게 먹는 모습이 방영되어 한국인 여행자들이 많이 찾는 타파스 전문점이다. 대부분의 요리가 맛이 좋은 곳으로, 한국인 여행자들이 꼭 시키는 요리는 권혁수가 먹은 꿀대구다.
현지 종업원들도 꿀대구라고 말해도 주문이 될 정도다. 비니투스는 본래 현지인들에게도 인기 있으며, 특히 다양하고 맛있는 와인을 취급하는 것으로 유명한 곳이다. 선택한 메뉴에 어울리는 와인을 추천받거나 샹그리아라도 꼭 시켜보는 것을 추천한다.

🏠 C. del Consell de Cent, 333, 08007(카탈루냐 광장에서 약 550m)
🕐 12~24시(일~목 / 금, 토 새벽1시까지) € 타파스류 3€~ 📞 0933-63-21-27

세르베세리아 카탈라나(Cerveceria Catalana)

바르셀로나의 인기 타파스 레스토랑으로 현지인과 관광객 모두가 좋아하는 곳이다. 대부분의 메뉴가 크게 짜지 않고 맛이 좋은데다, 직원들도 친절하고 빠릿한 편으로 방문자들의 만족도도 높고 재방문율도 높은 식당이다.
아침부터 저녁까지 브레이크 타임 없이 운영하기 때문에 언제라도 방문할 수 있는 곳이지만, 딱히 식사 시간이 아니더라도 언제나 많은 사람들이 방문하기 때문에 언제 가도 대기할 가능성이 높은 편이다. 추천 메뉴는 튀김이나 생선이 들어간 타파스다.

🏠 C. de Mallorca, 236, 08008(카사 밀라에서 약 400m)
🕐 12~24시(일~목 / 금, 토 새벽1시까지)
€ 타파스류 3€~
📞 0932-16-03-68

시우다드 콘달(Ciudad Condal)

바르셀로나 현지인들이 사랑하는 타파스 전문점이다. 내부 외부 자리가 넉넉하게 있지만 식사 시간에는 대기가 꽤 길기 때문에 예약을 하는 것이 좋다. 저렴한 가격의 타파스 전문점에 비해 조금 더 가격은 있지만, 여러가지 메뉴가 대체로 맛이 좋은 편이다. 특히 해산물이 들어간 타파스나 요리는 맛있다. 직원들이 친절한 편이며 음식도 빨리, 정확하게 나오는 것도 장점인 곳이다. 바 자리도 있어 혼자 여행자도 부담 없이 방문할 수 있다.

- teatro Liceu, al lado del gran, La Rambla, 51, 59, 08002(카탈루냐 핑징에서 약 300m)
- 8시 30분~24시(월~목) / 금요일 새벽 1시까지 / 토요일 9~새벽1시까지 / 일요일 9시 시작
- 타파스류 5€~   0933-18-19-97

세르베세리아 엘 바소 데 오로(Cerveceria El Vaso de Oro)

현지인들이 사랑하는 타파스 바다. 현지 타파스 바의 시끌벅적하고 유쾌한 분위기를 즐겨보고 싶을 때 방문하는 것을 추천한다. 인기메뉴는 푸아그라 스테이크인데 호불호가 거의 갈리지 않을 정도로 평이 좋으므로, 이곳에 방문했다면 꼭 시켜보자.
신선하고 깊은 맛의 수제 맥주 또한 인기 있으니 맥주도 함께 곁들이자. 내부 인테리어가 바 형식으로 돼있기 때문에 3인 이상이 방문하면 다소 불편할 수도 있다.

- www.vasodeoro.com   Carrer de Balboa, 6, 08003(카탈루냐 역사박물관에서 약 300m)
- 12~24시   푸아그라 스테이크 25.52€, 맥주 2.75€~   0933-19-30-98

■ 빠에야(Paella)

타베르나 엘 그롭(Taverna El Glop)

한국인 여행자들에게 빠에야가 맛있기로 소문난 맛집으로 바르셀로나에 두 개의 지점이 더 있다. 빠에야는 주문 즉시 생쌀로 만들어내기 때문에 나오는 데까지 시간이 20분 이상 걸리며, 2인분부터 주문 가능하다. 먹물 빠에야와 해산물 빠에야가 가장 인기 있다. 한국인 입맛에 다소 짤 수도 있으므로 짠맛이 싫다면 씬 쌀, 뽀르파보르Sin sal, por favor라 말하며 부탁하자. 직원들이 대체로 친절한 편이며 음식 또한 맛이 좋아 방문자들의 만족도와 재방문율이 높은 곳이다.

🌐 www.elglop.com 🏠 Carrer de Sant Lluís, 24, 08012(카사 비센스에서 약 1km)
🕐 12시 30분~24시 € 빠에야 13,20€ 📞 0932-13-70-58

■ 추로스(Churros)

그랑 하 파야레사(Granja la pallaresa)

현지인들이 사랑하는 오래된 추로스 전문점으로 70년 넘게 운영 중인 곳이다. 언제나 많은 사람들로 매장이 북적한 곳으로 현지인들의 유서 깊은 추로스 전문점이 궁금하다면 추천하는 곳이다. 대부분의 추로스 전문점들이 초콜라떼에만 추로스를 찍어먹는 경우가 많고 또 한 가지 초콜라떼만 제공하지만, 이곳은 다양한 메뉴의 초콜라테와 크림을 제공한다는데에 장점이 있다. 가장 인기 있는 메뉴는 역시 추로스와 스페인식 초콜라떼이며, 엔사이마다Ensaimada라는 스페인식 페이스트리 빵도 인기가 좋은 편이다.

🏠 Carrer dels Banys Nous, 8, 08002
    (바르셀로나 현대미술관에서 약 300m)
🕐 7~13시 30분, 15시 30분~20시 15분(월~금 / 수요일 휴무),
    7~14시, 16~20시 30분(토요일 / 일 7~14시 30분, 16시 30분~20시 30분)
€ 기본 추로스 100g 1,30€, 초콜라테 2€ 📞 0933-18-76-91

슈레리아(Xurreria)

테이크아웃 전문 추로스 전문점으로 현지인과 관광객에게 인기 있는 곳이다. 매장이 작기 때문에 찾아갈 때 꼼꼼히 살펴봐야 놓치지 않고 지나갈 수 있다. 추러스는 100g 단위로 구매할 수 있다는 것이 특이점이다. 슈레리아의 추러스는 한국에서 먹는 추러스와 가장 가까운 맛으로, 많은 한국인 여행자들이 방문한 덕에 한국어 메뉴판까지 생긴데다 주인이 약간의 한국어가 가능하다. 기본 추러스와 초콜렛을 입힌 추러스, 그리고 추러스 안에 초콜릿이 들어있는 추로스 세 가지 메뉴가 인기 있다.

- www.elglop.com Carrer dels Banys Nous, 8, 08002(바르셀로나 현대미술관에서 약 300m)
- 7~13시 30분, 15시 30분~20시 15분(월~금 / 수요일 휴무)
  7~14시, 16~20시 30분(토요일 / 일 7~14시 30분, 16시 30분~20시 30분)
- 기본 추로스 100g 1.30€, 초콜라테 2€ 0933-18-76-91

■ 해산물(Seafood)

라 파라데타(La paradeta)

신선하고 질 좋은 해산물을 직접 보고 고르고, 원하는 방식으로 주문해 즐길 수 있는 해산물 요리 전문점이다. 해산물은 시가로 판매하지만 저렴~보통 수준의 가격이며 낱개 또는 kg으로도 주문 가능하다. 계산 후에 번호표를 받고 번호를 부르면 가지러 가면 된다.
바르셀로나에만 여러 개 지점이 있으며, 상세 안내는 평이 가장 좋은 개선문 인근의 지점으로 안내한다. 추가 주문이 어려운 특성이 있으므로 처음 시킬 때 한 번에 시키는 것이 좋다. 어느 지점이던 현지인들과 여행자들이 많이 찾기 때문에 언제나 웨이팅이 있는 편으로, 오픈 전에 대기하는 것을 추천한다.

- www.laparadeta.com Carrer Comercial, 7, 08003(개선문에서 약 750m)
- 12~16시, 18~22시(월~금 / 토, 일 휴무) 0934-68-19-39

엘 마그니피코
Cafés El Magnífico

흔한 동네 카페처럼 보이지만, 100년 넘게 대를 이어 운영하고 있는 바르셀로나의 유서 깊은 카페다. 관광객보다 현지인들이 즐겨 찾는 카페로, 프랜차이즈 커피보다 깊은 맛의 커피향을 느낄 수 있어 인기가 좋은 곳이다. 세계 바리스타 대회 챔피언이었던 주인이 운영하는 곳으로, 원두 선별부터 로스팅까지 그의 손을 거치므로 믿고 먹을 수 있을 것이다. 직원들이 친절하고 커피 맛이 좋아 만족도와 재방문율 모두 높은 곳이다.

홈페이지 www.cafeselmagnifico.com 위치 Carrer de l'Argenteria, 64, 08003(바르셀로나 현대미술관에서 약 300m)
시간 9~14시, 17~20시 / 토요일 9~14시, 16시 30분~20시 / 일요일 휴무 요금 커피류 1.5€
전화 0933-19-39-75

부보 본
Bubó Born

'힘든 하루 끝에 나에게 주는 작은 선물'이라는 모토를 갖고 있는 디저트 전문점이다. 고급스러운 매장의 쇼케이스 안에 가득 진열돼 있는 초코렛, 마카롱, 케이크, 베이커리류의 디저트들은 귀엽고 예쁘고 아기자기해 무엇을 골라야할지 걱정이 될 정도다. 부보는 특히 달달하고 맛있는 초콜릿으로 유명한 곳이다. 가장 인기 있고 유명한 메뉴는 사비나(XABINA)이므로 부보에 방문했을 때 사비나가 남아있다면 반드시 먹어보자.

홈페이지 www.bubo.es 위치 Carrer de les Caputxes, 10, 08003(바르셀로나 역사박물관에서 약 400m)
시간 10~14시, 17~20시(월요일 휴무) 요금 디저트류 2€~
전화 0932-68-72-24

로캄볼레스크
Rocambolesc

'엘 세예르 데 칸 로카'라는 미슐랭 3스타 파인다이닝의 파티쉐였던 조르디가 운영하는 수제 아이스크림 전문점이다. 컵이나 콘에 담아주는 아이스크림과 사람 코, 손 모양 등 재미있고 신기한 모양의 하드까지 판매한다.
아이스크림은 다른 젤라또 전문점에 비해 조금 더 고급스러운 느낌으로 달콤하고 부드럽다. 다양한 토핑을 올려먹으면 보기에도 좋고 맛도 더 좋아지며, 추천 메뉴도 다양하게 선보이고 있으므로 고민이 될 때는 추천 메뉴를 선택해보는 것도 추천한다.

홈페이지 www.rocambolesc.com
위치 teatro Liceu, al lado del gran, La Rambla, 51, 59, 08002(리세우 대극장 입구 인근)
시간 12~23시(목~일) / 16~23시(수요일) / 월, 화 휴무   요금 아이스크림 3,25€   전화 0937-43-11-25

핌팜버거
Pim Pam Burger

저렴한 가격에 한 끼를 해결할 수 있는 곳으로 현지인들에게 인기 있는 수제 햄버거 전문점이다. 샌드위치 프랜차이즈인 서브웨이처럼 야채와 원하는 소스를 넣어서 햄버거를 만들어주는데 양도 넉넉하게 주는 편이다. 두툼하고 촉촉한 패티는 약간 짠 편이기도 하다. 겉은 바삭하고 속은 촉촉한 겉바속촉의 감자튀김은 스몰 사이즈도 양도 많은 편이다. 햄버거는 1시부터 주문 가능하므로 방문 시 유의해두자.

홈페이지 www.pimpamburger.com   위치 Carrer del Sabateret, 4, 08003(피카소 미술관에서 약 200m)
시간 12~24시   요금 핌팜버거 6,10€, 감자튀김 3€   전화 0933-15-20-93

파스티세리아 호프만
Pasteleria Hofmann

바르셀로나에서 크루아상 맛집으로 유명한 베이커리다. 겉은 바삭하지만 버터 가득 품은 속 빵이 겹겹이 떼어지면서 쫄깃한 식감을 내는 이곳의 크루아상은 오리지널부터 시작해 초코, 망고, 라즈베리 등 다양한 필링이 들어가지만 가장 인기 있는 메뉴는 마스카포네 치즈가 들어있는 크루아상이다. 늦게 방문하면 할수록 인기 있는 빵들이 소진되므로, 빵을 좋아하는 빵순이 · 빵돌이 여행자라면 시간을 내어 일찍 방문하는 것도 추천한다.

홈페이지 www.hofmann-bcn.com　**위치** Carrer dels Flassaders, 44, 08003(피카소 미술관에서 약 250m)
시간 9~14시, 15시 30분~20시(일요일 9~14시 30분, 15시 30분~20시)　**요금** 크루아상 2.50€~
전화 0932-68-82-21

파에야(Paella)란?

파에야(Paella)는 쌀과 고기, 해산물, 채소를 넣고 만든 스페인의 쌀 요리로 사프란이 들어가 특유의 노란색을 띤다. 아랍세계의 지배를 받던 중세시대에 쌀이 스페인으로 처음 유입되면서 파에야와 유사한 음식을 먹기 시작한 이후, 지금의 파에야 명칭은 19세기에 들어서부터 부르기 시작했다.

파에야의 기원
사람들이 많이 모이는 행사에서 쌀, 생선, 향신료를 넣은 요리를 만들어 먹은 것에서 유래했다는 설과, 왕족의 연회에서 남은 음식을 이용해 신하들이 오늘날의 파에야와 비슷한 음식을 만들어 먹은 것에서 시작되었다는 설이 있다.

파에야를 만드는 방법
빠에예라(Paellera)라는 넓은 팬에 고기를 먼저 볶다가 양파, 토마토, 마늘 등을 넣어 볶은 후 물을 부어 끓기 시작하면 쌀과 사프란(Saffron)을 함께 넣어 만든다. 쌀을 팬에 얇게 펴서 바닥은 눌어붙게 하고 위는 질척하지 않게 조리해야 파에야 특유의 맛이 우러난다.

Montserrat
몬세라트

몬세라트

MONTSERRAT

몬세라트(Montserrat)는 바르셀로나에서 기차로 북서쪽으로 1시간 거리에 있는 아름다운 베네딕트 수도원이 있는 산악 휴양지이다. 몬세라트는 바르셀로나 근교에 있는 산으로 울퉁불퉁 근육질처럼 바위와 봉우리가 6만개나 이어진다.

몬세라트 IN

자동차

바르셀로나의 중심에서 약 70km 떨어진 몬세라트는 자동차로 이동하려면 스페인에서 가장 아름다운 구불구불한 도로를 이동해야 하지만 도로 옆의 풍경을 정말 아름답다.
A2 고속도로에서 마르토렐Martorell 출구로 나온 다음 N II 국도에서 몬세라트Montserrat 교차로까지 이동하면 된다. 이동합니다. 고속도로에서 산의 독특한 모양을 볼 수 있어서 바르셀로나에서 투어로 몬세라트를 다녀오는 관광객이 많다.

기차

기차로 몬세라트까지 이동하는 데 약 1시간 30분이 소요된다. 몬세라트, 케이블카 또는 랙철도 "체레말레라Cremallera"를 오르는 2가지 방법이 있다.

플라카 에스파냐Plaça Espanya 지하철역에서 FGC(Ferrocarrils de la Generalitat)를 타고 만레사Manresa 방향으로 R5 라인을 타고 이동하면 된다. 첫차는 08:36부터 매시간 출발한다.

케이블카

아에리 데 몬세라트Aeri de Montserrat역에서 내려서 탑승하거나, 랙 철도의 경우 '몬세라트수도원Monistrol de Montserrat' 정류장에서 탑승하면 된다. 기다렸다가, 20분마다 랙 철도가 몬세라트까지 운행되며 수도원으로 바로 연결된다. (€10 / 렉 철도 8.45€)

결합 티켓(Trans Montserrat / Tot Montserrat)
몬세라트 통합 교통권(Trans Montserrat(26,60 유로)와 Tot Montserrat (42,65 유로))의 합산 티켓은 바르셀로나에서 당일치기 여행으로 다녀올 수 있다. FCG, 카탈루냐 철도역, 플라사 데스파냐 및 카탈루냐 광장의 자동판매기에서 구입할 수 있다.
티켓에는 두 번의 지하철 타기, 몬세라트까지 기차를 타다 돌아오는 티켓이 있다. 케이블카(Aeri) 또는 랙 레일, 케이블카로 계속해서 시청하고 시청각 전시회에 입장하는 것이 포함된다. Tot Montserrat 티켓에는 박물관 입장권과 레스토랑 메뉴도 포함되어 있다.

두 가지 유형
케이블카 티켓 'Aeri(Montserrat-Aeri역)와 랙 철도 티켓 'Cremalla(다른 역 Monistrol에서 하차) de Montserrat'

몬세라트 수도원
Santa Maria de Montserrat Abbey

종교적으로 매우 중요할 뿐만 아니라 수도원을 둘러싼 자연은 숨이 막힐 정도로 아름답다. 이곳에는 아서 왕의 성배 전설에 등장하는 베네딕트의 산타 마리아 몬세라트 수도원이 있어서 기독교 성지로 알려져 있다. 가우디가 사그라다 파밀리아 성당과 카사밀라를 짓게 만든 영감을 주었다는 이야기가 전해지며 전 세계 관광객이 찾고 있다.

몬세라트Montserrat 산은 기독교 이전 시대부터 종교적 중요성을 가졌다. 그리스도를 숭배하는 사원이 로마인에 의해 세워졌다. 최초로 880년에 첫 번째 수도원이 건축되었다고 전해진다. 그들은 몬세라트에 다양한 암자를 지은 은자 승려였다. 수도원은 산타 마리아 1025의 암자를 확장하여 설립되었다. 12세기에 발견된 블랙 마돈나에 발견되면서 순례의 대상으로 전해지면서 수도원은 성장하였다.

콜럼버스를 비롯해 페르난도 왕과 이사벨라 여왕 등의 역사적으로 유명한 인물들이 몬세라트를 순례했다. 콜럼버스는 1493년 두 번째 신대륙으로 떠나면서 수도원에서 마지막으로 기도를 올렸다. 1811년 수도원은 나폴레옹 군대에 의해 대부분 파괴되었지만 베네딕토 수도원은 다시 재건되었다.

프랑코 독재 시대에 수도원은 저항을 하면서 수백 명의 박해가 가해졌고 20명 이상의 승려가 처형되기도 했다. 이 저항으로 수도원은 카탈루냐 사람들이 억압과의 싸움에 대한 중요한 상징으로 여겨지게 되었다.

> **기적의 주인공을 만나고 싶다면?**
> 전설이 과한 측면은 있지만 지금도 찾는 기적의 주인공, 검은 성모상은 예배당에서 만날 수 있다. 성모상을 들고 있는 공에 손을 대고 소원을 빌면 이루어진다고 믿는다. 성모상을 보기 위해 여름에는 2시간 이상, 겨울에도 일찍 찾지 않으면 기다리는 줄을 서야 만날 수 있다. 성모상이 있는 예배당은 오픈 시간이 따로 정해져 있다.
> ▶ 홈페이지_ www.abadiamontserrat.net

모니스트롤 - 몬세라트 트레킹
Monistrol - Montserrat (Drecera dels Tres Quarts 경유)

여러 트레킹 코스가 있지만 가장 많이 다녀오는 트레킹 중 하나는 'La Drecera del Tres Quarts'를 경유하여 몬세라트Montserrat로 가는 모니스트롤Monistrol이다. 524m의 경사로 3.8km에 불과하지만 처음부터 끝까지 가파른 코스가 나온다. 트레킹이 끝날 때까지 1시간에서 1시간 45분이 소요된다.
산책을 즐기는 경우 카탈로니아 전체에서 가장 특이한 암석층의 웅장한 전망을 경험할 수 있는 산을 통과하는 흥미로운 산책도 있다. 케이블카를 타고 산 정상까지 올라갈 수 있으며 거기에서 카탈로니아 시골의 놀라운 전망을 감상 할 수 있는 다양한 산책로를 선택할 수 있다.

주차장에는 몇 개의 피크닉 테이블이 있으며 여기에서 트레킹이 시작된다. 왼쪽으로 이동해 평평하고 넓은 숲 트랙에 도달할 때까지 5분 정도 상당히 가파른 지형이 나타난다. 숲 트랙은 'Camí de les Aigües'라고 불리며 몬세라트까지 이어진다.
 숲길은 첫 번째 표지판과 오른쪽으로 올라가는 또 다른 트레킹 코스를 찾을 때까지 숲 트랙을 계속 걸어가면 된다. 바위가 많고 가파르기도 하니 조심해야 한다. 절반정도의 길에 숲 지역이 있는데 화창한 날에는 아름다운 풍경이 기다리고 있다.

트레킹 정보
▶ 거리 : 3.5km(경사 : 550m)
▶ 표지판에 따라 1시간 45분 정도 소요 / 내 시간 50 분
▶ 자동차나 기차로 모니스트롤(Monistrol)에 도착한다. 마을을 지나 왼쪽으로 조금만 이동하면 주차 공간이 있다.

Andalucía
안달루시아

ABOUT
안달루시아

유럽 대륙의 남쪽 끝 이베리아 반도에 자리한 스페인의 안달루시아는 스페인에서 가장 큰 지역 중 하나로 세비야, 말라가, 그라나다, 론다 등 아름다운 도시들을 거느린 빛나는 태양과 해변의 도시다. 화려한 금장식의 대성당과 거대한 이슬람 궁전과 성곽들, 투우와 플라멩코, 오페라 등 풍요로운 문화를 향유할 수 있는 곳이 안달루시아이다.

변화무쌍한 역사의 부침 속에서도 이슬람과 가톨릭 문화의 영향을 받아 도처에 동서양의 매력적인 분위기가 물씬 풍긴다. 대항해 시대, 콜럼버스와 마젤란의 성공은 스페인의 황금기를 가져왔으며 안달루시아는 그 중심에서 번영의 절정을 맞았다.

안달루시아의 주도인 세비야는 날씨도 좋지만, 옛것과 현대의 것이 적절히 조화를 이룬 도시 모습이 인상적이다. 또한 어디서나 볼 수 있던 오렌지 가로수가 기억에서 떠나질 않는다.

- ▶ 면적 | 87,268㎢(스페인 전 국토의 17.2%)
- ▶ 인구 | 약 842만 명(2011년 기준)
- ▶ 수도 | 세비야
- ▶ 전화 | 스페인의 국가 번호는 34이며 세비야 95, 말라가 95, 그라나다 958이다. 해외에서 스페인으로 전화를 걸때는 국제전화번호+국가번호(34)+지역번호+해당 전화번호를 누르면 된다. 스페인에서 우리나라로 전화할 때는 국제전화 접속번호를 누르고 한국 국가번호(82)+앞자리 0을 뺀 나머지 전화번호를 누르면 된다.

▶ 기후

전형적인 지중해성 기후가 국토 대부분에서 나타나는 스페인은 지중해 연안 국가와 마찬가지로 연간 강수량이 300~700㎜에 달한다. 여름에는 덥고 건조하고 겨울에는 포근하며 습한 기후를 가지고 있다. 특히 안달루시아의 한여름은 최고 42℃까지 올라가므로, 강한 태양열과 햇빛에 대한 대비가 필요하다. 봄, 가을에는 우리나라와 기온이 비슷하면서 편서풍의 영향을 받으므로 건조하다.

▶ 스페인 안달루시아 가는 방법

대한민국에서 안달루시아 지방까지 운행되는 직항 노선은 없다. 마드리드까지 항공으로 도착한 후, 마드리드에서 세비야, 말라가, 그라나다로 향하는 국내선이나 열차, 버스를 이용할 수 있다. 스페인 내에서는 저가 항공인 부엘링(www.vueling.com)을 이용하면 저렴하게 이동할 수 있다.

안달루시아 주 깃발

스페인은 각 주별로 기(旗) 제정이 가능하며, 공식 행사에서 사용하는 것이 허락된다. 안달루시아 깃발은 1918년 채택됐으며 흰색을 중심으로 초록색이 위 아래로 배치돼 있다. 가운데는 헤라클레스와 두 마리의 사자가 두 개 기둥 사이에 위치한 문양이 그려져 있다.

flamenco
플라멩코

안달루시아 예술의 꽃인 플라멩코는 자유와 낭만의 영혼이라고 말한다. 15~16세기 스페인 안달루시아 지방에서 탄생한, 원초적인 플라멩코는 집시들의 처지를 대변하는 슬픔과 죽음, 좌절 등을 주제로 삼지만 때로는 뜨거운 사랑과 정열을 표현한다. 플라멩코는 춤을 추는 사람들뿐만 아니라 기타를 연주하는 사람, 노래를 부르는 사람, 그리고 관객들이 모두 하나가 될 때 그 예술적 가치를 발휘한다.

플라멩코는 15세기경 안달루시아에 들어온 집시들이 사크로몬테 언덕의 동굴 속에서 거주하면서 자신들의 처지를 노래와 춤으로 표현하면서 시작되었다. 오랜 세월 유랑하던 집시들은 동굴에 모여 살면서 자신들의 처지를 노래와 춤으로 표현했다. 이것이 차츰 외부 사람들에게 알려지면서 오늘날과 같은 정열적인 플라멩코로 발전하게 됐다는 것이 가장 유력한 설이다.

초기 플라멩코는 현재와는 달랐다. 생활 속의 애환과 사랑 등 일상적인 일을 주제로 노래했고, 반주는 오직 손뼉^{Palma}(팔마)을 치는 것뿐이었다.
지금은 플라멩코에서 빼놓을 수 없는 기타나 캐스터네츠 연주도 나중에 도입된 것으로, 이때는 구두도 신지 않았기 때문에 구두 소리를 내는 사파테아도^{Zapateado}의 효과는 기대할 수 없었다.

실내에 들어서면 무용수인 남녀 바일레Vaile, 기타 연주자인 토케Toque, 노래를 부르는 가수인 칸테Cante가 한 팀으로 눈빛을 맞추며 공연을 시작한다. 자세하게 볼 장면은 토케의 연주. 클래식 기타와 다르게 줄과 프렛 사이가 가깝고 지판들도 좁게 배열돼 있다. 따라서 손가락을 신속하게 움직이는 데 유리하다. 전광석화처럼 빠르게 줄을 몰아치는 플라멩코 기타 주법, 이른바 라스헤아도Rasgeado라는 주법의 비결이 여기에 있다.

반주뿐 아니라 솔로 연주 역시 듣고 보는 내내 황홀하게 감상할 수 있다. 귀를 즐겁게 하고 나면 이제, 눈이 즐겁다. 몸 전체를 사용해 희로애락을 표현하는 바일레는 다리의 움직임(사파테아드, 푼테아드, 파테오)과 몸의 움직임(비틀기, 흔들기, 떨기), 팔(브라세오, 손가락)의 움직임으로 때로는 격렬하게 때로는 부드럽게 관객을 정점으로 몰아간다. 공연 내내 귀를 울리는 칸테의 노래는 가슴 밑바닥에서부터 끌어올리는 구슬프고, 비장하기까지 한 창법을 구사한다.

어디서 플라멩코를 볼까?
여행자가 플라멩코를 보기 위해서는 극장식 레스토랑인 타블라오Tablao를 찾는 것이 좋다. 대부분 저녁식사와 결합되어 티켓을 팔지만 공연만 볼 수도 있다.

세비야
카사 델 라 메모리아Casa de la Memoria와 엘 아레날El Arenal 모두 타블라오 형태다. 식사와 공연이나 음료와 공연이 패키지로 묶여 있어 원하는 가격대와 원하는 공연 시간을 선택할 수 있다.

그라나다
집시들이 동굴Cueva(쿠에바) 안에 집을 짓고 살았는데, 그라나다에서 보게 되는 플라멩코는 세비야의 극장식이 아닌 동굴에서 춤을 추는 형식이다. 사크로몬테에 위치한 로스 타란토스Los Tarantos에 간다면, 무대와 객석이 아닌 같은 동굴 내부에서 함께 호흡하며 땀 흘리는 열정의 시간을 보낼 수 있다.

공연을 보면서 간혹 박수를 치는 이가 있는데, 이는 가수와 기타리스트, 댄서의 박자에 혼란을 줄 수 있으니 대신 '올레Olle'라고 외치는데 주저하지 말자.

Granada
그라나다

그라나다

GRANADA

이슬람과 가톨릭 문화가 만나 어우러진 안달루시아의 그라나다는 알람브라 궁전으로 유명해지기 전까지는 조그만 마을에 불과했다. 알록달록한 꽃과 사이프러스Cyprus 나무, 볕이 잘 드는 곳에서 벚꽃까지 오랜 시간 도시를 보면서 마을을 향유해야 하는 도시이다.

중세 건축물과 멋진 산, 스페인의 문화예술과 맛있는 음식이 어우러져 마법 같이 아름다운 자연과 문화를 선사하는 도시가 그라나다이다. 그라나다를 방문하여 오래된 건축물과 아름다운 산, 다채로운 음식과 예술을 경험할 수 있다.

그라나다의
자랑거리

건축은 그라나다 최고의 자랑거리이다. 유서 깊은 이슬람교 지구인 알바이신을 걸으며 수백 년 된 모스크와 회당을 느껴볼 수 있고 바로크 양식의 카르투하 수도원에서는 스페인의 바로크 정물화가 후안 산체스 코탄의 작품을 만나볼 수 있다.

예술 애호가라면 호세 게레로 센터에 들려 추상표현주의 화가 게레로의 회화를 감상해보자. 인근에는 페데리코 가르시아 로르카 박물관이 자리 잡고 있다. 세계적인 시인 로르코는 이곳 그라나다에서 나고 자랐다. 과학 공원에서 아이들과 함께 인터렉티브 전시를 관람하고, 플라네타륨과 나비 정원도 둘러보자.

그라나다는 건축, 예술뿐 아니라 요리도 유명한 도시이다. 음료를 주문하면 타파스tapas가 곁들여져 나오는 경우도 많다. 라르가 광장에서 시작하는 파네데로스 거리나 엘비라 거리를 따라 늘어선 타파스 바는 반드시 찾아가 먹어봐야 하는 곳이다.

그라나다는 시에라네바다 산맥을 배경으로 제닐 강을 따라 자리 잡고 있다. 시에라네바다에서는 다양한 여름과 겨울 스포츠를 즐길 수 있다. 가장 높은 봉우리는 물아센으로, 높이가 3,478m에 이른다. 여름에는 인근의 코르도바와 세비아에 비해 시원한 기후를 자랑하는 산맥으로 트레킹을 떠날 수 있다. 겨울에는 1996년 FIS 알파인 월드 스키 챔피언십이 개최되기도 했던 스키장이 개장한다. 그라나다는 알람브라 지구, 알바이신 지구, 사크로몬테 지구, 그란비아 데 콜론에서 볼거리가 있으며, 가운데에 이사벨 라 카톨리카 광장, 북쪽에는 누에바 광장과 3개의 언덕이, 남쪽에는 현대적인 신시가가 있다.

보통 1박 2일로 알바이신과 신시가에 있는 대성당, 카르투하 수도원 등은 1일 코스로 돌아보고 다음날 오전에 알람브라 궁전을 보는 경우가 일반적이다. 구시가에서는 이슬람 문화의 정취를 느낄 수 있다.

그라나다 IN

스페인 남부 안달루시아 지방의 도시 그라나다는 마드리드에서 기차로 5시간, 버스로는 7시간 정도 소요된다. 800년 이상 이슬람의 지배를 받은 이베리아 반도의 마지막 이슬람 왕국이 그라나다이다. 1492년, 이베리아 반도에서 이슬람 문명을 몰아내는 국토회복운동으로 이슬람 왕국은 사라졌다. 구시가 곳곳에 이슬람 문화의 흔적들이 남아 있어 이국적인 풍경을 보려 관광객이 끊임없이 그라나다를 방문한다.
이슬람 건축의 알람브라 궁전과 이슬람 사원이 있던 자리에 세워진 대성당은 그라나다에서 반드시 봐야 하는 곳이다.

비행기

마드리드나 바르셀로나에서 부엘링 등의 저가항공을 이용하면 그라나다까지 약 1시간 정도 걸린다. 그라나다 공항 Federico Garcia Lorca Granada-Jaen Airport/GRX은 그라나다 도심에서 서북쪽으로 약 15㎞ 떨어져 있다.

▶공항 홈페이지 : www.granadaairport.com

공항버스

공항에서 시내로 가는 가장 편리한 수단은 공항버스다. 오토카 조세 골잘레 Autocares Jose Gonzalez에서 운행하는데 그라나다 버스터미널 Estacion de Autobuses de Granada, 그란비아 Gran Via, 대성당 Cathedral 등을 지나간다. 티켓은 미리 구입할 필요없이 운전기사에게 구입하면 된다.

▶운행시간 : 월요일~토요일 05:20~20:00
　　　　　　일요일 06:25~20:00
▶소요시간 : 45분
▶요금 : €6

택시

공항에서 그라나다 시내까지 30유로 정도의 요금이 나오는데, 일행이 4명이라면 탈 만하다. 택시 승강장은 비행기가 도착하는 층에 있다.

철도

마드리드, 세비아, 코르도바, 말라가 등의 도시를 연결하는 열차는 많다. 그라나다 → 마드리드 구간과 그라나다 → 바르셀로나 구간은 주간열차와 야간열차가 운행되어 스페인 철도패스를 이용할 수 있지만 좌석을 반드시 예약해야 한다. 특히 여름 성수기의 세비야 → 그라나다 구간은 이용자가 많기 때문에 좌석 예약은 필수다.

버스

그라나다역에서 시내까지 걸어서 30분 정도 소요되는데, 시내버스를 이용하는 것이 좋다. 그라나다역 앞의 큰 길 콘스티투시온 거리Av. de la Constitucion에서 3, 4, 6, 9, 11번 시내버스를 타고 10분 정도 지나면 이사벨 라 카톨리카 광장Plaza de sable la Catolica에 도착한다. 걸어서 15분 정도면 이사벨 라 카톨리카 광장에서 알람브라 궁전까지 갈 수 있다.

스페인은 국토가 넓어 고속도로와 장거리 버스 노선이 발달해 있다. 그라나다는 그중에서도 안달루시아 지방을 오가는 노선이 발달해 있다. 그라나다와 마드리드, 바르셀로나, 코르도바, 세비야 등의 구간을 연결하는 버스는 ALSA에서 운행하고 있다.
그라나다 버스터미널Estacion de Autobuses de Granada에서 그라나다 시내 관광의 기점이 되는 그란비아Gran Via와 이사벨 라 카톨리카 광장Plaza de Isabelle la Catolica까지는 버스 3, 33번을 타고 약 15분 정도 소요된다.

▶ALSA 홈페이지 : www.alsa.es

그라나다의 구시가는 도보로도 충분히 돌아볼 수 있다. 기차역에서 시내, 시내에서 떨어진 사크로몬테로 이동할 때에는 버스를 이용하는 것이 좋다.

시내교통

티켓의 종류 및 요금

버스 티켓은 1회권과 충전식 교통카드인 보노부스Bonobus가 있는데 운전기사에게 직접 구입하거나 자동발매기를 이용하면 된다. 보노부스는 5유로, 10유로, 20유로로 충전할 수 있으며 구입 시 충전 금액에 보증금 2유로를 합해서 내야 한다. 여행이 끝나면 운전기사에게 반납하고 보증금을 돌려받자. 잔액은 돌려받을 수 없다. 보노부스는 여러 명이 사용해도 무관하며 2023년 기준으로 20유로를 충전하면 8회, 30유료를 충전하면 12회 탑승이 가능하다.

미니버스

알람브라 궁전, 알바이신, 사크로몬테 등의 언덕을 순회하는 빨간색 미니버스로 누에바 광장Plaza Nueva에서 출발한다. 요금은 일반 버스 요금과 동일하다.

승차권 종류	원어명	요금
1회권	Billete Ordinario	€2.5
보노부스	Bonobus	€10, €20, €30 (보증금 €2 별도)

▶ 운행 노선
30번 – 알람브라 궁전
31번 – 알바이신 지구
35번 – 사크로몬테

그라나다의
베스트 코스

낮에는 아름다운 알람브라 궁전에서의 산책을, 저녁에는 아랍풍 카페에 들러 다양한 아랍 차와 그들의 문화를 느껴보자. 알람브라 궁전은 하루 입장객을 제한하기 때문에 미리 예약하는 것이 좋다.

알람브라 궁전을 거닐며 영화로웠을 그라나다의 옛 모습을 머릿속에 그려보자. 특별한 루트를 짜지 않더라도 쉽게 둘러볼 수 있으니 주요 볼거리들을 체크해가며 천천히 돌아보자. 모든 관광이 끝났다면 칼데레리아 누에바 거리의 아랍풍 카페에서 차를 마시거나 플라멩코 공연을 보는 것도 좋다.

누에바 광장

대성당

알람브라 궁전

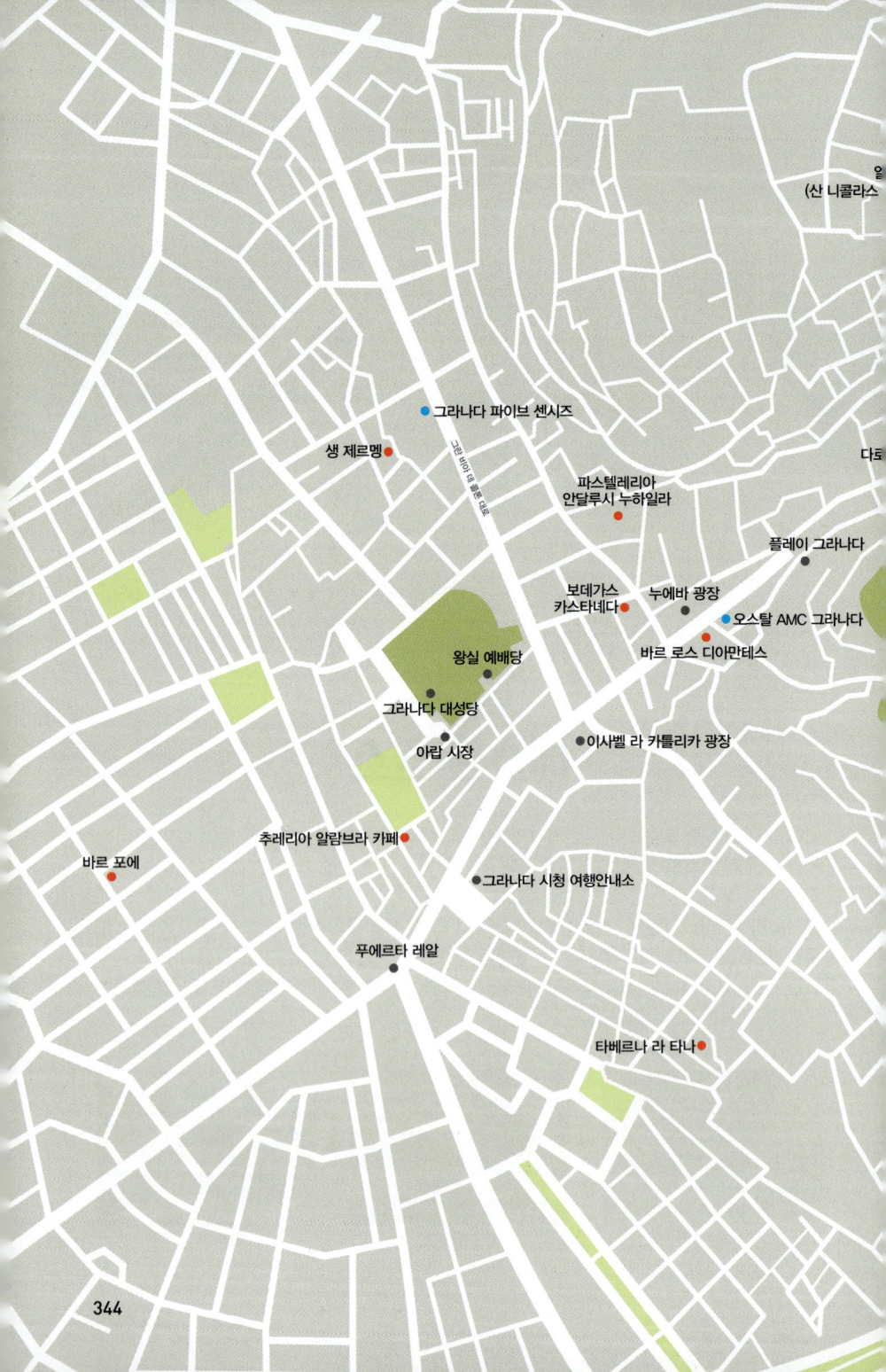

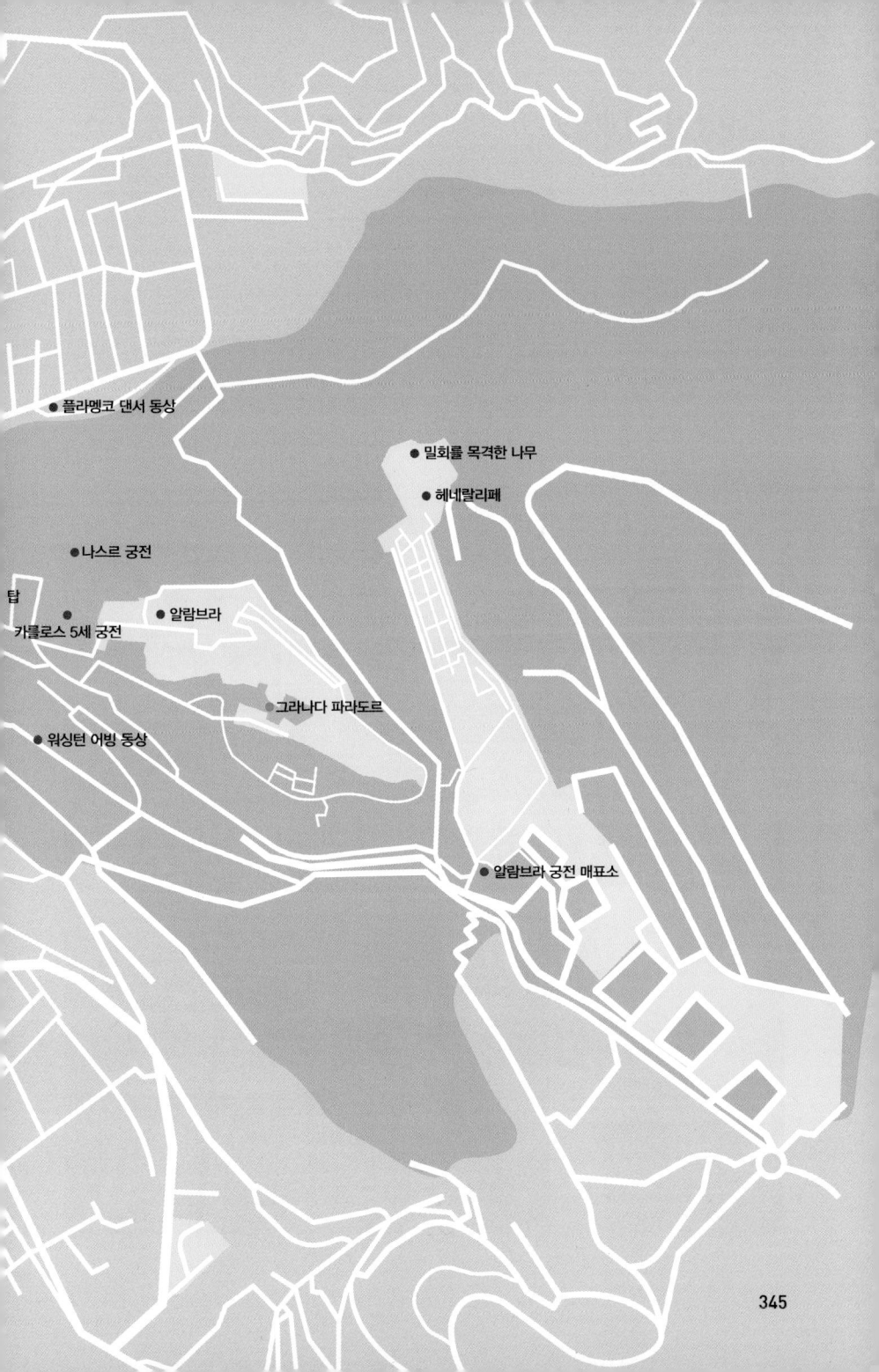

그라나다 대성당
Catedral de Granada

원래 모스크가 있던 자리에 세운 성당으로 16세기부터 180여 년간 공사를 했지만, 탑 부분은 아직도 미완성이다. 성당 외벽에는 석상이 들어가야 할 빈 공간이 곳곳에 보인다.

성당은 800년에 걸친 이슬람교의 통치를 끝낸 그라나다 레콩키스타 직후 이사벨라 여왕의 명으로 건립되었다. 그라나다의 중앙 모스크 부지 위에서 16세기 초에 시작된 공사는 181년 후 준공됐다.

황금 예배당과 돔 형식의 천정, 신약 성서의 이야기가 그려진 스테인드글라스, 멀리서도 악보를 보고 오르간을 연주할 수 있도록 한 1m 이상의 악보, 진귀한 그림과 조각 작품 등 볼거리가 풍부하다.

내부 둘러보기

이사벨라 여왕의 묘

아름다운 예배당과 미술 컬렉션으로 유명한 스페인 르네상스 건축의 걸작인 그라나다 성당에는 스페인의 존경받는 여왕이 잠들어 있다. '성모 마리아 현현 성당'이라고도 불리는 그라나다 성당은 스페인 르네상스 건축의 걸작이다. 돔 천장 아래를 거닐며 조각과 회화와 예배당을 둘러본 뒤 스페인에서 가장 많은 사랑을 받은 군주들이 잠들어 있는 지하 묘를 보면 된다.

성당으로 들어가면 환하게 밝은 내부가 방문객을 맞이한다. 내벽이 새하얗게 만들어진 돌로 이루어져 있어 유난히 밝기가 환하다. 돔 천장을 덮고 있는 프레스코화와 스테인드글라스 창을 눈 여겨 봐야 하며, 제단과 예배당을 장식하는 회화 작품도 관광객의 시선을 사로잡는다.

로열 예배당

성당과 연결된 로열 예배당에는 이사벨라 여왕과 페르난도 왕 부부가 잠들어 있다. 교황 알렉산데르 6세는 가톨릭을 수호하고자 한 이들의 노력을 치하하여 '가톨릭 군주'라는 칭호를 내렸다. 고딕 양식으로 조각된 예배당의 입구를 먼저 구경해야 한다.

예배당에는 이사벨라 여왕이 수집한 스페인, 이탈리아, 플랑드르 예술가들의 작품이 전시되어 있다. 이사벨라 여왕의 홀과 왕관, 그리고 페르디난도 왕의 검이 유리 진열장 안에 보관되어 있다. 부부의 묘가 모셔져 있는 지하실에 들러보자.

돌로 조각된 아치문을 통해 박물관에 입장하면 조각과 태피스트리, 보석과 제의가 전시된 전시실이 펼쳐진다. 16~18세기까지의 종교 회화도 볼 수 있다.

- www.catedraldegranada.com Calle Gran Vía de Colon, 5, 누에바 광장에서 도보 5분
- 10:45~13:15, 16:00~19:45 (겨울철시에스타 이후~18:45) / 일요일 · 공휴일 휴무

🌐 www.capillarealgranada.com
🕐 가을, 겨울 : 월요일~토요일 10:15~13:30, 15:30~18:30 / 일요일 11:00~13:30, 14:30~17:30
공휴일 11:00~13:30, 15:30~16:30
봄, 여름 : 월요일~토요일 10:15~13:30, 14:00~19:30 / 일요일 11:00~13:30, 14:30~18:30
공휴일 11:00~13:30, 16:00~19:30, 1/1, 12/25, 성 금요일 휴무   €4€

왕실 예배당
Royal Chapel of Granada

스페인의 황금시대에 이사벨 여왕Queen Isabella과 그의 남편 페르난도King Ferdinand가 1505~1517년에 걸쳐 고딕양식으로 완성하였다. 내부는 화려한 조각들로 장식되어 있다. 기존의 다른 가톨릭 성당과는 문양이 조금씩 다른데 이슬람양식이 영향을 미쳤다고 한다. 여왕과 남편, 딸들의 묘가 안치되어 있다.

알카이세리아 거리
Alcaicería Distancia

그라나다는 도자기와 조각을 이어 붙여 만든 목 공예품인 타라세아^{taracea} 등의 기념품이 유명하다. 기념품점은 누에바 광장과 비브 람블라 광장 주변에 있는데 과거 직물거래소였던 곳이 좁은 골목에 형성되었기 때문이다. 주로 아랍 상품을 파는 상점들이다.

🏠 대성당 옆

칼데레리아 누에바 거리
(아랍 거리)
Calderería Nueva Distancia

누에바 광장에서 알바이신을 오르는 입구에 형성된 아랍 거리로 아랍 기념품을 파는 상점과 카페, 레스토랑 등이 여행자들을 유혹하고 있다.

🏠 누에바 광장에서 도보 3분

알람브라 궁전
Alhambra

그라나다를 방문하는 이유는 대부분 알람브라 궁전을 보기 위해서라고 해도 과언이 아니다. 이곳의 이슬람 건축물은 현존하는 이슬람 건축물 중 최고로 유명하다. 스페인은 8세기부터 약 800년 동안 이슬람의 지배를 받았는데 알람브라는 스페인의 마지막 이슬람 왕국인 나스르 왕조 Nasrid dynasty 의 궁전이었다.

아랍어로 '붉은 성'이라는 뜻이다. 13세기 나스르 왕조 시대에 세워졌으며, 14세기 후반에 완성되었지만 몇 차례의 전쟁을 겪으면서 파괴되고 방치되었다가 지금에 이르렀다. 현재 유네스코 세계문화유산으로 지정되어 관리 및 복구되고 있다.

인터넷으로 미리 예매를 해야 기다리지 않고 입장이 가능하다. 무작정 기다리다 가는 못 볼 가능성이 높다. 누에바 광장에서 15~20분 정도 걸어서 이동하거나 알람브라 미니버스 30, 32번을 타고 헤네랄리페역에서 내리면 된다. 알람브라 궁전은 크게 헤네랄리페Generalife, 카를로스 5세 궁전Palacio de Carlos V, 나스르 궁전, 알카사바 성채Alcazaba 순으로 둘러볼 수 있다. 박물관, 미술관, 정원, 성당 등도 있어 관람하는 데 많은 시간이 걸리기 때문에 간단한 먹거리나 음료 등을 미리 준비해 가는 것이 좋다.

🌐 www.alhambra-patronato.es, www.alhambra.org
📖 티켓예매_ www.alhambra-tickets.es
🕐 11월~3월 15일 : 월요일~일요일 8:00~18:00,
📞 야간개장 : 금요일~토요일 8:00~21:30
3월 16일~10월 : 월요일~일요일 8:30~20:00,
야간개장 : 화요일~토요일 22:00~23:30
1/1, 12/25 휴무
통합티켓 €17

국토회복운동의 슬픈 역사
스페인의 알함브라 궁전

모로코의 쉐프샤우엔의 파란 도시를 보면서 무어인들이 아프리카 대륙의 쉐프샤우엔에 정착할 수 밖에 없었던 역사를 함께 생각하며 파란도시의 전경을 즐겨보는 건 어떨까?
스페인에 있는 그라나다의 대표적인 이슬람 문화유산으로 1984년에 세계문화 유산으로 등록되었다. 알함브라 궁전의 추억이라는 아름다운 선율의 기타 곡을 들어 본 적이 있는가? 이 노래에 나오는 알함브라 궁전은 에스파냐 남부의 그라나다에 있는 이슬람 유적이다. 어떻게 크리스트교가 지배하는 유럽에 이슬람 예술의 걸작으로 알려진 궁전이 있을 수 있을까?

7세기 초에 아라비아 반도에서 일어난 이슬람은 빠르게 세력을 넓혔다. 아프리카 북부를 모두 점령하고 711년에는 마침내 지중해를 건너 이베리아 반도에 있던 서고트 왕국을 정복하고 유럽 땅으로 들어갔다. 이슬람 세력은 오랫동안 이베리아 반도 거의 전부를 지배하였다. 이때 이베리아 반도에 정착해 살던 아라비아 인들을 무어인이라고 한다.

국토 회복 운동

크리스트 교도들이 이슬람 세력을 몰아내고 영토를 되찾기 위해 국토 회복 운동을 줄기차게 벌이면서 이슬람 세력은 점차 영토를 잃었다. 결국 13세기에 이슬람 세력은 이베리아 반도의 남쪽 끝에 있는 그라나다까지 쫓겨났다. 이때의 이슬람 왕조가 나스르 왕조이다. 옛날의 넓은 영토를 생각하면 굉장히 자존심이 상하는 일이었다.
나스르 왕조의 왕들은 비록 영토는 빼앗겼지만 이슬람 문화가 유럽보다 아름답고 뛰어나다는 것을 마음껏 과시하기 위해 커다란 궁전을 지었다. 그리하여 이슬람 문화의 걸작이라고 일컫는 알함브라 궁전이 탄생하였다. '알함브라'는 '붉은 색'이라는 뜻이다. 처음 요새를 지을 때 벽돌과 흙이 붉었기 때문이라고도 하고, 밤중에 성에 밝혀 놓은 횃불로 성이 불타는 것처럼 보여서 그런 이름이 붙었다.

알함브라 궁전은?

알함브라 궁전은 왕국과 카를루스 1세의 궁전을 중심으로 양 날개에 성채와 여름 궁전인 헤네랄리페 정원을 거느리고 있다. 궁전은 조각상이나 그림이 없는 대신 안밖은 아라베스크라는 정교하고 추상적인 무늬와 '쿠란'의 구절, 시 등으로 장식했다. 이슬람교는 우상 숭배를 엄격히 금지해서, 사람이나 동물 등의 조각과 그림을 쓸 수 없었다.

카롤루스 1세의 궁전은 16세기에 카롤루스 1세가 알함브라 중전의 아름다움을 누르기 위해 세운 웅장한 궁전인데, 지어 놓고도 사용하지 않았다. 나스르 왕조의 여름 별장인 헤네랄리페 정원은 분수의 물소리와 정원이 어울려 천국과 같은 느낌을 주는데, 유명한 기타 곡 '알함브라 궁전의 추억'도 이곳에서 탄생하였다.

스페인 알함브라 궁전

알함브라 궁전의 슬픈 역사

1492년은 콜럼버스가 아메리카 대륙에 도착한 해이지만, 크리스트 교도가 이베리아 반도에서 이슬람 세력을 완전히 몰아낸 해이기도 하다. 이때 크리스트 교도에게 도시를 넘겨주고 도망가던 나스르 왕조의 마지막 왕 보아브딜은 멀리 떨어진 산의 망루에서 궁전을 바라보며 눈물을 흘렸다고 한다.

한눈에 보는 알함브라 궁전

13~15세기_	이슬람 왕조인 나스르 왕조의 왕들이 알함브라 궁전을 세움
1492년_	크리스트 교도가 그라나다를 점령
1516~1556년_	카롤루스 1세가 궁의 일부를 르네상스 양식으로 고쳐 지음
1812년_	나폴레옹 군대의 침략 때 탑 몇 개가 파괴됨
1821년_	지진으로 궁전 여러 곳이 부서짐
1840년_	알현실을 늘려 지음
19세기_	낭만주의 예술가들의 채고가 음악에 등장하면서 유명해짐

알함브라 궁전 전경

스페인이 자랑하는 세계 문화유산인 알함브라 궁전은 높다란 언덕에 있는 성채이자 궁전이다. 튼튼한 성채로만 보이는 바깥쪽 모습과 달리 내부는 매우 화려하고 아름답다.

누에바 광장Plaza Nueva에서 택시를 타고 알함브라 궁전으로 가는 길, 수백 년 전 전쟁에 패해 쫓겨나던 이슬람 왕조의 마지막 왕이 남겼다는 말이 문득 떠올랐다. "그라나다를 빼앗긴 것은 아깝지 않으나 알함브라를 떠나는 것이 너무 슬프다"고 했던가. 언덕위에 지어진 탓에 오르막길이 계속해서 이어진다.

많은 여행자가 그라나다를 방문하는 목적의 제 1순위는 바로 알함브라 궁전을 보기 위해서라 해도 과언이 아니다. 이슬람 건축양식의 정수를 보기 위해 찾는 유럽이라니. 그 아이러니함이 그라나다라는 도시의 매력을 돋보이게 한다. 알함브라 궁전을 둘러보기 위해서는 생각보다 발품을 많이 팔아야 한다. 성곽인 알카사바Alcazaba, 나스르Nazaries 궁전, 카를로스Carlos 5세 궁전, 아랍 왕들의 여름 궁전인 헤네랄리페Generalife 네 부분으로 나뉘는데 티켓 예매 때 정해지는 나스르 궁전 입장 시간에 맞춰 동선을 잘 짜야 한다.

알함브라 궁전을 거니는 내내 붉은빛의 아라베스크 문양으로 장식된 벽, 화려하지만 조화로운 패턴의 타일 바닥, 나무 혹은 대리석에 섬세한 조각을 새긴 천장 등 눈길을 어디에 두어야 할지 모를 정도로 아름다움의 향연은 계속된다.

나스르 궁전의 백미는 사자의 중정

이 중정과 중정을 에워싸는 공간은 왕 이외의 남자들은 출입이 금지된 할렘이었다고 한다. 이곳을 통틀어 사자의 궁전이라고 한다. 12마리의 사자가 받치고 있는 커다란 원형 분수는 알람브라 궁전의 또 다른 심벌이기도 하다.

궁전 내부의 정원

이슬람교는 사막에서 탄생한 종교이기 때문에 물을 중요하게 여겨 궁전의 곳곳에 분수와 연못을 만들어 놓았다.

정교한 장식

궁전 내부는 아라베스크 무늬와 쿠란의 글귀 등으로 정교하게 장식하여 감탄이 절로 나온다.

나스르 궁전

산 니콜라스 전망대

알바이신 지구를 오르다 보면 결국 닿게 되는 목적지이기도 하다. 좁은 길을 따라 걷다가 탁 트인 전망대에 오르면 갑자기 눈앞에 펼쳐지는 풍경에 아찔해질지도 모른다. 그 시간이 해 질 무렵이라면 더더욱 그렇다. 건너편 언덕, 같은 눈높이에 자리한 알함브라 궁전의 전경을 한눈에 볼 수 있는 명당이기 때문이다.

헤네랄리페 여름 별궁

- www.alhambra-patronato.es
- C/ Real de la Alhambra s/n 18009, Granada
- 10월 15일~3월 14일 08:30~18:00(주간) / 20:00~21:30(야간), 3월 15일~10월 14일 08:30~20:00(주간) / 22:00~23:30(야간)
- 종합티켓(Alhambra General)_ 15.4유로
  정원·알카사바·헤네랄리페_ 8.4유로
  야간 나스르 궁전·헤네랄리페_ 9.4유로

알람브라 궁전 제대로 관람하기

인터넷으로 예매하지 않았을 경우 오전 8시 전에는 도착해야 당일표를 구입할 수 있다. 특히 여름 성수기에는 관광객이 많이 몰리기 때문에 현장에서 구입을 못 할 수도 있다. 따라서 인터넷으로 미리 예매후 방문하는 게 좋다.

인터넷 티켓 구입 방법
1. 하루 관람객 수는 약 7천 명 정도로 제한한다. 성수기에는 티켓 예매 사이트에서 미리 예매하자(시내에 있는 BBVA 은행에서도 구입 가능).

2. 티켓은 3개월 전부터 예약이 가능하지만 관람 당일은 예약이 불가능하다. 인터넷 예약을 하려면 관람일과 인원을 선택하고 08:00~14:00 / 14:00~ 중에 방문시간을 선택하면 자동적으로 나스르 궁전의 관람 시간이 정해진다. 예매 내용을 한국에서 미리 출력하여 가져가는 것이 좋다. 현장 매표소에서 티켓으로 교환해도 되지만 예매티켓기에서 발권하는 것이 기다리지 않아 편리하다. 결제 시 반드시 신용카드를 준비하자.

3. 입장은 오후 2시를 기준으로 오전과 오후에 입장이 가능하다. 오전에 입장하면 오후 2시 이전에 나가야 한다. 나스르 궁전 입장은 30분 단위로 이뤄지며 티켓에 정해진 시간대에만 입장이 가능하다.

구경 순서
헤네랄리페 → 카를로스 5세 궁전 → 나스르 궁전 → 알카사바 → 석류의 문

헤네랄리페(Generalife)

왕궁의 동쪽, 10분 거리에 있는 헤네랄리페는 14세기에 세워진 왕의 여름 별궁이다. 수로와 분수가 아름다워 대부분의 관광객이 이곳에서 사진을 많이 찍는다. 정원 안쪽에 있는 이슬람양식과 스페인양식을 대표하는 아세키아 중정Patio de la Acequia은 반드시 봐야 하는 포인트다.

카를로스 5세 궁전(Palacio de Carlos V)

16세기에 카를로스 5세가 르네상스양식으로 지은 궁전으로 현재는 1층에 알람브라 박물관Alhambra Museum, 2층 순수 예술 미술관Fine Art Museum으로 사용되고 있다.

나스르 궁전(Palacios Nasrid)

메수아르 궁, 코마레스 궁, 사자의 중정 등이 유명하다. 대사의 방, 두 자매의 방, 사자(使者)의 홀은 반드시 봐야 하는 곳이므로 놓치지 말자.

① 메수아르(Mexuar) 궁

메수아르 방의 벽면과 천장이 아라비아 문양의 정교한 장식들로 둘러싸여 있는데, 카톨릭이 더 문화적으로 앞서 있다고 생각한 유럽사람들이 이슬람 문화에 대해 다시 생각하는 계기가 되었다고 한다. 안뜰의 작은 분수 정원, 알바이신의 전망을 내려다볼 수 있는 황금의 방은 꼭 보자.

② 코마레스(Comares) 궁

아라야네스 중정Patio de los Arrayanes과 옛 성채인 코마레스의 탑Torre de Comares 코마레스 궁의 볼거리이다. 탑 안쪽에는 각국 사절들의 알현 행사 등에 쓰였던 대사의 방Salon de Embajadores이 있다. 이곳의 천장과 벽면은 모두 아라베스크 문양의 장식으로 꾸며져 있다. 코마레스의 탑에 있는 발코니에서 아름다운 사크로몬테 언덕과 알바이신 지구의 풍경을 조망할 수 있다.

③ 사자의 중정(Patio de los Leones)

중정의 내부는 왕을 제외한 남자들의 출입이 금지된 하렘이 있다. 나스르 왕궁 관람의 핵심으로 정원 중앙에는 12마리의 사자가 받치고 있는 사자의 분수가 있다. 중정 남쪽에 아벤세라헤스의 방Sala de las Abencerrajes이, 중정 동쪽에는 왕의 방Sala de los Reyes이, 중정 북쪽에는 종유석 장식으로 꾸며진 두 자매의 방이 있다.

④ 두 자매의 방(Sala de las Dos Hermanas)

사자의 중정 북쪽에 있는 두 자매의 방은 천장과 벽면 가득 화려한 종유석 장식으로 되어 있다.

알함브라 궁전의 추억

알카사바 성에서 가장 높은 곳에 도착하면 그라나다 전체가 한눈에 들어온다. 높이와 시야를 확보하고 있어서 그라나다 왕국이 스페인에서 마지막까지 깃발을 지키고 있지 않았을까 하는 생각이 든다. 여행지에서 여행지의 역사를 상상할 수 있는 것은 여행자의 특권이다.

오후 2시 30분 정도인 시각에 알카사바 성 꼭대기에서 한 청년을 만났는데 무엇인가를 그리며 앉아있었다. 그는 5시 정도까지 있다가 갈 거라고 했다. 한나절 한 곳에 오래 머문 여행지는 오랜 시간이 지나도 또렷하게 추억으로 남아있을 것이다.

워싱턴 어빙의 방
3개월 이곳에 머물던 워싱턴 어빙은 '알함브라 이야기'를 썼고 덕분에 폐허로 버려졌던 알함브라 궁전은 명소가 되었다. 이곳에서 시원하게 보이는 도시의 모습을 보니 워싱턴 어빙의 마음이 보일 것도 같다. 도시 어딘가에 아랍인이 숨겨놓았을 보물들이 있을 것만 같다.

나스리 궁에서 나오는 순간 긴 시간을 거슬러 시간여행을 다녀온 기분이었다. 궁 건물은 모두 인간을 중심으로 지어졌고 수많은 경구들은 그것을 보면서 스스로를 가다듬었을 왕들의 인간적인 자취를 느끼게 했다. 나스리 궁에서 나오니 물이 새롭게 보인다. 물소리가

들리기 시작하고 물에 비친 사람들의 모습도 함께 보인다. 이곳에 들어오는 물의 근원은 어디일까 궁금해지면서 알함브라 궁전의 추억으로 빠져들었다.

한때는 적을 막아내는 요새였지만 지금은 방어의 기능은 버린 지 오래전이다. 이곳은 나무와 분수가 어우러진 아름다운 정원이 되었다. 마치 새를 닮은 소리를 내는 분수가 발길을 멈추게 한다. 조그만 물 나오는 분수 시작점을 바라보게 하면서 발길을 떠나지 못하게 한다.

해자에서 가운데를 바라보면 보이는 조그만 건물이 바로 '나스리 궁'이다. 궁이라지만 왕의 권위를 나타내는 웅장한 문이 없어서인지 들어가는 마음이 편안하다.

재판의 방

이것은 가장 엄격했을 재판의 방이다. 입구에는 '유일한 정복자는 신이다'라는 문구가 씌여 있다. 책에서 본 경유를 찾으려 자세히 들여다보니 많은 것들이 보인다. 눈에 가장 많이 보이는 것은 계속 반복되는 기하학적인 무늬이다. 퍼즐을 맞춰보는 기분으로 오랫동안 들여다보게 한다. 재판은 4개의 기둥 안에서 이루어졌다고 한다. 이슬람 교리는 사람이나 동물의 형상을 나타내면 안 된다. 그래서 기하학적인 문양이 발전할 수밖에 없었을 것이다. 가운데의 반복된 경구들이 종교적인 신념을 고취했을 것 같다. 재판이 이루어졌던 방의 위에는 '들어와 요청해라. 정의를 찾는 데에 두려워하지 말라. 네가 여기서 정의를 발견할 것이다'라는 문구가 적혀 있다.

재판의 방 옆에는 맥쉬아르 기도실이 있다. 다른 방에 비해서 장식도 구조도 간결하다. 방에 들어섰을 때 그들이 맞이했던 경건함을 느낄 수 있다. 다른 방은 모두 남향인데 기도실의 창문은 이슬람의 성지인 메카를 향해 있다.

재판의 방을 지나 황금의 방으로 향한다. 정원에는 소리 없는 분수가 흐르고 있는데 마음을 차분하게 만들어 준다. 왕의 접견을 위해 대기하던 대기실인데 천장에 보이는 황금장식 때문에 황금의 방이라고 불렀다. 왕을 만나기 위해서 적지 않은 시간을 대기해야했다면 무슨 생각을 했을까? 그때마다 어디에도 다 보이는 것은 "유일한 정복자는 신이다"라는 경구였을 것이고 벽을 가득채운 문양이었을 것이다. 자세히 들여다보면 이 모든 공간에는 쉽게 지나칠 수 없는 정성이 담겨 있다. 황금의 방 처마에는 모두 나무로 만든 장식들로 붙여져 꾸며 있다. 목공들은 더 세심하게 만들기 위해 깎으면서 다듬었고 그것이 곧 깊은 신앙심을 드러내는 것이었다고 생각했다고 한다.

왼쪽 문을 지나면 새로운 세계가 펼쳐진다. 도금양의 정원이라고 하는 곳으로 정원 가득 심어진 도금양 나무는 손으로 비비면 독특한 향을 낸다. 시원하게 뻗는 물소리와 아름다운 정원이 기분을 상쾌하게 만들어준다. 정원의 가운데 물에 비친 육중한 꼬마레스 탑이 물 위에 떠 있는 것처럼 보인다. 물과 건축물이 빚어낸 아름다운 조화는 3세기 뒤 인도의 타지마할로 다시 탄생했다.

2층으로 올라가면 10개의 방이 있다. 2층의 벽 창문은 창살로 닫혀 있다. 방안의 모습이 벽으로 가려진 것을 보면 여인들이 거주한 공간으로 짐작하게 된다. 벽 한 면 한 면을 따로 떼어보면 그림 같아 눈을 뗄 수 없다.

왕의 정치 외교가 이루어졌던 대사의 방은 유난히 큰 규모와 화려한 장식에 눈길이 머문다. 또 한 번 시선이 멈추는 곳은 방이 비친 빛이다. 이 빛은 물에 반사되어 들어오는 데 방을 은은하고 아늑하게 한다. 사방에는 빛이 잘 들어오는 문이 있는데 시시각각으로 변하는 빛은 아마도 왕의 모습을 신비하게 만들지 않았을까 한다.

우주의 모습을 표현한 이 천장은 8천개 나무 조각을 칠하고 짜 맞췄는데 나스리 목공의 절정으로 평가받고 있다. 이곳에서 들을 수 있는 조용한 물소리, 화려한 장식은 은은한 빛은 모두 신과 왕에 대한 헌시이자 찬양이었다.

많은 방 입구에는 벽감들이 있다. 오는 손님에 대한 우호의 표시로 꽃병과 물병, 향수들을 놓아두었고 "적게 말하라, 평화로운 것이다"라는 경구를 새겨 놓았다고 전해진다. 이 문구를 잘 이해한다면 이들을 더 잘 이해할 것 같다. 시시각각 달라지는 빛도 나스리 궁을 신비롭게 한다. 문양과 경구를 주의 깊게 찾다보면 누구나 이곳에 빠지지 않을 수 없다.

도금양 정원을 지나 왕의 개인 공간인 '사자의 정원'으로 간다. 사자의 정원에서 가장 처음에 들어오는 것은 많은 기둥들이다. 좁은 공간에 많은 기둥을 세워서 만든 공간은 124개나 된다. 이렇게 많은 기둥을 세운 것은 이유가 있다. 이곳에 앉아서 물소리 흐르는 숲속에 온 듯한 기분을 갖기 위해서이다. 정원 한 가운데에는 커다란 분수가 있다. 12마리의 사자가 받치고 있다. 사장의 정원에도 다양한 문양과 경구들이 있다. 이런 경구들 속에서 왕은 백성들을 위한 선정을 다 잡았을 수 있다.

다시 한쪽으로 걸어서 아벤세라헤스 방으로 간다. 방의 가운데 분수와 높은 기둥으로 이어진다. 분수는 정원에 있어야 하는데 방에 있다. 지하에 있는 찬 물과 높은 창문에서 들어온

더운 공기가 환기되어 에어컨 역할을 해서 한여름을 시원하게 만들었다. 이런 이곳에 비정하고 잔인한 이야기도 전해진다. 아벤세라헤스는 나스리 왕궁의 귀족가문 중 하나였다. 당시에 귀족간의 정쟁이 심했는데 아벤세라헤스의 한 귀족과 왕비가 사랑에 빠졌다고 밀고를 받은 왕은 아벤세라헤스의 귀족 32명을 이곳에 불러 모두 살해했고 그 피가 사자의 분수까지 흘렀다고 전해진다.

저 경구를 알고 본다면 감동도 배가 될 것이다. 그래서 알함브라 궁전에서는 경구를 분석하는 작업도 계속 이뤄지고 있다.

마지막으로 찾아간 방은 알함브라 궁에서 가장 화려하다는 '두 자매의 방'이다. 바닥에 깔린 2개의 커다란 대리석 때문에 이 방을 '두 자매의 방'이라고 부른다. 여자들이 사용할 방이라서일까 방 안의 문양도 곱고 우아하다. 레이스처럼 쳐진 장식 창문을 통해 들어온 은은한 빛, 경구들은 이 방의 주인들에게 어떤 의미가 되었을까?

이끼가 가득 낀 둥근 돔 형태의 이곳도 궁금했다. 지하 목욕탕이라고 한다. 천장에는 별모양을 뚫린 채광창이 있었는데 둥글고 두터운 지붕은 들어온 빛을 모두 간접 광으로 만들고 있었다. 습기를 이겨내야 하는 탓일까 내부에는 문양보다는 타일이 눈에 많이 띄었다. 벽 아래에만 타일을 붙이는 '다도타일링'이 여기서 유래되었다. 목욕탕 안에는 여러 공간이 있다. 이곳은 비밀의 공간이라고 할까? 작은 목소리로 벽에 말을 해서 반대편에서 잘 들리는 것을 보고 즐거워하는 연인들이 부럽다.

정원 쪽에 놓인 분수는 저마다 독특한 모양이다. 이 분수는 마치 숲속에 피어오른 큰 꽃을 닮았다. 격자모양의 나무 천장, 단순한 벽, 벽난로가 갑자기 달라진 분위기를 나타낸다. 나스리 궁을 접수한 후 스페인 왕들이 거주한 곳이다. 이슬람교리에 어긋나는 사람 형상 장식물도 눈에 띄인다.

알함브라 궁전 제대로 보기

알함브라는 자연이 만든 기념비라고 이야기한다. 알함브라를 이해하면 자연을 이해할 수 있다는 이야기이다. 하루의 시간이 바뀌고 순간이 바뀌고 계절이 바뀌듯 알함브라도 바뀐다. 빛을 따라 자연이 만드는 건축물과 정원이 보인다는 것이다. 이 알함브라 궁전을 이해하려면 구분이 되는 4개를 이해해야 한다.

1. 알카사바 성
방어목적으로 만들어졌다. 포도주의 문을 지나면 알카사바 성으로 간다. 이 문을 지나는 군사와 민간인이 포도주를 사고팔았기 때문에 포도주의 문이라고 불렀다고 한다. 알카사바 성은 군인들의 공간이다. 성을 보면 옛날 성을 공격하려는 사람들에게는 힘들고 방어를 하려는 사람에게는 쉬운 방법을 찾아 만든 사람들의 지혜가 엿보인다. 방어에 효과적인 것은 높이다. 성은 계속 오르막이다. 성에 오르면 보이는 전망은 관광객에게는 탁 트인 시원함을 주지만 그 옛날 병사들은 긴장 속에 성 밑을 바라보았을 것이다. 곳곳에는 병사들의 주거지 흔적도 고스란히 남아있다. 가운데를 중심으로 장교와 사병의 숙소가 나누어져 있다. 가운데 정원의 흔적이 돋보인다. 아직까지 튼튼한 성벽은 이곳의 적은 강수량이 준 선물이다.
알카사바 성에서 가장 높은 곳에 도착하면 그러나다 전체가 한눈에 들어온다. 높이와 시야를 확보하고 있어서 그러나다 왕국이 스페인에서 마지막까지 깃발을 지키고 있지 않았을까 하는 생각이 든다. 여행지에서 여행지의 역사를 상상할 수 있는 것은 여행자의 특권이다.

2. 나스리 궁
왕의 업무와 거처 공전이었던 나스리 궁이다.

3. 카를로스 5세 궁
그라나다를 점령한 이후에 카를로스 5세가 지은 궁이다. 로마제국 황제가 된 카를로스 5세가 기념으로 이곳을 빙문하면서 지은 궁이다. 카를로스는 그라나다를 함락시킨 상징적인 의미로 궁을 지었다. 이 궁이 없었다면 알함브라 궁은 지금은 없었을지 모른다. 이 궁 덕분에 알함브라 궁전 전체가 왕실 유적으로 지정될 수 있었다. 승리의 역사가 패배의 역사를 빛내준 것 같다.
원형과 사각으로 만들어진 겉모습이 먼저 눈에 들어온다. 그 답은 궁으로 들어가 찾을 수 있다. 밖은 사각형인데 안은 원형이었던 것이다. 더 놀라운 것은 원형의 가운데에서 말하면 음향효과가 좋아서 마이크없이도 공연을 할 수 있다고 한다. 건축학적으로 원형을 둘러싼 기둥 위 돌은 쐐기돌을 끼워 만든 평보형의 건축물이나.

4. 헤네랄리페
왕의 여름 별궁이었던 곳이다.

알바이신
Albaicin

그라나다에서 가장 아름다운 전망을 자랑하는 언덕 위에 올라 시에라네바다 산맥을 배경으로 알함브라와 그라나다를 볼 수 있는 장소이다. 그라나다의 유서 깊은 무어인 지구인 알바이신에서 가장 높은 언덕에 오르면 성 니콜라스 전망대가 나온다. 전망대에 오르면 웅장한 알함브라 궁전과 그라나다 초원, 도시의 전경과 눈 덮인 시에라네바다 산맥이 한눈에 들어온다. 시간을 넉넉히 비우고 알바이신에 들러 아름다운 전망을 감상해야 한다.

성니콜라스 전망대는 그라나다를 방문하는 관광객이라면 모두 한 번씩은 거쳐 가는 곳으로, 전망 좋은 자리를 차지하려면 조금 기다렸다가 관광객이 나온 자리에 들어가야 할 수도 있다. 작은 석벽 옆, 알함브라와 산맥이 정면으로 보이는 지점에서 가장 아름다운 풍경을 볼 수 있다.

거리의 악사들과 플라멩코를 연주하는 기타 연주가들로 인해 언덕 위에는 항상 음악이 흐른다. 도시락을 준비해 오거나 인근 바에서 타파스tapas를 맛보며 레스토랑에 앉아 아름다운 경치를 감상하며 식사를 하는 것도 좋다. 수공예 상점에서는 다양한 공예품과 기념품을 볼 수 있다. 광장 뒤쪽으로는 16세기에 지어진 성 니콜라스 교회가 서 있다. 그라나다의 수호성인인 산 세실리오의 예배당에 가보자. 1세기에 기독교를 진파하러 온 그라나다의 1대 주교 산 세실리오의 예배당은 산 세실리오 골목이라 불리는 좁은 자갈길 위에 서 있다.

성 니콜라스 전망대는 사계절 내내 아침부터 저녁까지 사람들로 붐빈다. 해질 무렵, 시에라네바다 산맥 아래로 해가 떨어지며 알사비카 언덕 위의 알함브라 궁전이 황금빛으로 빛나는 모습을 카메라에 담을 수 있다. 소매치기가 많기로 유명한 장소인 만큼 소지품에 유의해야 한다.

알바이신에서 출발하여 구불거리는 자갈길을 걸어 올라가다 보면 성 니콜라스 전망대가 나오는 데 보통 걸어서 약 15~20분 정도 걸린다. 누에바 광장에서 버스를 타고 울퉁불퉁한 길을 달려 도착하는 방법도 있다.

알카사바
Alcazaba

알카사바는 9세기경에 세워진 알람브라 궁전에서 가장 오래된 곳이다. 서쪽 끝에 알람브라 궁전에서 제일 오래된 벨라의 탑Torre de la Vela에 오르면 알람브라 궁전 내부는 물론 알바이신 지구, 사크로몬테 언덕 등 그라나다 전체를 한눈에 감상할 수 있다.

사크로몬테
Sacromonte

알바이신 언덕에 정착한 집시들은 언덕에 구멍을 파 동굴집 쿠에바^{Cueva}을 만들어 살았다. 현재는 사크로몬테 쿠에바 박물관$^{Museo\ Cuevas\ del\ Sacromonte}$으로 사용되고 있으며 쿠에바 정착민들의 역사, 관습 등을 볼 수 있다. 알람브라 미니버스 31, 35번을 이용하여 누에바 광장으로 돌아갈 수 있다.

- www.sacromontegranada.com
- 겨울(10월 15일~3월 14일 10:00~18:00/매일), 여름(3월 15일~10월 14일 10:00~20:00/매일)
  12월 25일과 1월 1일 에는 휴관합니다
- 박물관 €5

올랄라 레스토랑
OHLALA Restaurant

누에바 광장 내에 위치한 스페인 브랜드 체인으로 스페인 어디서나 볼 수 있다. 피자, 파스타, 빠에야 등 다양한 스페인 음식을 13유로 정도로 맛볼 수 있다.

위치 누에바 광장 지점 : Plaza Nueva 2, 비브 람블라 광장 지점 : Bib Rambla 18
시간 11~23시

라 쿠에바 1900
LA CUEVA de 1900

누에바 광장에서 이사벨 광장 방향의 왼쪽으로 돌아가면 스페인 체인인 레스토랑이 나온다. 하몽과 스페인의 전통 소시지를 비롯한 다양한 요리를 10유로 정도의 가격으로 맛볼 수 있다.
하몽은 우리나라 사람들에게는 매우 짜게 느껴질 수 있다. 저염식의 하몽 이베리꼬가 그나마 먹기에 좋다.

홈페이지 www.lacuevade1900.es **위치** Reyes Catiolicos, 42
전화 958-22-93-27

바르 로스 디아멘테스
Bar los Diamantes

1942년에 영업을 시작한 타파스 전문점으로, 그라나다에만 4개 지점이 있을 정도로 현지에서 유명한 타파스 바다. 여기서는 누에바광장 맞은편에 위치한 본점을 안내한다. 모든 타파스를 반접시와 한접시 사이즈로 주문할 수 있기 때문에 다양한 타파스를 맛볼 수 있다는 장점이 있다. 특히 바르 로스 디아멘테스는 음료를 주문하면 랜덤한 종류의 타파스 한 접시를 무료로 준다. 가볍게 술 한잔에 안주 몇 개로만 입가심하고 싶을 때, 딱히 뭐가 먹고 싶지는 않아서 누군가가 정해주는 무언가가 먹고 싶은 기분일 때 방문해볼 곳으로 추천한다.

홈페이지 www.barlosdiamantes.com 위치 Plaza Nueva, 13, 18009 Granada(누에바 광장 맞은편)
시간 12시30분~24시 요금 타파스류 반접시 10€ 전화 0958-07-53-13

카르멜라
Carmela

그라나다의 유명 맛집으로 현지인들에게 인기 있는 곳이다. 대부분의 메뉴가 한국인 입맛에도 잘 맞아 한국인 관광객 또한 많이 방문하는 곳이며, 직원들도 간단한 한국어를 구사할 수 있고 한국어 메뉴판도 있어 주문이 쉬운 편이다. 고기 요리가 맛있는 곳으로 닭, 돼지, 소고기 요리 중 하나만 시켜도 성공하는 맛집이다. 인종차별 후기가 거의 없을 정도로 직원들이 친절한 편이므로 걱정을 덜어두고 방문해도 되는 곳 중 하나다. 구글맵으로 음식점의 이름이 'La Auténtica Carmela'로 표시되므로 헷갈리지 말자.

홈페이지 www.restaurantescarmela.com 위치 Calle Colcha, 13, 18009 Granada(이사벨 라 카톨리카 광장에서 약 100m)
시간 8~24시(월~금 / 토, 일 9시부터 시작) 요금 메인요리 7.5€~
전화 0958-22-57-94

바 라 리비에라
bar la riviera

음료를 시키면 타파스를 무료로 주는 현지인 인기 타파스 바다. 무조건 가야할 정도로 맛이 매우 뛰어난 편은 아닌데 고를 수 있는 무료 타파스의 종류가 무려 25가지나 되기 때문에 인기가 좋은 곳이다. 다양한 음료와 타파스를 저렴한 가격에 여러 개 맛볼 수 있으며, 시끌벅적한 현지 분위기를 제대로 느낄 수 있는 곳이다. 현지 타파스 바를 체험해보고 싶은 여행자에게 추천한다. 주의해야할 점은 음료 주문 시 타파스를 랜덤으로 주는 것이 아니다. 원하는 타파스를 정확히 정해서 주문해야 가져다주므로 하염없이 기다리지 말자.

홈페이지 www.es-la.facebook.com 위치 Calle Cetti Meriem, 7, 18010 Granada(누에바 광장에서 약 200m)
시간 12~24시 요금 음료 2€ 전화 0933-19-39-75

엘라데리아 로스 이탈리아노스
Heladeria los italianos

이사벨 라 카톨리카광장 인근에서 아이스크림 케이크가 들어간 콘을 들고 다니는 사람들이 보이기 시작했다면 엘라데리아 로스 이탈리아노스가 주변에 있다는 신호다. 그라나다에서 가장 유명하고 인기 있는 아이스크림 맛집으로 공인된 엘라데리아 로스 이탈리아노스는 1936년부터 영업을 시작해 80여년동안 아이스크림을 만들고 있다. 이곳의 인기 메뉴는 바로 아이스크림케이크콘인 카사타와 타르타다. 카사타는 견과류와 과일, 타르타는 커피와 초콜릿 맛이 있다. 겨울철인 11월 중순부터 3월 중순까지는 영업을 쉬기 때문에 방문 예정이라면 시기를 잘 체크하자.

홈페이지 es-la.facebook.com 위치 Calle Gran Vía de Colón, 4, 18001 Granada(이사벨 라 카톨리카 광장에서 약 100m)
시간 10~24시 요금 카사타, 타르타 2.7€~ 전화 0954-22-40-34

카페테리아 알람브라
Cafeteria-Alhambra

기본적으로는 피자나 파스타 등 유럽식 요리를 파는 식당이지만 츄러스가 가장 인기 있는 곳이다. 길고 통통한 츄러스는 5개가 나와 배가 부를 정도이며, 겉은 부서진다는 느낌이 들 정도로 바삭한데 안은 쫄깃하다. 초코라떼가 매우 단 편은 아니기 때문에, 단맛을 많이 좋아하지 않지만 초코라떼에 츄러스를 찍어먹는 경험을 해보고 싶은 여행자들에게 추천히는 곳이다. 식사시간대에는 직원들이 바빠서 불친절할 때가 많으므로, 기분좋게 먹고 나오고 싶다면 식사시간을 전후해 방문해보는 것을 권한다.

홈페이지 www.cafeteria-alhambra.com 위치 Plaza de Bib-Rambla, 27, 18001 Granada(비브람블라 광장 맞은편)
시간 8~21시 요금 츄러스 5개 2€, 초코라떼 2.4€ 전화 0958-52-39-29

그라나다의
대표적인 광장 Best 2

1 누에바 광장(Plaza Nueva)

알함브라 궁전 바로 옆에 위치하고 있는 그라나다의 널찍한 중앙 광장은 도시의 유구한 역사를 보여주는 각종 기념물, 다양한 카페와 바로 유명하다. 유서 깊은 건물들과 야외 카페가 늘어서 있는 그라나다 중심지의 중앙 광장은 주민들과 관광객들이 모두 즐겨 찾는 곳이다. '신 광장'이라는 뜻의 이름과 달리 이곳은 그라나다에서 가장 오래된 지역이다. 광장은 16세기에 지상 공간을 확보하기 위해 다로Daro 강을 복개하며 탄생했다.

광장에 늘어선 멋스러운 건물들은 광장의 탄생과 동시에 건립된 북쪽의 레알 찬시예리아는 법원과 교도소로 사용됐다. 바로크와 르네상스 양식의 파사드가 아름다운 건물에는 오늘날 안달루시아 고등법원이 들어서 있다. 광장을 가로질러 산길이 난 산타 아나 교회로 향해 보자. 16세기에 모스크 부지 위에 건립된 교회에서는 종교 회화, 조각 작품, 여러 예배당을 볼 수 있다. 종탑과 모스크의 뾰족탑을 개조하여 만들어졌다.

누에바 광장 즐기기

그라나다에서는 스페인에서 가장 다양하고 질 좋은 타파스(Tapas)를 맛볼 수 있다. 타파스(Tapas)는 맥주와 와인에 곁들여 먹는 것이 정석이다. 광장의 여러 바와 카페에서도 그라나다 특유의 타파스를 즐길 수 있다. 야외 테라스에 앉아 타파스(Tapas)를 즐기며 그라나다의 스카이라인을 장식하고 있는 무어인들의 궁전 요새인 알함브라를 볼 수 있다. 알함브라 맞은편에는 유서 깊은 무어인 지구인 알바이신이 자리 잡고 있다.

그라나다를 찍은 수많은 사진에서 흔히 볼 수 있는 카레라 델 다로 거리도 누에바 광장에서 시작한다. 광장에서 시작하는 자갈길은 다로 강을 따라 길게 뻗어 있다. 돌다리로 된 거리를 걸으며 수백 년 된 궁전, 아름다운 교회와 오래된 주택을 보자. 누에바 광장에서 시작하는 또 다른 거리인 고메레즈 언덕길은 알함브라 궁전까지 이어진다.

2 비브 람블라 광장(Plaza Bib-rambla)

그라나다 성당에서 걸어서 5분이면 도착하는 거리에 위치하고 있다. 카페와 레스토랑, 꽃을 파는 행상들로 둘러싸인 그라나다 도심 속 광장에서는 과거 종교 재판과 투우 경기가 열렸다. 비브 람블라 광장Plaza Bib-rambla은 그라나다에서 가장 아름다운 광장 중 하나이다. 19세기 연립주택, 바와 카페, 상점들로 둘러싸인 비브 람블라 광장Plaza Bib-rambla은 지금과 같이 고요하고 즐거운 분위기를 지녔던 것은 아니다. 과거 마상 시합과 투우 경기가 열렸을 뿐 아니라, 스페인 종교 재판과 화형식이 거행되기도 했다.

구석 카페에 앉아 핫 초콜릿과 츄러스를 즐기며 아름다운 광장을 감상한다. 설탕을 입혀 튀긴 츄러스를 뜨거운 초콜릿에 찍어 먹는 것은 스페인 사람들의 전통적인 아침 식사이다. 중앙에는 4개의 동상이 물을 뿜어내고 있고 꼭대기에 넵튠 상이 서 있는 17세기 분수대가

자리하고 있다. 멋진 가로등도 흥미로워서 신화적 존재들이 정교하게 장식된 가로등은 하단이 말의 다리 모양으로 만들어졌다.

비브 람블라 광장 즐기기
해질 무렵 비브 람블라 광장(Plaza Bib-rambla)에서 식사를 즐기는 것도 좋다. 여름밤에는 야외 테라스 자리를 잡기가 특히 어려우니, 미리 예약을 하고 가는 것이 좋다. 거리의 악사들의 공연을 즐기며 맛있는 음식을 먹다 보면 시간 가는 줄을 모른다. 광장 안팎의 상점들도 늦은 시간까지 문을 연다.

꽃의 광장
꽃 행상인들이 많은 비브 람블라 광장(Plaza Bib-rambla)은 '꽃의 광장'이라고도 불린다. 향기로운 꽃과 화분, 허브와 관상목을 구경한다. 기념품을 구입할 예정이라면 광장 주변의 상점과 인근의 아랍 시장인 알카이세리아를 둘러본다. 과거 비단이 거래되는 장이었던 이곳에서는 거리 구석구석에서 아랍식 수공예품, 민속 의상, 기념품과 음식을 볼 수 있다.

그라나다의
대표적인 수도원 Best 2

1 그라나다 수도원(Monasterio de la Cartuja)

소박한 파사드가 인상적인 오래된 건물에 들어서면 스페인에서 가장 화려하고 웅장한 카르투지오 수도원이 펼쳐진다. 그라나다 수도원의 꾸밈없는 파사드를 보고 고딕과 바로크, 르네상스 양식이 어우러진 화려한 내부를 상상하기는 쉽지 않다. 카르투지오회 수도사들이 머물 공간을 마련하기 위해 건립된 수도원은 기초가 세워진 1506년으로부터 300여 년 후 완공되었다. 오늘날 그라나다 최고의 명소가 된 그라나다 수도원은 전 세계에서 가장 잘 보존된 스페인 바로크 양식 건축물이다.

입구에 들어서서 방문객들을 따라 커다란 안뜰을 지나 계단을 오르면 수도원의 회당이 나온다. 회당은 수도원 단지에서 가장 정교하게 꾸며진 곳이다. 카르투지오 수도회의 창시자

🏠 Paseo de Cartuja S/N, 18011   🕙 10~18시   📞 958-161-932

성 브루노를 비롯한 4개의 동상이 회당의 정면을 장식하고 있다. 벽면을 뒤덮고 있는 회화와 조각, 나무와 거울로 꾸며진 중앙 제단을 볼 수 있다.

제단 뒤의 상타 상토룸으로 들어가면 대리석과 벽옥으로 만들어진 호화로운 성소가 중앙에 자리하고 있다. 4개의 황금 조각상이 측면을 장식하고 있으며, 안쪽에는 성체 성사에 사용될 성체가 보관되어 있다. 벽면을 장식하는 천사들의 조각상이 눈길을 끈다. 고개를 들면 스페인의 화가 안토니오 팔로미노가 제작한 프레스코 천장화가 보인다.

수도원 식당에서는 화가이자 수도사이던 후안 산체스 코탄이 그린 회화 작품들이 카르투지오 수도회의 역사에 대해 알 수 있다. 신앙을 지키다 처형당한 수도사들의 이야기에는 헨리 8세의 잉글랜드에서 처형된 순교자들을 그린 그림도 흥미진진하다. 일부 작품은 끔찍한 장면을 담고 있다. 회랑으로 둘러싸인 안뜰로 나가 분수대와 오렌지 덩굴을 바라보며 휴식을 취하는 것도 좋다.

2 산 헤로니모 수도원(Monasterio de la San Jerome)

스페인 최고의 예배당에서 호화로운 황금빛을 즐기고, 레몬과 오렌지 향으로 가득한 회랑을 거닐어 보면 16세기에 지어진 제로니무스 수도회의 수도원을 방문하여 회랑과 예배당, 아름다운 정원을 감상할 수 있다. 엄숙한 석조 건물 사이의 아름다운 안뜰과 중앙 예배당의 금빛 찬란한 제단 장식은 방문객들의 탄성을 자아낸다.

이사벨라 여왕과 페르난도 왕의 명에 의해 1492년 건립된 산 헤로니모 수도원은 그라나다 레콩키스타 이후 제일 처음으로 지어진 수도원이다. 나폴레옹 정복 시기, 수도사들은 추방을 당하고 수도원의 석재 중 일부는 다리 건축에 사용됐다. 20세기에 이르러 수도원 복원 작업이 시작되었으며, 추방된 수도사들도 다시 제자리로 돌아왔다.

레몬 나무와 오렌지 나무가 무성한 작은 정원을 36개의 아치 기둥이 둘러싸고 있는 회랑을 거닐 수 있다. 수많은 석재 추모비가 회랑을 장식한다. 추모비에는 이곳에서 한평생을 보낸 수도사들의 이름이 새겨져 있다. 회랑을 벗어나 여러 예배당과 방들을 방문하여 벽면을 뒤덮고 있는 종교 회화를 감상해 보자.

중앙 예배당을 꾸미고 있는 5층 높이의 제단 장식은 수도원 제일의 자랑거리이다. 예수 그리스도의 생애를 묘사하는 화려한 조각과 부조가 황금빛으로 빛난다. 벽과 천장을 장식하고 있는 프레스코화와 조각품도 감상하고 그라나다 레콩키스타를 위해 싸운 스페인의 전쟁 영웅 그란 캡틴의 모습도 찾아보자.

극단적인 화려함은 수도원의 나머지 부분과 극적인 대비를 이룬다. 그란 캡틴의 부인이었던 세사 공작부인은 중앙 예배당을 일가의 묘지로 사용하는 대가로 막대한 건립 기금을 지원했다고 한다.

🏠 Calle del Rector Lopez Argueta 9 🕐 10~13시 30분, 15~18시 30분 📞 958-279-337

Sevilla
세비아

세비야

SEVILLA

플라멩코와 투우, 유럽 최고 건물들의 본고장인 안달루시아 지방의 수도는 풍부한 역사, 종교, 삶에 대한 열정으로 가득한 곳이다. 과달키비르 강 유역을 감싸는 안달루시아의 도시 세비야는 역사적, 건축적, 문화적 보물들이 넘쳐난다. 이곳을 구경하다 보면 어느 새 과달키비르 동쪽 유역에 있는 도시의 구 시가지에서 3개의 주요 문화재를 만날 수 있다.

세비야 사람들은 부활절과 함께 이곳에서 펼쳐지는 2개의 주요 축제에 표현하는 그들만의 열정으로 유명하다. 세마나 산타 데 세비야는 세계에서 가장 큰 종교 퍼레이드이다. 페리아 데 아브릴은 일주일 내내 플라멩코와 축제로 현지인들에게 큰 즐거움을 선사한다.

세비야 IN

안달루시아 지방에서 이동할 경우 버스를, 마드리드나 바르셀로나 등의 도시에서 이동할 경우에는 열차를 이용하는 것이 편리하다. 유럽 주변국가에서 이동할 경우 저가항공을 이용하기도 한다.

비행기

우리나라에서는 마드리드와 바르셀로나에서 내려 저가항공인 부엘링을 타고 세비야로 가야 한다. 다른 유럽 도시에서는 주로 라이언 에어나 이지젯을 이용해 세비야를 들어가는 항공편이 하루에도 여러 편 운항한다. 세비야 산 파블로 국제공항 Sevilla Airport San Pablo/SVQ은 세비야 도심에서 북쪽으로 약 10㎞ 정도 떨어져 있다.

▶공항 홈페이지 : www.arena.es

공항버스

공항에서 산타후스타 기차역 등을 거쳐 버스터미널이 있는 아르마스 광장 Plaza de Armas까지 운행한다.

▶운행시간 : 공항 출발 05:20~01:15,
　　　　　　시내 출발 04:30~00:30
▶소요시간 : 약 40분
▶요금 : 편도 €6

택시

일행이 많다면 공항과 시내간 거리가 멀지 않아 이용할 만하다.
▶소요시간 : 약 20분
▶요금 : 편도 €25~

철도

마드리드(AVE로 2시간 30분 소요), 바르셀로나(AVE로 5시간 20분 소요), 코르도바, 말라가, 그라나다 등에서 세비야행 열차가 운행한다. 바르셀로나에서는 세비야까지 야간열차를 이용하여 숙박과 이동시간을 절약하는 경우가 많다.
고속열차만 운행하므로 스페인 철도패스를 가지고 있어도 반드시 좌석을 예약해야 한다.

▶산타후스타역
(Estación de Santa Justa)

세비야의 중심으로 산타후스타역에서 시내까지는 도보로 30분 정도 소요된다. 버스 C1, C2번을 타고 프라도 산 세바스티안Prado San Sebastian역에서 하차, 트램을 이용할 경우 콘스티투시온 거리에서 하차하면 된다.

버스

세비야까지는 마드리드에서 직접 오는 경우는 거의 없고, 안달루시아 지방에서 이동하는 버스 노선이 많다. 세비야에는 2개의 버스터미널이 있으므로 자신의 버스표를 잘 보고 버스터미널로 이동해야 한다. 안달루시아 지방의 단거리 노선은 산 세바스티안 터미널을, 마드리드나 바르셀로나처럼 장거리는 아르마스 터미널을 이용한다.

▶산 세바스티안 터미널(Estacio'n de Autobuses Prado de San sebastian)
그라나다, 말라가, 코르도바 등 안달루시아 지방을 오가는 단거리 버스 노선을 운행한다. 터미널에서 시내까지는 걸어서 약 15분 정도 소요된다.

▶아르마스 터미널
(Estacio'n de Autobuses Plaza de Armas)
마드리드, 바르셀로나, 발렌시아 등 뿐만 아니라 포르투갈의 리스본을 오가는 장거리 버스 노선이 있다. 시내까지는 도보로 약 20분 정도 소요된다.
대성당을 갈 경우, 버스 C4번을 타고 3번째 정거장인 푸에르타 데 예레즈Puerta de Jerez역이나 4번째 정거장인 프라도 데 산 세바스티안 버스터미널 앞에서 하차 후 걸어가면 된다.

세비야 둘러보기

구 시가지에 대부분의 주요 관광지가 몰려 있어 걸어서 둘러볼 수 있다. 세비야를 구경하는 것은 대중교통이 잘 마련되어 있어 편리하다. 특히 저렴하고 자주 운행되는 버스가 모든 주요 지역으로 이동해 준다. '세비시'라고 불리는 대중 자전거 프로그램을 통해 자전거를 대여한다면 더욱 여유롭고 낭만적으로 도시를 경험할 수도 있다.

다른 유럽 도시보다 인구 당 바Bar의 수가 많은 세비야는 진정한 파티 도시라 할 수 있다. 수많은 타파스 바 중 한 곳에 들러 즙이 많은 올리브와 맛있는 햄, 매운 소스와 함께 서비스되는 감자튀김, 파타타스 브라바스도 추천한다. 스페인에서 가장 큰 경기장 중 하나인 에스타디오 올림피코 데 라 카르투하에서 콘서트나 축구 경기도 감상해보자.

과달키비르 강(Rio Guadalquivir)
과달키비르라는 다소 어려운 이름의 강은 아랍어의 'Wadi al Kebir(큰 강)'에서 유래되었다고 한다. 안달루시아에서는 가장 큰 강으로 강가에 위치한 황금의 탑에 오르면 풍경이 한 눈에 내려다보인다.
안달루시아를 관통하는 큰 줄기로 걷다 보면 발걸음이 자연스럽게 강가로 향해 있을 것이다. 낮게 뜬 해는 강을 황금빛으로 물들이고 있고, 평화롭고 느릿한 강가 풍경은 평화롭다. 노을빛에 젖어 천천히 카약을 즐기거나, 열정적으로 키스를 나누는 연인들, 자전거로 강변을 달리기도 한다.

스페인에서 4번째로 큰 도시로 우리에게는 플라멩코와 투우의 본고장으로 알려져 있다. 스페인의 대표화가 벨라스케스의 고향이기도 하다. 스페인을 대표하는 문화인 투우와 플라멩코를 보기 위해 해마다 많은 관광객이 이곳을 찾고 있다. 안달루시아 지방을 대표하는 도시로 오페라 〈카르멘〉, 〈세비야의 이발사〉, 〈피가로의 결혼〉의 무대이기도 하다.

세비야 베스트 코스

세비야의 구시가와 플라멩코를 직접 느껴보면 세비야의 매력에 푹 빠지게 된다. 지금부터 세비야의 매력을 느껴보자. 세비야는 시에스타(낮잠)로 중간 휴식을 갖는 곳이 많으니 관광 안내소에서 관광명소 입장 시간을 확인하자.

고고학 박물관
Museo Arqueológico de Sevilla

스페인 광장에서 15분 정도 걸으면 아메리카 광장에 위치한 플라테레스코양식의 건물로 된 고고학 박물관을 볼 수 있다. 1929년 라틴 아메리카 박람회의 대회장으로 사용되었던 곳으로 구석기 시대부터 중세 시대까지 안달루시아 지방에 살았던 민족들의 문화와 역사를 보여주는 고고학 유물을 전시하고 있다.

기원전 5~3세기경 타르테소스족의 것으로 추정되는 황금 장신구 카람볼로 보물 Tesoro del Carambolo과 스페인에서 가장 잘 보존된 헤르메스 상 la Estatua de Harmes은 꼭 봐야 할 유물이다.

⊙ 화~토요일 09:00~20:30
　(6~9월 초 09:00~15:30)
　일, 공휴일 09:00~17:00
　월요일, 1/1, 1/6, 12/24~25 휴무
€ 일반 €2.5, 학생 무료

황금의 탑
Torre del Oro

과달키비르Guadalquivir 강변에 세워진 정12각형의 탑으로 금색 도기 타일이 입혀져 황금의 탑으로 불린다. 강 건너 편에 있던 은의 탑과 쇠사슬을 연결해 적의 침입을 막고 배의 통행을 제한하기 위해 세워졌다.
현재는 해양 박물관Museo Maritimo으로 사용되고 있다. 탑 꼭대기에 있는 전망대로 올라가면 아름다운 과달키비르 강의 풍경을 감상할 수 있다.

⊙ 10:00~14:00(토, 일 11:00~14:00), 월요일, 공휴일 휴무   € 일반 €3, 학생 €2

마카레나 성당
Basílica de la Macarena

필라토스의 저택에서 걸어서 5분 정도 가면 '눈물을 흘리는 성모'로 유명한 마카레나 성당이 나온다.
희망의 성모la Virgen de la Esperanza에게 봉헌된 성당으로 1941년 신바로크양식으로 지어졌다. 성당 안에는 박물관, 보물실, 기념품 가게 등이 있다.

🌐 www.hermandaddelamacarena.es
🏛 대성당에서 도보 30분, 필라토스의 저택에서 도보 5분
⊙ 09:00~14:00, 17:00~21:00
€ 무료

왕립 마에스트란사 투우장
Real Maestranza de Caballería de Sevilla

스페인에서 가장 오래된 투우장으로 1761년부터 100여 년에 걸쳐 바로크양식으로 완성되었다. 세마나 산타 Semana Santa가 열리는 3월 말이나 4월 초를 기점으로 투우 경기가 시작되어 10월 중순까지 열린다. 투우 경기가 없는 날에는 가이드 투어가 있어 경기장과 박물관을 둘러볼 수 있다.

세마나 산타
스페인에서 가장 오래된 투우장으로 1761년부터 100여 년에 걸쳐 바로크양식으로 완성되었다. 세마나 산타(Semana Santa)가 열리는 3월 말이나 4월 초를 기점으로 투우 경기가 시작되어 10월 중순까지 열린다. 투우 경기가 없는 날에는 가이드 투어가 있어 경기장과 박물관을 둘러볼 수 있다.

- www.realmaestranza.com 대성당에서 도보 15분, 황금의 탑에서 도보 5분
- 11~4월 09:30~19:00, 5월, 10월 09:30~20:00, 6~9월 09:30~23:00, 투우 경기 있는 날 09:30~15:00 12/25, 성 금요일 휴무
- 일반 €9, 학생 €5

필라토스의 저택
Casa de Pilatos

15세기부터 짓기 시작해 약 50년 후에 완성된 세비야 명문 귀족의 저택이다. 스페인의 유명한 건물들에서 이슬람 문화와 기독교 문화가 혼재된 모습을 볼 수 있다. 필라토스의 저택 역시 19세기 중반 무데하르-고딕, 르네상스, 로맨틱 등 다양한 양식이 혼합된 건물로 개조되었다. 저택 안으로 들어가면 분수와 조각상, 안뜰, 화려한 문양으로 장식된 회랑과 천장 등을 감상할 수 있다.

- www.tundacionmedinaceli.org
- 대성당에서 도보 20분
- 11~3월 09:00~18:00, 4~10월 09:00~19:00
- €9(1층만 €7)

세비야 미술관
Museo de Bellas Artes de Sevilla

아르미스 광장에서 걸어서 5분 정도면 수도원을 개축해 19세기 중반에 문을 연 세비야 미술관을 볼 수 있다. 큰 규모는 아니지만 세비야의 대표 화가인 무리요^{Murillo}, 수르바란^{Zurbaráｎ} 등의 작품을 전시하고 있다.

🌐 www.museosdeandalucia.es
🕙 화~토요일 10:00~20:30 (6~9월 초 09:00~15:30), 일, 공휴일 10:00~17:00, 월요일, 1/1, 5/1, 12/31 휴무
€ €2.5

세비야 대성당
Seville Cathedral

유럽여행에서 흔한 것이 성당이지만 세비야 대성당은 이탈리아 로마의 바티칸 대성당과 영국의 세인트폴 대성당 다음으로 3번째로 규모가 크기 때문에 관심이 생겨난다. 또한 유럽에서 가장 큰 고딕 양식의 성당에서 콜럼버스 무덤, 고야와 무리요의 예술 작품, 수많은 아름다운 건축물을 볼 수 있어서 매년 관광객의 발길이 끊어지지 않는다.

엄청난 규모의 세비야 대성당은 여러분에게 경이로운 시간을 선사할 것이다. 1400년 대 초, 부유한 의원회가 웅장한 성당을 지을 것을 의뢰했는데, 그 어마어마한 규모는 향후 방문객들이 성당 설립자들의 정신 상태에 의문을 가질 정도였다고 전해진다.

세비야 대성당 설명

1. 규모가 대단히 큰 성당답게 볼거리는 풍부하다. 남쪽 외관에 있는 산 크리스토발 문을 통해 입장해 리셉션을 통과해 오른쪽을 보면 황금빛으로 번쩍거리는 제단과 화려한 스테인드글라스도 관심을 끌지만, 탐험가 크리스토퍼 콜럼버스의 무덤이 인상적이다.
콜럼버스의 유언 때문에 미처 땅에 묻히지 못하고 공중에 들려 있는 콜럼버스의 무덤을 구경할 수 있다. 당시에 스페인을 정복했던 각각 다른 왕국을 대표하는 4명의 무덤지기 동상이 무덤을 짊어지고 있다.

2. 여기에서 중앙 본당으로 이동하면서 성당의 엄청난 규모에 또 한 번 놀라게 된다. 42m 높이의 왼쪽 지역은 대부분 비어있어 이곳의 규모를 더욱 더 실감할 수 있게 해준다. 복도로 눈을 돌리면 금으로 화려하게 장식된 섬세한 조각과 동상을 발견하게 된다. 계속해서 본당으로 이동하면 중앙 예배당이 나오며, 여기에서 세계에서 가장 크다고 여겨지는 거대한 고딕 양식의 제단을 만날 수 있다. 나무에 조각되고 금으로 장식된 천 여 명이 넘는 인물들로 묘사된 그리스도 삶의 45개 장면도 담겨 있다.

3. '사크리스타 마요르'와 '사크리스티아 데 로스 칼리세스'의 2개의 주요 성구 보관실도 중요하다. 이곳에는 은기 및 오래된 해골 등이 있으며, 페르난도가 도시를 정복했을 때, 유대인, 무어인 공동체가 선사한 열쇠 등이 보관되어 있으며, 고야의 걸작 후스타와 루피나 성녀도 감상할 수 있다.

4. 고풍스러운 건축물이 즐비한 세비야 시내 풍경은 유럽에서도 손꼽힐 정도로 아름답다. 물론 34층을 오르는 동안 숨이 턱 끝까지 차겠지만, 확실히 올라가볼 가치가 있다. 과달키비르 강의 동쪽 둑에 위치한 성당에서 내려다보는 세비야의 전경도 아름답다.

히랄다 탑
Giralda

비싼 입장료를 내고 세비야 성당을 찾는 관광객들의 목적은 따로 있다. 34층 높이의 히랄다 Giralda 탑 꼭대기에 올라가서 세비야의 전경을 보기 위해서다. 히랄다 탑의 내부 입장은 세비야 대성당을 통해 이어진다. 탑 상단까지 부드럽게 경사진 램프를 올라가게 된다.
10세기에 세계에서 가장 높은 종교 기념물이었던 이 미나레트는 세비야 대성당에서 가장 눈길을 끄는 종탑이다.

안달루시아 지방의 다른 성당들이 그렇듯 세비야 대성당 또한 8세기에 건설된 모스크 위에 지어졌다. 모스크의 흔적이 가장 뚜렷하게 남아 있는 곳이 세비야 대성당의 랜드 마크인 히랄다 Giralda 탑이다. 무슬림들의 기도 시간을 알리는 미나레트에 28개의 종을 달고 고딕식 지붕을 얹은 것이다.

간단한 히랄다 역사

히랄다(Giralda) 탑은 원래 현재 세비야 대성당이 있는 지역에 있던 모스크의 미나레트였다. 1184~1196년 사이에 지어진 히랄다 탑은 12세기 스페인을 정복했던 모로코 베르베르 왕조인 알모하드조에 의해 건설된 3개의 주요 미나레트 중 하나였다. 다른 2개의 미나레트는 모로코의 라바트와 마라케시에 있다. 1248년 재정복 이후 기독교인들이 히랄다 탑을 자신들의 것으로 주장하고 이후 세비야 대성당의 종탑이 되었다.

About 히랄다
탑은 대성당 위, 인근 옥상에 위치한다. 탑의 꼭대기에서 신앙을 대표하는 여인의 대형 청동 동상을 볼 수 있다. 실제로 16세기에 히랄다 탑에 첨가된 것으로 이로 인해 최근의 높이인 104m가 되었다. 탑의 아래쪽으로 향하면 로마 황제 아우구스투스에 관한 비문이 새겨진 돌을 찾을 수도 있다. 원래 미나레트는 로마 유적의 유물을 사용하여 건설되었다.

전망
히랄다 탑의 정상에서 볼 수 있는 세비야의 탁 트인 전망이 압권이다. 알카사르 성과 스페인 광장과 같은 유명 관광지와 세비야를 감상할 수 있을 뿐만 아니라 세비야 대성당의 상층에 있는 괴물 석상과 부벽을 특별하게 감상할 수 있다. 히랄다 탑의 꼭대기에 오른 것이 처음 느끼는 보람이다. 탑 자체도 구경할 가치가 크다. 섬세한 격자 세공과 조각은 간단하지만 매우 매력적인 아름다움을 선사한다.

알카사르
Royal Alcázar of Seville

스페인 왕족들에 의해 지금도 사용되고 있는 알카사르^{Alcazar}는 유럽에서 가장 눈에 띄는 건축 업적 중 하나이다.

세비야 대성당과 인접해 있는 성. 콜럼버스와 마젤란을 비롯한 유럽의 탐험가들이 자금을 원조받기 위해 스페인 국왕을 알현하던 곳으로 과달키비르 강의 동쪽 둑에 위치해 있다. 스페인이 세계를 쥐락펴락하던 대항해시대의 첫 포문을 연 역사적인 장소이다.

11세기의 무어 시대에서부터 오늘날 현대 시대까지 아우르는 스타일이 혼합된 건물과 정원으로 구성된 성이라고 할 수 있다. 기본적인 이슬람 양식에 고딕이나 르네상스 양식 등 다양한 요소와 결합해 고유한 아름다움을 만들어냈다.

미로같이 얽힌 수많은 방, 한눈에 들어오지 않을 정도의 거대한 규모를 뽐내는 이슬람식 정원, 은밀한 왕궁의 뒷얘기를 상상하게 만드는 지하 목욕탕까지, 지금도 알카사르^{Alcazar}의 일부는 스페인 왕실 가족들의 거처로 사용되고 있다.

감상하기

화려한 장식용 벽토 작업을 구경하고, 디자이너들이 완성한 기하학적 조화와 균형을 확인할 수 있다. 알카사르(Alcazar)의 평화로운 정원에 위치한 수영장과 분수 사이도 거닐면서 당시의 놀라운 건축 기술을 감상해 보자.

이곳에서 가장 아름다운 곳은 페드로 1세에 의해 14세기에 지어진 중앙 마당으로 들어가자마자 볼 수 있는 왕궁 중심부이다. 궁의 화려한 이관은 지브롤터 해협의 양쪽에서 온 최고의 장인들에 의해 완성되었다. 대리석 기둥 창문, 복잡한 장식 작업, 돌출 지붕은 모두 '무데하르'양식의 최고의 예를 보여주는 요소이다. 무데하르 양식은 기독교와 이슬람교 스타일을 융합하고 있다.

좁은 복도를 따라 성의 중앙 뜰에 들어서면 '처녀들의 정원'이라 알려진 곳에 도착하게 된다. 기독교 지도자에 의해 무어인 왕들에게 매년 100명의 처녀들이 제공되었다는 곳이다. 중앙에 있는 하경 정원은 더욱 멋진 회반죽 장식과 타일로 둘러싸여 있다.

그라나다의 알람브라에서 가져 온 회반죽 장식이 특징인 인형의 정원의 아치 내부에 있는 작은 두 개의 얼굴을 볼 수 있다. 대사의 방에서는 타일과 섬세한 회반죽 장식으로 꾸며진 말발굽 모양의 아치가 보인다. 정원에는 페드로의 정부였던 마리아 데 파디야의 욕조를 비롯해 다른 인공 연못이 더욱 고요한 분위기를 완성해 주는 곳이 있다.

인디아스 고문서관
Archivo de Indias

1572년 르네상스양식으로 지어졌다. 원래 스페인 식민지였던 인디아스와의 교역이 이루어지던 상품거래소로 사용되어 오다가, 1784년 카를로스 3세 때부터 신대륙 발견과 식민지 정책에 관한 모든 역사자료를 보관하는 고문서관으로 바뀌었다. 1987년 세계문화유산으로 지정되었다.

⏰ 09:00~17:00(일요일, 공휴일 10:00~14:00)   € 무료

세비야 대학
University of Seville

대성당 가까이에는 1757년, 바로크양식으로 지어진 왕립 담배공장 Farica de Tabacos이 있다. 담배공장으로 지어졌으나 지금은 세비야 대학의 법학부 건물로 사용되고 있다.
비제의 오페라 〈카르멘 Carman〉(1875)의 배경이 되기도 했던 곳으로 주인공 카르멘과 돈 호세 하사의 첫 만남이 이루어진 곳이 바로 담배공장 앞이다.

🏠 대성당에서 도보 7분
€ 무료

시간_ 대성당에서 도보 7분
요금_ 무료

마리아 루이사 공원
Parque de María Luisa

세비야 최대 규모의 공원으로 운하와 산책로, 박물관과 분수대, 유서 깊은 건물들로 이루어져 있다. 느넓은 마리아 루이사 공원에서 여유를 갖고 정원과 연못, 기념물과 유서 깊은 건물들을 감상하는 사람들을 볼 수 있다. 과거 왕궁에 속한 정원이었던 34Ha 넓이의 공원은 19세기 말, 인판타 마리아 루이사 페르난다Inpanta Maria Luisa Pernanda가 세비야에 유증한 것이다.

야자수와 소나무와 오렌지 나무가 늘어선 산책로를 따라 산책과 조깅을 즐기며 분수대와 정자를 보면서 쉴 수 있다. 마차를 타고 공원을 한 바퀴 도는 관광객과 연못가에 앉아 유유히 떠가는 백조와 오리를 구경하는 어린이들이 해맑은 웃음을 짓고 있다. 공원의 여러 기념물 중에는 사자 분수대가 특히 유명하다.

공원시설

에스파냐 플라자

공원 중앙의 벽돌 건물인 에스파냐 플라자는 1929년 스페인-아메리카 박람회를 위해 지어졌다. 곡면의 파사드는 르네상스 양식과 무어 양식을 혼합하여 제작되었다. 이 건물은 영화 〈아라비아의 로렌스〉, 〈스타워즈 에피소드 2 - 클론의 습격〉에도 등장하였다.
에스파냐 플라자의 열주 사이를 거닐면 타일로 장식된 벽감에 자기로 된 벤치가 놓여져 있는 데, 벽감은 각각 스페인의 여러 지방들을 상징한다. 배를 대여하여 에스파냐 플라자 앞을 흐르는 500m 길이의 운하를 둘러보는 것을 추천한다.

고고학 박물관

대중미술과 풍습 박물관에서 플라멩코 의상과 전통 의복을 구경할 수 있다. 박물관은 모두 공원 남쪽 끝, 아메리카 광장에 자리해 있다. 광장에는 비둘기들이 많이 살고 있어, '비둘기 광장'이라고도 불린다.

스페인 광장
Piazza di Spagna

마리아 루이사 공원 내에 위치한 스페인 광장은 세비야의 가장 인상적인 광장에서 분수대, 다리, 그림이 새겨진 세라믹 타일을 볼 수 있다. 역사적으로 지리적인 거점에 자연스럽게 생긴 광장이 아니라 1929년 라틴아메리카 박람회장으로 사용하기 위해 지은 건축물이 들어서고 광장이 만들어졌다. 아라비아의 로렌스와 스타워즈 I과 III와 같은 영화들이 모두 이곳에서 촬영되었지만, 우리에게는 배우 김태희가 CF에서 플라멩코를 춘 장소로 유명해졌다.

매력 포인트
스페인 광장은 1928년에 지어졌으며, 바로 다음 해에 이베로 아메리칸 전시회가 개최되었다. 다른 전시 건물과는 달리 주변을 둘러싼 곡선형 연못과 건물 외관을 전망할 수 있는 높은 탑과 아치로 구성되어 있다. 이러한 요소들이 스페인에 있는 이 광장을 더욱 매력적으로 완성해 준다.

90년 가까운 세월이 흘렀음에도 웅장하고 섬세해서 광장의 분수대를 바라보며 테라스를 걷는 동안 들뜨는 마음을 가라앉히기 어려울 것이다. 해가 완전히 지고, 조명이 켜지기 시작하면 스페인 광장의 진가가 제대로 드러나기 시작한다. 지금까지 당신이 본 광장에서 이렇게 야경이 아름다운 곳은 없었을 것이다.

반원 형태로 광장을 둘러싼 고풍스러운 건축물에 시선이 다가간다. 광장 주변의 카페에서 커피와 타파스를 즐기면서 연못과 분수 주변으로 불이 밝혀지는 저녁에 들러 아름다운 광장을 감상하는 것을 추천한다.

둘러보기

중앙의 비센테 트라베르 분수를 지나 스페인 광장의 화려한 다리 사이에 있는 곡선형의 운하를 거닐어 보자. 건물 외부의 바위형 길을 따라 가며 아르데코와 르네상스기 혼합된 화려한 색채의 세라믹 타일로 꾸며져 있다.

광장을 디자인한 아니발 곤살레스가 선보인 대칭의 아름다움은 곳곳에 보인다. 광장 중앙에는 비센테 트라베르 분수대가 있는데, 여기에는 곡선형의 외관 양쪽에 있는 2개의 높은 탑이 배경을 이루고 있다. 아름다운 연못의 반짝이는 물과 매력적인 곡선형의 다리가 아름답다.

광장의 아치 내에 있는 48개의 벤치는 서로 다른 타일로 이루어져 있으며, 스페인의 여러 지역을 묘사한 세라믹 타일로 만들어진 그림으로 꾸며져 있다. 건물 내부로 들어서면 코퍼 천장을 완성한 장인의 솜씨를 볼 수 있다.

Spain 투우

스페인은 유럽의 서쪽 이베리아 반도에 위치하고 있다. 고대 페니키아어에서 토끼를 뜻하는 '사판'으로부터 유래된 스페인은 스페인어로는 '에스파냐'라고 말한다. 페니키아인들이 이베리아 반도로 들어왔을 때에 토끼가 들끓고 있어 에스파냐라는 이름을 붙였다고 한다.

스페인을 '정열의 나라'라고도 부르는데, 스페인들의 기질이 열정적인데서 붙은 별명이다. 투우란 큰 경기장 한가운데에서 투우사가 '물레타'라고 하는 붉은 색 천으로 소를 유인해 칼로 찌르는 경기이다. 특히 사나운 소와 대결하는 투우는 스페인의 문화적 상징처럼 여겨지기도 한다. 그러나 투우 경기가 스페인에만 있는 건 아니다.
포르투갈, 남부 프랑스, 멕시코에서도 투우 경기가 열렸다. 하지만 최근에는 거의 열리지 않고 있다.
스페인의 투우는 소를 죽여야 경기가 끝난다는 긴장감 때문에 더 유명하다. 투우사는 무조건 소를 죽이지 않고 아슬아슬하게 피하면서 소를 놀린 뒤에 대결해야 영웅으로 대접받는다.
이렇게 스페인 사람들은 투우를 보면서 열정적인 기질을 아낌없이 드러낼 수 있기 때문에 투우를 좋아했지만 지금은 소를 잔인하게 죽이는 것이 논란이 되어 스페인에서도 투우는 없어지고 있고, 스페인 남부의 안달루시아정도만 가끔 투우경기가 열린다.

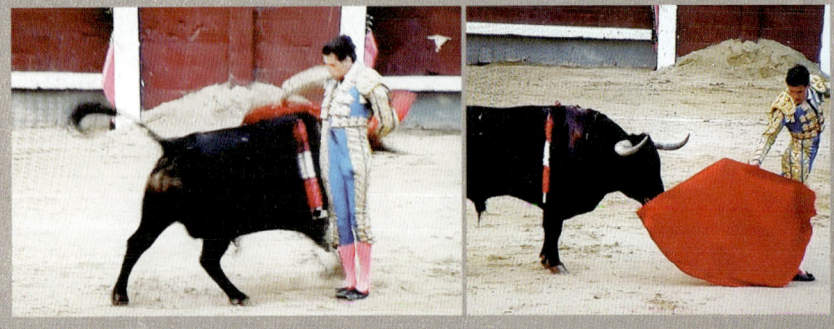

스페인 사람들의 인식

스페인 사람들은 이 투우를 투우사와 소가 삶과 죽음을 놓고 대결을 펼치는 아름다운 삶과 죽음의 아름다운 몸짓으로 생각한다. 그래서 신문에서도 투어에 대한 기사를 스포츠 면이 아닌 문화면에서 다루기도 했다. 투우에서 마지막으로 주인공인 마타도르가 물레타를 들고 등장해 화가 난 소와 대결을 한다. 이때 소에 맞서는 '마타도르'는 화려한 기술과 자신만만한 몸동작으로 소를 다루는데, 이 모습이 마치 춤을 추는 것 같다고 생각한다.

투우용어

마따도르(Matador)
투우 경기의 주인공은 소와 투우사. 이중 남녀노소 할 것 없이 모두에게 사랑을 받는 투우사를 마따도르 혹은 엘 에스빠다 티 espada라고 한다. 이들은 어릴 때부터 투우사의 꿈을 안고 전문적으로 교육을 받은 사람들로 스페인에서 가장 인기 있는 직업. 특히 젊은 여자의 사랑을 제일 많이 받는다. 멋진 경기를 펼치는 날에는 죽인 소의 귀나 꼬리를 잘라 갖게 된다. 투우사 1명에 3명의 반데리예로와 2명의 삐까도르가 등장한다.

또로스(Toros)
수소를 또로toro 라고 하며, 투우용 소를 또로스(Toros)라고 한다. 안달루시아나 살라망카 평원에서 특별히 사육된 야생소로, 이중에서도 성질이 더러운 암소에서 태어난 성깔 있는 수소만이 투우로 자라게 된다. 훌륭한 소를 배출한 목장주는 투우학교 교장 못지않고 대단한 자부심을 갖고 있다고 한다.

반데리예로(Banderillero)
반데리야banderilla 는 깃발이 달린 짧은 창. 이 창을 소의 등에 꽂는 일을 하는 미래의 마따도르를 반데리예로하고 한다. 단창 두 개를 소등에 꽂을 때 정말 기가 막히다.

삐까도르(Picador)
긴 창잡이. 눈을 가리고 갑옷을 입힌 말을 타고 나타난다. 주임무는 힘이 넘치는 수소의 목과 등근육을 찢어서 소의 움직임을 둔화시키는 것. 소가 뿔을 높이 쳐들면 마따도르가 위험하기 때문에 이일을 하지만 관중들에게는 욕을 먹는다. 왜냐하면 박진감이 떨어지기 때문이다.

까뽀떼(Capote)
한쪽은 노랑 반대편은 분홍색으로 된 큰 망토. 이 큰 망토로 소를 유인하면서 여러 가지 소 모는 기술을 보여준다.

물레따(Muleta)
마따도르가 최후의 순간에 이 물레따 뒤에 칼을 숨기고 소를 유인한다. 붉은 색의 이 물레따를 보면 소가 흥분한다고 하지만 사실은 사람이 흥분한다. 왜냐하면 소는 색맹이라서 색을 구분하지 못하고 다만 움직임을 쫓아갈 뿐이다.

flamenco 플라멩코

화려한 옷과 열정적인 몸동작이 인상적인 플라멩코는 전통 춤이 있다. 15세기 초, 나라 없이 떠돌던 집시들이 안달루시아 지역에 들어와 살기 시작하면서 이들의 춤과 노래가 안달루시아 지역의 전통 춤, 음악과 섞여 플라멩코가 만들어졌다.

플라멩코는 무용수가 손뼉을 치고 발을 구르면서 추는 춤 '바일레', 기수가 슬픔이 담긴 목소리로 부르는 노래 '칸테', 여기에 분위기를 돋구어 주는 기타 연주인 '토케'가 어우러져 하나의 무대를 만들어 낸다. 플라멩코에는 유럽 곳곳을 떠돌며 박해를 받았던 집시들의 한이 담겨 가슴을 울리는 애절함이 있다.

집시

흔히 우리가 부르는 집시는 이집트인을 의미하는 영어식 표현으로, 스페인에서는 히따노라고 한다. 하지만 이런 명칭은 이슬람 세력과 함께 들어온 미지의 종족에 대한 무지에서 비롯된 것. 집시들은 스스로를 롬^{Lom} 또는 돔^{Dom}이라고 하는데, 이는 '인간'이라는 뜻이다.

집시가 스페인에 온 이유

언어는 있으되 나라가 없고, 나라는 없되 민족은 있는 집시. 그들은 어디에서 왔을까? 이 질문에 정확히 대답할 수 있는 사람은 없다. 다만 그들이 인도 북서부의 한 부족으로 종족 분쟁이나 전란(특히 칭기스칸의 침입)을 피해 서쪽으로 이동하면서 유랑이 시작되었다고 보는 것이 공통된 견해이다. 9~10세기경에 유랑을 시작한 집시가 이슬람 지역인 중동과 아프리카를 거쳐 이집트, 모로코를 지나 스페인 남부 안달루시아로 들어온 것은 15세기의 일이다.

생활 습관

한 곳에 정착하지 못하는 집시를 보다 못해 터키의 왕이 넓은 땅을 주며 그 곳에서 정착하라고 하자 그 땅을 팔고 유랑을 떠났다는 일화가 말해주듯, 유랑은 집시의 가장 큰 특징이며, 역마살을 떨칠 수 없는 것이 집시이다. 이런 집시에게 가장 중요한 것은 이동수단. 오늘날에는 말을 대신한 자동차에 일가족과 생활필수품을 싣고 다니다보니 소유에 대한 집착은 별로 없다.

구속과 정착을 싫어하는 기질에 노는 것을 좋아하는 천성이 더하여 이들은 먹을 것이나 있으면 언제나 춤추고 노래하며 즐겁게 지낸다. 그러다 보니 생계를 위해 그들이 갖은 직업은 그날 일용할 양식만 구하면 되는 날품팔이나 악사, 광대가 대부분이다.

이렇듯 유랑을 하지만 그들의 내부 결속력은 상당히 강해서 타 종족과 결혼하는 일은 거의 없으며, 아버지를 중심으로 한 철저한 부계사회를 이루고 있다. 이런 결속력은 유혈분쟁이 있을 경우 피의 복수를 부르기도 한다.

박해

집시는 현재 종교를 수용해 현지인과의 마찰을 가급적 피하지만 범신론적 주술을 믿는 편이다. 그래서 영화에 기분 나쁜, 그러나 적중률 높은 점쟁이로 등장하기도 한다. 사실 서구 사회에서는 집시에 대해 별로 좋지 않게 생각하는 견해가 일반적인데, 이런 감정이 극에 달한 것은 2차 대전 나치는 유대인뿐만 아니라 집시 말살 정책을 펴 40만에 달하는 집시를 수용소로 보냈다. 하지만 유대인과는 달리 이렇다 할 사죄 한번 제대로 받지 못했다.

플라멩코

노래와 춤을 좋아하고 놀기 좋아하는 집시가 스페인으로 들어온 것은 15세기. 유랑민으로 온갖 박해를 받으며 스페인 남부 안달루시아 지방에 이들이 도착했을 때, 그들에게는 아라비아의 열정과 아프리카의 원시와 대자연의 향기가 절절히 배여 있었다. 이 집시가 안달루시아의 뜨거운 태양과 격렬한 스페인 음악과 만난 것이다.

유랑민의 슬픔, 이슬람 문화와 집시적인 열정, 아프리카의 원시, 스페인의 음악이 만나 만들어진 것이 플라멩코인 것이다.

타블라오(Tablao)

안달루시아의 토굴에서 지내던 집시의 집에서 행해지던 플라멩코를 전문적으로 공연하는 곳이 타블라오이다. 오늘날과 같은 타블라오가 제일 처음 등장한 것은 1842년 세비야에서이다. 타블라오^{Tablao}는 극장식 식당으로 식사를 하면서 공연도 함께 즐기는 곳. 그러므로 본업은 식당이라 할 수 있고 그 등급도 포크 수로 구별한다. 하지만 식사보다는 플라멩코 공연이 주가 되어, 음료 한 잔만 시켜도 된다. 공연장이니 만큼 너무 난잡한 복장은 피하는 것이 좋다.

공연은 저녁식사 시간인 저녁 9시에 시작된다. 이때부터 달아오르기 시작한 타블라오^{Tablao}는 자정 무렵을 정점으로 하여 그 열기가 극에 달한다. 이즈음이면 최고의 무희가 등장하는데, 만약 낮에 시에스타를 충분히 즐기지 않았다면, 여행의 피로로 꾸벅꾸벅 졸게 될 것이다. 공연은 보통 새벽 2~3시에 끝난다.

빠져드는 공연

정, 동이 분명한 동작 속에 힘이 깃들여진 플라멩코를 보다보면 죽음을 응시하는 투우사의 몸짓과 매우 흡사함을 발견하게 된다. 플라멩코에는 기타리스트, 가수, 무희가 함께 등장하는데, 처음엔 한손을 치켜든 무희가 손뼉을 치며 발을 구르면서 무대 전면에 나선다.

이때 그들이 박자를 맞추는 손뼉과 발소리는 잦아든 야성을 일깨우는 듯 관객을 흥분시키는데, 이게 장난이 아니다. 6명의 무희가 교대로 춤을 추고 나면 맨 나중엔 군무가 이어지면서 이윽고 조명이 사라지고 플라멩코의 정수라 할 수 있는 '칸테'가 시작된다. 폐부를 쥐어짜는 듯한 가수의 허스키 보이스에는 왠지 모를 슬픔이 가득하다. 이 노래가 끝나면 일급 무용수의 독무가 이어진다. 칸테의 끊어질 듯 흐느끼는 애수, 기타리스트의 격렬한 리듬, 이에 몸을 맡겨 활활 타오르는 무희의 열정이 한데 어우러진 것이 플라멩코로 단순한 춤이 아니다.

플라멩코 용어

■ 칸테
플라멩코의 핵심이다. 슬픈 리듬속에 집시의 애환을 담은 가사는 정해진 것이 없다고 한다. 스페인 가수 '집시 킹'을 안다면 쉽게 이해할 수 있을 것이다.

■ 사빠떼따(발구름)
구두 앞과 뒤의 굽으로 나무 마루바닥을 치면서 기타, 손뼉, 추임새와 함께 플라멩코에 격렬한 리듬을 부여한다.

■ 빨마스 (손뼉)
기타 리듬에 맞춰서 손뼉으로 박자를 맞추는데, 가슴을 파고드는 이 불규칙 손뼉치기를 할 수 있다면 플라멩코는 어느 정도 이해한 수준. 한 무용수가 춤을 추면 나머지 무용수들이 손뼉으로 박자를 맞춰주며 '올레' '발레' '빠사' 등의 추임새를 넣는다.

플라멩코를 볼 수 있는 곳

플라멩코의 본고장인 스페인의 안달루시아 지방 세비야와 그라나다를 비롯한 바르셀로나, 마드리드 등에서 볼 수 있다. 집시의 애환이 담긴 정열의 춤 플라멩코는 '타블라오(Tablao)'라는 극장식 술집에서 공연되는데 보통 밤 11시부터 새벽녘까지 열린다. 저녁을 먹으면서 보는 플라멩코 쇼는 비싸지만 입장료를 내고 들어와 와인이나 상그리아 한잔 정도를 주문하고 본다면 그런대로 저렴하게 볼 수 있다.

■ 마드리드
마요르 광장 주변에 플라멩코를 공연하는 타블라오기 여러 군데 있지만 상업적인 냄새가 짙고 다른 지방에 비해 솜 비싼 편이다.

■ 그라나다
알람브라 궁전 부근의 사크로몬테(Sacromonte) 언덕은 집시 촌락이다. 예전에 동굴에서 생활하던 집시들은 없어지고 술집이나 플라멩코를 보여 주는 타블라오들이 모여 있다. 이 중에는 예전 집시들의 생활공간인 동굴 안에 그대로 타블라오를 만들어 놓아 더욱 생생하게 전통적인 플라멩코를 즐길 수 있는 곳도 있다. 아직도 사회 최 하류층인 집시들이 거주하고 있어 밤에 여자 혼자 플라멩코를 보러 가는 것은 위험하다는 편견이 있었지만 현재는 나아졌다. 타블라오는 밤 10시 경에 가면 관람할 수 있는데, 식사를 하지 않고 음료권만 사면 저렴하다.

■ 세비야
플라멩코의 본고장이다. 알카사르 성을 보고 나와 뒤편으로 가면 구 유대인 거리였던 산타 크루즈 거리로 접어든다. 이 거리에 자리잡은 로스 가로스(Los Gallos)가 유명하다. 밤 9시와 11시 30분에 각각 플라멩코 쇼가 벌어지며 새벽 2시가 돼야 모두 끝이 난다.

플라멩코 박물관(Museo del Baile Flamenco)

좁은 골목길을 걸어서 10여분 정도 지나면 박물관을 찾을 수 있다. 1층에는 스페인 사진가 콜리타Colita의 사진 전시와 플라멩코의 역사, 종류, 영상, 의상과 각종 소품, 포스터 등이 전시돼 있다. 암막 커튼과 어두운 실내, 피를 토하는 듯한 플라멩코 노래 덕분에 귀신의 집에 들어온 것처럼 으스스하다. 2층은 1층과 분위기가 180도 다르다. 환한 실내에는 플라멩코에 관한 각국 작가들의 상설 전시관. 지하 1층과 G층은 플라멩코 레슨 스튜디오와 상설전 시장으로 구성되어 있다.

공연
세비야의 카사 델 라 메모리아Casa de la Memoria와 엘 아레날El Arenal 모두 타블라오 형태다. 식사와 공연 혹은 음료와 공연이 패키지로 묶여 있어 원하는 가격대와 원하는 공연 시간을 선택할 수 있다. 예약은 각 타블라오 홈페이지나 관광안내소에서 하면 된다.

플라멩코 박물관(Museo del Baile Flamenco)
- 주소 : C/ Manuel Rojas Marcos 3, 41,004 Sevilla
- 전화 : 954 340 311
- 시간 : 9시30분~19시
- 요금 : 12€
- 홈페이지 : www.museoflamenco.com

카사 델 라 메모리아(Casa de la Memoria)
- 주소 : Calle Cuna 6, Sevilla
- 전화 : 954 560 670
- 시간 : 19시30분, 21시
- 요금 : 18€
- 홈페이지 : www.casadelamemoria.es

엘 아레날(El Arenal)
- 주소 : Calle Rodo 7-Barrio del Arenal 41004, Sevilla
- 전화 : 954 216 492
- 시간 : 20시(디너는 19시부터), 22시
- 요금 : 38€(쇼+무료 음료 / 쇼+타파스 60€ 쇼+디너 72€)
- 홈페이지 : www.tablaoelarenal.com

쿠에바 로스 타란토스(Cueva Los Tarantos)
- 주소 : Camino del Sacromonte, 9-18010 Granada
- 전화 : 958 224 525
- 시간 : 21시30분, 23시
- 요금 : 쇼+무료 음료+픽업 +알바이신 전망대 투어 : 30€ 쇼+픽업+알바이신 전망대 투어 +디너 : 60€
- 홈페이지 : www.cuevaslostarantos.com/en/

라 브루닐다
La brunilda

세비야에서 한국인 입맛에 가장 맞는 음식점으로 공인된 타파스 바다. 오픈 시간에 맞추어 가도 웨이팅이 있을 정도로 유명하고 인기 있는 곳이기 때문에, 오랜 시간 기다리지 않고 싶다면 오픈 시간 전에 넉넉하게 도착해서 대기하는 것을 추천한다. 한국인 여행자들에게 가장 인기 있으며, 추천하는 메뉴로는 치즈 버섯 리조또와 송아지 스테이크다. 직원들은 친절한 편이며, 메뉴판에 있는 QR코드를 찍으면 한국어로 써 있는 메뉴판을 볼 수 있기 때문에 어렵지 않게 주문할 수 있다.

홈페이지 www.labrunildatapas.com 위치 Calle Galera, 5, 41002 Sevilla(세비야 시청에서 약 600m)
시간 13시 30분~16시, 21~24시(일요일 13시 30분~16시 / 월요일 휴무) 요금 치즈 버섯 리조또 5.8€
전화 0954-22-04-81

보데가 산타 크루즈
bodega santa cruz

저렴한 가격에 맛있는 타파스를 먹을 수 있는 맛집으로 현지인과 관광객 모두에게 인기 있는 곳이다. 입구나 바에 서서 타파스를 먹는 타파스 바의 분위기를 제대로 느낄 수 있는데, 특히 저녁 시간에 현지 타파스 바 분위기를 물씬 즐길 수 있다. 또한 오전이나 낮에 방문하는 것에 비해 더 다양한 메인 메뉴를 시킬 수 있으므로 저녁에 방문하는 것을 추천한다. 한국인 여행자들이 많이 방문하는 곳으로 약간의 한국어를 할 수 있는 직원이 있다. 베스트 메뉴를 추천받거나 가지 튀김 또는 명란 튀김을 시키면 매우 만족 할수 있을 것이다.

홈페이지 www.facebook.com/BodegaSantaCruzSevilla
위치 Calle Rodrigo Caro, 1, 41004 Sevilla(세비야 대성당에서 약 100m)
시간 8~24시(일~목) / 금, 토 8~24시 30분 요금 타파스류 1€~ 전화 0954-21-86-18

라 아조티
La Azotea

라 아조티는 현지인들도 추천하는 타파스 바로, 미슐랭 가이드에도 꾸준히 소개되고 있는 곳이다. 대부분의 요리가 맛이 좋은데 특히 새우 요리나 연어 타르타르, 소고기 스테이크가 인기 있다. 많은 한국인 여행자들에게는 과일이 잔뜩 들어가 맛있게 먹을 수 있는 샹그리아 맛집으로 인정받은 곳이며, 틴토 데 베라노도 인기 있다. 세비야에만 3개 지점이 있으며 여기서는 세비야 대성당 인근에 있는 지점을 안내한다. 직원들이 친절한 편이며, 한국어 메뉴판이 있어 주문이 어렵지 않다.

홈페이지 www.laazoteasevilla.com 위치 Calle Mateos Gago, 8, 41004 Sevilla(세비야 대성당에서 약 100m)
시간 13시 30분~16시 30분, 20시 30분~24시 요금 메인요리 7€
전화 0954-21-58-78

카사 라 비우다
casa la viuda

미슐랭 가이드에 꾸준히 소개되는 타파스 레스토랑으로 현지에서도 유명하다. 대부분의 메뉴가 한국인 입맛에 잘 맞아 많은 한국인 여행자들이 방문한 덕에 한국어 메뉴판이 준비돼있다. 가게 이름의 한국어 뜻이 '미망인의 집'이라는 뜻이라. 한국인 여행자들에게는 한국어 뜻으로 불리기도 한다. 생선 요리가 특히 맛있는 곳으로 대구 요리를 가장 추천하며, 이베리코도 호평이다. 외부 테라스에서 식사를 하면 걸인들이 구걸을 하거나 담배 냄새가 많이 나기 때문에 되도록 안에서 식사하는 것을 추천한다.

홈페이지 www.casalaviuda.es 위치 Calle Albareda, 2, 41001 Sevilla(세비야 시청에서 약 400m)
시간 12~16시 30분, 20시 30분~23시 50분 요금 메인요리 11€~
전화 0954-21-54-20

보데가 도스 데 마요
bodega dos de mayo

세비야 구시가에서 현지인들에게 인기 있는 타파스 레스토랑이다. 현지에서 유명한 타파스 음식점은 대부분 바인 경우가 많아 서서 먹는 문화가 없는 한국인의 정서상 테이블을 기다려야할 때도 있는데, 보데가 도스 데 마요는 규모가 큰 편이라 기다리지 않고도 앉아서 먹을 수 있을 때가 많다. 분위기 좋은 테라스에 앉고 싶거나 혹시 모를 웨이팅이 싫다면 식사 시간 전에 방문하는 것을 추천한다. 다양한 타파스 또한 한국인 입맛에도 잘 맞는 편인데, 튀김이나 생선이 들어간 타파스를 추천한다. 한국어 메뉴판이 있기 때문에 주문이 어렵지 않으며, 직원들도 친절한 편이다.

홈페이지 www.bodegadosdemayo.es 위치 Pl. de la Gavidia, 6, 41002 Sevilla, 메트로폴 파라솔에서 약 600m
시간 12~16시 30분, 20~23시 50분 요금 타파스 3€ 전화 0954-90-86-47

에스라바
eslava

세비야 타파스 경연 대회에서 우승을 차지한 곳인데다 미슐랭 가이드에도 꾸준히 소개되는 타파스 전문점이다. 현지인들에게 매우 유명한 곳으로 오픈 후에는 금방 자리가 차는 편이다. 앉아서 편하게 먹고 싶다면 낮이든 저녁이든 오픈 시간 조금 전에 맞추어 방문하는 것이 좋다. 관광지와는 꽤 떨어져있지만 찾아가도 후회하지 않을 만큼 맛이 좋으며, 명성에 비해 가격 또한 저렴하여 더 인기가 좋다.

홈페이지 www.espacioeslava.com 위치 Calle Eslava, 3, 41002 Sevilla(세비야 미술관에서 약 700m)
시간 12시 30분~17시, 19시 30분~24시(화~토 / 일요일 12시 30분~17시 / 월요일 휴무)
요금 타파스 2.9€~ 전화 0954-91-54-82

카사 모랄레스
casa morales

무려 1850년에 영업을 시작해 170년의 역사를 갖고 있는 타파스 바다. 간판에는 카사 모랄레스라는 글자보다 HIJOS DE E. MORALES가 더 크게 써 있으므로 헷갈리지 말고 들어가자. 세비야 대성당 근처에서 나이가 있는 현지인들이 매우 사랑하는 타파스 바로, 가게의 전체적인 분위기나 현지인들의 모습이 과거 속으로 들어온 듯한 착각이 든다. 다만 규모가 작은 편이기 때문에 자리가 금방 차므로 오픈 시간에 맞추어 방문하는 것을 추천한다. 미트볼과 대구 요리가 한국인 입맛에 잘 맞는다.

홈페이지 www.facebook.com/bodegacasamorales
위치 Calle García de Vinuesa, 11, 41001 Sevilla(세비야 대성당 북문에서 약 50m)
시간 12~16시, 20~24시 / 일요일 12~16시)   요금 타파스 2€   전화 0954-22-12-42

엘 코메르시오
El comercio

무려 100년동안 영업을 이어오고 있는 츄러스 전문점으로, 세비야에서 유명한 츄러스 맛집이다. tvN 〈더 짠내투어〉 스페인 세비야편의 혜진투어에도 소개됐다. 츄러스는 겉은 바삭하고 안은 쫀득하며, 무조건 달달한 초코라떼를 시켜 찍어먹는 것을 추천한다. 느끼함을 대비해 상큼한 오렌지 쥬스를 시키는 것도 매우 좋은 선택이다. 앞에서 주문을 한 후 음식을 가져와 자리에서 먹으면 된다.

홈페이지 www.barelcomercio.com   위치 Calle Lineros, 9, 41004 Sevilla(살바도르성당에서 약 100m)
시간 7시 30분~21시(월~금 / 토 8~21시 / 일요일 휴무)   요금 츄러스 2€ , 초코라떼 2.5€, 오렌지쥬스 2€~
전화 0670-82-90-53

Aimeria
알메리아

알메리아
AlMERiA

안달루시아의 말라가에서 발렌시아로 이동하는 중간 지점의 해변에 있는 태양의 해변이라고 부르는 코스타 델 솔Costa del Sol에 있는 인구 20만 명의 작은 도시이다. 스페인 동남부에 위치한 항구 도시로 그라나다에서 동쪽으로 100km, 시에라 네바다 산맥을 넘어 해안에 위치해 있다.

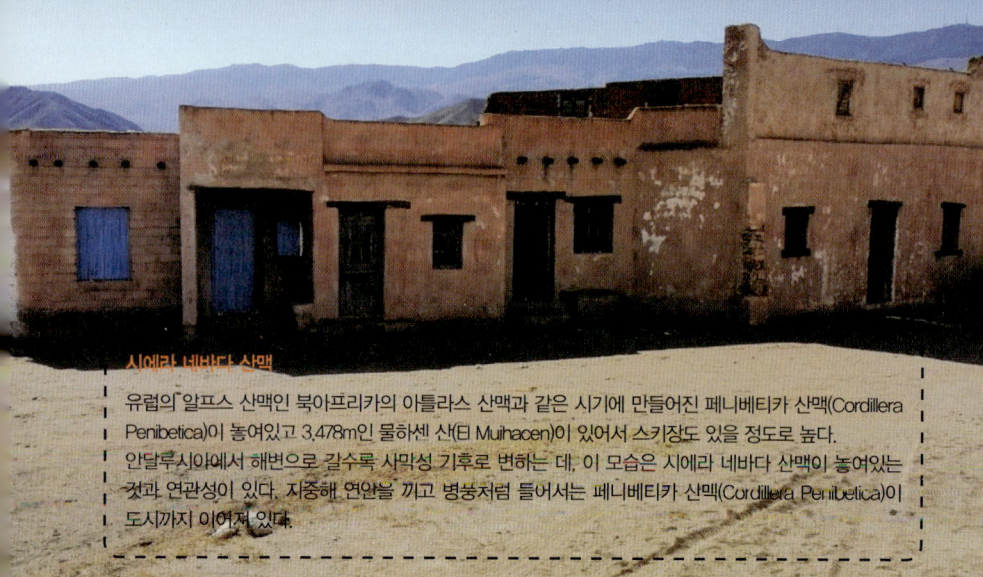

시에라 네바다 산맥

유럽의 알프스 산맥인 북아프리카의 아틀라스 산맥과 같은 시기에 만들어진 페니베티카 산맥(Cordillera Penibetica)이 놓여있고 3,478m인 물하센 산(El Muihacen)이 있어서 스키장도 있을 정도로 높다. 안달루시아에서 해변으로 갈수록 사막성 기후로 변하는 데, 이 모습은 시에라 네바다 산맥이 놓여있는 것과 연관성이 있다. 지중해 연안을 끼고 병풍처럼 들어서는 페니베티카 산맥(Cordillera Penibetica)이 도시까지 이어져 있다.

도시의 특징

우랄 강 하구와 더불어 유럽 대륙의 단 둘뿐인 사막지대로 항구 도시면서 사막이다. 도시 주변에는 온통 황량한 민둥산과 깎아지른 절벽, 깡마른 와디와 지중해가 자리를 잡고 있고 도시 근처에 소규모의 관개 농업이 행해지기는 하지만 뜨겁고 건조한 날씨 때문에 비닐하우스로 시설 재배를 한다.

간략한 알메리아(Aimeria) 역사

은광이 지리적으로 가까워 페니키아, 그리스, 북아프리카에서 모여든 사람들이 기원전 3세기부터 정착하여 천 년이 지난 7세기에 도시의 형태가 갖추어져 있었다. 8세기부터 알메리아 지방에 정착하여, 955년에 후우마이야 왕조의 칼리파 아브드 알 라흐만 3세에 의해 현재 시가지가 조성되었다. 11세기에는 코르도바 중앙 권력이 무너진 후 개시된 타이파 시대에 에미르의 후원 하에 예술과 비단 산업이 발달하면서 번영했다. 당대 세워진 성벽은 그

라나다의 알함브라 다음으로 길고 높은 위엄을 자랑했다. 코르도바 군주의 중요한 무역 항구로 비단을 비롯해 직물을 수출하는 주요 항구로 성장하였다.

국토회복운동에서 회복된 이후 도시는 쇠퇴하기 시작했다. 1147년에 레온-카스티야 왕국의 알폰소 7세가 이끈 2차 십자군에게 함락되었지만, 1150년대에 모로코의 무와히드 왕조에게 점령되며 이슬람 통치가 회복되었다. 알메리아는 레콘키스타의 마지막을 장식할 그라나다 정복 전쟁의 일환으로 1489년 12월 26일에 통합 스페인 왕국군에게 함락되었다.

1522년에 지진으로 피해를 입어서 역사 속으로 사라진 도시였다가, 19세기가 되어서 복구 작업이 시작되어 20년이 지나면서 관광도시로 탈바꿈했다.

> **도시 이름의 유래**
> 8세기에는 무어인들이 거울이라는 뜻을 가진 아랍어 '알메리아(Al-Mariyya)'에서 아름다운 바다가 마치 바다의 거울이라는 뜻을 가진 도시가 탄생했다.

알사사바
Al-Saba

알메리아Almeria는 중요한 항구였고 1524년에는 성대한 고딕 양식의 성당이 세워졌다. 다만 16세기부터 스페인에서 쫓겨난 무어인들의 바르바리 해적에 시달렸다. 이슬람 시대에 세워진 알키시비가 관광지로 유명하다.

타베르나스 사막
Tabernas Desert

사막은 무르시아부터 그라나다까지 해안가에 걸쳐서 존재하는 타베르나스 사막Tabernas Desert 한복판에 알메리아라는 도시가 있다. 근처에는 비닐하우스가 많아서 비닐하우스들이 햇빛을 반사해서 알메리아의 기온이 유의미하게 낮아졌을 정도다.

할리우드 서부극의 촬영지

이곳의 지형과 식생이 미국 서부와 유사하여 1960년대 많은 스파게티 웨스턴 영화들이 이곳에서 촬영됐다. 당시 건설된 세트장들 중 일부는 오늘날까지 남아서 테마파크나 TV 촬영에 사용된다. 오아시스 미니 할리우드는 석양의 무법자와 닥터 후가 촬영된 곳이다.

스페인,
알메리아 한 달 살기

스페인에서 안달루시아의 무르시아Murcia나 북부의 부르고스Burgos는 현재 대한민국 여행자에게 생소한 도시이다. 또한 스페인에서 정감 있는 옛 분위기가 가장 살아있는 도시가 알메리아Almeira이다. 스페인 한 달 살기에서 저자가 가장 추천하는 도시는 알메리아Almeira이다. 한 달 살기를 위한 도시를 선택함에 있어 저자는 대도시인 마드리드나 바르셀로나보다 도시는 작지만 다양한 즐길 거리가 존재하고 옛 분위기를 간직하고 있는 도시를 선호한다. 오래 있어도 현대적인 도시에 비해 덜 질리는 장점이 있다. 알메리아Almeira와 함께 한 달 살기로 추천하는 도시는 말라가Malaga이다.

한 달 살기 도시 선택기준

저자는 스페인의 알메리아Almeira에서 3달 동안 머물면서 그들과 웃고 울고 느낌을 공유하면서 스페인 생활에 쉽게 적응할 수 있었고 스페인 사람들과 같이 지내면서 한 달 살기로 적응하기 쉽게 만들어준 도시이다. 대한민국의 여행자들이 스페인에서 오래 동안 그들과 함께 즐기면서 스페인을 조금이라도 더 알고 싶다면 여행하다가 잠시 머무는 도시가 아닌 장기 여행자가 오랜 시간 머물고 있는 도시를 선택하는 것이 중요하다.

마드리드나 바르셀로나가 스페인 최고의 무역도시이자 관광도시라면 알메리아Almeira는 옛 도시이자 해안의 작은 도시라고 생각하면 된다. 그래서 사람들은 이웃과 매우 친하고 안부를 물어보면서 살아가는 한적하고 정이 살아 있는 도시이다.

장점

1. 친숙한 사람들

알메리아Almeira는 옛 분위기를 간직한 도시이다. 도시는 작지만 겨울에도 춥지 않고 활기찬 시민들과 여행자가 머물기 때문에 사람들은 여행자에게 친절하게 다가가고 오랜 시간 머무는 여행자와 쉽게 친해진다.
바르셀로나 마드리드 같은 대도시는 볼거리가 많지만 사람들은 대도시에서 살아가야

하는 바쁜 사람들이라 이웃들과 제대로 교감을 나누기가 힘들다. 그만큼 다양한 분위기를 가지고 여행자에게 친숙한 사람들이 스페인에서의 한 달 살기를 쉽게 만들어준다.

2. 색다른 관광 인프라

알메리아Almeira는 스페인의 다른 도시에서 느끼는 다양한 박물관이나 볼거리가 많은 관광 인프라가 있는 것은 아니다. 해변의 즐거움이 있고 안정적인 풍경에 대성당을 중심으로 오랜 기간 성장한 도시이기 때문에

도시는 중세와 현대의 해변 분위기를 그대로 가지고 있다. 또한 바다가 같이 있어 해변에서 즐기는 여유도 느낄 수 있고 밤에 거리를 거닐면서 즐기는 옛 분위기는 알메리아Almeira만의 매력으로 다른 도시에서는 느낄 수 없는 것이다.

3. 안달루시아 관광도시와의 접근성
수도인 마드리드Madrid에서 자동차로 약 5시간 10분, 기차로는 6~7시간이 소요되기 때문에 접근성은 떨어진다. 그런데 스페인 자체의 국토가 크기 때문에 마드리드Madrid에서 북부의 팜플로나나 남부의 안달루시아 지방으로 이동하려면 이동시간이 오래 걸린다. 멀다고 느껴지지만 마드리드Madrid에서 버스나 택시로 쉽게 접근 할 수 있다. 그러나 관광도시가 몰려 있는 안달루시아 지방의 세비야Sevilla, 그라나다Granada, 코르도바Cordoba, 론다Ronda 같은 대표적인 관광도시에서 약 3시간이면 도착할 수 있기 때문에 이동에 용이하다.

4. 장기 여행 문화
스페인은 다른 서유럽보다 물가가 저렴하고 남부의 안달루시아 지방은 날씨가 따뜻하여 현재, 단기여행자 뿐만 아니라 장기여행자들이 모이는 나라로 변화하고 있다. 여행의 편리성도 높아지면서 한 달 살기로 이름을 날리고 있다. 여유를 가지고 생각하는 한 달 살기의 여행방식은 많은 여행자가 경험하고 있는 새로운 여행방식인데 그 중심으로 안  달루시아 지방의 각 도시들이 변화하고 있다. 알메리아Almeira도 그 중의 하나이다.

5. 슬로우 라이프(Slow Life)
옛 분위기 그대로 지내면 천천히 즐기는 '슬로우 라이프Slow Life'를 실천할 수 있는 도시라고 말할 수 있다. 장기 여행자들이 알메리아Almeira에 오래 머물면서 겨울에도 따뜻한 날씨와 해변과 오래된 옛 도시 분위기에 매력을 느낄 수 있어서 안정된 분위기에 미모디는 생각이 여행자를 기분 좋게 만들어 준다.

6. 다양한 음식
다양한 음식을 저렴하게 먹을 수 있다는 점은 알메리아Almeira만의 장점은 아니다. 그러나 안달루시아 해안은 지중해와 붙어 있어서 언제나 신선한 해산물을 먹을 수 있어서 해산물 식당들이 많다. 한국 음식을 먹고 싶을 때 먹을 수 있는 한국 음식점은 없다. 하지만 다양한 음식을 접할 수 있는 레스토랑이 즐비하다.

단점

마드리드와의 접근성
알메리아는 마드리드에서 자동차로 5시간 이상, 바르셀로나에서는 7시간 이상이 소요되기 때문에 대한민국에서 비행기로 마드리드나 바르셀로나에 도착해 이동하기는 쉽지 않다. 스페인을 처음 방문하거나 여행을 하지 않았던 여행자들은 접근성이 떨어진다고 생각한다. 그러므로 한 달 살기를 어느 도시에서 할 것인지 자신의 상황에서 먼저 결정하고 시작해야 후회를 하지 않는다. 저자는 스페인에서 오랜 시간 동안 여행하고 머물러봤기 때문에 결정하는 기준이 명확하였다.

최근에 상승하는 물가
스페인 여행의 장점 중에 하나가 저렴한 물가이다. 하지만 코로나 바이러스가 전 세계를 강타하고 중국발 원자재가 부족하면서 인플레이션이 발생하고 있어서인지, 스페인도 물가가 상승하여 저렴한 장점이 점차 사

라지고 있는 듯하다. 알메리아Ameira는 도시가 작은 규모로 유지가 되므로 더 이상 새로운 레스토랑이 들어서기보다 기존의 레스토랑이 유지가 되고 있다. 레스토랑에서 즐기는 비용은 대한민국과 차이가 없을 수 있다. 다만 마트에서 구입하여 직접 해 먹는다면 저렴한 장점을 살릴 수 있다.

정적인 분위기
알메리아Almeira가 오래된 옛 분위기를 보여주지만 상대적으로 활기찬 분위기의 도시는 아니다. 그래서 정적인 분위기를 싫어하는 여행자는 알메리아Almeira를 지루하다고 하기 때문에 자신의 성격과 맞는 도시인지 확인을 해야 한다. 근처에 안달루시아의 관광도시도 있지만 마드리드나 바르셀로나처럼 비치의 활기찬 분위기는 아니다.

Londa
론다

론다
LONDA

안달루시아의 산악 마을인 론다Londa에서 장대한 협곡 절벽에 지어진 역사적 건물들을 구경하는 재미는 쏠쏠하다. 투우, 역사적 건물, 아름다운 풍경 등으로 유명한 론다Londa는 안달루시아를 여행할 때 많은 사람들이 찾는 인기 관광지이다.

신석기 시대에 처음 사람이 살기 시작한 이곳은 역사적으로 켈트족, 로마족, 무어인들이 거쳐간 곳이기도 하다. 이곳의 매력적인 도시 풍경을 보면 각 문화의 영향이 그대로 남아 있다는 것을 알 수 있다. 가파른 경사, 하천이 흐르는 골짜기, 완만한 언덕에 둘러싸인 세라니아 데 론다 지역에서 론다의 전체적인 모습을 살펴볼 수 있다.

론다 둘러보기

이슬람 양식의 구시가 라 시우다드와 신시가 엘 메르카디요를 연결하는 18세기 다리, 푸엔테 누에보에서 론다 여행을 시작한다. 다리에 서서 마을의 건물 옥상부터 120m 깊이의 바위투성이 타호 협곡까지 마을의 위, 아래를 전체적으로 살펴보자. 다리에서 협곡 중앙을 거쳐 강가 산책로까지 이어진 길도 볼 수 있다.

푸엔테 누에보에서 남쪽으로 이동해 라 시우다드의 분위기 있는 거리는 관광객의 마음을 여유롭게 만든다. 산타 마리아 라 마요르 등 건물이 즐비한 두케사 데 파르센트 광장과 같이 아름다운 광장도 볼 수 있다.

라라 박물관에는 특이한 전시물로 가득한 알라딘 창고와 성의 관문이었던 푸에르타 데 알모카바르와 비교적 보존이 잘 되어 있는 아랍 목욕탕도 유명하다. 푸엔테 누에보의 북쪽에는 엘 메르카디요의 주 광장인 스페인 광장이 있다.

어니스트 헤밍웨이가 자신의 소설 누구를 위하여 종은 울리나에서 모습을 묘사한 이후로 스페인 광장은 국제적 유명세를 타게 되었다. 스페인의 훌륭한 투우장 중 하나인 플라사 데 토로스와 론다 불링 박물관에서는 투우 관련 기념품도 볼 수 있다. 알데우엘라 전망대와 쿠엔카 정원에서 기억에 남을 만한 멋진 장관을 즐겨보자.

볼라 거리를 대표하는 집이라는 뜻의 '라 볼라'라고 부르는 카레테라 에스피넬에서 골동품 상점과 부티크, 서점, 의류점 등을 볼 수 있다. 카르멘 아벨라 광장 주변의 바Bar, 레스토랑에서 맛있는 타파스와 안달루시아 와인을 맛볼 수 있고 플라멩코 쇼도 볼 수 있다.

론다 IN

바위산에 자리한 론다는 헤밍웨이가 '세상에서 가장 로맨틱한 도시'라고 극찬한 작은 도시로 하루 정도 쉬어가기에 좋다. 론다로 갈 때는 기차와 버스를 이용하면 된다.

기차

론다로 들어가는 방법으로 기차를 가장 많이 이용한다. 마드리드에서는 하루 3회 운행되며, 세비야에서는 하루 5회 론다로 향하는 기차가 운행된다. 왕의 오솔길을 거쳐 론다로 올 경우에는 말라가에서 론다행 기차를 타고 엘 초로역에서 내려 왕의 오솔길을 걷고, 이어 론다로 이동하면 된다.

버스

마드리드에서 론다까지 직접 운행하는 버스는 없다. 같은 안달루시아 지방에 있는 말라가와 세비야 정도만 운행하고 있다.

택시

론다에서는 버스보다 택시를 이용하는 것이 편리하다. 세 명이 시내로 이동하는 데 5유로밖에 들지 않는다. 택시 요금이 저렴한 만큼 사람들이 많이 이용한다.

베스트 코스

론다의 버스터미널은 구시가 인근에 있어 걸어서 이동이 가능하지만 기차역은 구시가까지 도보로 30분 정도 소요된다. 기차역에서 내렸다면 버스나 택시를 타고 이동하는 게 편리하다.
알라메다 델 타호 공원에서 누에보 다리까지는 10분 정도면 갈 수 있기 때문에 웬만한 관광지는 걸어다니면서 보면 된다.

알라메다 델 타호 공원

투우장, 투우 박물관

스페인 광장

누에보 다리

누에보 다리
Puente Nuevo Ronda

인상적인 위용의 푸엔테 누에보에서 타호 협곡의 장관은 바라보면 론다의 도시 풍경과 잘 정리된 들판, 완만한 산이 빚어내는 조화로운 풍경이 장관이다. 푸엔테 누에보에 서면 다리를 중심으로 모든 방향에 펼쳐진 멋진 장관을 볼 수 있다.

18세기 인간에 의해 만들어진 뛰어난 건축 양식을 반드시 둘러봐야 할 장소이다. 푸엔테 누에보는 론다의 구시가와 신시가를 이으며 타호 협곡을 감상하기에 좋은 관광 포인트이다. 주변 안달루시아 전원 풍경과 함께 협곡 위로 펼쳐진 세상도 볼 수 있다.
42년 정도의 공사 기간을 거쳐 1793년에 완공된 푸엔테 누에보는 무어 양식이 남아 있는 라 시우다드와 현대적인 분위기의 엘 메르카디요 사이를 자유롭게 이동할 수 있도록 차량 통행이 허용되어 있다. 3개의 아치형 장식이 있는 다리는 높이가 98m, 길이는 66m 정도이다.

다리의 한 쪽에 서서 타호 협곡 벼랑 아래를 내려다보면 가장 깊은 곳은 다리 아래로 협곡의 깊이가 120m나 된다. 동쪽으로는 시에라 데 라스 니에베스 산의 봉우리가, 서쪽으로는 시에라 데 그라잘레마 지역이 보이는데 잘 정리된 들판 주변으로 아름다운 산의 모습이 인상적이다. 다리를 자세히 살펴보면 절벽 쪽으로 만들어져 있는 아치형 장식을 살펴보아야 한다. 협곡으로 내려가면 다리 정면의 모습도 볼 수 있다. 라 시우다드의 서쪽 끝에서부터 강둑을 따라 이어진 길을 걸어보면 까마귀나 휘파람새가 과달레빈 강 주변의 협곡 위로 날고 있는 모습을 종종 볼 수 있다.

타호협곡
El Tajo de Ronda

론다의 중심에는 인상적인 모습을 자랑하는 타호 협곡이 있다. 협곡은 무어 시대의 분위기가 그대로 남아 있는 구시가 라 시우다드와 신시가 엘 메르카디요 사이에 있다. 협곡의 장엄한 모습을 감상한 후 계곡 중심으로 걸으면 환상적인 풍경이 눈에 들어온다.

타호 협곡은 깊이가 약 120m이고 폭이 약 68m로, 시에라 데 라스 니에베스의 산에서 흘러나온 과달레빈 강의 지속적인 침식에 따라 형성되었다. 협곡의 어마어마한 크기는 적의 침공이 있을 때마다 큰 방어적 효력을 발휘하기도 했다.

풍경 포인트

타호 협곡의 가파른 절벽 아래로 펼쳐진 광경을 감상하고 과달레빈 강의 둑을 따라 거닐어 보면 역시 저 다리에서 주변 풍경을 감상할 수 있다. 론나에 들어가거나 나가는 기차에서 창밖으로 보이는 아름다운 풍경을 볼 수도 있다.

론다의 두 시가지를 연결하는 푸엔테 누에보 다리에 서서 끝없이 펼쳐진 멋진 자연을 보고 강의 급경사면으로 눈을 돌리면 아찔함도 느낄 수 있다. 18세기에 만들어진 이 다리에서 절벽에 굳게 고정되어 있는 로마네스크 아치형 장식이 인상적이다.

쿠엔카 정원, 론다 전망대 등 경치 감상에 좋은 몇몇 포인트와 함께, 마을의 다른 역사적 다리인 푸엔테 아라베와 푸엔테 비에호에서도 멋진 풍경을 감상해보자. 맑은 날에 구역별로 풀이 가지런히 심어진 넓은 들판의 모습과 시에라 데 그라잘레마 산의 봉우리도 살펴보자.

기차타고 즐기기

알헤시라스에서 기차를 타고 협곡을 둘러보는 것도 좋다. 론다로 향하는 기차에서 창밖으로 보이는 안달루시아 마을과 아름다운 산을 감상할 수 있다. 기차는 연중 운행되며 90분 정도가 소요된다. 말라가에서 출발하는 기차도 비슷한 노선으로 운행된다.

플라자 데 토로스
Plaza de Toros

플라자 데 토로스의 정식 명칭은 플라사 데 토로스 데 라 레알 마에스트란사 데 카베렐리아 데 론다로 매우 긴 이름을 가지고 있다. 시선을 사로잡는 경기장의 멋진 건축물과 칭송받는 투우사의 동작에 눈이 간다. 전시관에서 역사적인 투우 물품을 구경하는 것도 놓치지 말자.

선구적인 투우사 페드로 로메로가 영광을 누리던 1700년대 후반에 건축된 플라사 데 토로스는 스페인 초기 투우장 중 하나이다. 원형 경기장 안에는 2층으로 된 좌석이 있고 각 좌석 앞에는 토스카나 양식 기둥에 의해 지지되는 아케이드가 있다. 이곳은 칭송받는 스페인 승마회인 레알 마에스트란사 데 카베렐리아 데 론다의 홈 경기장이기도 하다.

스페인에서 가장 오래되고 이름 높은 투우장, 플라자 데 토로스를 방문하면 내부에 있는 박물관에서 여러 투우 기념품도 볼 수 있다. 매년 9월에 열리는 일주일간 진행되는 축제 때에 직접 투우 경기를 관람할 수 있다.

세계에서 가장 큰 투우장의 중심에 서서 투우사에게 쏟아지는 수천 팬의 박수와 갈채를 받으며 투우를 펼치는 모습을 입구의 사진을 보면 상상할 수 있다. 경기장 안에는 유명한 투우사인 로메로 및 오르도녜스 투우 가문을 기념하는 곳도 있으며, 마구간, 패독, 투우가 드나드는 통로인 불펜도 살펴볼 수 있다. 경기장으로 나가기 전에 투우사들이 기도를 하는 예배실도 있다.

론다 불링 박물관

론다 불링 박물관에는 론다와 안달루시아의 투우 역사를 확인할 수 있다. 투우사 옷과 매우 오래된 화기, 세계적으로 유명한 예술가들의 그림, 투우를 즐기는 귀족의 인물화 등이 전시되어 있다. 론다 불링 박물관은 플라사 데 토로스 투우장 내에 마련된 여러 전시관으로 구성되어 있다.

박물관의 관련 의상과 기록, 황소 머리 장식, 여러 그림, 조각품 등을 통해 안달루시아 문화에서 투우가 차지하는 비중을 가늠해 볼 수 있다. 안토니오 오르도녜스와 페드로 로메로 등 유명한 투우사들이 입었던 의상도 전시되어 있다. 프란시스코 데 고야의 33개 판화 시리즈인 라 타우로마키아(투우 기술) 복제품도 확인하도록 전시되어 있다.

로열 하니스 컬렉션으로 이동하면 호화로운 마차 마구와 안장을 보고 놀라게 된다. 그 중 하나는 스페인의 여왕 이사벨라 2세가 사용했던 안장이다. 17~19세기에 사용되었던 2900여 개의 화기 전시품도 인상적이다. 영국 왕족, 프랑스의 루이 14세, 나폴레옹 보나파르트, 스페인의 펠리페 4세 군에서 사용하던 총도 전시되어 있다.

이쿼스트리언 갤러리에는 스페인 순종 말의 사육과 승마술, 마술과 관련된 예술 작품을 볼 수 있다. 승마 학교의 학생들이 갤러리 옆 경기장에서 연습하는 광경도 즐겁다. 투우가 드나드는 통로인 불펜과 예배실, 마구간도 있으니 같이 둘러보면 좋다. 9월에 개최되는 페리아 고예스카에서 실제 투우 경기가 펼쳐진다.

동부 피요르
The East fjords

투우 기념품에서 시계, 마법 용품까지 신기하고 놀라운 것이 가득한 개인 박물관인 라라 박물관에는 세계 곳곳에서 수집된 골동품과 다양한 물건이 전시되어 있다. 특히 영화, 사진, 과학 기기, 무기와 관련된 다양한 전시물을 볼 수 있다. 라라 박물관은 우아한 카사 팔라시오 데 로스 콘데스 데 라스 콘퀴스타스의 여러 전시실로 구성되어 있다.

전시품은 후안 안토니오 라라 후라도가 개인적으로 수집한 것들이다. 수집가로서 그의 열정은 동전에 큰 관심을 보이던 10세 때부터 시작되었다고 한다. 그때부터 그는 다양한 관심사에 특이한 물건들을 수집하기 시작했다.

⊕ museolara.org   🏠 Calle Arminan 29   📞 952-871-263

18~19세기의 시계들 중 하나는 스위스 시계로, 음력 표시가 장식으로 들어가 있다. 흔하지 않은 7연발 권총 등 다양한 권총과 음악 기기, 재봉틀, 전화, 타자기도 있다. 카메라, 촬영 장치, 펜과 파이프 등도 있다. 중세 시대 갑옷, 낭만적인 작은 조각상, 전통적인 산적 칼은 신기하다. 론다의 초기 정착민들이 만든 그릇과 고대 안달루시아 동전도 있어 상당한 수집 양인 것을 알 수 있다.

스페인 종교 재판실에는 범죄자의 의지를 꺾을 뿐만 아니라 이들을 죽이고 심문하는 데 사용된 여러 고문 도구가 가득하여 섬뜩하기도 하다. 잔인한 도구 중에는 교수형틀과 단두대, 고문대, 못이 꽂힌 의자 등도 있다. 독특한 외모의 요정, 늑대 인간, 인어, 마녀의 모형과 함께 박쥐 날개, 뱀, 두꺼비로 만들었다는 마법 묘약까지 신기한 마법에 대한 물품도 있다.
라라 박물관은 론다의 구시가인 라 시우다드에 있어 산타 마리아 라 마요르 교회에도 걸어서 이동이 가능하다.

산타 마리아 라 마요르 교회
Iglesia de Santa Maria la Mayor

산타 마리아 라 마요르 교회는 론다의 라 시우다드 지구에 아름다움을 더하는 빼어난 건축물이다. 교회는 한때 구시가지의 시청 광장이었던 두케사 데 파르센트 광장의 북쪽에 있었다. 완공에 200년 가까이 걸린 매력적인 산타 마리아 라 마요르 교회에서 다양한 건축 양식과 종교적 예술 작품이 관광객을 끌어 모으고 있다.

외관은 교회보다 일반적인 시청 건물의 모습과 더 비슷한 편이다. 아케이드 현관 위에는 각각 여러 기둥과 주두로 지탱되는 2개의 발코니가 있다. 펠리페 2세가 통치한 16세기 중반, 고위 관리는 발코니에서 투우와 축제를 관람했다. 왼쪽에는 돌로 된 시계탑이 있는데 맨 위에 8각형 종탑이 있다.

고딕 양식의 기둥과 아치형 구조물이 특징적인 신도석이 눈에 띈다. 시더우드와 호두로 제작된 르네상스 성가대석과 바로크 양식의 제단화도 눈길을 사로잡는다. 호세 데 라모스의 작품인 크리스토퍼 콜럼버스 벽화도 보인다. 몬타네스, 라 롤다나의 작품이라고 여겨지는 비르헨 델 마요르 돌로의 상징도 확인이 가능하다.

> **간략한 교회 역사**
>
> 산타 마리아 라 마요르 교회는 1485년에 기반이 마련되었지만 1600년대 후반까지도 완전히 완성된 상태는 아니었다. 교회는 론다에서 과거 무어인 거주지 내 모스크가 있던 곳에 세워져 있는데, 이전에는 서고트 시대 교회와 로마 신전이 있었던 곳이다.

🏠 Plaza Duquesa de Parcent S/N, 29400
🕙 10~20시　📞 952-874-048

푸에르타 데 알모카바르
Puerta de Almocabar

13세기 요새이 입구였던 엄청난 규모의 푸에르티 데 알모가바르는 론다의 이진 방어 체계 유적이다. 푸에르타 데 알모카바르에서 인상 깊은 건축 양식의 옛 돌문은 무어 양식 흉벽 중 가장 대표적인 곳이다.

푸에르타 데 알모카바르는 1200년대에 마을 성채의 문으로 건설되었다. 반대쪽 광장에 있던 묘지를 참조해 아랍어로 '묘지'라는 뜻의 '알 마카비르 Al Macavir'에서 이름을 따왔다. 문의 한 곳으로 들어가 조용한 뜰을 둘러보면서 바 Bar에 앉아 타파스를 먹으며 쉬어가자. 푸에르타 데 알모카바르를 마주보고 있는 루에도 알라메다 광장 또한 탁 트인 전경을 자랑한다.

문은 옆에 2개의 반원형 탑이 있는 말 모양의 입구가 특징이다. 탑의 꼭대기에 올라 성곽을 따라 걸으며 도시의 전경과 함께 안달루시아 전원 풍경까지 볼 수 있다. 요새와 타호 협곡으로 론다가 난공불락의 도시였을 때를 상상해본다.

입구 옆에는 푸에르타 데 카를로스 V라는 또 다른 아치형 입구가 있다. 16세기 카를로스 5세에 의해 만들어졌다. 아치 위에는 이 스페인 왕의 문장이 있다. 문 옆에는 말을 위한 여물통도 있다.

🏠 Plazuela Arquitecto Francisco Pons Sorolla 📞 952-875-977

푸에트라 그란데
puerta grande

론다를 방문한 한국인 여행자라면 꼭 방문할 정도로 한국인에게 인기가 많은 곳이다. 많은 한국인이 방문한 덕에 한국어 메뉴판까지 생겨 주문이 쉬우며, 직원들은 간단한 한국어까지 구사할 정도다. 추천메뉴는 역시 소꼬리찜인 라보 데 토로다. 소스맛이 적당히 짜고 달달해 한국인 입맛에 최적화돼있어 절대 후회할 수 없는 메뉴다. 직원들이 매우 친절해 인종차별 걱정할 일이 없고, 입맛을 돋우는 에피타이저와 식후주까지 서비스로 제공하여 한국인 여행자들에게 인기가 더 좋다.

홈페이지	www.restaurantepuertagrande.com	위치	Calle Nueva, 10, 29400 Ronda(에스파냐광장에서 약 50m)
시간	12~15시30분, 19~22시(월~금 / 토요일 12~15시 / 일요일 휴무)	요금	소꼬리찜 17.9€
전화	0952-87-92-00		

트라가타
Tragata

미슐랭 가이드에 꾸준히 소개되는 론다의 타파스 맛집으로, 현지인들과 관광객 모두에게 인기 있는 곳이다. 전통적인 스페인의 타파스를 내놓기 보다는 퓨전된 음식이 많은 편이라 한국인 입맛에도 잘 맞는다. 전반적으로 모든 요리가 맛있는 편인데 양이 좀 적은 편이다. 다양한 종류의 맛있는 타파스를 심플하고 고급스러운 플레이팅으로 경험해보고 싶은 여행자에게 방문을 추천한다.

| 홈페이지 | www.tragata.com | 위치 | Calle Nueva, 4, 29400 Ronda(토로스 레 론다 광장 맞은편) |
| 시간 | 13시15분~15시45분, 20~23시(월요일 휴무) | 요금 | 타파스류 3€ | 전화 | 0952-87-72-09 |

파라도레스
Paradores

옛 시청 건물을 리모델링해 호텔로 사용하고 있는 론다 파라도르 호텔의 1층에 위치한 레스토랑이다. 파라도레스는 tvN 〈꽃보다 할배〉에 방영되기도 했으며, 누에보 다리의 전경을 보면서 식사할 수 있는 곳으로 인기가 좋다. 파라도레스는 4성급 호텔의 레스토랑이지만 생각보다 매우 비싼 편은 아니다. 카페를 겸하는 곳으로 식사를 하지 않고 커피나 케이크 같은 후식만 즐겨도 된다. 직원들의 친절도가 높지는 않은 편이기 때문에 친절도에 대한 기대는 없이 방문하는 것이 좋다.

홈페이지 www.parador.es **위치** Plaza España, s/n, 29400 Ronda(론다 파라도르 호텔 1층)
시간 13시 30분~16시, 20시 30분~23시 **요금** 메인요리 19.5€ **전화** 0952-87-75-00

알바카라 레스토랑
Albacara Restaurant

파라도레스와 똑같이 누에보 다리 전경을 감상하면서 식사할 수 있는 곳이다. 호텔 몬텔리리오 1층에 위치한 레스토랑으로 미슐랭 가이드에 꾸준히 소개되고 있다. 대부분의 요리가 맛이 괜찮은 편으로, 호텔 내에 위치한 레스토랑이지만 현지인들이 식사를 위해서 즐겨 찾는 음식점이기도 하며 관광객들도 많이 찾는다. 창가 자리에서 식사하고 싶다면 예약하는 것은 필수다. 직원들이 친절한 편이기 때문에 기분 좋게 식사할 수 있다. 식당은 겨울철인 1월~3월에 문을 닫기 때문에 방문 예정이라면 계절을 꼭 체크하자.

홈페이지 www.hotelmontelirio.com **위치** Plaza España, s/n, 29400 Ronda(론다 파라도르 호텔 1층)
시간 12~15시, 20~23시 **요금** 메인요리 17.95€ **전화** 0952-16-11-84

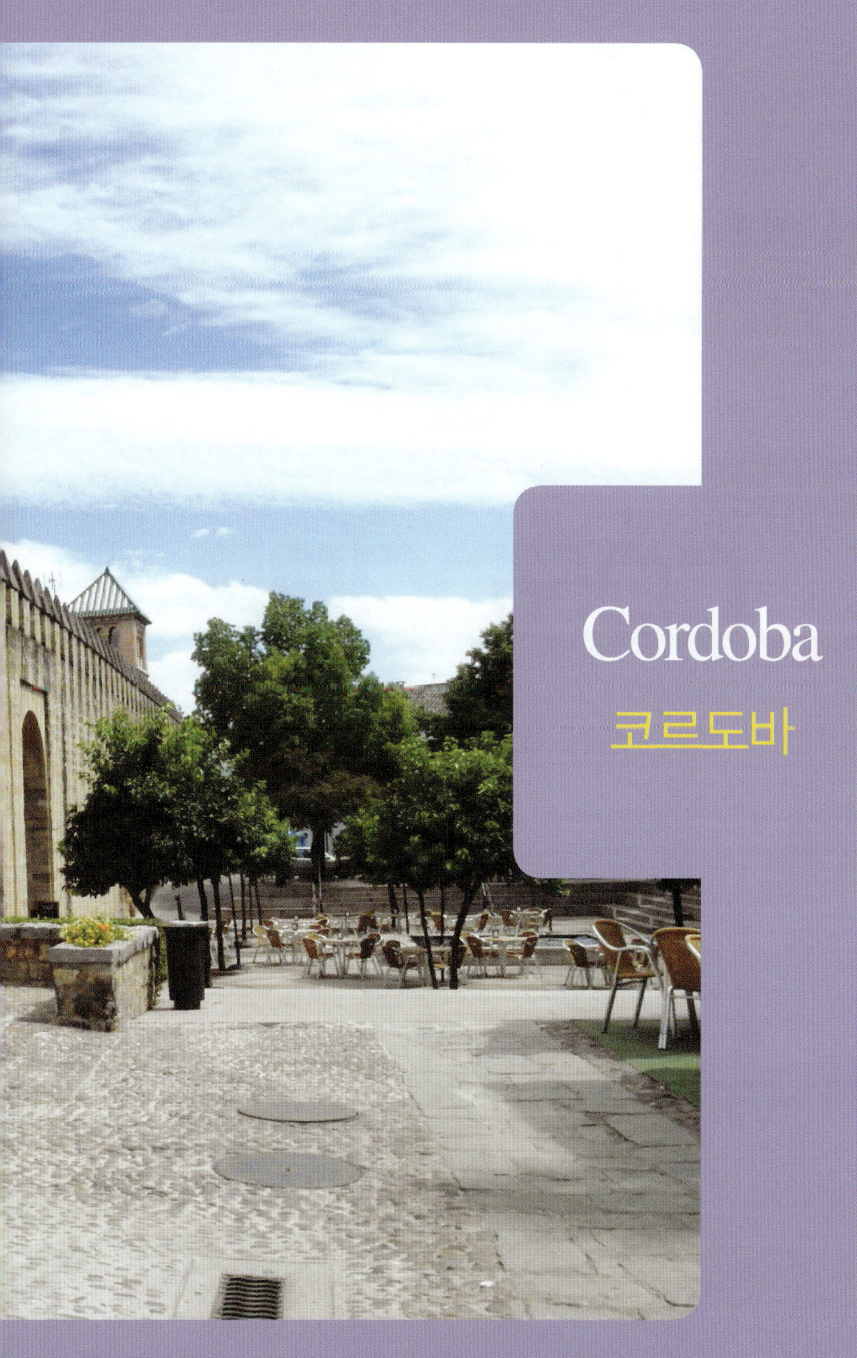

Cordoba
코르도바

코르도바
CORDOBA

따뜻한 지중해가 지닌 매력에 흥미로운 문화유산까지 가득한 코르도바에서 다채로운 역사와 마주하게 된다. 코르도바는 볼거리와 즐길 거리로 가득하지만 그저 길거리를 걷는 것만으로도 설렘 가득한 경험이 된다.
타파스 바가 줄지어 늘어선 광장과 꽃 장식이 한 폭의 그림 같은 좁은 골목을 돌아다녀보자. 스페인을 여행하는 관광객들이 안달루시아의 고대 수도인 코르도바를 간과하는 경우가 많은데 이슬람 문화의 화려함이 도시 전체에 녹아들어 매력이 흘러넘친다.

한눈에 코르도바 파악하기

역사를 통틀어 수많은 외부 세력이 흥하고 망하며 코르도바를 형성했다. 고고학 박물관에서 기원전 1세기 로마의 전초 기지에서 10~11세기에 무어 제국이 자리하기까지 도시의 발자취를 따라가 볼 수 있다. 칼라오라 탑 박물관에서는 안달루시아의 황금기를 들여다볼 수 있다.

천혜의 요새이자 정원인 코르도바 알카사르를 보면 다양한 역사적 영향을 확실히 알 수 있다. 13세기 궁전의 그늘 아래에서 아랍과 로마 시대의 폐허가 된 흔적을 찾을 수 있다.

코르도바 역사 지구를 거닐다 잠시 멈춰 서서 인상적인 로마교에서 사진을 남기고 다리 아래에서 중요한 건축물로 여겨지는 코르도바 이슬람 사원을 둘러보자. 붉은색과 흰색의 아치로 뒤덮여 장관을 이루는 이슬람 예배당을 둘러본 후 중앙에 위치한 기독교 성당을 방문하면 이슬람 문화와 기독교 문화를 동시에 느껴볼 수 있다.

코르도바의 외곽에 있는 비아나 궁전은 미로처럼 얽혀 있는 안뜰이 매력적인 곳이다. 좋지 않은 끝을 맞이한 메디나 아자하라의 폐허를 둘러보며 100년 동안 자리를 지킨 10세기 이슬람 도시의 모습을 감상할 수 있다.

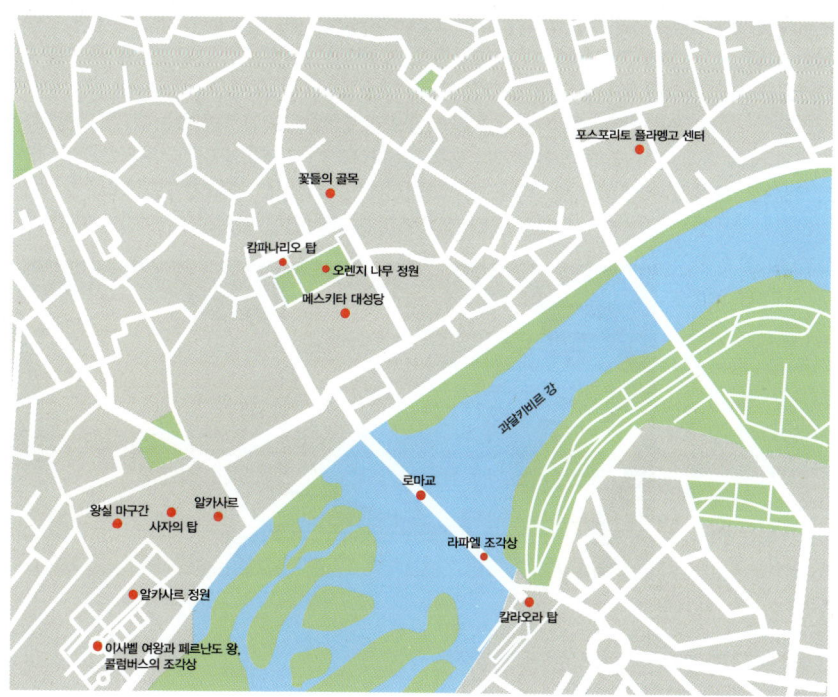

칼라오라 탑
Torre de la Calahorra

무어인이 코르도바를 점령한 시절 흰 사암으로 지어진 칼라오라 탑Torre de la Calahorra에서 아름다운 풍경을 볼 수 있다. 칼라오라 탑은 코르도바에서 가장 오래된 방어 건축물로, 인상적인 기념물이자 박물관이다. 고대 로마교를 건너 무어인들이 남긴 랜드마크를 구경한 뒤 코르도바의 다면적인 역사를 직접 느껴보자.

칼라오라 탑Torre de la Calahorra은 박물관으로 이용되기 전에 용도가 다양했는데, 무어인들이 12세기 말에 건물을 지었으나 거의 대부분은 1369년에 방어력을 높이기 위해 재건축되었다. 탑으로 들어가 1700년대에는 감옥으로, 19세기에는 여학교로 활용되기도 했다.

칼라오라 탑Torre de la Calahorra 꼭대기에 오르면 로마교 건너편에 위치한 메스키타 대성당의 모습을 볼 수 있다. 이슬람 예배당 한가운데에 기독교 성당이 서 있는 등 다양한 종교적 건축 양식이 서로 충돌하는 현장을 직접 보는 재미도 쏠쏠하다.

🌐 www.torredelacalahorra.es 🏠 Puente Romano S/N
🕐 10~14시, 16시 30분~20시 30분 (10~4월 10~18시)
💶 5€ (학생 3€) 📞 +34-957-293-929

알 안달루스 생활 박물관

9~13세기 사이에 안달루시아에 살던 사람들의 생활상을 재현하고 있다. 옛 사람들의 창의적이고 예술적인 생활상을 볼 수 있다. 박물관에는 코르도바 이슬람 사원-대성당이 처음 지어진 당시의 모습을 재현한 축소 모형도 전시되어 있다.

코르도비에서 이루어진 종교적 회합을 집중 조명하고 있는데, 코르도바 황금기에 기독교인, 이슬람교인, 유대교인들이 함께 평화롭게 살던 모습을 그린 멀티미디어 자료가 유익하다. 코르도바는 과학과 공학 기술도 앞서 나가서, 후에는 이 덕분에 안달루시아가 중세 유럽에서 매우 중요한 혁신 도시의 반열에 오르게 되었다.

포토 포인트
카메라를 들고 로만 브리지와 과달키비르 강을 배경으로 칼라오라 탑을 담아보는 것을 추천한다. 단순한 형태, 옅은 색상, 총안이 있는 지붕 등을 보면 어릴 적 해변에서 만들던 모래성이 떠오를 수도 있다.

로마교
Puente Romano

코르도바 역사 지구 한가운데를 흐르는 과달키비르 강을 가로지르는 로마교 Puente Romano는 로마 시대에 지어져 현재까지도 건재함을 자랑한다. 다리 중간에 멈추어 서서 한 폭의 그림 같은 코르도바 경치를 감상하게 된다.

다리 중간으로 가면 만나게 되는 구시가지의 전경과 오랜 시간 변함없이 이곳을 지키고 있는 고대 건축물은 많은 이들의 시선을 사로잡는다. 코르도바에서 유명한 많은 관광지를 이어주므로 한번쯤은 다리를 건너게 된다.

로마교 Puente Romano 위에서 한발 한발 내딛으며 발 아래로 숨 쉬는 역사를 느낄 수 있다. 1세기 아우구스투스 황제 통치 하에 로마인들이 건설한 다리는 무어인들이 918년에 더 넓게 만들어 지금에 이르게 되었다.

다리의 모습
로마교 북쪽 끝에 서 있는 16세기 기념물인 푸에르타 델 푸엔테(Puerta del Puente)도 꼭 봐야한다. 고전적인 개선문의 양쪽은 도리아 양식 기둥 4개로 장식되어 있다. 길이가 250m에 이르는 로마교는 밝은 사암 구조물로 프랑스식 쌓기 방식으로 지어졌다. 일정하지 않은 크기의 아치 16개가 강을 가로지르고 있다. 다리 한 가운데에는 17세기에 만들어진 성 라파엘 조각상이 초에 둘러싸인 채 지나가는 이들을 굽어보고 있다.

중간의 풍경
중간 지점에 이르렀을 때 양 방향을 모두 살펴보면 남쪽 끝으로는 현재 박물관으로 사용 중인 칼라오라 탑의 중세 요새가 보이고, 북쪽으로는 코르도바 이슬람 사원이 위용을 뽐내며 서 있다. 사원은 다양한 건축 양식이 혼재되어 있는 종교 건축물로, 현재 중심에 성당이 있다.

야경
어둠이 내려앉을 무렵 이슬람 사원-대성당과 다리 모두에 불이 들어와 마치 마법과도 같은 로맨틱한 분위기가 조성된다.

알카사르
Alcázar de los Reyes Cristianos

여러 건축 양식이 한 성에 혼재되어 다양한 스페인 역사를 품고 있는 코르도바 알카사르에서 옛 건물과 현대식 정원, 분수대가 대조를 이루는 풍경을 감상해 보자. 기독교 왕들의 궁전이라고도 하는 코르도바 알카사르Alcázar는 과거 안달루시아를 거쳐 간 다른 시대의 특징이 고스란히 담겨 있는 성이다. 아름다운 정원으로 둘러싸인 13세기 요새의 땅에서 로마, 아랍, 서고트 시대 유적을 볼 수 있다.

13세기에 재단장된 코르도바 알카사르Alcázar의 궁전과 요새를 속속들이 살펴볼 필요가 있다. 칼리팔 궁전이 황폐해졌을 무렵, 1236년, 페르난도 3세가 코르도바를 점령했다. 이후 왕들이 알카사르Alcázar를 복원하며 현재, 볼 수 있는 것과 같은 요새화된 형태로 탈바꿈했다. 스페인 종교 재판의 중심지이자 20세기 감옥으로도 사용되기도 했다.
드넓은 코르도바 알카사르Alcázar의 부지를 산책하며 건물마다 특징이 모두 다른 점을 눈여겨봐야 한다. 4,100m²가 넘는 면적을 차지하고 있는 궁전은 모서리마다 탑이 인상적인 거대한 정사각형 형태를 취하고 있다.
코르도바 역사 지구에 위치한 기독교 왕들의 궁전은 칼라오라 탑과 코르도바 이슬람 사원-대성당에서 도보로 10분 정도 떨어져 있다. 근처까지 오는 많은 버스 중 하나를 타고 로마교 밑에서 하차한 후 구시가지의 정취를 느끼면서 성까지 걷는 것을 추천한다.

🌐 www.alcazarsevilla.org
🕐 9월 16일~6월 15일 : 8시 30분~20시 45분 / 6월 16일~9월 15일 : 15시까지(토 16시 30분까지
     일 14시 30분까지 / 월요일 휴무)   € 5€(학생 2.5€ / 13세 이하 무료), 목요일 : 18시 이후~ 무료입장

메스키타 대성당
Mezquita-Cathedral de Córdoba

예전에는 이슬람 사원이었지만 이슬람에 승리한 이사벨 여왕이 대성당으로 탈바꿈한 메스키타 대성당Mezquita-Cathedral de Córdoba은 다양한 종교적 건축 양식이 혼합되어 아름다운 랜드마크로 재탄생했다. 메스키타 대성당Mezquita-Cathedral de Córdoba은 스페인에서 손꼽히는 인상적인 종교 기념물로, 기독교와 이슬람교 건축 양식이 화려하게 만나고 있다. 가톨릭 성당으로 들어가 다채로운 색상을 자랑하는 수많은 아치로 장식된 복도, 오렌지 나무가 늘어서 있는 넓은 안뜰, 고딕 양식을 뽐내는 예배당을 볼 수 있다.

메스키타 대성당Mezquita-Cathedral de Córdoba에서는 가만히 서 있는 것만으로도 코르도바 황금기를 체험하게 된다. 사원은 압드 알 라흐만이 통치하던 8세기 중 안달루시아가 유럽의 선구적이었던 시기에 지어졌다. 중심부로 향하면 르네상스 시대에 기독교 통치자가 세운 성당을 볼 수 있다. 코르도바 이슬람 사원 중심부에 자리한 성당은 건축하는 데 거의 250년이라는 세월이 걸렸는데, 사자와 독수리를 화려하게 조각하여 장식한 마호가니 설교단 등이 인상적이다.

안뜰에 있는 오렌지 정원부터 코르도바 이슬람 사원을 둘러보면 나무가 많이 심어진 매력 넘치는 광장은 54m 높이의 종탑 그늘 아래에 자리하고 있다. 14세기에 지어진 아치형 입구를 지나면 매표소를 찾을 수 있다. 탑에 올라 가장 먼저 보는 풍경은 이슬람교와 기독교 건축 양식이 섞여 있는 이슬람 사원의 모습이다.

'메스키타'는 이슬람사원이라는 뜻으로 코르도바 이슬람 사원에서 경건하게 예배당을 걷다 보면 많은 신자들이 모여서 예배를 드리는 장소답게 넓은 공간이 나타난다. 미나렛의 자리에 세운 캄파니오 탑이 우뚝 솟아 있다. 수많은 신도들을 수용할 수 있는 수직이 아닌 수평 공간을 창조하기 위해 설계된 넓은 복도를 붉은색과 흰색의 아치가 덮고 있다.

- www.mezquita-cathedraldecórdoba.es Calle del Cardenal Herrero 1
- 10~19시(3~10월 / 11~2월 18시까지 / 일, 공휴일 8시 30분~11시 30분, 15~19시)
- € 10€(10~14세 5€ / 종탑 2€) +34-957-470-512

우마이야 왕조

8세기 초에 바그다드에서 왕권 경쟁에서 쫓겨난 우마이야 왕조는 더 아름답고 세련된 도시를 건설하고 싶었다. 당시의 건축과 과학기술은 이슬람 왕조기 가장 앞서 나갔기 때문에 도시 건설에 사용되면서 600여개의 이슬람 사원과 약 1000여개의 목욕탕이 지어졌고 가로등도 도로를 밝히게 되었다. 1236년 카스티야의 페르난도 3세가 레콩키스타 운동으로 회복하면서 코르도바는 기독교 도시로 변화하였다.

타베르나 루케
taberna luque

스페인 여행을 하며 식당의 불친절한 직원들 때문에 마음이 상하는 일이 많았다면 코르도바의 타베르나 루케는 꼭 방문해보자. 나이가 지긋한 주인 할아버지의 세심하고 친절한 서비스는 그동안 받았던 마음의 상처가 치유 받는 느낌이 들 정도로 기분이 좋아질 것이다. 다른 스페인 식당들에 비해 짠맛이 덜해 편안하게 먹을 수 있으며, 요리는 소고기 요리나 오징어 요리를 추천한다. 테이블이 적어서 웨이팅을 할 수 있는 확률이 높으므로 이전에 방문해 예약을 하거나, 영업 시작 전에 방문하는 것을 추천한다.

위치 Calle Blanco Belmonte, 4, 14003 Córdoba(메스키타 대성당 북서쪽문에서 약 400m)
시간 화~토 13~16시, 20~23시(일, 월 휴무) **요금** 메인요리 12€ **전화** 0699-80-65-60

카사 페페 데 라 후데리아
Casa Pepe de La Judería

코르도바의 하늘이 파랗게 물든 날이라면 카사 페페 데 라 후데리아로 향하자. 카사 페페 데 라 후데리아는 현지인들이 사랑하는 맛집이자 코르도바 전통 음식점이다. 소소하면서도 싱그러운 유럽 분위기가 물씬 나는 옥상에서 코르도바 전통 음식을 먹어본다면 스페인 여행에서 잊지 못할 시간이 될 것이다. 맛과 분위기, 그리고 직원의 친절도도 좋아 현지 가이드도 추천하는 곳이다. 음식이 덜 짜기 때문에 한국인 입맛에도 좋으며, 소꼬리찜은 필수로 시키는 것을 추천한다.

홈페이지 www.restaurantecasapepedelajuderia.com **시간** 월~목 13~16시, 21~23시, 금~일 13~16, 21~23시 30분
위치 Calle Romero, 1, 14003 Córdoba(메스키타 대성당 북서쪽문에서 약 200m)
요금 커피류 1.5€ **전화** 0933-19-39-75

라 포사다 델 카발로 안다루즈
La Posada Del Caballo Andaluz

안달루시아 전통 음식점으로, 라이브로 연주되는 기타 소리와 함께 코르도바 가정식 요리를 맛볼 수 있는 곳이다. 현지인들이 가족 식사를 하기 위해 자주 찾는 골목 맛집으로 현지인들이 추천하는 음식점이다. 대부분의 요리가 맛있는 편인데, 친절한 직원들과 아늑한 분위기를 자랑한다. 많은 요리 중 특히 소고기 요리가 맛있는 곳이므로, 소고기 감자 스튜나 소꼬리찜은 꼭 주문하는 것을 추천한다. 메뉴판에 영어 표기가 잘 돼있기 때문에 주문이 어렵지 않다. 10€부터 시작하는 오늘의 추천메뉴 세트도 있어 고민 없는 식사를 원할 때 방문해도 좋은 곳이다.

홈페이지 www.laposadadelcaballoandaluz.com 위치 Calle D San Basilio, 16, 14004 Córdoba(메스키타 대성당 남쪽에서 약 500m)
시간 12시 30분~16시 30분, 20~23시 30분 요금 메인요리 6€ 전화 0957-29-03-74

보데가스 캄포스
Bodegas campos

1908년부터 영업을 시작해 100여년이 넘게 한 자리를 지키면서 안달루시아 전통 음식을 내어오는 곳이다. 세계 각국의 유명인들이 방문하며, 현지인들과 현지 가이드, 그리고 외국의 스페인 가이드북에서도 빠짐없이 추천하는 곳이다. 코르도바에 방문했을 때 한번쯤 방문해 볼 만한 곳이다. 전체적으로 음식이 담백한 맛이기 때문에 그동안 스페인 음식의 짠맛에 고통 받았던 혀에게 휴식을 선물해주는 시간이 될 것이다.

홈페이지 www.bodegascampos.com 위치 Calle Lineros, 32, 14002 Córdoba(메스키타 대성당 남쪽에서 약 700m)
시간 13~16시, 20시 30분~23시 요금 메인요리 12€ 전화 0957-49-75-00

Malaga
말라가

말라가

MALAGA

스페인의 남부, 말라가의 해안기후는 온난하며 연평균 기온은 19도에서 일조는 연간 300일 이상이기 때문에 1년 내내 휴양이 가능하다. 궁전 요새와 울창한 산책로, 미술의 거장인 파블로 피카소의 생가가 관광객이 가장 많이 찾는 관광지이다. 스페인 스타일의 셰리주나 향긋한 상그리아를 마시며 말라가를 수놓고 있는 테라코타 지붕은 관광객의 눈길을 사로잡는다. 스페인 미술의 거장으로 현대미술을 찬란하게 꽃피운 피카소가 태어난 도시로 급격하게 관광객이 늘어나는 스페인 여행지이다.

간략한 말라가의 역사

페니키아 인들이 처음으로 세운 항구도시는 로마, 무어인들의 지배를 받았고, 15세기 그라나다 왕국이 국토 회복운동으로 지배권을 되찾으면서 오랜 시간동안 상업지역으로 성장하였다. 현재 현대적인 도시로 세련된 상점, 문화적인 공간이 어우러져 개발되었다.

코스타 델 솔(Costa del Sol)
'태양의 해안'이라는 뜻의 코스타 델 솔Costa del Sol의 중심도시로 관광객이 항상 많은 도시이다. 코스타 델 솔Costa del Sol은 스페인 안달루시아 지방의 말라가 주 해안 지역으로 스페인 관광 산업에서 가장 중요한 지역 중 하나이며, 안달루시아는 관광 산업이 전체의 35%를 차지하며 연간 약 1,730만 관광객이 온다.

말라가의 매력

안달루시아 주에서 세비야에 이어 2번째로 인구가 많고 스페인 전체에서는 마드리드, 바르셀로나, 발렌시아, 세비아, 사라고사에 이어 6번째로 인구가 많은 도시다. 여름에는 구름 한 점 없는 맑은 날씨가 지속되고 상당히 더운 온도는 겨울에도 이어져 1월 정도를 빼면 낮에는 가벼운 긴팔 옷만 입고 다녀도 될 만큼 온화하다.
북유럽과 영국, 프랑스 등에서 저가항공을 타고 휴양을 오는 유럽 관광객이 특히 많다. 마드리드나 바르셀로나에서는 멀리 떨어져 있지만 국제공항인 코스타 델 솔 공항이 있어 최근에 방문객이 늘었다.

한눈에
말라가 파악하기

구불구불 이어지는 골목길을 따라 유서 깊은 명소들이 자리 잡고 있는 말라가 역사 센터를 한가로이 거닐어 보자. 이 아담한 공간에는 말라가의 풍부한 역사와 전통이 손에 잡힐 듯 되살아난다. 노점상에서 에스프레소 한 잔과 달콤한 튀김 빵인 스페인 추로스를 구매하여 역사 센터로 탐방에 나서도 좋다. 이 작은 구역에는 고대 로마 유적과 무어, 안달루시아의 기독교 유적들이 가득 들어차 있다.

이국적인 나무들과 식물들이 우거진 말라가 시내의 파세오 델 파르케에서 굽이치는 해변 산책로를 조성하면서 지금은 공원이 되어 버린 구시가지 교통의 요충지로 많은 버스가 길을 따라 지나간다. 공원 동쪽 끝에는 지금도 투우 시합이 열리는 말라가의 유서 깊은 투우장이 자리 잡고 있다. 공원 북쪽 끝을 지나 위풍당당한 요새, 알카사바로 향하면 멀리 '히브랄파로 성'이 보인다. 깎아지른 듯한 계단을 오르면 말라가시와 알보란 해의 그림 같은 전경이 펼쳐진다.

언덕을 내려와 알카사바 입구 근처의 말라가 원형극장을 찾아가자. 기원전 1세기에 지어진 이 고대 원형극장은 말라가에서 가장 오래된 유적지이다. 이곳에서 서쪽으로 난 길을 따라 구불구불 걷다 보면 르네상스 양식의 말라가 대성당이 나온다.

알카사바
Alcazaba

히브랄파로 성Castillo de Gibralfaro으로 가는 언덕의 서쪽으로 이어진 알카사바Alcazaba는 1057년 말라가에서 이슬람 지배시 지어졌던 왕궁이자 요새이다. 비탈 위로 구불구불 이어진 벽돌길에 아치와 석벽이 흩어져 있고, 알카사바Alcazaba 아래에 로마 극장이 있다. 오른쪽으로 보이는 항구와 도시의 풍경이 시원하다.

말라가의 알카사바Alcazaba는 항구가 내려다보이는 도시 중심의 언덕 위에 세워져 있으며 벽으로 둘러싸인 2개의 내부로 이루어져 있다. 이전에는 도시 성벽과 연결되어 3번째 방어벽을 형성했지만 현재는 2개의 내벽만 남았다. 첫 번째로 언덕의 지형 주위에 지어 보호하고, 두 번째로 내부를 완전히 둘러싸 방어하는 형태로 이중보호를 하고 있다.
외부 성채 입구는 공격력에 대한 진전을 어렵게 하기 위해 고안되었다. 이 통로는 로마 유적지의 재료를 재사용하였고 문을 통과하면 여러 개의 정교한 분수가 있는 정원을 통과하며 탑이 있는데 한때 예배당으로 사용되기도 했다.
궁전 서쪽에 대한 방어 역할을 하는 문을 통해서만 접근할 수 있다. 두 번째 성벽 안에는 11~14에 안달루시아 안뜰 3개에 세워진 궁전과 다른 주택이 있다. 13세기말에 나스르 왕조로 편입되면서 그라나다 알함브라 궁전의 축소판처럼 보이는 분수와 수로가 착각을 일으킨다.

🏠 Calle Alcazabilla 2   🕐 9~20시(11~2월 18시까지), 12/24, 25, 31, 1/1 휴무
€ 2.2€(학생 0.6€), 알카사바+히브랄파로성 통합권 3.55(일요일 14시 이후 무료)

히브랄파로 성
Castillo de Gibralfaro

8세기 코르도바의 압다라만 1세가 처음으로 지었지만, 14~15세기에 재건축하였다. 아랍어로 '산에 있는 등대'란 뜻을 가진 히브랄파로 성Castillo de Gibralfaro은 말라가에서 가장 높은 곳인 알카사바Alcazaba 위에 있다. 특이하게 가톨릭 세습 군주에 대항하던 말라가 시민들이 3개월간 갇혀 저항한 역사를 가지고 있다. 성 내부에 별로 볼 것은 없지만 성벽 주변을 산책하면서 도시를 바라보는 멋진 풍경을 바라볼 수 있다.

말라가의 알카사바Alcazaba를 방어하기 위해 지어진 성으로 말라가에서 가장 높은 곳에 위치해 있다. 히브랄파로 성Castillo de Gibralfaro 내부로 들어가 계단을 오르면 성벽을 따라 걸을 수 있는 길이 나온다. 이곳에서 바라보는 말라가 시내부터 항구, 지중해의 아름다운 모습을 볼 수 있다.

- www.malagaturismo.com Camino de Gibralfaro, 11 (35번 버스 또는 대성당에서 걸어서 15분 소요)
- 9~20시(4~9월 / 10~3월 18시까지)
- 2.2€(학생 0.6€ / 알카사바+히브랄파로성 통합권 3.55€ / 일요일 14시 이후 무료)
- +34-952-227-230

구시가지
Old Town

보행자 친화적인 말라가 구시가지는 도보로 둘러보는 것이 가장 좋다. 어둠이 내리면 말라가 올드 타운을 방문하여 흥겨운 밤의 정취를 만끽하는 사람들을 볼 수 있다. 좁고 구불거리는 일방통행 골목길에는 야외 테라스가 구비된 레스토랑이 빽빽하게 들어서 있다. 안달루시아의 해산물 요리와 타파스tapas와 빠에야paella, 튀긴 생선과 같은 스페인 전통 요리를 밤늦게까지 먹을 수 있다.

센트로(Centro)
피카소 미술관을 비롯해 말라가의 관광지는 과달메디나 강 건너편 동쪽 구시가지에 있는 센트로(Centro)에 밀집해 있다. 차량은 없고 사람들만 다니는 보행자 전용도로로 '보행자들의 천국'이라는 '마르케스 데 라리오스 거리'라고 부른다. 구시가지가 시작되는데 양쪽으로 다양한 의류점과 액세서리 숍이 끝없이 이어져 패션의 거리라는 사실을 알게 된다.

피카소 미술관
Museo Picasso Malaga

중세 말라가의 유대인 거주지였던 도로에 피카소 미술관이 있다. 며느리와 손자가 기증한 204점의 작품이 있는데 특히 드로잉, 판화, 조각, 도예품 등의 초기 작품들이 있다.

피카소는 1881년 말라가에서 태어나 9살에 스페인 북부로 이사했다. 다시 첫 번째 부인인 올가와 말라가에서 생활하였지만 이혼 후 말라가를 떠났다.

그 당시에는 신고전주의적 화풍으로 그렸기에 입체주의 그림이 많지 않아서 실망하기도 한다. '프랑코 정권이 독재를 하는 동안 스페인에 돌아가지 않을 것이다'라고 했기에 그가 죽은 지 30년 후에 고향에 미술관이 만들어졌다.

주요작품
손을 올린 여인(1936년) 도라 마르와 연애를 시작한 후 그린 작품 곡예사(1930년) 올리비에와 사귀면서 피카소의 장밋빛 시대가 시작되었는데 당시의 주요 소재인 곡예사로 작업하였다.

- www.museopicassomalaga.org Palacio de Buenavista, Calle San Agustin, 8
- 10~19시(7~8월 20시까지 / 11~2월 18시까지 12/24, 12/31, 1/5 15시까지)
- 8€(25세 이하 6€ / 16세 이하 무료) +34-902-443-377

말라가에서 피카소란?
피카소는 너무나 유명하기에 피카소 미술관과 피카소 생가, 피카소 동상 등을 볼 수 있다. 피카소의 이름은 공항에도 사용되고 피카소가 입던 줄무늬 옷, 피카소 술집, 피카소 빠에야 식당과 피카소 젤라또도 있을 정도이다. 그렇지만 피카소 고향이라 관광 상품이나 연고지가 많을 뿐이다. 말라가 피카소 박물관에는 덜 유명한 습작들 위주로 전시되어 방문을 안 하는 관광객도 상당히 많다.

대성당
Catedral de Málaga

말라가 시내 어디서나 보이는 높은 종탑이 있는 건물로 16세기에 이슬람 사원의 옛 터에 세워진 건물이 2세기 동안 유지되었다. 직사각형 계획으로 지어진 대성당은 본당과 2개의 통로로 구성되어 있으며 북쪽 문은 고딕 양식, 40m의 돔이 있는 실내 장식은 고딕과 르네상스 양식이 섞여 있다. 파사드는 18세기의 바로크 양식으로 여러 가지 양식이 섞여 있다.

외관은 건물의 다른 부분과 달리 바로크 양식이며 2가지로 나뉜다. 아래쪽에는 3개의 아치가 있으며 그 안에는 대리석 기둥으로 분리된 공간이, 문 위에는 돌로 새겨진 메달이 있다. 옆문의 문은 말라가 수호성인을 나타낸다. 북쪽 탑의 높이는 84m이며, 건물은 세비야의 히랄다 다음으로 안달루시아에서 2번째로 높은 성당이다.
대성당을 보면 자신의 위치를 확인할 수 있어서 미로 같은 말라가 구시가지 골목에서 길을 혼동하지 않을 수 있다. 인근에 피카소 미술관과 피카소 생가가 자리한다.

- 🌐 https://www.malagacatedral.com 🏠 Calle Molina Lario, 9
- ⏰ 10~21시(10~3월 18시까지), 일요일 14~18시30분 / 월~목요일 9~10시 무료 입장)
- € 6€(18~25세 4€ / 13~17세 3€ / 12세 이하 무료)

말라케타 해변
Playa de la Malagueta

말라가 시청Ayuntamiento에서 조금만 걸어가면 말라게따Malagueta 해변이 나온다. '말라게따 Malagueta'라는 돌로 된 글자에서 사진을 찍기 좋다. 시내에서 워낙 가깝기 때문에 여름만 되면 사람들로 북적인다.

이곳이 인기 있는 이유는 단지 가깝기 때문이고 좀 더 한적한 곳을 찾고 싶거나 물이 깨끗한 바다로 가기 위해 네르하로 가는 젊은이들이 많다. 항구에 있는 해변으로 시내에서 가까워 여기저기 레스토랑과 바Bar가 있고 시내에서 4㎞정도 떨어진 페레갈레조 해변과 팔로 해변은 말라가 시민들이 주로 찾는다.

🏠 Pasco Maritimo Pablo Ruiz Picasso (11번 버스로 이동가능)

치명적인 매력의 스페인,
떠오르는 신비의 길 - 왕의 오솔길

가장 위험한 길에서 가장 아름다운 길로 변신한 스페인 '왕의 오솔길', 스페인에 산티아고 순례길만 있는 것이 아니다. '산티아고 순례길'이 가장 경건한 길이라면 "왕의 오솔길"은 가장 아름다운 짜릿한 길이다.

스페인의 '왕의 오솔길'이 폐쇄된 지 15년 만에 눈을 떴났나. 2015년 스페인 정부가 3월 29일부터 열리는 성주간(홀리위크) 축제 '세마나 산Semana santa'에 앞서 26일부터 엘로코 협곡에 있는 '왕의 오솔길'을 재개방했다. 왕의 오솔길은 애초 재개장 이후 3개월 동안 무료로 개방하려하였으나 이를 늘려 총 6개월 동안, 9월 26일까지 무료로 개방하였고, 이후부터는 통행료가 징수되었다.

왕의 오솔길은 1901년에 기공하여 1905년에 완공되어진 안달루시아 지방의 엘로코 협곡 근처 과달오르세강 협곡에 있다. 수력발전소 건설 노동자들이 초로폭포와 가이타네조 폭포 사이에 있는 절벽 사이에 만들어진 좁은 길을 연결해 수력발전소를 짓기 위한 노동자들의 이동통로로 만들어 졌다.

물자 수송과 이동을 위해 임시로 만들어진 것으로 1921년 스페인 알폰소 13세가 댐 건설을 축하하기 위해 이 길을 건너게 되면서 "왕의 오솔길The Kings little pathway"이라는 거창한 이름이 붙여졌다. 왕의 오솔길은 1965년 제2차 세계대전 당시를 배경으로 전쟁 포로와 탈출을 그린 영화 〈본 라이언 익스프레스〉에서 왕의 오솔길 옆의 철길에서 영화의 마지막 탈출 장면 촬영이 되었다. 그러나 이후 약 80여 년간 보수가 제대로 이뤄지지 않아 '세계에서 가장 위험한 길'이라는 악명을 얻게 되는 상황까지 이르렀다.

상생의 현장

스페인 반도의 가장 밑에 위치한 안달루시아 지방은 알메리아, 까디스, 코르도바, 그라나다, 우엘바, 하엔, 말라가, 세비야의 8개 주로 구성되어 있다. 아프리카 대륙과 가장 가까운 위치에 있어 날씨가 좋아 열정과 여유가 공존하는 땅이다.

오히려 이런 악명은 스릴과 모험을 추구하는 사람들의 관심을 끌었다. 내로라하는 등반객 사이에서는 왕의 오솔길은 반드시 들려야 할 필수 코스처럼 여겨지게 된 것이다. 일부러 절벽 위나 콘크리트 패널이 떨어져 나가 녹슨 철골만 남은 위험한 곳만 골라가며 이 길을 건너는 이들이 늘어났다. 지금까지 이 길을 건너다 20명이 사망했으며, 1999~2000년에는 4명이나 사망자가 발생했다고 알려져 있다. 이런 위험성에 스페인 정부는 무단 침입 시 600유로(약 7만 원)라는 벌금을 물게 하며 2000년부터 출입구를 폐쇄했던 것이다.

그럼에도 불구하고 모험을 즐기는 사람들의 발길이 끊이지 않자 생각을 바꿔 스페인 정부는 대대적인 보수 작업을 거쳐 정비한 뒤 덜 위험하게 만들어 관광 상품화하기로 한 것이다. 현지 보도에 따르면 왕의 오솔길을 정비하는 데 지금까지 550만 유로(65억 6700만 원)의 거액이 들어갔다고 한다.

왕의 오솔길은 상생의 현장이다. 왕의 오솔길 보수를 시작할 때부터 주위의 지역과 협력하여 그들의 지지를 이끌어내 왕의 오솔길 보수도움을 받고 주변식당, 호텔, 펜션, 캠핑장 등은 입장권을 판매하여 관광객이 주변에 예약을 쉽게 하도록 해 실질적인 수입을 얻을 수 있도록 도와주는 상생을 이루어냈다.

카미니토 델 레이(El Camino Del Rey)

벽 등반의 명소로 엘 초로El Chorro의 절벽에 만들어져 있기 때문에 등반 목적의 관광객이 자주 방문한다. 안달루시아 지방의 말라가 주, 알로라 근교의 과달오르세 강을 따라 화강암 협곡에 있다. 스릴과 공포를 이겨내야 만날 수 있는 치명적인 절경을 가지고 있다.

왕의 오솔길의 정식명칭은 'El Camino Del Rey'로 스페인 에스파냐 남쪽 끝의 안달루시아에 위치한 엘코고 협곡의 미기노드름Makinodromo로 가는 길에 위치해 있다. 전체 길이는 약 7.7㎞이며 이 중 2.9㎞가 나무 패널로만 이뤄져 있다. 수백 미터 깊이의 아찔한 협곡은 '왕의 오솔길'의 핵심코스다. 또한 클라이머들을 비롯해 일반 여행객들도 스릴을 즐길 수 있도록 보수 공사가 진행되어 세계에서 가장 위험한 길에서 세계에서 가장 짜릿한 트레킹 코스로 탈바꿈되었다.

높은 곳, 절벽 등을 보기위해 끊이지 않고 찾아오고 있는 방문객들로 인해 왕의 오솔길은 산티아고 순례길을 뒤이어 스페인을 대표하는 길로 인기가 올라가고 있다.

PORTUGAL
포르투갈

Lisboa | 리스본

Porto | 포르투

ABOUT
포르투갈

포르투갈 사계절

여름에 덥지 않고 따뜻하다고 이야기하는 편이 좋은 표현이다. 6~9월까지 관광객이 몰리는 성수기이고 9~11월까지 가을이다. 겨울에 북부 지방은 비가 많이 와서 추운 편이고 산악지대에는 눈까지 많이 내린다. 다른 지방의 겨울은 그다지 춥지 않지만 비가 자주오기 때문에 관광객이 줄어든다.

사계절의 변화가 뚜렷하다. 여름에는 일반적으로 덥지만 대서양에서 부는 바람의 영향으로 건조하기 때문에 체감 온도는 그리 높지 않은 편이다. 그러나 쏟아지는 햇빛이 강하므로 선글라스와 모자, 자외선, 차단 크림을 준비하는 것이 좋다. 겨울에도 영상 10도 이하로 떨어지지 않을 만큼 온난한 날씨이지만 비가 자주 오며 춥게 느껴진다. 봄과 가을이 여행에는 최적인 날씨이지만 사계절 모두 여행에 좋은 나라이다.

한눈에 보는 포르투갈

유럽의 여러 나라 중에서 아직은 잘 알려지지 않은 낯선 나라가 포르투갈이다. 독특한 느낌으로 다가오는 포르투갈은 1400년대에 탐험가 마젤란이, 1500년대에 바스쿠 다 가마 등이 활약하던 시기에는 강대국이었다.
지금은 화려했던 옛날을 뒤로하고 힘없는 나라가 되어 버렸다. 하지만 1998년 유럽연합에 가입한 뒤 다시 도약을 꿈꾸고 있지만 2008년 미국의 금융위기로 다시 의지가 꺾이며 지금까지 위기를 겪고 있다.

지형
이베리아 반도에 자리한 포르투갈은 유럽에서 가장 서쪽에 위치한 나라로 남북으로 길게 이어진 국토를 스페인이 동쪽과 북쪽에서 둘러싸여 있고 서쪽과 남쪽은 대서양에 접해 있다.

- ▶ 국명 | 포르투갈 공화국
- ▶ 인구 | 약 1,068만 명
- ▶ 면적 | 약 9만 km(한반도의 약 1/2)
- ▶ 수도 | 리스본
- ▶ 종교 | 가톨릭
- ▶ 화폐 | 유로
- ▶ 언어 | 포르투갈어
- ▶ 인종 | 이베리아족, 켈트족 등

▶ 공휴일
1/1	1/1 설날
2/20	사육제 화요일
4/5	성금요일
4/25	혁명기념일
5/1	노동절
6/6	예수 성체일
6/10	포르투갈의 날
6/13	성 안토니오 축제일(리스본 축제일)
8/15	성모 승천일
10/5	공화국 선포 기념일
11/1	만성절(성인의 날)
12/8	성모 수태일
12/25	성탄절

■ 낯선 느낌

유럽의 여러 국가 중에서 우리에게 아직은 잘 알려지지 않은 낯선 국가가 포르투갈이다. 그런데 독특한 느낌으로 포르투갈의 매력에 빠지는 여행자가 많아지고 있다. 포르투갈은 15세기 세계 최강의 해양대국으로 브라질을 식민지화하여 남아메리카에서 얻은 자원을 바탕으로 유럽에 군림한 강대국이었다. 현재는 유럽의 낙후된 후진국으로 속하지만 그 덕분에 저렴한 물가가 여행자에게 부담을 덜어낼 수 있는 나라이다.

■ 대항해 시대의 영광에서 아직 깨지 못한 꿈

햇볕 잘 드는 유럽 한 귀퉁이에 움츠리고 앉아 과거의 화려했던 영광을 회상하고 있는 포르투갈은 번쩍거리는 제복과 서슬 퍼랬던 지휘봉의 위엄을 그리워하는 퇴역 장군의 향수 어린 눈빛을 연상케 하는 나라이다. 파란만장한 역사를 가진 이 나라는 너무 높이 올랐었기에 하강의 골도 깊은 것일까? 하지만 언제까지나 추락할 수만은 없기에 포르투갈은 기지개를 켜려고 준비하고 있다.

유럽 한 구석에 있는 포르투갈에서 기대할 수 있는 것은 아름다운 해변과 맛좋은 와인만이 아니다. 심플한 해산물 요리와 흥겨운 대화, 이슬람 양식, 초현실주의까지 모두 혼합된 건축양식, 종종 인상주의의 배경이 되고 있는 변화무쌍한 풍경들이 여행자를 기다리고 있다. 물질적 풍요를 쫓아 이 나라를 등져야만 했던 포르투갈 교포들도 노년이 되면 정신적 풍요를 그리워하며 다시 고향으로 돌아오곤 한다.

대서양을 마주 보고 선 드넓은 평원

포르투갈은 이베리아 반도 서쪽에서 대서양을 바라보고 있다. 수도 리스본 서쪽에 있는 테르시이라 섬, 보이는 바다가 대서양이다. 1년 내내 태양이 빛나는 따뜻한 나라이다. 포르투갈은 북부와 내륙 일부를 제외하면 여름과 겨울 두 계절뿐이다.

연평균 기온은 섭씨 13~18도로 기온 차이가 거의 없다. 포르투갈은 스페인과 국경을 맞대고 있는 동쪽 산지를 제외하면 대체로 땅이 평평하다. 전체 면적은 한반도의 절반 정도이고 남북으로 길게 뻗어 있다. 수도 리스본은 항구 도시로, 옛날 대항해 시대부터 역사적인 번영을 누려온 곳이다.

포도주와 코르크

포르투갈의 남쪽은 따뜻한 지중해성 기후를 띠고 있어서 포도나무와 올리브나무 등이 잘 자란다. 그래서 포르투갈에서 수확한 포도로 만든 '포트와인'이라는 포도주가 유명하다.

이 포도주는 에부터 배로 날라시 엉국에 많이 수출했기 때문에 항구라는 뜻의 '포트(Port)'를 이름에 붙였다. 포르투갈에서는 또한 코르크참나무가 많이 자란다. 이 코르크참나무에서 얻는 코르크는 병마개나 실내 장식에 많이 쓰이는데, 포르투갈에서 생산되는 양이 세계에서 가장 많다.

민속음악 파두와 축구

이탈리아에 칸소네, 프랑스에 샹송이 있다면 포르투갈에는 파두가 있다. 기타와 만돌린 반주에 맞춰 슬픈 어조로 부르는 노래이다. 파두는 포르투갈 어로 '운명'이라는 뜻이다. 포르투갈 인들은 자신들의 감정을 잘 표현해 주는 파두를 매우 좋아한다. 또한 포르투갈 인들은 축구를 좋아한다. 어느 동네를 가든지 푸른 잔디 축구장에서 공을 차는 아이들을 쉽게 만날 수 있다.

마누엘 양식

대항해 시대에 걸맞게 바다를 떠오르게 하는 해초, 조개, 밧줄 등의 무늬와 동양의 분위기가 나는 조각으로 장식하는 방식이다. 벨렘 탑은 인도 항로 발견을 기념하기 위해 1515년에 세운 것이다. 타호 강 근처에 있는 이 탑은 높이가 35m나 되는데, 포르투갈의 독특한 건축 양식인 마누엘 양식으로 지었다. 아름다운 테라스가 있는 3층에는 16~17세기의 가구를 전시했고 안뜰에는 '벨렘의 성모상'이 서 있다.

포르투갈이 대 항해를 시작한 이유

대항해 시대는 새로운 항로를 개척하려고 포르투갈, 스페인을 비롯한 유럽 국가들이 전 세계를 누비던 시대이다. 중세 말부터 아시아의 생산품이 유럽인들에게 인기가 많았는데, 특히 후추, 계피, 생강 같은 향신료는 매우 비쌌다. 향신료 무역은 상인들에게 막대한 이익을 안겨 주었다.

그런데 15세기에는 오스만 제국이 아시아로 가는 길목에 있어서, 유럽은 아시아와 직접 무역을 할 수가 없었다. 그래서 유럽인들은 새로운 항로를 찾아 나섰다. 대항해 시대 이후 유럽의 강대국들은 아프리카, 아메리카, 아시아의 여러 나라를 식민지로 만들었다. 유럽 나라들에게는 땅따먹기를 하듯 식민지가 넓어져서 신나는 시대였겠지만, 식민지가 된 나라들은 고통이 따르고 파괴가 잇달았던 시기였다.

신항로 개척을 맨 먼저 시작한 나라는 포르투갈이었다. 포르투갈은 항해 왕자 엔히크의 탐험 이후 1487년에 바르톨로메우 디아스가 아프리카 남쪽 끝의 희망봉에 닿았다. 10여 년 뒤인 1498년에는 바스쿠 다 가마가 희망봉을 돌아 인도로 가는 인도 항로를 열었다.

포르투갈에 꼭 가야하는 이유

■ 포르투갈만의 타일

포르투갈 여행에서 자주 만나게 되는 타일은 건물 외벽뿐만 아니라 안의 계단, 도어프레임까지 아름답고 컬러풀한 포르투갈만의 독특한 타일이 매력 포인트이다. 포르투갈 어디든지 다니다보면 다양한 곳에서 많은 타일 디자인의 패턴을 볼 수 있다. 동일한 패턴이 반복되어 거대한 하나의 또 다른 문양을 이루는 것이 인상적이다.

■ 생생한 밤 문화

포르투갈은 생생하고 멋진 밤 문화가 형성되어 있다. 포르투에 가면 나이트클럽에 들어가지 않아도 거리에서 파티를 즐기는 장면을 자주 볼 수 있다. 1회용 플라스틱 컵에 술을 담아 들고 거리 이곳저곳을 돌며 웃고 떠들며 흥을 즐기는 것이 매력이다. 여름에는 내부에서 사람들이 내뿜는 열기로 더워서 안에 있지 못하고 밖으로 뛰어나갈 수밖에 없다.

■ 예술적인 거리

포르투갈은 유럽에서 독특한 유명한 예술적인 거리를 가진 것으로 유명하다. 자세히 거리를 보면 빈티지 느낌의 오래된 건물에서 느낄 수 있는 예술의 멋이 여행자의 발길을 멈추게 만든다. 특히 포르투에서 리베이라 광장의 구불거리는 다채로운 거리를 탐험하며 현지 예술 작품을 감상할 수 있는 갤러리와 수공예품으로 가득한 상점, 맛있는 현지 음식을 맛볼 수 있는 카페가 모여 있어 낭만에 흠뻑 취하게 된다.

매력적인 트램

유럽여행에서는 도시에서 트램들을 볼 수 있지만 포르투갈의 트램은 다르다. 포르투갈에서 트램은 편리하고 고전적인 멋을 느끼는데 좋은 수단이다. 특히 리스본은 언덕 위에 지어진 도시여서 트램이 차를 대신하는 교통수단으로 이용되고 있어서 현지의 트램을 타고 언덕 위 마을을 달릴 때면 리스본의 느낌이 가슴에 다가온다.

■ 언덕 풍경 & 거리 바닥

포르투갈은 언덕과 함께 형성된 도시들이 많다. 그래서 걸어 다닐 때 숨이 찰 때도 있다. 가끔 힘들다고 화를 내는 장면도 볼 수 있지만 언덕에서 보는 풍경을 사진에 담기에 환상적이다. 수도인 리스본을 다니다보면 다채로운 건물의 외벽만큼 거리바닥의 장식도 아름답다. 호시우 광장의 바닥들은 복잡한 디자인과 패턴의 장식적인 바닥이 인상적이다.

역사적 명소

포르투갈은 해양 개척의 역사를 좋아하는 사람들에게 모험심을 자극한다. 켈트족, 무슬림, 로마 등의 영향으로 포르투갈 어디든 흩어져있는 다양한 매력의 역사적 명소를 볼 수 있다. 중세의 건물, 성, 교회, 기념비, 박물관, 기차역 등 당신이 포르투갈 여행을 하는 동안 걷게 되는 모든 곳에서 독특한 역사를 느낄 수 있다.

한눈에 보는 포르투갈 역사

기원전 700년 ~ 12세기 | 다양한 이민족의 지배
기원전 700년, 이베리아 반도에 정착하기 시작했던 켈트족은 후에 페니키아, 그리스, 로마, 서고트로부터 수없이 많은 침략을 받았다. 8세기에 무어족이 지르롤터 해협을 건너와 식민 지배를 시작하면서 그들의 문화, 건축, 농경법이 이곳에 소개되었고, 12세기에는 무어족에 대한 저항 운동이 성공하여 이들을 몰아내게 되었다.

15세기 ~ 16세기 말 | 대항해 시대
헨리 항해법의 기초아래 정복과 개척의 시대에 돌입하면서 유명한 모험가인 바스쿠 다 가마, 페르디난드 마젤란 등이 무역루트를 개척하고 인도, 아시아, 브라질, 아프리카에 이르는 식민 제국 건설의 기초를 닦았다.

16세기 말 ~ 18세기 | 쇠퇴하는 국운
국제 사회의 새로운 강대국으로 부상한 스페인에게 점령당하면서 쇠퇴를 시작한다. 얼마 되지 않아 주권을 되찾지만, 쇠퇴를 향해 가는 국운과 시대의 흐름을 뒤집지는 못했다.

18세기 ~ 1910년 | 최악의 시대
나폴레옹이 포르투갈 함락의 기회를 엿보지만 영국과 연합하면서 국가를 지켜냈다. 19세기에는 경제가 파탄이 나고 내란이 일어나고, 정치는 수렁에 빠지지만, 1910년 군주제 철폐와 민주 공화국 설립을 기점으로 상황은 호전되기 시작했다.

1926 ~ 현재 | 계속된 분열
민주 공화국도 잠깐 1926년, 군부 쿠데타가 일어나고 독재가 이어졌다. 독재 기간 동안 아프리카 전쟁은 포르투갈의 경제를 더욱 어렵게 만들었다. 1970~1980년대에 정치적으로 극심한 좌우의 대립, 경제적 파업 등 혼란의 역사로 점철되었으며 1974~1975년 동안 아프리카 식민지 국가들이 포르투갈로부터 독립을 선언하여 50만 명이 넘는 난민들이 다시 고향으로 돌아오는 사태가 일어났다. 최근에 EU에 가입하여 정치와 경제가 회복하는 듯 했지만 2008년, 미국의 금융위기 이후에 다시 경제가 어려워졌다.

포르투갈에서 한 달 살기

도우르 강 쪽으로 더 가까이 가시 히베이리 지역을 거닐다 보면 마치 시간을 거슬러 올라간 느낌을 받는다. 중세 시대 풍경의 이곳은 다채로운 색상의 오래된 건물이 많고 거리는 사람들로 넘쳐난다. 강변을 따라 늘어선 레스토랑 중 마음에 드는 곳을 골라 소와 돼지 위의 안쪽 부분인 양을 이용한 요리인 트리파사 모다^{tripas à moda}와 맥주 소스를 흠뻑 끼얹은 고기 샌드위치인 프란세지나^{francesinha} 등 포르투^{Porto}의 대표적 음식을 먹으면서 해지는 도우르 강의 아름다운 모습을 보면 힐링이 된다.

포르투갈은 현재 대한민국에서 인기가 상승하고 있는 여행지이다. 경제가 성장하지도 않고 여행의 편리성도 떨어지지만 따뜻한 분위기를 가진 도시로 한 달 살기 도시로도 알려져 있다. 여유를 가지고 생각하는 한 달 살기의 여행방식은 많은 여행자가 경험하고 있는 새로운 여행방식인데 그 중심에 포르투^{Porto}가 있다.

장점

1. 여유로운 풍경

포르투^{Porto}의 언덕에 있는 카페에서 여유로운 커피를 마실 수 있는 도시는 많지 않다. 그래서 여행자들은 포르투에서 아침 일찍 커피와 에그타르트로 시작한다. 커피 한잔의 여유를 즐길 수 있는 즐기는 순간을 오랫동안 느낄 수 있다.

2. 색다른 관광 인프라

도우르 강어귀에 자리한 포르투는 언덕이 많아서 골목길의 풍경이 아름다운 도시이다. 골목을 다니다 나오는 아담한 광장과 성당 등의 볼거리가 많지만 지그재그로 이어진 계단을 따라 올라가면 언덕에서 포르투의 아름다운 풍경을 볼 수 있다. 해가 질 때 동 루이스 2세 다리를 히베이라 광장에서 보는 즐거움과 한 밤 중에 동 루이스 2세 다리에서 보는 도우르 강과 히베이라 광장의 모습은 한편의 그림 같다.

3. 저렴한 물가

1년 내내 도우르 강과 동 루이스 2세 다리에서 보이는 모습은 선물 같다는 생각을 하게 된다. 일출, 일몰, 한 밤중의 강변을 감상하면서 몸과 마음이 한결 가벼워지는 것을 알 수 있다. 게다가 포르투갈의 저렴한 물가로 한 끼 식사를 즐기거나 과일 등의 장보기도 부담스럽지 않다. 포르투 사람들의 친절한 모습과 인심에 대화를 나누면서 친밀해지는 장면에 하루하루가 편안해진다.

4. 색다른 유럽 문화

포르투갈은 아프리카의 식민지들의 독립과 정치의 불안정으로 오랜 시간 동안 경제성장이 떨어지고 항상 같은 풍경을 가진 유럽 내에서 가장 저성장 국가이다. 대 해양 시대의 영광을 간직한 기간은 그리 길지 않다. 스페인과 프랑스의 통치도 받으면서 유럽에서는 낙후되고 잊혀진 국가였다. 지금은 오히려 그런 색다른 유럽 문화로 여행자에게 픽킹을 받으면서 장기 여행자에게 인기는 높아지고 있다.

5. 다양한 음식

포르투갈 어디든 한국 음식을 먹을 수 있는 식당들이 많지 않다. 다른 유럽 국가에는 그래도 한국 레스토랑이 있다. 그런 만큼 포르투갈의 음식이 입맛과 다르다면 한 달 살기는 힘들어질 수 있다. 그런데 의외로 포르투갈의 에그타르트Porto와 함께 마시는 커피는 여행자를 매일 찾아가게 만든다. 또한 의외로 포르투에는 전 세계의 음식을 접할 수 있는 레스토랑이 즐비하다. 포르투에는 전 세계의 음식을 즐기는 여행자가 많다.

> 단점

1. 좀도둑

포르투갈 한 달 살기의 장점 중에 하나가 저렴한 물가이다. 하지만 그만큼 포르투갈에서 살기는 힘든 사람들이 많다는 뜻이기도 하다. 수도인 리스본에는 좀도둑이 많아서 소매치기를 조심해야 한다. 상대적으로 리스본보다 안전한 포르투이지만 조심해야 하는 것은 사실이다. 사람을 해하는 도시는 아니라서 신변의 안전은 나쁘지 않지만 좀도둑은 항상 조심하는 것이 좋다.

2. 접근성

유럽의 가장 서쪽에 위치하여 대서양을 접한 포르투갈은 유럽여행에서 쉽게 찾을 수 있는 나라는 아니다. 그 말은 접근성이 떨어진다는 것이다. 유럽여행에서 다른 나라들과 함께 여행코스를 계획하여 찾기에 쉽지 않다. 반대로 한 달 살기로 선택하면 오랜 시간을 머무를 수 있는 포르투는 한 달 살기에는 좋은 입지 조건을 가졌다고 판단할 수도 있다. 다행히 아시아나 항공이 직항노선이 생겨 접근성이 개선되고 있다.

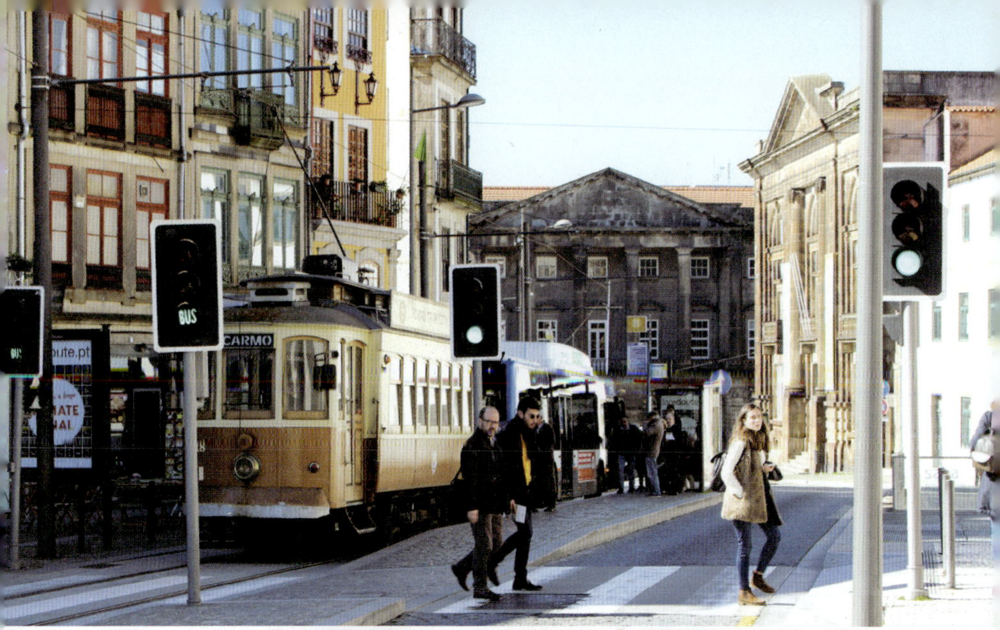
BUS
CARMO

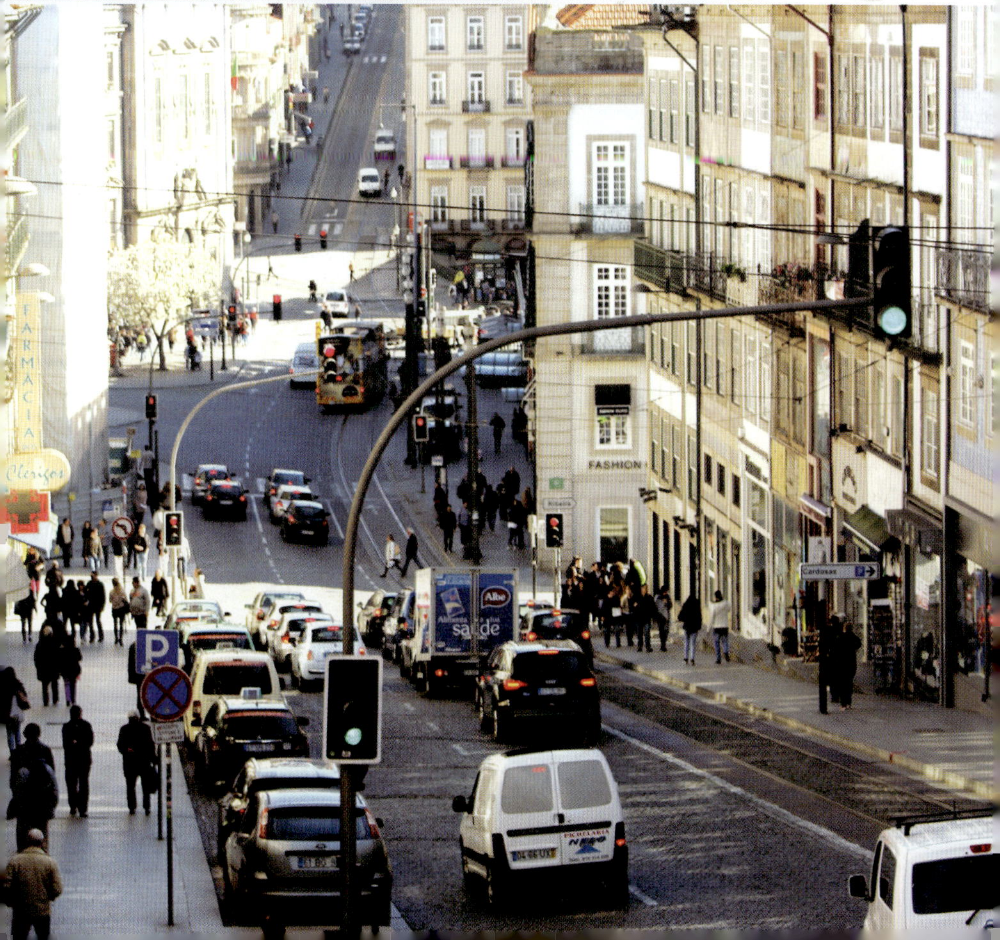
FARMACIA
Clérigos
FASHION
Cardosas

Lisbon
리스본

리스본

LiSBON

수도 리스본은 인파와 소음, 교통 체증으로 부산하기는 하지만, 스카이라인과 타조 강의 산들산들한 바람 때문에 소박하고 편안한 느낌을 주는 작은 도시이다. 이곳의 꾸밈없는 분위기와 군데군데 독특하게 멋을 부린 맵시가 돋보이는 산뜻한 건축양식이 매력적이다. 리스본이 관광객을 끌어당기는 것은 바로 이런 매력과 유럽 내에서 가장 물가가 저렴한 국가 중에 하나라는 사실일 것이다.

리스본
개념 잡기

리스본은 7개의 언덕으로 이루어진 고지대와 저지대로 이루어져 있다. 바이샤 지구와 신시가지의 중심가, 바이루 알투 지역, 알파마 지구, 벨렝 지구, 리스본 근교의 5개로 나뉘어 있다. 언덕과 산이 많은 지형이나 방향은 일직선으로 놓여 있다.

저지대에서는 로시오Rossio를 정점으로 하는 바이샤Baixa지구가 중심지이다. 로시오에서 정북 방향으로 프라카 아래쪽에 위치해 있다. 로시오 서쪽에는 라이로 알토 지역으로 향하는 가파른 산자락이 있는데 이 지역의 일부인 키아도는 1988년 대화재 이후 재개발되었다. 로시오 동쪽으로 상 조르제 성과 근처의 알파마 지역으로 오르는 다른 길들이 미로처럼 얽혀 있다.

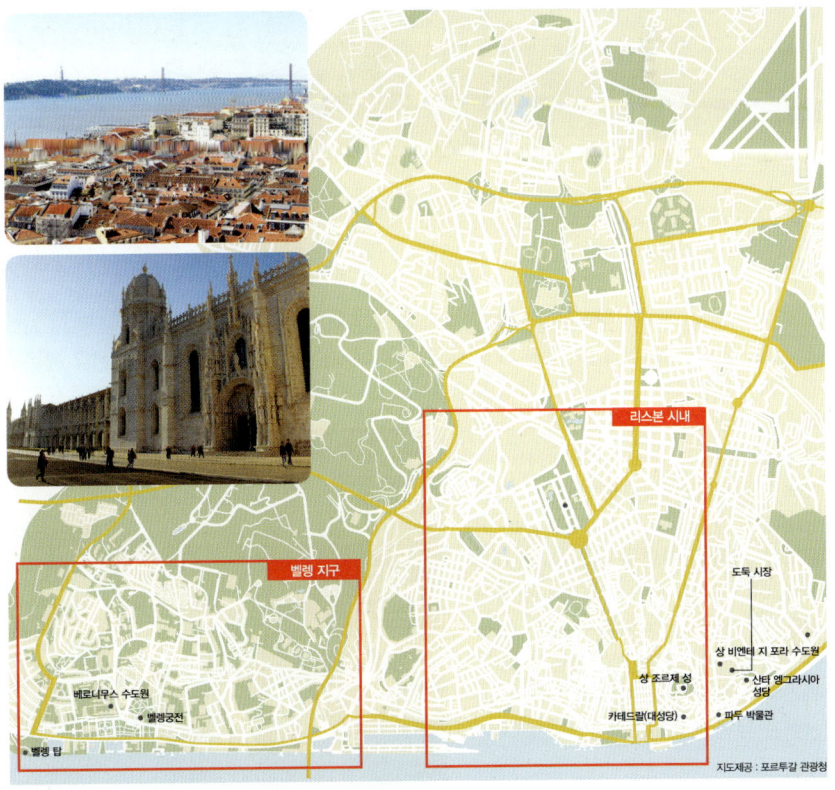

리스본의 매력

포르투갈의 수도, 리스본의 벽돌 길을 거닐면서 길거리 음악가들의 선율에 귀를 기울여 보고, 도로 옆 레스토랑에서 싱싱한 생선 요리를 즐길 수 있다. 리스본은 과거와 현재의 매력이 완벽하게 조화를 이룬 곳이다. 거리에 늘어선 유서 깊은 건축물과 새하얀 저택 안에서 번영하는 현대 미술의 단면을 엿볼 수 있다. 1년 내내 날씨가 화창하고 사람들로 북적대지도 않는 매력적인 도시는 유럽 최고의 인기 휴양지 중 한 곳이다.

리스본의 낭만

역사 지구인 알파마의 구불구불한 자갈길을 따라 거닐면 교회와 작은 광장에서 중세 시대의 건축 양식을 볼 수 있다. 높은 곳에서 도시를 내려다보고 있는 상 조르제 성을 방문해 길가에 낭만을 더해 주는 거리 음악의 연주 소리를 느낄 수 있다. 포르투갈의 전통 음악인 파두를 감상하려면 저녁에 파두 카페를 찾으면 된다.
화려한 벽돌 장식의 저택과 부티크 매장이 도로에 늘어서 있는 그림 같이 아름다운 치아도 구역을 둘러보자. 카페에 앉아 커피를 한 잔 즐기고 소금에 절인 대구요리인 바깔라우 같은 음식을 맛보면 여행의 피로가 풀릴 것이다. 리스본은 대서양 끝자락에 자리해 해산물은 유럽에서 최고로 손꼽힌다.

박물관 찾아다니기

포르투갈 사람들이 수세기 동안 수산업에 의존해 왔기 때문에 해양박물관에 가면 1800년대 선박과 지도가 보관된 전시관에서 국가의 오랜 해양 유산을 볼 수 있다. 유럽 최대 규모의 수족관인 리스본 오션나리움에서 해양 생물도 만날 수 있다. 굴벤키안 미술관에 가면 유럽 전역에서 공수해 온 공예품과 미술품 6,000점을 관람할 수 있다. 국립 의상복식 박물관에 가면 20세기 패션의 변천사를 살펴볼 수 있다.

세계적으로 유명한 파스테이스 데 벨렘에서 커피와 케이크를 맛보려면 식사하려고 찾는 현지 주민들과 함께 줄을 서서 기다려야 한다. 리스본의 상징적인 파스텔 드 나따 판매점에서 얇게 켜켜이 쌓인 크러스트와 풍부한 커스터드 크림을 맛보면 기다린 시간이 전혀 아깝지 않다.

알파마 지구
Alfama

성 아래로 난 도로와 골목길이 미로처럼 연결되어 있고 아름다운 건축물들이 많다. 라르고 데스 포르타 도 솔Largo des Porta do Sol의 테라스에서 이 지역 전체가 잘 보인다.

리스본에서 가장 오래된 지구를 방문하여 무어 양식의 궁전과 중세풍 골목을 탐험하고, 밤이 되면 바에 들러 전통 음악을 즐길 수 있다.

알파마 지구 둘러보기

알파마Alfama 지구에는 무어 통치 시대로부터 내려져 온 중세풍 건물과 독특한 건축물이 보존되어 있다. 1755년, 리스본 중심지에 위치한 알파마Alfama 지구는 리스본 지진 발발 당시에 가장 피해를 덜 입었다. 언덕 위에서 도시를 내려다보고 있는 거대한 무어 양식 궁전인 상 조르제 성이 인상적이다. 로마 시대 유적지와 알록달록한 주택도 알파마Alfama 지구의 아기자기한 매력의 일부이다.

포르타스 두 솔 전망대에 올라 리스본의 중세풍 중심지와 건축물을 감상하면 로마 극장 유적지와 각종 유물, 예술품이 전시된 박물관에서 고대 로마 역사에 대해 알아볼 수 있다.

아름다운 가로수 길을 걷다 보면 상 조르제 성 Castelo de São Jarge이 나온다. 6세기에 무어인 지배자들에 의해 지어졌으며 십자군 원정 당시 정복당한 이후 수차례의 보수 공사를 거쳐 왕궁으로 거듭났다. 왕궁의 방 중에는 리스본의 역사에 관한 멀티미디어 영상을 관람하도록 만들어 놓았다.

리스본 성당은 리스본에서 가장 오래된 건물로 1150년에 지어졌다. 화려하고 오래된 수도원 안에 자리하고 있는 타일 박물관에는 지진 이전의 알파마의 모습이 되살아난다. 1738년에 제작된 23m 규모의 타일로 만든 도시 전경을 비롯하여 5세기에 걸쳐 있는 각종 타일 예술품이 전시되어 있다.

아주라 궁에 자리 잡고 있는 장식미술 박물관에서는 17세기 궁의 화려한 도색 지붕과 예술품, 각종 가구를 볼 수 있다. 바로 옆에서는 오랫동안 전해져 내려오는 기술을 이용하여 앤티크 모방품을 제작하고 있는 장인들의 모습을 볼 수 있다.

산타 아폴로니아 Santa Apolonia 기차역 인근 바닷가에는 현대적인 부티크와 레스토랑, 신나는 밤의 유흥을 만끽할 수 있다. 스파이크가 파사드를 장식하고 있는 16세기 궁인 카사 도스 비코에서 가장 훌륭한 전통 해산물 요리를 맛볼 수 있다.

리스본의 낭만, 28번 트램

리스본에 온 관광객이라면 누구나 타고 싶은 교통수단이 트램이다. 그런데 단순하게 트램을 타는 것이 아니라 28번 트램을 타고 싶다고 말한다. 오래된 골목길을 운행하는 28번 트램은 정말 골목길처럼 오래된 티가 난다. 승객이 앉는 의자는 오래된 나무 의자이고 트램의 창밖으로 보이는 풍경은 낡디 낡은 골목길의 풍경이다.

리스본에는 골목길이 많고 오르막길과 내리막길이 많다. 도로는 좁고 오래된 그대로 살아간다. 그 골목과 오래된 흔적이 관광객을 끌어당기는 것이다. 걸어다니면서 리스본을 느낄 수도 있지만 가장 선호하는 낭만은 트램을 타고 골목을 돌아다니는 옛 추억 속으로의 낭만이다. 코너를 돌려면 '끼~~~~익'소리가 나면서 한쪽으로 쏠리고, 중간 중간 덜컹이면서 오르막길을 따라 올라가고 내려온다. 중간에 차가 트램길을 가로 막아 시간이 지체되기도 하지만 사람들은 누구하나 싫은 소리를 하지 않는다.

다만 관광객을 노리는 소매치기가 참 많다. 대부분 여행자의 가방을 노리지만 현지 시민을 노리는 경우도 있다. 트램을 타고 가다가 한 여성이 소리를 질렀다. 그 여성은 남자를 잡으려고 했고 남성은 정거장에 서자마자 내리려고 문으로 재빨리 다가갔다. 여성은 더욱 다급한 목소리로 남성에게 소리를 치면서 "Help"를 외쳤다. 소매치기였다.

소매치기가 문을 빨리 열어달라는 그때 운전기사의 재치로 소매치기는 물거품이 되었다. 꽉 찬 트램 안에서 문을 열어주지 않는 기사덕분에 승객과 소매치기는 한참을 갇혀 있었다. 여성이 소매치기의 가방을 잡아끌었지만 소매치기는 가방을 꼭 끌어안고 문을 열어달라고 소리를 쳤다. 그렇게 30여 분이 지나 경찰이 오고 난 후에야 기사는 문을 열어주었다.

포르투갈에 뚝뚝이?

동남아시아 여행에서 자주 보고 타는 뚝뚝이는 오토바이의 뒤에 2명의 좌석을 만들어 탈 수 있도록 만든 교통수단이다. 그런데 오르막길과 골목길이 많은 리스본의 알파마 지구에는 뚝뚝이가 새로운 관광 상품이 되고 있다.

가파르게 올라가는 상 조르제 성까지의 여정이나 리스본 시내를 편하게 둘러보고 싶은 관광객은 귀여운 뚝뚝이가 좋다. 동남아시아와 다르게 3인승과 6인승이 있지만 좌석이 편하지는 않다. 또한 동남아시아와 마찬가지로 기사와 흥정을 해 가격협상을 해야 한다. 협상을 하지 않는다면 30분에 30€, 60분에 45€의 비용이상을 달라고 할 것이다. 흥정에 따라 가격이 달라지므로 적당한 협상을 통해 리스본을 편리하게 돌아보는 경험을 하기를 바란다.

리스본 대성당
Sé de Lisboa

리스본에서 가장 오래된 이 성당은 고딕, 로마, 신고전 양식을 아우르는 중세의 다양한 건축 양식이 조화를 이룬 곳이다. 건축에 관심 있는 분이라면 리스본 최고(最古)의 종교 건축물인 리스본 성당에 마음을 빼앗길 것이다. 오랜 세월 동안 수차례 개보수 작업을 거친 덕분에 현재 리스본 성당에는 다양한 건축 양식의 흔적이 남아 있다.

휑하니 동굴 같은 성단 안을 거닐면서 로마네스크, 고딕, 바로크 시대의 디자인을 보게 된다. 성당은 포르투갈 초대 왕, 아퐁소 엔리케의 계획에 따라 이전에 있던 회교 사원 위에

건축되었다. 로마 가톨릭 교회로 건립된 이후 줄곧 리스본의 대주교 관할 공소 역할을 해 왔다.

성당 내, 외관의 모습
성당 외관의 특징을 그대로 보여 주는 요새 형태의 건물 정면에는 12세기에 경비대를 보호하기 위해 공격적인 인상을 풍기도록 지어졌다. 성당 주변을 거닐다 보면 서쪽 벽에서 독특한 문양의 로마네스크 무늬가 장식되어 있다.

성당 안으로 들어가면 고딕 양식의 천장이 시선을 사로잡는다. 바로크 양식의 17세기 성구실과 아퐁소 왕의 묘지가 있는 신 고전 양식의 예배실을 볼 수 있고, 파도바의 성 안토니우스가 1195년에 세례를 받은 곳으로 알려진 세례반도 인상적이다.

성당 동쪽에 있는 고딕 회랑에 가면 지진 때 겪은 피해를 눈으로 확인할 수 있다. 회랑은 디니스 왕이 의뢰한 성당은 수년간 여러 차례 발생한 지진 때문에 훼손되었는데, 그중 1755년 리스본 지진이 일어났을 때 가장 큰 타격을 입었다. 수세기에 걸쳐 천천히 복구하다가 20세기에 접어들어 대규모 개보수 공사를 진행했다.

상 조르제 성
Castelo de sao Jorge

서고트 족의 전성기에 지어진 성은 유적지를 내려다보는 곳에 위치하고 있다. 리스본과 타구스Tagus 강을 굽어보고 있는 요새를 둘러보면 흥미진진한 중세 역사를 생각하게 된다. 상 조르제 성은 언덕 위에서 리스본을 내려다보고 있는 중세 시대의 요새이다. 미로 같은 내부 구조와 길게 뻗은 정원이 인상적이다.

상 조르제 성Castelo de sao Jorge까지 가파른 언덕을 올라가다 보면 포르투갈의 전통 클럽과 야외 카페를 비롯해 리스본의 경관과 붉은 지붕의 건물, 도자기 매장을 모두 볼 수 있다. 언덕 꼭대기에 다다르면 무어 양식의 6세기 요새가 모습을 드러낸다.
성 입구를 나타내는 석문 아래에서 잠시 발걸음을 멈추고 상 조르제 성Castelo de sao Jorge이 얼마나 큰지 알 수 있다. 원래 무어 왕족이 거주하던 이곳은 1147년 포르투갈의 초대 왕에게 함락 당했다. 리스본 중심지에 새로운 궁전을 완공할 때까지 성을 왕궁으로 이용했다.

아름다운 정원을 거닐며 도시 경관을 구경한 뒤에는 성의 첨탑 꼭대기에 올라가 보자. 수백 년의 시간이 흐르면서 성 일부가 훼손되었지만 원래 구조물을 둘러싸고 있는 석벽과 첨탑 18개는 대부분 옛 모습을 간직하고 있다.

- Castelo de S. Jorge, Rua de Sta Cruz, 1100-129(737번 버스와 28번 트램 이용)
- 9~21시(3~10월 / 11~2월 17시 30분까지 율리시스의 탑10~17시 30분 / 폐관 30분 전 입장)
- 10€(학생 5€) 218-800-620

> **포토 포인트**
>
> 계단을 따라 첨탑 꼭대기로 올라가 리스본의 아름다운 사진을 담아 보자. 타구스 강 뒤로 사라져 가는 태양을 바라보면서 리스본의 새하얀 집 위로 붉게 물드는 노을도 아름답다. 이곳에서 보는 리스본의 전망이 유명하여 일출과 일몰시에는 많은 관광객이 자리를 잡고 있다.

상 조르제 성 내부도

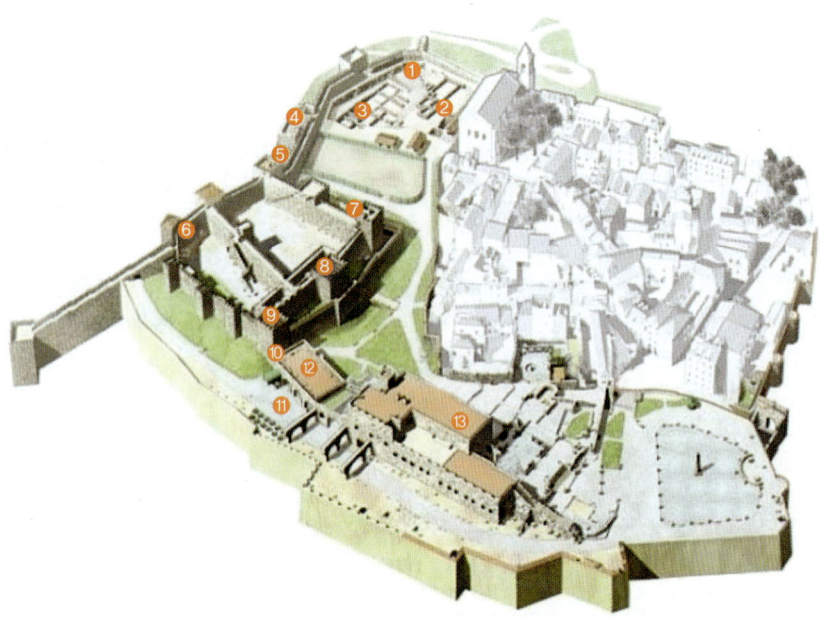

❶ 왕궁
❷ 철기 유물
❸ 무어 시대 유물
　11세기 무어인과의 전쟁 중에 마팅 모니즈가 성문을 닫는 것을 보고 몸을 던져 승리로 이끈 그의 희생을 따 이름을 지었다.
❹ 모니즈 문
❺ 시스턴의 탑
❻ 반역의 문
❼ 충성 탑
❽ 율리시스의 탑
❾ 왕실의 탑
❿ 로렌스의 탑
⓫ 알카소바 왕궁 유적
⓬ 알카소바 왕가의 저택터
⓭ 박물관

바이샤 지구
Baixa

형형색색의 부서진 건물들이 질서정연하게 늘어서 있는 바이샤 지역은 느긋한 마음으로 거닐어 볼 만한 장소이다. 유일하게 평지인 바이샤 지구는 리스본의 중심가들이 몰려 있다. 1755년 리스본 대지진 이후 재건을 하면서 지금의 정돈된 건물들이 들어섰다. 호시우Rossio로부터 바이샤Baixa를 둘러싸고 있는 언덕까지 걸어 나와 케이블카나 리프트를 탈 수도 있다.

리스본 대지진

리스본 시가지에서 유명한 사건이 1755년의 리스본 대지진이다. 한 나라의 수도를 강타한 큰 지진이며 국가 전체에 파급효과를 미친 대사건이다. 대지진 전의 포르투갈은 브라질에서 금광수익이 절정에 달한 시기로 돈 주앙 5세이후 그의 아들인 돈 주제가 통치하고 있던 시기였다. 왕은 유능한 정치가로 국정 전반에 걸친 개혁 정책으로 그 능력을 인정받고 있던 재상인 퐁발에게 국정 전반을 맡기고 있었다.

1755년 11월 1일 리스본에 무시무시한 대지진이 일어났다. 그 날은 주일이라 성당에는 미사를 드리러 온 신자들로 가득했고 인명지해는 더 심각했다. 5 천여 명에 이르는 인명피해와 만여 채의 건물이 파손되고 화재는 순식간에 리스본을 잿더미로 만들었다.

그러나 퐁발 후작의 위기 관리능력은 대단해서 혼란을 틈탄 도둑들을 재판에 회부시키고 지방 주둔한 군 병력을 리스본으로 불러들여 리스본 시민들을 안정시키고 치안을 안정화 시켰다. 또한 리스본 재건 사업을 추진하기 위해 도심의 건물주들ㄴ 수리, 복구 작업을 서둘렀지만 퐁발은 새로운 도시 계획이 확정될 때까지 작업의 중단을 지시하고 1758년 7월 도시 계획법이 발효되고 그 계획에 의해 건축을 완성시켰다.

지금의 리스본 시내는 퐁발의 착상이 반영되어 기하학적이고 직선을 중시하며 모든 건물의 높이는 일정하게 제한되었다. 건물 외부에는 소유주가 귀족이든 평민이든 표시를 하지 못하도록 했다. 현재 리스본 시가지는 퐁발이 계획한 것에서 큰 변화 없이 유지되어왔다.

코메르시우 광장
Praça do Comércio

리스본 중심지를 흐르는 타구스 강 주변에 있는 코메르시우 광장Praça do Comércio은 근처 바이샤 지구에서 광장까지 걸어올 수도 있다. 리스본 시민들과 관광객에게 모두 인기 있는 코메르시우 광장은 친구를 만나거나 커피 한 잔 마시면서 하루를 시작하기 좋은 곳이다. 리스본 문학인들이 자주 찾던 카페에 앉아 커피와 점심을 즐기면서 오가는 사람들을 구경하는 것도 좋다. 광장에 가면 리스본의 바이샤 지구 중심가를 둘러보면서 음료도 마시고 여유도 만끽할 수 있다.

리스본에서 가장 유명한 카페는 카페 마르티뇨 다 아르카다Café Martinho da Arcada로 포르투갈의 많은 유명 작가가 글을 썼던 자리에 앉아 당시를 생각해볼 수도 있다. 광장 서쪽 끝 아담한 고건물에 자리한 리스본 관광 안내소에 가면 지도와 정보를 얻고 현지 직원의 설명도 들을 수 있다.

🏠 Praça do Comercio, Baixa, 지하철 Terreiro do Paço역 하차

광장의 간략한 역사와 모습
1755년에 발생한 대지진 때문에 건물이 크게 파손되기 전까지만 해도 코메르시우 광장(Praça do Comércio)에는 수세기 동안 왕궁이 자리해 있었다. 왕궁은 개보수 작업을 거쳐 도시의 입구를 상징하는 거대한 석조 기념비로 새롭게 태어났다. 코메르시우 광장 북쪽의 거대한 아치형 입구 뒤로는 리스본 시가지가 펼쳐지고 광장 중앙에는 용맹한 호세 왕의 동상이 자리해 있다. 황제 망토를 두르고 있는 동상은 높이가 무려 14m에 달한다.

세월이 흐르면서 광장에 줄지어 서 있던 수많은 정부 건물이 레스토랑, 바, 카페로 바뀌었다. 지금은 코메르시우 광장이 점심시간마다 사람들이 몰려드는 리스본 최고의 식당가 중 한 곳으로 자리매김했다.

호시우
Rossio

'동 페드루 4세' 광장이라고 불렸지만 지금은 호시우Rossio 광장으로 불린다. 바이샤 지구의 메인 광장으로 18~19세기의 건물이 대부분인 현재의 리스본에 대표적인 곳이다.

관상 가운데 동상은 초대 브라질 총독인 동 페드루 4세의 것이며 북쪽의 큰 건물은 1840년 옛 종교 재판소 자리에 세워진 도나 마리아 2세 국립극장으로 낭만주의와 신 마누엘 약식이 섞여 있다. 그 앞에는 포르투갈 최초의 극작가인 질 비센트의 동상이 서 있다. 이 광장에는 많은 버스와 전차가 지나가며 기차역과 지하철역이 있다.

🏠 Praça dom Pedro IV, 호시우Rossio 역 하차

🏠 Praça dos Restauradores 58

레스타우라도리스 광장
Praça dos Restauradores

'레스타우라도리스Restauradores'는 복구자들이라는 뜻으로 독립혁명을 주도한 이들을 기념하는 거대한 오벨리스크가 서 있다. 1640년의 혁명으로 60년간 계속되어 왔던 스페인의 지배에서 벗어나 독립한 것을 기념한 광장이다. 서쪽에 있는 포스 궁은 19세기 초 이탈리아의 건축가에 의해 지어진 붉은 건물로 현재는 관광 안내소가 있다.

산타 주스타 엘리베이터
Elevador de Santa Justa

언덕 위의 바이샤 알투와 도심의 바이샤를 연결하기 위해 19세기에 설계된 고딕 양식 엘리베이터에 탑승하면 엘리베이터 꼭대기에 있는 카페에서 전망을 즐길 수 있다. 산타 주스타 엘리베이터Elevador de Santa Justa는 언덕 위에 위치한 바이샤 알투와 도심의 바이샤를 연결하고 있다.

고딕 양식으로 된 철근 구조물에 오르면 다운타운의 신고전주의 양식 건축물이 한눈에 들어온다. 1905년부터 운행된 이 엘리베이터는 과거에는 증기기관으로 동력이 공급되었지만 오늘날에는 전기로 운행되고 있다. 꼭대기에는 전망 카페가 자리 잡고 있다.

산타 주스타 엘리베이터 VS 에펠탑
엘리베이터는 카모에스 광장과 꼭대기의 카르모 교회를 연결하고 있다고 해서 '카르모 리프트'라 불리기도 한다. 구조물은 파리 에펠탑의 설계자인 구스타프 에펠의 제자에 의해 설계되었다. 산타 주스타 엘리베이터(Elevador de Santa Justa)와 에펠탑 사이의 유사한 면을 살펴보자. 밤이 되어 불빛이 들어오면 더욱 아름다운 모습을 뽐낸다. 45m 높이를 오르는 동안 천천히 도시의 전경을 감상하고 2대의 엘리베이터에서 유서 깊은 목재 패널과 거울을 볼 수 있다. 꼭대기에 내려 회전식 장식 계단을 오르면 타구스 강의 전경이 펼쳐진다.

전망 바라보기
바이후 알투 쪽 입구에 위치한 레스토랑에는 매일 점심시간부터 음식과 커피와 케이크를 판매한다. 자정에서 새벽 2시까지 아름다운 도시의 전경과 불 밝힌 카르모 수도원을 감상하여 라이브 음악과 칵테일을 즐길 수 있다.

굴벵키안 미술관
Museo Calouste Gulbenkian

고대 공예품과 예술품 약 6,000여 점을 소장한 굴벵키안 미술관Museo Calouste Gulbenkian은 리스본 최고 인기 명소이다.
미술관의 넓은 전시관에는 그리스 꽃병과 동전, 고대 로마의 유리잔, 극동 지역의 기와 뿐만 아니라 유럽 미술사에서 가장 위대한 작가들의 작품도 전시되어 있다.

상설 전시 갤러리
두 통로에는 소장품이 연대순으로 정리되어 있다. 첫 번째 통로에는 메소포타미아, 이집트, 중동 이슬람, 그리스 / 로마 문화의 고전적인 동양식 미술을 접해 볼 수 있다. 두 번째 통로를 따라가다 보면 책과 그림, 조각상, 도자기 같은 유럽 미술을 만나게 된다. 렘브란트를 비롯한 여러 작가의 그림과 피터 폴 루벤스가 그린 초상화가 유명하다.

장식 미술 전시관
손으로 엮어 만든 태피스트리와 깨지기 쉬운 겨자 종지/접시 덮개, 목재 책장과 낡은 놋쇠 시계의 빛바랜 녹청, 16세기 페르시아 양탄자도 볼 수 있다.

도시 미술 전시관
플라밍어, 네덜란드어, 프랑스어, 독일어, 이탈리아어, 영어 등의 다양한 유럽 언어로 작성된 원고와 화려하게 장식된 표지를 볼 수 있다. 많은 작품들은 13세기에 만들어진 것들이 많다.

에두아르두 7세 공원
Parque Eduardo VII

리베르다드 대로 북쪽에 자리잡은 프랑스식의 아름답고 잘 정돈된 공원으로 1902년, 영국의 에드워드 7세의 리스본 방문을 기념하여 조성하였고 경사가 있어 공원의 정상에서는 테주Teju 강와 바이샤 지구가 내려다보인다. 정상 왼쪽에 에스투파 프리아Estufa Fria라는 곳이 있는데 갖가지 특이한 식물을 볼 수 있다.

벨렝 지구
Belém

로시오에서 서쪽으로 약 6㎞ 떨어진 벨렝Belém 지구에는 1755년 리스본 대지진에서 파괴되지 않고 남은 몇몇 볼거리들이 있다. 웅장하고 화려한 제로니무스 수도원Mosteiro dos Jerónimos은 포르투갈 전성기의 영광을 보여 주고 있다. 수도원에서 테주 강 하구로 이동하면 벨렝 탑Torre de Belém이 보인다.

마누엘 양식으로 지어진 탑을 따라 나 있는 산책로를 걸으면 바람이 불어온다. 마누엘 양식은 대항해 시대에 걸맞게 바다를 떠오르게 하는 해초, 조개, 밧줄 등의 무늬와 동양의 분위기가 나는 조각으로 장식하는 방식이다. 해질 때에 걸으면서 벨렝 탑Torre de Belém과 발견기념비Padrão dos Descobrimentos를 본다면 리스본의 매력에 푹 빠질 것이다.

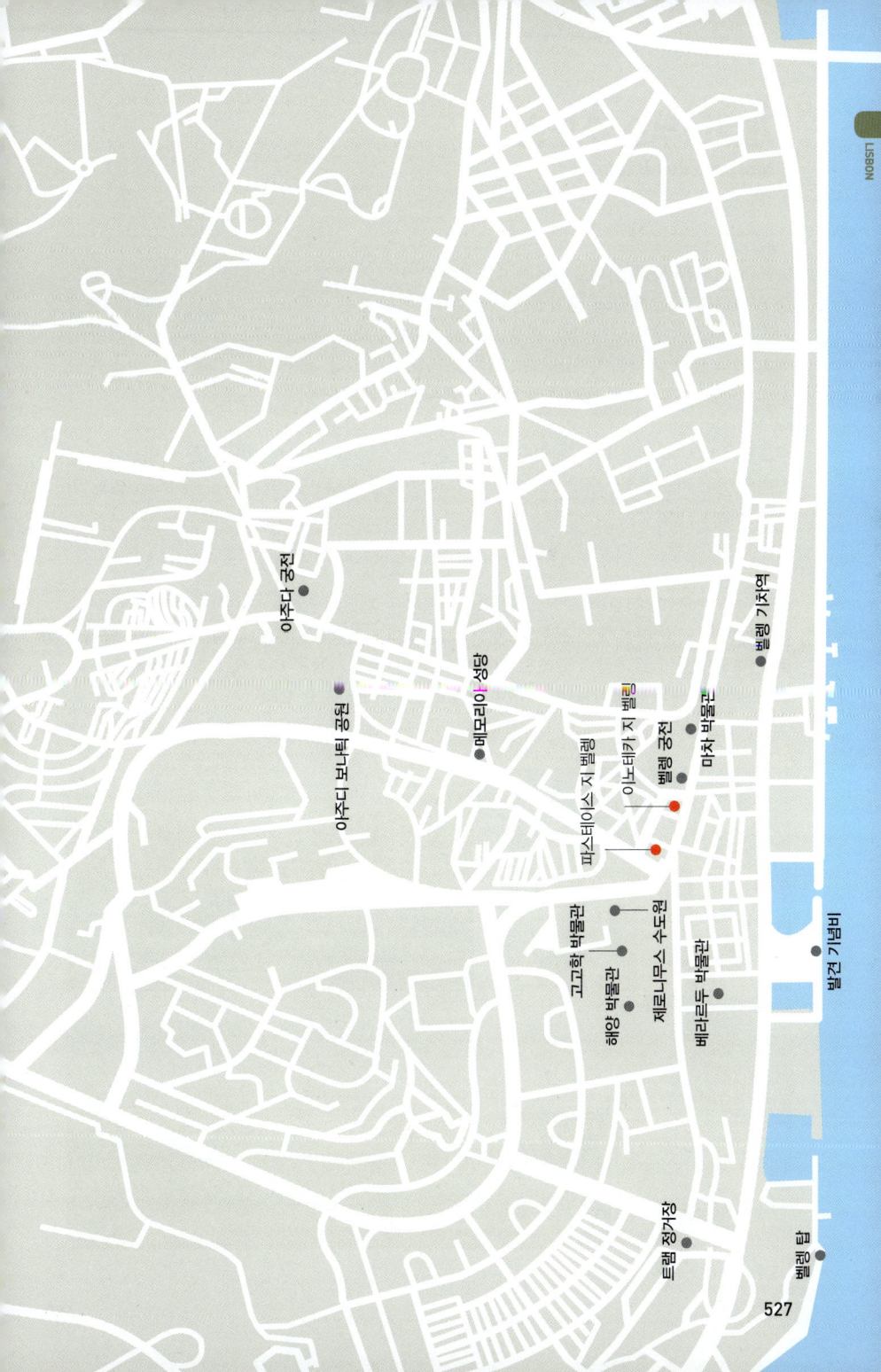

제로니무스 수도원
Mosteiro dos Jerónimos

1496년 지어진 웅장한 제로니무스 수도원Mosteiro dos Jerónimos은 리스본에서 가장 멋진 장소 중 하나이다. 포르투갈의 왕이었던 마누엘 1세가 해양 왕, 엔리케와 대항해 시대의 영광을 기리기 위해 만든 수도원이다. 한쪽 길이가 300m나 되는 웅장한 수도원 안에는 화려한 장식이 가득 달린 기둥들이 아름다운 아치를 떠받치고 있다. 입구 바로 안에 있는 바스쿠 다 가마Vasco da Gama의 묘지에도 들러 보면서 당시를 회상해 보자.

수도원은 탐사 여행을 마치고 인도에서 귀환한 바스쿠 다 가마Vasco da Gama를 기념하기 위해 건축되었다. 바스쿠 다 가마Vasco da Gama 탐사대원들은 포르투갈에서 보내는 마지막 밤을 이 수도원에서 지냈다.

특징
높이 솟은 첨탑과 정교한 패턴의 외관이 아름다운 제로니무스 수도원Mosteiro dos Jerónimos은 리스본에서 가장 아름다운 건축물 중 하나로 꼽힌다. 전형적인 포르투갈 후기 고딕 양식으로 건축되었지만 르네상스 요소도 가미되어 있다. 수도사들은 여기에서 매일 예배를 드리며 포르투갈 해양 탐험가들이 무사히 돌아오기를 기도하기도 했다.

수도원 모습

휑하니 통굴 깊은 수도원 내부와 기대한 기둥에는 밧줄과 신해 생물, 꽃 모양이 산호초 등 바다나 항해와 관련된 도상학적 이미지가 새겨져 있다. 수도원 입구에서는 15세기 왕세자였던 항해 왕자 엔리케의 동상을 볼 수 있다.

수도원의 산타 마리아 성당 입구에는 마누엘 1세와 성 제로니무스, 세례 요한 등의 조각상도 있다. 또 제로니무스 수도원Mosteiro dos Jerónimos의 왕실 묘지에는 바스쿠 다 가마Vasco da Gama, 마누엘 1세와 왕비, 포르투갈의 국민시인 카몽이스Camoes등의 관이 놓여 있다.

거대한 정사각형 회랑의 천장 아래에 서 보면 엄청난 건물의 크기에 놀라게 된다. 이 건물의 높이는 180m가 넘어서 본당으로 이어지는 여러 공간으로 이어진다. 남문에 가면 높이가 32m에 달하는 천장을 볼 수 있다. 포르투갈에서 가장 칭송받는 두 건축가, 지오고 제 보이따까Diogo de Boitaca와 주앙 드 카스티요João de Castilho가 설계한 남문에서 벽에 장식된 조각상과 박공을 보게 된다.

정문에 가면 고딕 양식에서 르네상스 건축 양식으로 넘어가는 변천사를 확인할 수 있다. 수도원 곳곳에는 프랑스 조각가, 니꼴라우 샹뜨렌느Nicolau Chanterene의 손길이 남아 있다. 무릎 꿇고 있는 아라곤의 마리아 여왕과 화려한 천장 아래 서 있는 마누엘 왕의 동상을 살펴보자. 왕과 왕비의 양쪽에는 이들의 수호성인 성 제롬과 세례 요한이 서 있다.

- 🌐 www.mosteirojeronimos.pt 🏠 Praça do império (코메르시우 광장에서 트램 이용)
- 🕐 수도원 : 5~9월 : 10~18시 30분, 10~4월 : 17시 30분까지, 성물 안치소 : 5~9월 : 10시 30분~17시 45분
  (월~금 / 토요일 15시까지 / 15~17시 45분), 10~4월 : 15~16시 45분, *휴무 월요일, 1/1, 부활절, 5/1, 6/13, 12/25
- 💶 10€(학생 5€ / 12€ 수도원+벨렝 탑 통합 입장) 📞 213-620-034

벨렝 탑
Torre de Belém

제로니무스 수도원Mosteiro dos Jerónimos으로부터 걸어서 10분 거리에 위풍당당하게 서있는 벨렝 탑Torre de Belém은 포르투갈을 상징하는 탑이다. 벨렘 탑 옆에 항해하는 범선으로 서 있는 빌건 기념비는 항해 왕자 엔리케 왕자가 손에 배를 들고, 선원과 선교사들의 조각상들이 뒤를 따르고 있어 금방이라도 바다로 떠날 것 같은 느낌이 든다. 벨렘 탑은 인도 항로 발견을 기념하기 위해 1515년에 세운 것이다. 타호 강 근처에 있는 이 탑은 높이가 35m나 되는데, 포르투갈의 독특한 건축 양식인 마누엘 양식으로 지었다.

마누엘 양식은 대항해 시대에 걸맞게 바다를 떠오르게 하는 해초, 조개, 밧줄 등의 무늬와 동양의 분위기가 나는 조각으로 장식하는 방식이다. 아름다운 테라스가 있는 3층에는 16~17세기의 가구를 전시했고 안뜰에는 '벨렘의 성모상'이 서 있다. 1층은 스페인이 지배하던 16세기 말부터 나폴레옹이 점령했던 19세기 초까지 정치범 감옥으로 사용하기도 했다. 밀물 때 물이 들어오면 감옥이 물에 잠겨 이곳에 갇힌 독립 운동가들이나 애국자들이 많은 고통을 당해야 했다.

🌐 www.torrebelem.pt 🏠 Av. da India(트램 15번 이용)
🕙 10~18시 30분 (5~9월 / 10~4월 17시 30분까지 / 월요일, 1/1, 부활절, 5/1, 12/25 휴무일)
€ 6€(학생 3€ / 수도원+벨렘 탑 12€) 📞 213-620-034

성모상
대항해 시대에 항해에서 돌아온 사람들을 맨 처음 맞이해 위안과 안식을 주던 탑 안에는 항해의 안전을 기원하는 성모상이 있다.

🌐 www.museu.marinha.pt 🏠 Prsça do Império
🕐 10~18시 (5~9월 / 10~4월 17시까지 / 월요일 휴관) 💶 6.5€(3,25€)

해양박물관
Museu da Maritime

포르투갈에서 광범위한 탐사가 이루어지던 대항해 시대를 기념하는 박물관으로 포르투갈의 기나긴 해양 역사를 보여준다.
포르투갈의 항해자 중에는 세계에서 가장 위대한 업적을 달성한 탐험가가 꽤 많다. 항해, 지도학, 리스본의 역사를 알 수 있는 해양박물관은 유럽에서 가장 포괄적인 해양 유물을 갖추었다. 리스본에서 가장 많은 방문객이 찾는 박물관 가운데 한 곳으로 자리매김했다.

제로니모스 수도원의 부속 건물 안에 자리한 박물관에는 중세 시대에 만들어진 소장품이 약 17,000점이나 보관되어 있다. 바스코 다 가마가 인도로 여행을 떠날 때 가져간 목각상과 세계에서 가장 유명한 제도사 중 한 명이 17세기에 만든 지구본도 볼 수 있다.
독일의 카이저 빌헬름 2세와 영국의 엘리자베스 2세 같은 왕족을 태우고 예식을 거행했던 18세기 바지선 두 척은 200년 가까이 운행되었다. 극동 전시관에 들러 정교한 도자기와 동양 선박으로 이루어진 컬렉션도 전시되어 있다.

대부분 100년 전에 만들어진 여러 지도에는 항해자들이 미지의 지역으로 가기 위해 이용했던 항로가 나와 있는데, 크리스토퍼 콜럼버스가 태어나기도 전에 포르투갈 사람들이 이미 북아메리카를 발견했다고 소개되어 있다. 현대관에는 1922년에 남대서양을 횡단한 최초의 수상 비행기 산타크루즈도 있는 대형 박물관이다.

발견 기념비
Padrão dos Descobrimentos

타호 강변에 있는 발견 기념비는 엔히크 왕자가 죽은 뒤 500주년을 기념해 1960년에 세웠다. 이곳은 바스쿠 다 가마가 항해를 떠난 자리이다. 포르투갈 사람들은 아직도 대항해 시대의 황금기에 대한 자부심도 있지만 당시의 그리움으로 살아간다고 볼 수 있다는 사실을 발견 기념비에서도 알 수 있다.

항해왕인 엔리케를 필두로 인도 항로를 개척한 바스쿠 다 가마. 마젤란 해협을 발견한 페르난드 마젤란, 희망봉을 발견한 바르톨로뮤 디아스 등이 보인다. 유일한 여자 멤버는 필리파 렝카스트 여왕이 있다.

대항해 시대의 영광을 간직한 곳

지금 아메리카나 호주에는 백인들이 주인처럼 살고 있다. 하지만 15세기에는 그 땅에 백인이 없었다. 15세기 말부터 시작된 유럽의 대항해 시대를 거치면서 백인들이 건너와 살았다. 대항해 시대는 새로운 항로를 개척하려고 포르투갈, 스페인을 비롯한 유럽 국가들이 전 세계를 누비던 시대이다.

중세 말부터 아시아의 생산품이 유럽인들에게 인기가 많았는데, 특히 후추, 계피, 생강 같은 향신료는 매우 비쌌다. 향신료 무역은 상인들에게 막대한 이익을 안겨 주었다. 그런데 15세기에는 오스만 제국이 아시아로 가는 길목에 있어서, 유럽은 아시아와 직접 무역을 할 수가 없었다.

유럽인들은 새로운 항로를 찾아 나섰다. 대항해 시대 이후 유럽의 강대국들은 아프리카, 아메리카, 아시아의 여러 나라를 식민지로 만들었다. 유럽 나라들에게는 땅따먹기를 하듯 식민지가 넓어져서 신나는 시대였겠지만, 식민지가 된 나라들은 고통이 따르고 파괴가 잇달았던 시기였다.

신항로 개척을 맨 먼저 시작한 나라는 포르투갈이었다. 포르투갈은 항해 왕자 엔히크의 탐험 이후 1487년에 바르톨로메우 디아스가 아프리카 남쪽 끝의 희망봉에 닿았다. 10여 년 뒤인 1498년에는 바스쿠 다 가마가 희망봉을 돌아 인도로 가는 인도 항로를 열었다.

❶ 인판테 동 페드루
❷ 필리파 렝카스트 여왕
❸ 루이스 카몽이스
❹ 누노 곤사우베스
❺ 페드루 누네스
❻ 질 이아네스
❼ 주앙 곤살베스 자르쿠
❽ 인판테 동 페르난두
❾ 인판테 동 엔리케
❿ 동 아폰수 5세 
⓫ 바스쿠 다 가마
⓬ 페드루 알바레스 카브랄
⓭ 페르디난트 마젤란
⓮ 바르톨로뮤 디아스

Porto
포르투

포르투
PORTO

포르투갈에서 2번째로 큰 도시인 포르투Porto는 오랜 역사의 수상 경력에 빛나는 와인, 웅장한 건축물로 유명한 도시이다. 유네스코 세계문화유산으로 지정된 포르투Porto는 유럽에서 가장 오래되고 가장 잘 보존된 도시 중 하나이다. 도우로 강의 가파른 강변에 자리한 포르투Porto는 고풍스러운 멋과 고급 와인에 대한 정열이 복합된 도시이다.

산업 & 항구도시

포르투는 대서양 연안에 자리한 항구도시로 리스본에 버금가는 큰 도시로 방적, 피혁, 양모 공업 등이 발달되어 있다. 또한 포르투는 세계적으로 알려진 포도주인 '포트와인'을 생산하는 곳으로도 유명하다. 포트와인은 포르투 근교의 두우루 강 유역에서 재배되는 포도로 만들어지는데, 그 맛이 뛰어나 영국, 프랑스 등으로 수출되고 있다.

한눈에
포르투 파악하기

포르투Porto의 19세기 신고전주의풍 주식거래소 건물을 보면 도시의 화려했던 과거를 엿볼 수 있다. 바로 옆에는 고딕풍의 프란시스쿠 교회가 있는데, 어두운 색상의 외관과 달리 내부는 거의 전부가 도금되어 있다.

산을 따라 걸어 올라가거나 케이블카를 타면 아술레호스라 불리는 포르투갈의 독특한 모자이크로 회랑 벽이 장식된 포르투Porto 성당과 근처의 상 벤투 기차역에 도착한다. 전 세계에서 가장 아름다운 서점으로 여겨지는 리브랄리아 렐루 & 이르마오Livraria Lello & Irmão도 놓치지 말아야 한다.

도우로 쪽으로 더 가까이 가서 히베이라 지역을 거닐다 보면 마치 시간을 거슬러 올라간 느낌을 받는다. 중세 시대 풍경의 이곳은 다채로운 색상의 오래된 건물이 많고 거리는 사람들로 넘쳐난다. 강변을 따라 늘어선 레스토랑 중 마음에 드는 곳을 골라 소와 돼지 위의 안쪽 부분인 양을 이용한 요리인 트리파사 모다tripas à moda와 맥주 소스를 흠뻑 끼얹은 고기 샌드위치인 프란세지나francesinha 등 포르투Porto의 대표적 음식을 먹으면서 해지는 도우르 강의 아름다운 모습을 보면 힐링이 된다.

도시이름에서 따온 포트와인을 맛보지 않고는 포르투를 여행했다고 할 수 없을 것이다. 포트와인 박물관에서 와인 산업의 역사를 살펴볼 수 있다. 높이 솟은 루이 1세 철교를 건너면 이 지역의 수많은 포트 와인 창고에 갈 수 있다. 약간의 요금을 내면 여러 와인 창고를 둘러보고 지역 최고의 와인을 시음해볼 수도 있다. 몇 시간의 여유가 있다면 와인 수송 보트인 하벨로를 타고 강을 따라 내려가면서 산등성이에 펼쳐진 포도원을 둘러보자.

포르투Porto에서는 자동차를 직접 운전하지 않는 것이 좋다. 대신 전철과 트램 전차, 버스를 이용하면 편리하다. 포르투Porto의 오래된 동네에는 걸어서만 들어갈 수 있는 좁은 골목이 많다는 것을 알면 직접 천천히 걸어 다니면서 주변 건축물과 지역 문화를 자세히 살펴볼 수 있어 좋다.

포르투 성당
Lgreja de Forto

포르투 성당Lgreja de Forto을 방문하여 도색 타일로 장식된 벽과 은으로 된 화려한 제단, 반짝이는 보고를 감상할 수 있다. 상층에 올라 도시의 전경을 감상하고, 포르투Forto의 역사에서 성당이 갖는 의미에 대해서도 알 수 있다. 고딕 양식과 로마네스크 양식이 어우러진 웅장한 성당은 다채로운 종교 회화와 조각으로 유명하다.

성당을 둘러보며 로마네스크 양식 파사드를 보면 오래된 성당 광장은 성당이 완공된 13세기의 모습을 그대로 간직하고 있다. 높은 탑과 총안 흉벽은 적의 침입을 감시하는 요새처럼 보이기도 하지만, 가까이 다가가면 성당의 아름다운 모습이 더 눈에 들어온다. 중앙 입구 위의 아름다운 장미 모양 스테인드글라스를 보고, 작은 첨탑마다 큐폴라의 디자인이 조금씩 다른 것을 볼 수 있다. 바로크 양식의 특징인 큐폴라는 18세기에 더해졌다.

🏠 Terreiro da Sé , 4050-573 Porto, 포르투갈
⏰ 8시 45분~12시 30분 / 14시 30분~19시 € 무료(회랑 6€) 📞 222-059-028

> **내부의 모습**
> 다채로운 종교 작품을 볼 수 있는데, 성찬 예배당을 장악하고 있는 은으로 된 반짝이는 제단 장식이 눈길을 끈다. 자그마한 사오 빈센테 예배당에서는 14세기에 만들어진 조각 작품을 볼 수 있다. 성당의 보고에서도 각양각색의 조각 작품과 종교 회화, 오래된 필사본과 장신구도 흥미롭다.
> 고딕 양식으로 된 회랑 안뜰에는 요한 1세 시대에 지어진 이곳은 작가 발렘팀 데 알메이다의 도색 타일 작품으로 유명하다. 이탈리아 건축가 니콜라 나소니가 설계한 화강암 계단도 유명하다. 계단을 올라 상층에 오르면 포르투와 도우로 강의 전경을 감상할 수 있다.

  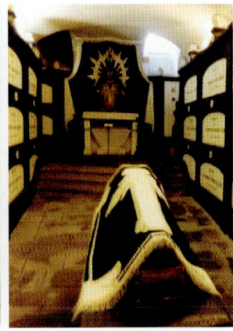

🏠 Rua Infante Dom Henrique 🕐 9~18시 📞 222-062-100

상 프란시스쿠 교회
Lgreja de San Francisco

상 프란시스쿠 교회Lgreja de San Francisco를 방문하여 황금을 입힌 천사들과 꽃을 이용한 모티프, 정교하게 조각된 목재 장식을 보고, 교회 박물관에서는 오래된 유물은 물론 사제들의 유골이 모셔진 지하 묘지를 볼 수 있다. 포르투갈에서 가장 아름다운 교회를 방문하여 금으로 장식된 내벽과 오래된 종교 유물, 흥미로운 지하 묘지도 인기이다.

최초의 교회는 1244년 프란시스코 회에서 아시시의 성 프란시스코를 기려 지은 자그마한 교회였지만, 지금의 구조물은 1400년대 초반에 지어진 것이다. 웅장한 고딕 건축 양식의 상 프란시스쿠 교회Lgreja de San Francisco는 다량의 귀금속으로 치장된 것으로 유명한데, 내벽의 금박은 무려 400kg에 이른다고 한다.

교회 풍경
교회 주변을 거닐며 뾰족한 고딕 양식 첨탑과 중앙 입구 위를 장식하는 장미창을 볼 수 있다. 남쪽 입구에는 흔히 볼 수 없는 무레하르식 목재 패널을 관찰할 수 있다. 패널은 포르투갈의 이슬람 통치 시대의 영향을 반영하고 있다.

내부
천장과 기둥과 내벽을 장식하고 있는 반짝이는 황금에 입을 다물지 못하게 된다. 황금으로 뒤덮인 아기 천사와 사제, 동물 조각상과 성 프란시스코의 백석 동상도 둘러보자. 내부를 모두 둘러본 다음에는 아르보레 데 제세 예배당을 방문하여 기독교의 유명 사건들을 표현하고 있는 정교한 목재 작품을 볼 수 있다.

지하
아래층의 작은 박물관에는 원래 교회가 남긴 오래된 유품을 볼 수 있다. 오래 전 교구 주민들의 소유였을 의복과 장신구를 볼 수 있다. 지하 묘지에는 심판의 날을 기다리는 사제의 유골들이 모셔져 있다.

동 루이스 1세 다리
Ponte D Luis

동 루이스 1세 다리Ponte D Luis는 도보로 갈 수 있는 거리에 있어 쉽게 오래된 다리 위에서 도시의 아름다운 전경을 볼 수 있다. 노바 데 가이아 와인 셀라를 향해 동 루이스 1세 다리Ponte D Luis를 걸어 보자. 배에 올라 물 위에서 짙은 색 정교한 철골 구조물은 에펠탑을 연상시킨다. 다리 한가운데에 멈추어 서서 오래된 도시의 멋진 스카이라인을 보면 다리 아래로는 배들이 한가롭게 떠다닌다.

포르투Porto의 6개의 다리 중 하나인 동 루이스 1세 다리Ponte D Luis는 도우로 강을 가로질러 포르투와 빌라 노바 데 가이아Vila Nova de Gaia를 잇고 있다.

다리는 독일 건축가 '테오필 세이리그Teopil Seylig'에 의해 설계되었다. 1876년 완공 당시에는 세계에서 가장 긴 철골 아치였다고 한다. 물론 지금은 영예의 자리를 내어주었지만, 395m 길이에 달하는 거대한 다리는 오늘날까지 웅장한 외관을 뽐내고 있다.

다리 건너 빌라 노바 데 가이아에 도착하면 포르투의 이름을 따 명명된 포트 와인의 명성을 실감할 수 있다. 와인 셀라를 돌아보며 유명한 와인을 시음해 보자.

다리 풍경의 모습
다리에서 조금 떨어진 도우로 강변에 서서 다리의 전경을 한눈에 담으면 바람이 불지 않는 날에는 다리의 모습이 강물에 반사되어 완벽한 타원형을 이루는 장면을 볼 수 있다. 설계자 세이리그의 스승인 프랑스 건축가 구스타프 에펠의 흔적도 엿볼 수 있다.
다리를 거닐며 도시의 풍경을 보면 포르투 성당과 토레 두 클레리고스와 같은 도시의 랜드마크도 보인다. 강변 풀밭에 앉아 각양각색의 고기잡이배가 다리의 아치 사이를 통과하는 모습을 볼 수 있다.

리버 투어
도시의 여러 다리를 모두 둘러볼 수 있다. 리버 투어는 과거 포르투의 와인을 실어나르던 배로 운영되는데, 가이드가 들려주는 다리의 역사와 강변 건물에 관한 이야기를 들을 수 있다.

히베이라 광장
Praça da Riberira

도우로 강변에 자리 잡고 있는 히베이라 광장Praça da Riberira은 포르투Porto에서 가장 오래된 활기 넘치는 장소이다. 히베이라 광장Praça da Riberira의 구불거리는 다채로운 거리를 탐험하며 현지 예술 작품을 감상할 수 있는 갤러리와 수공예품으로 가득한 기념품 상점, 맛있는 현지 음식을 맛볼 수 있는 카페가 모여 있는 곳이다.

히베이라 광장Praça da Riberira은 '강변 광장'이라는 뜻으로 포르투의 중세 상업 중심지였다. 빵과 고기, 해산물 산업을 중심으로 번성하였지만, 1491년의 화재로 많은 부분이 파괴되어 가옥과 상점이 정비되어야 했다. 전통적인 매력을 담뿍 가지고 있는 현대적인 바와 상점들이 조화롭게 어울려 있다.

광장의 모습
포르투에서 가장 오래된 거리인 히베이라 광장 도시 여행을 시작하기에 좋다. 폰테 타우리나 거리를 걸으며 벽을 장식하고 있는 색색의 타일을 볼 수 있다. 포르투 최고의 화가와 조각가들의 작품이 전시된 갤러리와 상인들이 판매하는 의복과 가방 등의 수공예품도 둘러보고, 카페에 앉아 시원한 음료와 함께 여행의 피로를 풀 수 있다.
광장 북쪽에는 3층 건물 높이로 솟구치는 반짝이는 물줄기와 작가 호세 로드리게즈의 조각 작품을 아름다운 분수대가 자리하고 있다. 저녁에는 세련된 바에서 칵테일을 홀짝이며 라이브 음악을 감상하는 것도 좋다. 레스토랑에는 구운 해산물 요리 등의 현지 음식과 각국의 이색적인 요리를 맛볼 수 있다. 짙은 붉은 빛의 포트와인은 포르투의 이름을 기려 명명되었다.

6월 사오 요아오 축제
지역 밴드의 음악에 맞춰 춤을 추고, 노점상에서 군것질을 즐기며 불꽃놀이를 감상하면서 시간을 보낼 수 있다. 플라스틱 망치로 상대방의 머리를 때리는 독특한 전통 놀이도 있다.

레푸블리카 광장
Praça da Republica

레푸블리카 광장Praça da Republica은 빌다 도 콘데의 시민들이 사랑하는 장소이다. 도시의 관광지와 가까이에 위치한 광장은 시민들의 일상생활을 엿볼 수 있다. 과거에는 시장이었지만 트렌디한 바와 레스토랑이 즐비한 광장이 되었다. 정성껏 손질된 정원을 둘러싸고 있는 산책길을 걷고 정원에 설치되어 잇는 벤치에 앉아 유유히 흐르는 에이브 강을 감상하거나 광장 주위 사람들의 물결을 볼 수 있다.

광장 중앙에는 18세기에 만들어진 화강암 분수대가 서 있다. 분수대 바로 옆에 있는 도밍고스 데 아제베도 안투네스의 청동 흉상이 이채롭다. 안투네스는 이 지역에 근대식 농경기법을 퍼트린 사람이다. 당당한 풍채로 서 있는 카사 도스 바스콘셀로스Auditorio Municipal이 눈길을 끈다.

18세기에 지어진 2층 건물은 공공 공연장과 전시관으로 사용하고 있다. 콘서트와 전시, 댄스 공연과 연극 등 다양한 문화 행사가 개최된다. 관광객이 바쁘게 여행 일정을 소화하다 광장을 굽어보고 있는 카페에 앉아 잠시 휴식을 취해보자. 저녁에는 밤늦게까지 영업하는 바에서 가벼운 와인이나 맥주를 즐기는 것도 좋다. 광장 주변의 레스토랑에는 포르투갈 전통 요리를 맛볼 수 있다. 신선한 오징어 요리나 도미, 조개, 고등어 요리를 추천한다.

광장에서 가파른 거리를 따라 걷다 보면 산타 클라라 수녀원이 나온다. 14세기에 세워진 수녀원은 에이브 강과 타운 중심지를 굽어보며 언덕 위에 자리하고 있다.

빌다 도 콘데는 포르투 북쪽으로 27㎞(17마일) 거리에 있으며, 버스나 차량을 이용하여 찾아갈 수 있다. 레푸블리카 광장은 타운 중심지와 아주라라를 잇고 있는 다리 인근 강변에 위치한다.

조대현

현재 스페인에 거주하면서 63개국, 198개 도시 이상을 여행하면서 강의와 여행 컨설팅, 잡지 등의 칼럼을 쓰고 있다. MBC TV 특강 2회 출연(새로운 나를 찾아가는 여행, 자녀와 함께 하는 여행)과 꽃보다 청춘 아이슬란드에 아이슬란드 링로드가 나오면서 인기를 얻었고, 다양한 강의로 인기를 높이고 있으며 "해시태그" 여행시리즈를 집필하고 있다. 저서로 아이슬란드, 모로코, 가고시마, 발트 3국, 블라디보스토크, 조지아, 폴란드 등이 출간되었고 이탈리아, 오스트리아, 프랑스, 스페인 북부 등이 발간될 예정이다.

폴라 http://naver.me/xPEdlD2t

스페인 & 포르투갈 자동차 여행

인쇄 | 2025년 2월 14일
발행 | 2025년 3월 19일

글 | 조대현
사진 | 조대현
펴낸곳 | 해시태그출판사
편집 · 교정 | 박수미
디자인 | 서희정

주소 | 서울시 강서구 허준로 175
이메일 | mlove9@naver.com

979-11-94557-17-3(03920)

- 가격은 뒤표지에 있습니다.
- 이 저작물의 무단전재와 무단복제를 금합니다.
- 파본은 구입하신 서점에서 교환해드립니다.

※ 일러두기 : 본 도서의 지명은 현지인의 발음에 의거하여 표기하였습니다.